WIR KATHRIN HARTMANN
MÜSSEN
LEIDER
DRAUSSEN
BLEIBEN

W0073495

WIR MÜSSEN LEIDER DRAUSSEN BLEIBEN

KATHRIN HARTMANN

Die neue Armut in der Konsumgesellschaft

BLESSING VERLAG

Verlagsgruppe Random House FSC-DEU-0100
Das für dieses Buch verwendete
FSC®-zertifizierte Papier *Super Snowbright*
liefert Hellefoss AS, Hokksund, Norwegen.

1. Auflage 2012
Copyright by Karl Blessing Verlag, München,
in der Verlagsgruppe Random House GmbH
Umschlaggestaltung: Hauptmann und Kompanie
Werbeagentur, Zürich
Satz: Leingärtner, Nabburg
Druck und Einband: GGP Media GmbH, Pößneck
Printed in Germany
ISBN: 978-3-89667-457-9

www.blessing-verlag.de

Für Oliver und meine Eltern

INHALT

>> *Wenn sich niemand zu uns umdrehte, wenn wir den Raum betreten; wenn niemand antwortete, wenn wir sprechen; wenn niemand wahrnähme, was wir tun; wenn wir von allen geschnitten und als nicht existierend behandelt würden, dann würde eine derartige Wut und ohnmächtige Verzweiflung in uns aufsteigen, dass im Vergleich dazu die grausamste körperliche Qual eine Erlösung wäre.«*

William James, US-amerikanischer Psychologe, 1890[1]

1. KULTIVIERTER HASS

Warum die Konsumgesellschaft ihren Bestand durch Ausgrenzung sichert und die Mittelschicht sich nach oben orientiert, während sie nach unten tritt

Der großzügige Flur der Chefetage sieht aus wie eines dieser kreativ eingerichteten Lofts, die man aus Lifestyle-Magazinen kennt. Auf einem schicken Sideboard steht eine Espressomaschine, vor einer Wand mit Mustertapete ein helles Sofa, dazu weiß glänzende Möbel. Eine Mischung aus Lounge und Design-Wohnzimmer. Die Fotografen bauen ihr Equipment auf, in Kürze beginnt mein Interview mit der deutschen Sprecherin eines multinationalen Konzerns mit Milliardenumsatz. Zuvor plaudern wir in entspannter Wohnzimmeratmosphäre. Ich erzähle von der Arbeit an diesem Buch und darüber, dass ich bei den Tafeln recherchiere, die sich zum Ziel gesetzt haben, überschüssige Lebensmittel aus Supermärkten an Bedürftige zu verteilen. »Interessant«, findet die Pressesprecherin, darüber mache sie sich auch Gedanken: »Ich überlege ja oft, was man machen könnte, damit die Leute lernen, Essen zu schätzen.« Ja, sage ich und denke an Supermarktrampen, auf denen kistenweise Lebensmittel stehen, die aussortiert wurden, weil sie nicht gut genug scheinen. 20 Millionen Tonnen Lebensmittel werden in Deutschland jedes Jahr weggeworfen; ein Skandal in der Tat. Doch sie meint etwas anderes: »Ich finde, die Leute, die bei der Tafel Essen holen, sollte man dazu verpflichten, gemeinnützige Arbeit zu leisten.« Hoppla. Disziplinierungsmaßnahmen, die ansonsten für straffällig gewordene Jugendliche angewendet werden? Für Menschen, die so ausweglos arm sind, dass sie ohne Lebensmittelspenden nicht über die Runden kommen? Abgesehen davon, dass die meisten Tafelnutzer den Wert von Lebensmitteln schon deshalb kennen, weil sie diese im Supermarkt kaum bezahlen können: Warum sollen Alleinerziehende, Rentner und Niedrigstlöhner auch noch Straßen fegen und Hundescheiße aufsammeln, damit sie was in den Magen kriegen? »Weil die sonst das Essen bloß in den Müll schmeißen«, sagt die Pressesprecherin.

Ich habe bereits mit vielen Tafelnutzern gesprochen und sie nach Hause begleitet, habe Ehrenamtlichen beim Verteilen zugesehen und bin die Abholtouren zu den Supermärkten mitgefahren. Dabei hatte ich eine erschütternde Welt der Scham und des persönlichen Leids kennengelernt. Und Menschen, die trotz täglicher Demütigungen mit aller Kraft versuchen, ein Leben in Würde zu führen, obwohl sie von der Gesellschaft weder Anerkennung noch Respekt erfahren. Der Gedanke, dass jemand sich dazu überwindet, für übrig gebliebenes Essen

Schlange zu stehen, nur um es anschließend wegzuschmeißen, ist nachgerade absurd. Wie kommt eine Frau, die der gehobenen Mittelschicht angehört und sich sicher nicht in der Tafelwelt bewegt, auf diese Idee? Sie habe, sagt sie, von einem Lehrer gehört, dass Kinder aus Hartz-IV-Familien eine Pizza lieber in den Müll schmeißen würden, als ihren Mitschülern ein Stückchen davon abzugeben. Aha.

Ein Freundesbesuch am Stadtrand, auf dem neu gebauten Ökohaus glänzen Solarzellen. Es ist ein warmer Frühsommertag, wir sitzen auf der Terrasse, trinken Kaffee mit Biomilch. Die Frau ist Referendarin an der Hauptschule in der nächstgelegenen Stadt; es ist eine sogenannte »Problemschule«. Die angehende Lehrerin echauffiert sich über ihre Schüler. Sie könne das nicht verstehen, dass die jungen Leute keine Arbeit bekämen. In der Gastronomie, in den Hotels würden seit Jahren »händeringend« Auszubildende gesucht. »Die sind selber schuld, die wollen einfach nicht«, sagt sie. Ja, wirklich? Sowohl der viel zitierte Fachkräftemangel als auch das angebliche Überangebot an Lehrstellen sind schlicht Mythen: 2010 bekam jeder dritte Jugendliche, der eine Ausbildung beginnen wollte, keine Stelle. Das Angebot an Ausbildungsplätzen ist auf den drittniedrigsten Stand seit zehn Jahren gesunken, klagt die Gewerkschaft Nahrung Genuss Gaststätten.[2] Darüber hinaus ist mittlerweile jeder zweite Arbeitsplatz in der Gastronomie ein Minijob.[3]

Die junge Hausbesitzerin reagiert trotzig: »Die sagen mir selber, dass sie lieber Hartz IV wollen und gar keinen Bock haben zu arbeiten.« Ja, was man als Schüler halt so zu seinen Lehrern sagt: Provokation, wie sie für Schüler üblich ist, zumal für solche, die vom System nichts mehr erwarten und nichts zu erwarten haben. Lehrer als Angehörige der Mittelschicht sind meistens denkbar weit entfernt vom Alltag der sogenannten Unterschicht: obwohl, vielleicht weil sie tagtäglich mit den Folgen einer diskriminierenden Sozialpolitik umgehen müssen, begegnen sie den Opfern nicht immer ohne Vorurteile. Einer Studie der Universität Oldenburg von 2009 zufolge glauben Lehrer sogar, dass sie verhaltensauffällige und leistungsschwache Kinder bereits an ihren Vornamen erkennen können: »Kevin ist kein Name, sondern eine Diagnose«, sagte eine Lehrerin in der Untersuchung, die Lehrer zu ihren Namensvorlieben und den zugehörigen Assoziationen befragte. [4]

Am Stammtisch der Mittelschicht

Ein Abend im Restaurant, am Tisch eine Gruppe Journalisten und Akademiker. Die Mägen sind voll, der Rotwein fließt, man versteht sich so gut, wie man sich eben versteht, wenn man sich unter Gleichen fühlt, zumindest unter Gleichgesinnten. Einer von ihnen sagt recht unvermittelt: »Hartz-IV-Empfänger gehen doch bloß zur Tafel, damit sie sich das neueste iPhone kaufen können.« Schon klar, in solchen Runden geht es immer auch darum, sich zu profilieren. Doch als Provokation war das offenbar nicht gedacht. Jedenfalls stört sich niemand an dieser ungeheuerlichen Unterstellung, keiner widerspricht, einer nickt beiläufig. Wie kann das sein? Jeder am Tisch hat einen guten Job, aus dem er Befriedigung und Anerkennung zieht, manche verdienen sogar überdurchschnittlich. Alle haben studiert, sind politisch und kulturell interessiert und lesen mindestens eine überregionale Tageszeitung. Manche von ihnen waren früher vielleicht sogar mal links (und sagen heute, dass sie »realistisch« geworden sind). Man sollte annehmen, dass es einen Konsens gibt über wesentliche ethische Fragen. Hätte jemand einen ähnlich diskriminierenden Satz über eine andere Bevölkerungsgruppe gesagt – etwa: »Die Ausländer nehmen uns die Arbeitsplätze weg« oder »Schwarze sind doch alle Drogendealer« –, den Beteiligten wären die Garnelen im Hals stecken geblieben.

Doch in dieser Frage erfährt der Journalist volle Zustimmung. Ein anderer bestätigt: »Ja, die haben immer die neuesten Handys. Außerdem sind die immer super angezogen, wenn sie zur Tafel gehen. Die, die das wirklich brauchen, die erreicht man doch gar nicht.« Ein weiterer ergänzt: »Und seit die die Heizkosten bezahlt kriegen, heizen die wie verrückt, hab ich gehört.« Vermutlich von Thilo Sarrazin: »Hartz-IV-Empfänger sind erstens mehr zu Hause, zweitens haben sie es gerne warm, und drittens regulieren viele die Temperatur mit dem Fenster.«[5] Man fragt sich, wer allen Ernstes seine Wohnung überheizen würde, bloß um es dem Staat reinzudrücken. Dabei wohnen Hartz-IV-Empfänger und andere Bedürftige überdurchschnittlich oft in schlecht isolierten Sozialwohnungen. In welcher Höhe aber die Heizkosten erstattet werden, obliegt den Kommunen: Wie beim Wohnraum legen diese fest, was »angemessen« ist. Was darüber hinausgeht, müssen die Bedürftigen selbst zahlen. Das heißt: frieren oder umziehen. Strom, Gas und Warmwasser sind im Regelsatz enthalten. Übersteigt der Verbrauch den vorgesehenen Betrag – etwa, wenn die Energiekosten steigen,[6] müssen Hartz-IV-Empfänger die Kosten ebenfalls aus eigener Tasche bezahlen. Heißt: Licht aus, Herd aus, kalt duschen und Schulden. Und für manche sogar hungern, um die Stromrechnung bezahlen zu können.[7] Während die Ökoelite ihre Solarzellen auf dem Eigenheim subventioniert bekommt, um damit Heizung und Strom zu sparen, ja, auch noch Geld zu verdienen, wenn sie Strom ins Netz einspeisen, leiden Bedürftige in Deutschland unter Energiearmut. Man kann das wissen. Wenn man es wissen will. Aha, frage ich schließlich, und woher habt ihr diese Informationen? Kennt ihr solche Leute? »Ja, natürlich«, sagen sie zwei prompt, »wir leben ja in Berlin.«

Merkwürdig. Ich musste jedenfalls richtig suchen, um mit Menschen, die der sogenannten »Unterschicht« angehören, ins Gespräch zu kommen. Gefunden habe ich sie in der Parallelwelt der Tafeln und Sozialkaufhäuser an den Rändern der Städte. Man kennt sich nicht mehr einfach so. Die Schichten in Deutschland haben sich mittlerweile so weit voneinander entfernt, dass es kaum noch Berührungspunkte gibt – und keine Orte mehr, an denen sich Menschen unterschiedlicher Schichten begegnen und austauschen. Sowieso nicht bei der Arbeit, denn aus der Arbeitswelt sind Langzeitarbeitslose ja ausgeschlossen. Ihr »Arbeitsplatz« ist das Jobcenter – ihre Aufgabe scheint es zu sein, ihr ganzes Leben dem Zugriff des Staates zu öffnen, sich Arbeitsbeschaffungsmaßnahmen zu stellen, die x-te sinnlose Bewerbung zu schreiben und Repressalien auszuhalten. Man trifft sich kaum im Konsumalltag, denn die neuen Armen sind auf eine parallele Konsumwelt jenseits von kombinierten Buch- und Weinhandlungen, Schnick-Schnack-Boutiquen, Wochenmärkten, Bioläden und Designeinkaufstempeln angewiesen. Viele von ihnen versorgen sich in Sozialkaufhäusern, Kleiderkammern oder bei den Lebensmittelausgaben der Tafel. Man lebt nicht mal mehr im selben Stadtviertel, weil die

16

städtische Politik der Aufwertung dafür sorgt, dass arme Menschen weg aus ihrer gewohnten Umgebung in weniger wertvolle Stadtteile ziehen müssen, an »soziale Brennpunkte«, in die sich niemand sonst verirrt. Spätestens dann, wenn selbst die günstigste Miete der Innenstadtwohnung vom Arbeitsamt nicht mehr übernommen wird, weil sie nicht »angemessen«[8] erscheint. Falls sie überhaupt noch Freunde oder Bekannte haben, werden sie den Umstand, arm geworden zu sein, mit aller Macht verheimlichen: Armut ist heute kein bedauernswerter Zustand der Bedürftigkeit mehr. Damit geht keiner hausieren. Schon gar nicht trifft man sich in Fitnessstudios, im Theater, bei Konzerten, im Kino oder in Bars und Restaurants – die Teilnahme am kulturellen und sozialen Leben ist bei 364 Euro im Monat einfach nicht drin. Viele Menschen, die arm geworden sind, ziehen sich deshalb zurück.

Wenn man in einer Gesellschaft nicht mehr mithalten kann, weil Anerkennung an Konsum oder zumindest dessen Möglichkeit geknüpft ist, wenn man nicht mehr über neue Bücher oder Filme plaudern, wenn man nichts Unterhaltsames mehr zu geselligen Runden beitragen, ja, eigentlich gar nichts mehr aus seinem Leben erzählen kann, weil es mit jedem Tag eintöniger und sorgenvoller wird, wenn man merkt, dass sich die alten Freunde benehmen, als hätte man eine ansteckende Krankheit, wenn man spürt, dass sie glauben, man sei selbst schuld – dann verliert man schnell den Anschluss. Hartz IV macht nicht nur arm, sondern auch sprachlos. Vor allem, weil ausgerechnet diejenigen, die gehört werden, Meinungsführer wie die Pressesprecherin, die Journalisten, die Lehrerin, ihre Vorurteile laut aussprechen. Dass also ihre Empörung nicht der Tatsache gilt, dass in einem reichen Land Menschen auf

Essensspenden angewiesen sind, sondern dem Umstand, dass diese Menschen ein Handy besitzen und im Winter heizen, ist bezeichnend für den Ausschluss der Bedürftigen und den Versuch der Mittelschicht, auf deren Kosten Überlegenheit zu demonstrieren.

Armut in der Konsumgesellschaft

Überhaupt, das Handy. Das ist ja nicht einfach nur ein Gebrauchsgegenstand wie ein Kochlöffel. Das Mobiltelefon ist symbolisch aufgeladen: Weil man damit überall und mit jedem kommunizieren, oft filmen und via Internet wahrgenommen werden kann, steht es, Stichwort arabische Revolution, auch für freie Rede, ja, für Meinungsfreiheit und Demokratie. Knapp 90 Prozent der Deutschen benutzen es,[9] im Schnitt besitzt jeder Deutsche 1,3 Handyverträge. Aber nur 20 Prozent finden, dass ein Handy zum Existenzminimum für Hartz-IV-Empfänger gehört.[10] Bedürftigen das Recht auf ein Handy abzuerkennen heißt nichts anderes als: Ihr dürft nicht mehr mitreden. Ihr gehört nicht mehr dazu. Ihr müsst leider draußen bleiben. »Im Informationszeitalter bedeutet Unsichtbarkeit mehr oder weniger den Tod«, sagt die australische Professorin für Literatur, Germaine Greer.[11]

In einer Gesellschaft mit versteckten Hierarchien wird Zugehörigkeit über Statussymbole demonstriert. Ein Handy ist immer noch Symbol der gesellschaftlichen Teilhabe, auch ein Fetisch des Distinktionsgewinns – sonst würden sich die Deutschen nicht alle zwei Jahre ein neues kaufen.[12] Mobiltelefone in riesigen Koffern waren vormals Privileg der Geheimdienste, Politiker und der Polizei, sprich: der Autoritäten. Dann leisteten sich Reiche den Luxus von Autotelefonen, deren Technik den Kofferraum ihrer Sportwagen so ausfüllte, dass kaum mehr die Golftasche hineinpasste. Mit dem iPhone identifiziert sich die Gruppe der sogenannten »kulturell Kreativen«;[13] Blackberrys sind die Attribute der Wirtschaftsbosse und Börsenmakler. Beziehungsweise: waren. Ausgerechnet mit Blackberrys verabredeten sich die Jugendlichen in England zu ihren Plünderungen. Ein Bild von symbolischer Strahlkraft: Die Nutzlosen bedienen sich der Technik der scheinbar Unentbehrlichen, um sich mit Gewalt das zu holen, von dem sie glauben, dass es ihnen zusteht. Genauso, das nahm zumindest das Feuilleton schnell wahr, wie sich die Wirtschaftsmächtigen auf legale Weise rücksichtslos an unserem Geld bedienen, bedienten sie sich bei Konsumgütern wie Flachbildfernsehern und Markenturnschuhen, den Insignien der Konsumgesellschaft. Dass Premierminister Cameron nicht nur damit drohte, Randalieren die Sozialbezüge zu kürzen und sie aus den Sozialwohnungen zu schmeißen, sondern außerdem erwog, sie von sozialen Medien und dem Blackberry-Dienst auszuschließen, ist dann nur logisch.[14]

»Die Armen werden in eine Lage hineingedrängt, in der sie entweder das wenige, was ihnen an Geld und Ressourcen zur Verfügung steht, für sinnlose Konsumobjekte statt für das Lebensnotwendige ausgeben müssen, um so die totale gesellschaftliche Erniedrigung abzuwenden, oder sie müssen damit rechnen, gehänselt oder ausgelacht zu werden«, beschreibt Nanda Shrestra die verzweifelten Versuche der Zugehörigkeit Bedürftiger in der globalen Konsumgesellschaft.[15]

In reichen Ländern wie Deutschland werden sie genau dafür verachtet. Die Strategie der Bedürftigen, Würde zu bewahren, indem sie wenigstens anständige Kleider tragen, wenn sie für weggeworfenes Essen anstehen – selbst die wird ihnen noch zum Vorwurf gemacht. Müssen in Deutschland die Bedürftigen erst aufgeblähte Hungerbäuche haben, bevor man ihnen glaubt, dass sie mittellos sind? Müssen ihnen erst die Lumpen vom Leib hängen, damit sie unser Mitgefühl bekommen? Oder haben wir ein falsches Bild von Armut?

Das Missverständnis der »relativen Armut«

»Unser Armutsbild ist durch die Massenmedien von absoluter Not und dem Elend in Entwicklungsländern geprägt«, schreibt der Armutsforscher Christoph Butterwegge in seinem Buch *Armut in einem reichen Land. Wie das Problem verharmlost und verdrängt wird.* »Man glaubt irrtümlich, Armut in Kamenz, Karlsruhe oder Kassel sei weniger problematisch als solche in Kalkutta, Kapstadt oder Karatschi, so dass es sich nicht lohne, darüber zu sprechen.«[16] Mit anderen Worten: Man hält sie hierzulande für weniger schlimm. Eben »weil sich Armut hier weniger spektakulär manifestiert«, so Butterwegge.[17]

Tatsächlich ist der Begriff Armut nicht klar definiert. »Armut ist ein mehrdeutiger, missverständlicher sowie moralisch und emotional aufgeladener Terminus.« Es gibt nicht »die Armut«. Armut hängt von den gesellschaftlichen Bedingungen ab, unter denen sie herrscht.[18] Sie ist in Zahlen nur bedingt fassbar.

Von »absoluter Armut« spricht man, wenn den Menschen überlebensnotwendige Güter wie Essen, Kleidung, ein Dach über dem Kopf und medizinische Versorgung fehlen. Laut Weltbank ist absolut arm, wer weniger als 1,25 Dollar am Tag zur Verfügung hat;[19] 1,2 Milliarden Menschen weltweit leben in absoluter Armut. Laut WHO und OECD ist relativ arm, wer monatlich weniger als die Hälfte des mittleren Einkommens der Gesamtbevölkerung des Landes, in dem man lebt, zur Verfügung hat. In Deutschland betrug das vom Statistischen Bundesamt 2009 errechnete monatliche Nettoäquivalenzeinkommen[20] 1549 Euro pro Person. Laut EU-Definition gilt als armutsgefährdet, wer von nur 60 Prozent dessen leben muss, relativ arm ist man bei 40 Prozent, also wenn man nur noch 619,53 Euro im Monat zur Verfügung hat. Waren Anfang der 90er Jahre 11,3 Prozent der Deutschen arm, sind es heute bereits 14,5 Prozent. Schätzungsweise zwischen 200 000 und 800 000 Menschen in Deutschland sind sogar von absoluter Armut betroffen.[21] 11,5 Millionen Menschen in Deutschland – also jeder siebte Bürger – leben nahe oder unterhalb der Armutsgrenze.[22] Die meisten Armen in Deutschland sind arbeitslos: mehr als die Hälfte, 6,7 Millionen Menschen, bezieht Hartz IV.

Relative Armut – das klingt harmlos. Als wären die deutschen Armen gar nicht wirklich arm, sondern nur weniger wohlhabend. Jedenfalls im Vergleich zu den Menschen, die in anderen Teilen der Welt auf der Straße verhungern. Nach dem Motto: Okay, ein Porsche ist vielleicht nicht drin – aber in Deutschland muss schließlich keiner hungern. Uns geht es doch relativ gut hier! Auch deshalb wird den Armen in reichen Ländern bestenfalls mit Gleichgültigkeit begegnet – meist aber mit Zorn oder Verachtung. »Alle [in den materiell wohlhabenden Ländern] haben genug zu essen, keiner geht unbekleidet, und jeder hat ein Dach über dem Kopf. Ebenso haben alle Zugang zu schulischen, medizinischen und kulturellen Einrichtungen. Not im eigentlichen Sinne dieses Wortes braucht niemand mehr zu leiden«, behauptet etwa der neokonservative Sozialwissenschaftler Meinhard Miegel.[23] Nichts davon ist richtig. Dennoch hält Miegel es für eine »zynische Missachtung des wirklichen Elends Hunderter von Millionen Mitmenschen, denen das Nötigste zum Leben und nicht nur der soziale Status fehlt«, wenn man Menschen in Deutschland als arm bezeichnet. Schließlich hätten die Hartz-IV-Empfänger »einen materiellen Lebensstandard, der höher, zum Teil sogar viel höher ist als der Lebensstandard von drei Vierteln der heutigen Weltbevölkerung oder als der Lebensstandard großer Bevölkerungsteile in Ländern wie Deutschland vor 50 Jahren.«[24] Das wiederum ist eine zynische Missachtung der Lebensrealität von Armen in wohlhabenden Ländern: Natürlich kann man die Armut von Langzeitarbeitslosen in Deutschland nicht vergleichen mit dem Elend von Hungerflüchtlingen in Äthiopien, schließlich leben die einen in Deutschland, die anderen in Äthiopien. Relativ arm bedeutet nicht: im Vergleich zu Afrika – sondern in Relation zum sozialen Umfeld.[25] Die Schwere der Armut in Deutschland rührt nicht allein von einem materiellen Mangel her, sondern von einem Mangel an Teilhabe und Anerkennung. Die Armut in der Konsumgesellschaft kann deshalb sogar noch deprimierender sein als die in armen Ländern.

Ganz sicher gab es im Nachkriegsdeutschland eine Menge Menschen, die bitterarm waren. Sehr viele hatten sehr viel verloren, schon deshalb war Armut kein Stigma. Niemand musste sich rechtfertigen. Auch die Armut in Bangladesch, die ich bei meiner Recherchereise zu diesem Buch gesehen habe, ist himmelschreiend und erschütternd. Doch den Menschen dort macht man ihre Armut nicht zum Vorwurf. Sie sind nicht vereinzelt und nicht stumm; viele von ihnen tragen ihren Unmut auf die Straße. In Deutschland und anderen wohlhabenden Ländern Europas aber wird den Armen nicht einmal ihr persönliches Leid zugestanden. Man nimmt ihnen sogar noch die Armut weg.

Armut in Deutschland ist deshalb ein Gradmesser für die immer stärker werdende soziale Ungleichheit. Die Medaille hat zwei Seiten, denn Armut ist ohne Reichtum nicht denkbar. Je ärmer die Menschen in Deutschland insgesamt sind, desto mehr Reichtum konzentriert sich bei einigen wenigen. Das Institut für Makroökonomie und Konjunkturforschung (IMK) hat herausgefunden, dass in den Jahren 2000 bis 2006 der Anteil der armutsgefährdeten Schichten an der deutschen Bevölkerung von 18,9 auf 25,4 Prozent gestiegen ist, während gleichzeitig der Anteil der einkommensstarken Schichten von 18,8 auf 20,5 Prozent anwuchs.[26]

Als wir uns verabschieden, sagt die Pressesprecherin, sie habe Hartz IV einmal selbst ausprobiert. Ich stutze, denn dass eine Hartz-IV-Empfängerin zur Konzernsprecherin aufsteigen könnte, kommt mir unwahrscheinlich vor. Laut einer Untersuchung der Bundesagentur für Arbeit von 2007 schaffen es nur 34 von 1000 Hartz-IV-Empfängern, einen sozialversicherten Arbeitsplatz zu bekommen.[27] Wie also kann man Hartz IV »ausprobieren«? Sie habe, sagt die Pressesprecherin, während der Fastenzeit am sogenannten »Hartz-IV-Fasten« einer evangelischen Landeskirche[28] teilgenommen.

»Hartz-IV-Fasten« bedeutet, dass die Teilnehmer für die Dauer der Fastenzeit (oder auch nur vier Wochen) freiwillig von dem für sie errechneten Hartz-IV-Satz leben. Gewiss gut gemeint und dazu gedacht, Sensibilität für die Lebenssituation Bedürftiger zu schaffen und Vorurteile abzubauen, indem die Teilnehmer Hartz IV am eigenen Leib erfahren. Die meisten, die sich der Aktion anschlossen, stellten wohl fest, dass von Hartz IV zu leben vor allem Verzicht bedeutet. Doch das tatsächliche Ausmaß des Elends dürfte keiner erlebt haben: die Ausweglosigkeit, die existenzielle Bedrohung, den Verlust der persönlichen Freiheit, weil man nicht einmal mehr über Nacht die Stadt verlassen darf, ohne sich beim Amt Erlaubnis dafür zu holen, die komplette Offenlegung des gesamten Lebens vor dem Arbeitsamt. Wer Hartz IV *for fun* betreibt, bleibt schließlich in seiner Wohnung, geht arbeiten, behält das Auto vor der Tür und freut sich auf den nächsten Urlaub. Von den Hartz-IV-Fastern war niemand gezwungen, Kleider aus zweiter Hand in Kleiderkammern zu kaufen, bei Tafeln Essen zu holen oder zu verzweifeln, weil die Waschmaschine kaputt ist. Niemand musste Depressionen bekommen oder die letzten Tage des Monats hungern, weil kein Geld mehr da war. Niemandem wurden kriminelle Absichten unterstellt, weil er einen Antrag falsch ausgefüllt hatte. Niemand musste mit Sanktionen oder Abzug rechnen, wenn er »zumutbare Arbeit« ablehnte. Kein Hobbyhartzer musste sich vor seinen Freunden schämen. Im Gegenteil: Er konnte ihnen auch noch eine gute Geschichte erzählen. Und vielen konsummüden Menschen diente der Verzicht womöglich zur seelischen Reinigung. Die Pressesprecherin sagt: »Es ist wenig Geld, klar. Aber man kann schon damit auskommen. Nur auf Bioorangen musste ich leider verzichten.« Na dann kann das alles ja nicht so schlimm sein!

Hartz-IV-Selbstversuche, so könnte man denken, erzeugen also weniger gegenseitiges Verständnis und Solidarität, sie geben nur Zeugnis davon, wie wenig Berührungspunkte, wie wenig Empathie es zwischen den Schichten noch gibt. Und davon, wie auch eine solche gut gemeinte Aktion Vorurteile schüren kann: Denn die Deutungshoheit über Hartz IV steht auch in diesem Fall nicht denen zu, die wirklich darunter leiden. Sie fragt ja keiner. Sondern denen, die saturiert genug sind, das mal »auszuprobieren« – und sei es auch nur, um den eigenen Verdacht zu bestätigen, die Armen jammerten auf »hohem Niveau«.

Der Mythos vom Sozialschmarotzer

»Ehrenamtlich gegen Armut – machen Suppenküchen satt und bequem?«[29] lautete der Titel einer Anne-Will-Sendung im Mai 2010, der ebenfalls anklingen lässt, dass übrig gebliebenes Essen schon zu viel des Guten für Arme ist. (Ein anderer Titel lautete 2008: »Hungern muss hier keiner – ein Land redet sich arm«.) Der Volkszorn gilt offenbar nicht der Tatsache, dass in Deutschland, trotz aller Krisen eines der reichsten Länder der Welt, Armenspeisungen nötig sind. Der Zorn gilt den Bedürftigen selbst: »Die können ruhig was tun für ihr Geld und nicht nur rumsitzen und immer dicker werden«, sagt eine fein gemachte Bürgerin in einer Straßenumfrage der selben Sendung. »Ich leg ja auch nicht den ganzen Tag die Beine hoch und kriege Geld dafür«, findet ihr Mann im teuren Wintermantel. »Die sollte man mal bemühen, das hier wegzuschaffen«, sagt ein anderer, der versichert, er habe nicht FDP gewählt. »Die«, das sind die Hartz-IV-Empfänger. »Das hier« sind die Dreckhaufen, die der Winter auf den Straßen von Berlin zurückgelassen hat. Und der Unterschied zwischen Straßendreck und Langzeitarbeitslosen liegt für die Befragten allenfalls darin, dass der Straßendreck nicht auf die Befehle reagiert, die man ihm erteilt. Außenminister Guido Westerwelle (FDP) regte im kalten Februar 2010 an, Hartz-IV-Empfänger zum Schneeschippen zu verdonnern. SPD-Politikerin Hannelore Kraft wollte sie Straßen fegen lassen. Berlins Grüne Claudia Hämmerling hatte die Idee, Hartz-IV-Empfänger auf die Jagd nach Hundebesitzern zu schicken, die Hundehaufen nicht von der Straße klauben.[30] Die Forderungen, wenigstens »den Dreck« wegzumachen, ist nichts weniger als eine Disziplinierungsmaßnahme, die den Armen asoziales Verhalten unterstellt: nämlich sich in der »sozialen Hängematte« auf Kosten der Allgemeinheit gemütlich einzurichten.

»Es gibt kein Recht auf Faulheit in dieser Gesellschaft«, ließ Exbundeskanzler Gerhard Schröder 2001 über das Zentralmedium der Hetze gegen sozial Schwache, die *Bild*, verbreiten.[31] Das Zerrbild des faulen Arbeitslosen diente der rotgrünen Regierung dazu, mit der Agenda 2010 die größten und weitreichendsten sozialen Einschnitte der Nachkriegsgeschichte der Bundesrepublik umzusetzen: »Niemandem aber wird es künftig gestattet sein, sich zulasten der Gemeinschaft zurückzulehnen. Wer zumutbare Arbeit ablehnt – wir werden die Zumutungskriterien verändern –, der wird mit Sanktionen rechnen müssen.«[32] Mit diesen Worten stellte Schröder 2003 seine »Agenda 2010« vor. Damit ignorierte er nicht nur die strukturellen Ursachen von Arbeitslosigkeit und das politische Versagen, eine gerechtere Verteilung von Arbeit und Vermögen zu organisieren. Er machte auch noch die Opfer zu Tätern, indem er die Idee der sozialen Gerechtigkeit durch den Begriff der Leistungsgerechtigkeit ersetzte. Berechtigt, Forderungen an die Gesellschaft zu stellen, ist nur, wer »leistet«. Oder, mit

Franz Münteferings Worten: »Wer nicht arbeitet, soll auch nicht essen.«[33] Wie vielen Bürgern sprachen die sogenannten Sozialdemokraten da aus der Seele?

Zwar ist der Faulheitsvorwurf längst wiederlegt: Eine Studie des Nürnberger Instituts für Arbeitsmarkt- und Berufsforschung belegt, dass Hartz-IV-Empfänger sogar eine höhere Arbeitsmotivation haben als der Rest der Bevölkerung. Ein Drittel von ihnen ist erwerbstätig – nur reicht das Geld nicht einmal für das Existenzminimum. Vier von fünf Leistungsempfängern sind bereit, eine Arbeit unterhalb ihrer Qualifikation anzunehmen.[34] Das selbe Institut fand 2010 heraus, dass die Hälfte der Hartz-IV-Empfänger mindestens 20 Stunden pro Woche einer nützlichen Tätigkeit nachgeht. Allenfalls 350 000 zur Arbeitssuche verpflichtete Hartz-IV-Bezieher würden sich nicht um Arbeit bemühen. Dabei handele es sich aber zum größten Teil um ältere Hilfsbedürftige, die gesundheitlich stark eingeschränkt seien.[35] Auch der viel zitierte »Missbrauch« ist verschwindend gering: Die Quote liegt bei etwa einem Prozent. 72 Millionen Euro mussten Hartz-IV-Empfänger 2009 zurückzahlen plus 3,7 Millionen Euro Bußgeld dafür, dass sie sich zu spät arbeitslos gemeldet hatten oder einen Termin beim Amt verstreichen ließen.[36] Während Steuersünder den deutschen Staat straffrei um mindestens 3,4 Milliarden Euro betrogen haben. Mindestens 250 Milliarden Euro, das schätzen Experten, haben Deutsche noch immer auf Konten in Steueroasen wie Luxemburg. Liechtenstein und in der Schweiz gebunkert.[37]

Die Konstruktion der Nutzlosen
und die Kriminalisierung der Armen

Warum hält sich die Legende des Sozialschmarotzers so hartnäckig? Warum wollen ihn so viele persönlich kennen, obwohl
er praktisch nicht existiert? Wie kann es sein, dass Menschen
unter dem Begriff »Sozialschmarotzer« subsumiert werden,
völlig unabhängig davon, welches Schicksal hinter ihrer Bedürftigkeit steckt?

Die Entwertung der Armen und ihre Kriminalisierung hat
eine lange Geschichte, an deren Anfang das aufstrebende Bürgertum steht. Im Mittelalter galten die Armen als »Kinder Got-
tes«, zur Rettung ihres Seelenheils versorgten die Reichen sie
mit Almosen. In der Neuzeit änderte sich die Betrachtung der
Armut: Man unterschied nun zwischen »würdigen Armen«,
also solchen, die unverschuldet in eine Notsituation geraten
sind und der Hilfe bedürfen, und »unwürdigen Armen«, die
sich auf unsittliche Weise, als Diebe oder Schwindler Hilfe erschleichen. Letztere wurden öffentlich ausgepeitscht oder des
Landes verwiesen. Als mit dem Kapitalismus die Bedeutung
des Lohnarbeiters wuchs, lösten Zucht- und Arbeitshäuser
den Pranger ab, »Besserungsanstalten« dienten der »Umer-
ziehung« und Disziplinierung der Armen. Christian Marzahn,
Professor für Sozialpädagogik, beschreibt die Einführung der
Arbeitshäuser als erste Ökonomisierung der Armut: Diese
»Besserungsanstalten« sollten die Armenkassen entlasten und
halfen dem aufsteigenden Bürgertum, die eigenen wirtschaftlichen und gesellschaftlichen Interessen zu stärken: nämlich die,
den disziplinierten Lohnarbeiter zu formen. Gleichzeitig dienten sie der sozialen Kontrolle, indem sie Armut moralisierten
und abweichendes Verhalten bestraften.[38]

Die Eliten verstanden es also von jeher, sich die Armen durch Diffamierung dienstbar zu machen. Klar, dass vor allem Besserverdienende die Propaganda der Leistungsgerechtigkeit vorantrieben. Denn nur mir dem Begriffspaar »Leistungsgerechtigkeit« und »Sozialschmarotzertum« ließ sich die weltweit stetig wachsende Kluft zwischen Arm und Reich rechtfertigen. Was Langzeitarbeitslose können, wie viel sie schon gearbeitet, was sie tatsächlich für die Gesellschaft geleistet haben – als Steuerzahler, bevor ihnen gekündigt wurde, oder als Pflegekraft, die bis zur körperlichen und seelischen Erschöpfung gearbeitet hat: All das ist irrelevant geworden vor dem Generalvorwurf des Schmarotzertums.

Nur der hat es möglich gemacht, unterschiedlichste Menschen unter dem erniedrigenden Begriff »Unterschicht« zusammenzufassen. Denn tatsächlich haben deren Angehörige, zu denen Langzeitarbeitslose gleichermaßen wie Migranten, Behinderte, Rentner, Alleinerziehende, psychisch Kranke, Suchtkranke und Obdachlose zählen, wenig gemeinsam – außer dass sie als Kaste der Nutzlosen und Überflüssigen gebrandmarkt werden. Nutzlos sind Arme aber nur vordergründig, denn die Wirtschaft profitiert an ganz anderer Stelle von ihnen: sie stellen die industrielle Reservearmee, die es möglich macht, Lohnkosten zu drücken. Nicht nur dass die Langzeitarbeitslosen durch miserabel bezahlte Leiharbeit oder andere »Maßnahmen« zu fast kostenloser Arbeit gezwungen werden: Sie geben die Drohkulisse ab, vor der Wirtschaftsmächtige Löhne drücken und arbeitspolitische Entscheidungen durchsetzen können, die ihren eigenen Reichtum mehren.

Die Verrohung des Bürgertums

In einem der monströsen Betontürme der Universtät Bielefeld befindet sich das Institut für Interdisziplinäre Konflikt- und Gewaltforschung (IKG). Seit 30 Jahren kann Wilhelm Heitmeyer aus dem Panoramafenster seines Büros auf den Teutoburger Wald schauen; es ist Herbst, die Blätter der Bäume färben sich rot und gelb. Vor wenigen Monaten ist die Langzeituntersuchung »Gruppenbezogene Menschenfeindlichkeit« zu Ende gegangen, die Heitmeyer zehn Jahre leitete. Darin erkundeten die Bielefelder Sozialforscher, wie Menschen unterschiedlicher sozialer, religiöser und ethnischer Herkunft mit ihren verschiedenen Lebensstilen in der Gesellschaft leben. Wie sie integriert sind und vor allem, in welchem Maße sie Vorurteilen und Diskriminierungen ausgesetzt sind. Zu den gesellschaftlichen Phänomenen, deren Entwicklung Heitmeyer und seine Mitarbeiter analysierten, gehören Rassismus, Antisemitismus, Islamophobie, Fremdenfeindlichkeit, Sexismus sowie die Abwertung von Obdachlosen, Homosexuellen, Behinderten und die Einforderung von Etabliertenvorrechten. Es ist das weltweit größte wissenschaftliche Projekt, das Vorurteile untersucht. Dazu wurden seit 2002 jedes Jahr 2000 repräsentativ ausgewählte Personen in Deutschland interviewt. Im Abstand von zwei Jahren wurden diese abermals befragt, um herauszufinden, wie sich ihre Ansichten verändert haben.[39]

»Wir untersuchen gesellschaftliche Diskurse. Und als die Debatten über Sozialschmarotzer und Hart-IV-Empfänger losgingen, haben wir genauer hingeschaut und entsprechende Fragen gestellt«, sagt Heitmeyer. 2007 stellten die Wissenschaftler schließlich fest, dass Langzeitarbeitslose eine neue eigene Gruppe von Diskriminierungsopfern ausmachen: Mehr als die Hälfte der Deutschen nimmt eine abwertende Haltung gegen Langzeitarbeitslose ein. »Die Abwertung Langzeitarbeitsloser ist wieder angestiegen. Das ist ein stabiles Feindbild«, sagt Heitmeyer zum Abschluss der Studie. So finden es 61,2 Prozent der Deutschen empörend, »wenn sich Langzeitarbeitslose auf Kosten der Gesellschaft ein bequemes Leben machen.« 52,7 Prozent sind überzeugt, dass die meisten Langzeitarbeitslosen nicht wirklich daran interessiert sind, einen Job zu finden. Mehr als ein Viertel der Deutschen denken: wer nach längerer Arbeitslosigkeit keinen Job findet, ist selber schuld. Und mehr als die Hälfte der Deutschen glauben im Ernst, dass die Ursache der Finanzkrise diejenigen sind, die den Sozialstaat ausnutzen.[40] Als wären es die Hartz-IV-Empfänger gewesen, die ihren Regelsatz für Schuhe an der Börse verzockt und damit den Finanzmarkt zum Kollabieren gebracht. Als hätten die Armen von einer schamlosen Klientelpolitik zugunsten von Konzernen und Wirtschaftselite profitiert. Als hätten die Bedürftigen Schuld am Abbau des Sozialstaats, weil sie ihren Notgroschen in die Schweiz geschafft haben.

Warum werden ausgerechnet die Verlierer zu Gewinnern stilisiert? Weshalb schlägt ausgerechnet den Schwächsten die größtmögliche Feindseligkeit entgegen? Heitmeyer und seine Kollegen haben in den vergangenen Jahren vor allem die Auswirkungen sozialer Einschnitte wie Hartz IV und der Finanzkrise auf die »Gruppenbezogene Menschenfeindlichkeit« untersucht. »Es hat auf der einen Seite einen Kontrollgewinn des Kapitals gegeben und auf der anderen Seite einen Kontrollverlust der nationalstaatlichen Politik. Während Letztere ihre Legitimation aus sozialer Integration zieht, hat das Kapital überhaupt kein Interesse daran«, sagt Heitmeyer. Er sieht die Ursache der Abwertung vor allem in der Ökonomisierung: »In einem kapitalistischen System fressen sich die Logiken von Effizienz und Verwertbarkeit immer weiter in Institutionen hinein, die eigentlich nicht nach ökonomischen Grundsätzen funktionieren, also Familie Schule und soziale Beziehungen. Wenn schwache Gruppen wie Behinderte, Migranten und Langzeitarbeitslose nach diesen Maßstäben beurteilt werden, geraten sie automatisch in den Fokus der Abwertung.«

Entsprechend finden 20 Prozent der Deutschen: »Menschen, die wenig nützlich sind, kann sich keine Gesellschaft leisten.« Ebenfalls 20 Prozent sind der Meinung, dass man es sich in Zeiten der Wirtschaftskrise auch nicht mehr leisten könne, Minderheiten zu achten oder zu schützen. 33 Prozent der Deutschen finden: »In Zeiten der Wirtschaftskrise können wir es uns nicht mehr leisten, allen Menschen gleiche Rechte zu garantieren.« Das ist das beunruhigende Ergebnis der Langzeitstudie Gruppenbezogene Menschenfeindlichkeit aus dem Jahr 2010.[41] Nun ist Häme gegen sozial Schwache kein gänzlich neues Phänomen. Die Bild-Zeitung macht seit Jahren mit der Denunzierung von »Sozialschmarotzern« wie »Florida-Rolf«, »Karibik-Klaus« und Arno Dübel, dem »frechsten Arbeitslosen Deutschlands« Auflage. Neu ist aber, dass diese Ressentiments nicht mehr nur von derartigen Krachmedien, notorischen Provokateuren wie Guido Westerwelle, Rechtspopulisten wie Thilo Sarrazin und an Stammtischen formuliert und bedient werden, sondern von Besserverdienenden und der gebildeten Mittelschicht. Das Erstaunliche daran ist, dass sich die Mehrheit der Deutschen völlig im Klaren darüber ist, dass die soziale Spaltung wächst: 63 Prozent der Deutschen machen die gesellschaftlichen Veränderungen Angst. 46 Prozent empfinden ihr Leben als ständigen Kampf. 59 Prozent fürchten, sich finanziell einschränken zu müssen, 49 Prozent, dass sie ihren Lebensstandard nicht halten können. 71 Prozent sagen, dass die Gesellschaft immer weiter auseinanderdriftet. 61 Prozent finden, dass es keine Mitte mehr gibt, sondern nur noch oben und unten. 51 Prozent sagen, dass ihnen die Ellenbogenmentalität in der Gesellschaft schwer zu schaffen macht.[42]

Seit 2000 ist der Anteil der Deutschen an der Mittelschicht von 66 auf 60 Prozent gesunken; knapp ein Viertel der Bundesbürger gehört unteren Einkommensschichten an. Je kleiner die gesellschaftlichen Unterschiede und je größer die Wahrscheinlichkeit des Abstiegs, desto mehr grenzen sich Menschen nach unten ab. »Die Menschen nehmen diese Spaltung wahr – das schützt aber nicht davor, gleichzeitig andere abzuwerten. Das ist einer der ganz schwierigen Punkte: dass diese Sensibilität nicht mit Empathie gekoppelt ist. Die ökonomische Logik ist hammerhart. Wir haben auf der einen Seite die aktuelle Politik, die auf eine Umverteilung von unten nach oben ausgerichtet ist. Und auf der anderen Seite eine rohe Bürgerlichkeit, die auch keine Rücksicht mehr nimmt, weil vor dem Hintergrund der verschiedenen, völlig undurchschaubaren Krisen nur noch die Formel gilt: rette sich, wer kann«, sagt Heitmeyer.

Soziales Stockholmsyndrom und die Folgen

Das gilt offenbar vor allem für die Wohlhabenden. Das verstörende Ergebnis der Studie 2010: Ausgerechnet bei den Krisengewinnern steigt der Anteil derjenigen, die glauben, weniger als ihren gerechten Anteil zu bekommen. Besserverdienende werten Langzeitarbeitslose sogar noch stärker ab, als dies Angehörige unterer Einkommensschichten tun.[43] Übersetzt bedeutet dieser Unmut allerdings nur, dass die Elite an ihren Etabliertenvorrechten festhält. Dass Reiche glauben, sie würden von den Armen übervorteilt, ist schon eine ganz erstaunliche Verdrehung der Tatsachen.

Nur um nochmals die Zahlen zu vergegenwärtigen: In Deutschland besaß 2007 das reichste Prozent der Bürger 23 Prozent des gesamten Vermögens, das reichste Zehntel 61 Prozent. Zwei Drittel der Bevölkerung besitzen fast nichts, die unteren 70 Prozent weniger als 9 Prozent. Knapp ein Viertel der Deutschen gehört den untersten Einkommensschichten an. Weltweit fällt die Verteilung noch drastischer aus: 2 Prozent der weltweiten Privathaushalte besitzen mehr als die Hälfte des Geld- und Privatvermögens der Welt; den reichsten 10 Prozent gehören 85 Prozent.[44] »Ohne den Reichtum existiert keine Armut und ohne die Armut kein Reichtum. Armut und Reichtum gehören ebenso zusammen wie Schwarz und Weiß, wie Licht und Schatten, wie Tag und Nacht«, schreibt Christoph Butterwegge.[45] Gewinnmaximierung der einen und Verarmung der anderen gehen Hand in Hand. Schon klar, dass die Wohlhabenden kein gesteigertes Interesse daran haben, dass die Politik sich zugunsten der Schwachen ändert. Sie haben ein Interesse daran, Armut zu erhalten. Völlig unbegreiflich allerdings ist, dass die Mittelschicht, die selbst vom Abstieg bedroht ist, sich mit der Elite identifiziert. In ihrem Buch *Hurra, wir dürfen zahlen* spricht Ulrike Herrmann, Wirtschaftsredakteurin der *taz*, vom »Selbstbetrug der Mittelschicht«. Denn statt ein System zu hinterfragen, das die Reichen immer reicher macht, statt Abgaben von Wohlhabenden zu fordern, solidarisiert sich die Mittelschicht lieber mit der herrschenden

Klasse der Geldelite. Damit arbeitet die Mittelschicht aber nicht an ihrer Rettung, sondern am eigenen Abstieg, denn das soziale Stockholmsyndrom und das Einverständnis darüber, dass Teilhabe nur an die ökonomische Verwertbarkeit des Einzelnen gekoppelt ist, legitimiert sämtliche politischen Entscheidungen zugunsten der Wirtschaftselite, während sie der Allgemeinheit nur schaden. Mit anderen Worten: Es wird weiter von unten nach oben verteilt.

Dass die Armen immer ärmer und die Reichen immer reicher werden: eine Binse, gewiss. In diesem Buch soll es aber nicht allein darum gehen, Ungerechtigkeiten anzuprangern. Es wäre zu einfach, schlicht politische Reformen zu fordern – denn in einem System, das darauf angelegt ist, den Reichen zu dienen, bedeuten Reformen allenfalls die Verhinderung von Rückschritten. Auch möchte ich nicht einfach mehr Solidarität fordern und an das soziale Gewissen appellieren – wir sind ja nicht auf dem Weltkirchentag. Ich möchte vielmehr zeigen, mit welchen menschenverachtenden Strategien die Elite ihren Bestand sichert und uns alle damit enteignet. Wer mit Armut reich wird und warum die Politik nicht die Armut, sondern die Armen bekämpft. Warum Reiche keine Wohltäter sind, wenn sie großzügig spenden und Konzerne mit »sozialem Unternehmertum« und »Social Business« die Strukturen der Armut nicht ändern, sondern zementieren. Hinter der scheinbar rationalen Ökonomisierung von Armut und Gesellschaft steckt nämlich nichts anderes als eine gefährliche Ideologie der Ungleichwertigkeit, die zunehmend Anerkennung findet. Eine immer größer werdende Zahl von Menschen abzuwerten, sofern sie keinen geldwerten Nutzen haben, bedeutet nichts anderes als: Es gibt zu viele von den Falschen. In Thilo Sarrazins Buch

Deutschland schafft sich ab verdichtet sich diese vernichtende Idee zum ökonomischen Rassismus. Verstörend ist, dass die Ergebnisse der »Gruppenbezogenen Menschenfeindlichkeit« von 2010 bereits vorlagen, bevor Sarrazins krudes Hetzwerk über Nacht auf Platz eins der Bestsellerlisten landet, als es noch keine aufgeregte Debatte über »Denkverbote« und unnütze Menschen gab. Die Ergebnisse der Langzeitstudie 2011 belegen, dass selbst Rassismus und die Abwertung von Obdachlosen signifikant angestiegen sind. Ungleichheit ist eine schwerwiegende Gefahr für die Demokratie. Ungleichwertigkeit eine für Sicherheit, Freiheit und Wohlergehen.

»There is no alternative« – wir dürfen das ewige Mantra, mit dem die Wirtschaftsmächtigen all unsere Ängste und Sorgen, unsere Ansprüche auf unseren gerechten Anteil wegwischen, nicht länger glauben. Die Fragen, was Gerechtigkeit ist, in welcher Gesellschaft, in welcher Welt wir alle zusammen leben wollen: wir sind es, die darauf Antworten finden müssen. Denn die Elite wird diese Fragen niemals ernsthaft stellen.

❯❯*Zwei Arten von Lastwagen fahren Tag für Tag von den Fabrikhö-fen – die einen steuern die Lagerhallen und Kaufhäuser an, die anderen die Mülldeponien.«*

Zygmunt Bauman,
»Verworfenes Leben. Die Ausgegrenzten der Moderne«[46]

2. »… DANN SOLLEN SIE DOCH KUCHEN ESSEN!«

Überschuss für die Überflüssigen:
Wie die Tafeln arbeiten und was sie bewirken

Wenn Elisabeth Müller* montags einkaufen geht, ignoriert sie den nächstgelegenen Supermarkt. Er gehört schon längst nicht mehr zu ihrer Welt, obwohl er sich im Erdgeschoss ihres Wohnhauses befindet. Mit einem ratternden Trolley, einer Menge alter Plastiktüten, einem großen Fahrradanhänger und drei Kindern überquert sie die Kreuzung an einer Ausfallstraße im Münchner Osten. Dann verschwindet sie in einer Einfahrt, die sich inmitten einer Hecke auftut, die den Hof einer trostlosen evangelischen Betonkirche säumt.

Am Rand ist eine lange Reihe von Biertischen aufgebaut. Darauf stehen grüne Kisten mit Obst, Gemüse, Salat, Baby-

---

* Name geändert

nahrung, Fertignudelgerichten, Dosensuppen und Süßigkeiten. Vor einem offenen Lieferwagen stapeln sich Kisten mit Brot und Gebäck, auf dem Boden steht ein Karton mit gerade noch frischen Schnittblumen. Hinter den Tischen stehen Männer und Frauen mittleren Alters, sie tragen blaue Schürzen mit weißen Blümchen und lächeln in die ersten Frühlingssonnenstrahlen. Auf den ersten Blick könnte man glauben, es handle sich um einen Wochenmarkt – wäre da nicht diese lange Schlange von Menschen, denen man ansieht, dass sie hier nicht freiwillig stehen: Rentner in abgetragenen Mänteln, Menschen mit Gehwagen oder Krücken, Migranten, Frauen mit klapperigen Kinderwagen und Trolleys, die Köpfe gebeugt, die Blicke müde, bepackt mit Taschen und abgewetzten Einkaufstüten, die noch übrig geblieben sind aus jener Zeit, als ein Einkauf im Supermarkt oder Discounter zum normalen Alltag gehörte. Es ist eine von 24 Ausgabestellen der Münchner Tafel, die insgesamt rund 18 000 Bedürftige versorgt.[47] 877 Tafeln gibt es in ganz Deutschland; mehr als eine Million Menschen holen sich an den 2 000 Ausgabestellen einmal die Woche Essen ab. [48]

Das Prinzip der Tafeln, die sich laut ihrem Bundesverband als die »größte soziale Bewegung aller Zeiten«[49] feiern, ist so einfach wie faszinierend: Ehrenamtliche sammeln in Supermärkten, bei Discountern und bei Großhändlern Lebensmittel ein, die zwar noch verzehrfähig sind, aber nicht mehr verkauft werden. Meist sind das schnell verderbliche Waren wie Obst, Gemüse und Milchprodukte kurz vor oder nach dem Ablaufdatum. Dieser Überschuss, der sonst vernichtet würde, wird an Bedürftige verteilt, deren Geld nicht einmal dafür ausreicht, sich vernünftig zu ernähren.

Almosen statt Umverteilung

Die Idee stammt aus den USA: Anfang der sechziger Jahre entstanden dort die ersten *Foodbanks*. 1993 gründete sich nach diesem Vorbild die erste Tafel in Berlin, 1994 folgte München. Heute haben fast drei Viertel der deutschen Gemeinden mit mehr als 10 000 Einwohnern eine eigene Tafel.[50] Denn was einst als Nothilfe für Menschen gedacht war, die aus allen sozialen Netzen gefallen waren, etwa Obdachlose und Drogenkranke, ist heute zu einem Versorgungssystem für Bürger geworden, die durch die Arbeitsmarktreform so tief in die Armut gerutscht sind, dass sie auf Lebensmittelspenden angewiesen sind: Zwischen 2003 und 2009 hat sich die Anzahl der Tafeln in Deutschland verdreifacht. Ein sprunghafter Anstieg war 2005 zu verzeichnen, dem Jahr, in dem die sogenannten Hartz-Gesetze in Kraft traten.[51]

Elisabeth Müller stellt Anhänger und Trolley, dessen Griff mit braunem Paketklebeband geflickt ist, auf der Wiese im Hof ab. Mit einer Bewegung, zu hastig, um gelassen zu wirken, holt die schmale, blasse Frau einen laminierten Zettel aus der Tasche ihres ausgewaschenen Anoraks, hängt sich den Berechtigungsausweis um den Hals und macht das, was die Gesellschaft von Menschen wie ihr erwartet: Sie stellt sich hinten an.

Eine kleine, rundliche Frau mit neonfarbener Pannenweste, die mit einem Klemmbrett die Schlange abschreitet, zeichnet die Anwesenden anhand der Nummern auf den Ausweisen ab. Einen Platz an der Tafel bekommt, wer Bedürftigkeit nachweisen kann. Bedürftig ist, wer auf Hartz IV oder die sogenannte Grundsicherung angewiesen ist: Diese beziehen Menschen, die nach lebenslanger Arbeit so wenig Rente erhalten, dass es kaum zum Überleben reicht. Auf den Ausweisen stehen Ablaufdatum und die Anzahl der Personen im Haushalt, die versorgt werden müssen. Je höher die Zahl auf dem Ausweis, desto mehr Lebensmittel kommen in die Tüte.

Auf Elisabeth Müllers Ausweis steht: 1 plus 5. Die 46-Jährige ist alleinerziehende Mutter von sechs Kindern, die älteste Tochter ist 22 und schon ausgezogen, der Jüngste ist drei Jahre alt. Die Müllers leben von Hartz IV, »seit mein Mann beschlossen hat, den Karren an die Wand zu fahren«. Sechs Kinder. Alleinerziehend. Hartz IV. Klingt wie das Klischee, das die Privatfernsehsender von kinderreichen Unterschichtmüttern verbreiten. In Wahrheit glich das Leben von Elisabeth Müller einst eher dem der ersten Schirmherrin der Tafel, Exfamilienministerin Ursula von der Leyen: Elisabeth Müller hat Medizin studiert, sie ist ausgebildete Ärztin. Zwanzig Jahre hat sie als Veranstalterin für medizinische Kongresse gearbeitet und gut verdient. Jetzt zahlt ihr Mann keinen Unterhalt; um sich um die Kinder kümmern zu können, musste Müller ihren Beruf aufgeben. Es war der Beginn einer Armutskarriere, wie sie die meisten Alleinerziehenden hinter sich haben, die auf das Angebot der Tafeln angewiesen sind. 41 Prozent der Alleinerziehenden in Deutschland sind Hartz-IV-Empfänger, die meisten davon Frauen.[52] »Wir Frauen stehen für alles gerade, und irgendwann stehen wir hier«, sagt Müller bitter; sie kämpft seit drei Jahren für Unterhalt. Als ihr Mann sie verließ, war sie zum sechsten Mal schwanger. Und es dauerte nicht lange, bis sie verzweifelt beim Jugendamt saß, weil sie nicht mehr wusste, wie sie die Miete bezahlen sollte. Seither ist die Familie auf Hilfe angewiesen, unter anderem auf Lebensmittelspenden der Tafel.

»Wie oft bin ich montags hier vorbeigeradelt und habe mir gedacht: Hoffentlich komm ich niemals so auf den Hund, dass ich hier anstehen muss«, sagt Müller. Ihre Tante, die selbst bei der Tafel Essen holt, hat sie schließlich dazu überredet. »Dummheit und Stolz wachsen auf einem Holz«, habe sie damals gesagt. Heute sei sie froh, ihren Stolz überwunden zu haben. »Ich bin wirklich dankbar für dieses Angebot. Denn ohne kämen wir nicht über die Runden.«

»Hallo, Frau Müller, wie geht es Ihnen? Was darf ich Ihnen heute geben? Blumenkohl? Brokkoli? Rosenkohl hätten wir auch«, sagt Christian Liebich, der seit vier Jahren ehrenamtlich bei der Tafel arbeitet und die Tüten der Bedürftigen füllt. Müller lächelt tapfer: »Danke, geht schon, nehm ich gern alles, wenn es geht«, die Schlange schiebt sich weiter. Die meisten Ehrenamtlichen versuchen, den Bedürftigen nicht das Gefühl zu geben, sie müssten um Essen betteln. Rund acht Ehrenamtliche sind pro Tafel mit Aufbau und Essensausgabe beschäftigt, fast einen Arbeitstag lang, gute sechs Stunden, dauert das. Deswegen engagieren sich dort vor allem Rentner, Hausfrauen und auch Bedürftige, die selbst die Tafel nutzen. »Wir sind wie eine Familie«, sagt Liebich, der jeden Montag an der Ausgabestelle verbringt und die Arbeit mit den Ehrenamtlichen als bereichernd empfindet. Bei Sonne, Regen und Schnee baut er Tische auf, sortiert welken Salat aus und teilt mit seinem Messer Blumenkohl und Brokkoli, um das Gemüse so gerecht wie möglich verschenken zu können. Es wirkt manchmal etwas pathetisch, wenn Liebich die Arme gen Himmel hebt und sagt: »Ich möchte den Menschen zeigen: Ich bin für dich da. Du bist es wert, dass ich für dich hier stehe.« Liebich hat lange bei einem großen Autohersteller im Marketing gearbeitet, vor ein paar Jahren aber gekündigt und sich als Lebensberater selbstständig gemacht. Die ehrenamtliche Arbeit bei der Tafel, sagt Liebich – und wie er betonen das fast alle Tafelmitarbeiter, Politiker und auch der Tafelbundesverband –, sei »gelebte Solidarität«. Es gehe ja gar nicht ums Essen, fährt Liebich fort, die Lebensmittel seien »nur ein Träger«, sie stifteten zwischenmenschliche Beziehungen.

Für die Tafelnutzer allerdings sind die Lebensmittel nicht vordergründig Symbol der Nächstenliebe und Solidarität. Sie sind gezwungen, dort Essen zu holen, weil sie sonst nicht mehr über die Runden kämen. Das wiederum sagen fast alle Nutzer der Tafel. Aber stehen mag dort niemand. Armut ist ein Stigma, das auch die Tafeln nicht löschen können, ganz im Gegenteil: Die Bilder der Warteschlangen vor Essensausgaben sind zum Symbol geworden für eine Wohlstandsgesellschaft, die es sich leistet, einer zunehmenden Anzahl Bedürftiger allenfalls ihre Brosamen zukommen zu lassen, ihnen aber echte Teilhabe verweigert.

Es ist die hässliche Realität des sogenannten »Trickledown-Effekts«, den die Apologeten eines Wirtschaftswachstums propagieren, das darauf basiert, dass sich der Staat aus den ökonomischen Prozessen heraushält. Diese extrem liberale Wirtschaftstheorie besagt, dass die Wohlstandsmehrung der Reichen nach und nach in die unteren Schichten der Gesellschaft durchsickere. Armutsbekämpfung durch Reichenförderung: Diese wohl dreisteste Rechtfertigung der Vermehrung von Privatvermögen ist mittlerweile leider – mehr oder weniger verdeckt – wesentlicher Teil der Regierungsprogramme der westlichen Welt. Von Kritikern wird sie anschaulicher als »Pferdeäpfeltheorie« beschrieben: Wenn man den Spatzen

Gutes tun wolle, dann müsse man den Pferden den allerbesten Hafer füttern, damit die Spatzen aus der Scheiße ein paar Körner picken können.

Ihren kleineren Kindern sagt Elisabeth Müller deshalb, dass Montag »der Einkaufstag« sei. Seit sie in einer Fotogeschichte in einem Stadtmagazin erzählt habe, dass sie Essen bei der Tafel hole, seien ihre Kinder im Kindergarten und in der Schule ausgelacht worden: Igitt, dein Pausenbrot ist ja vom Müll!

20 Prozent der Kinder unter 15 Jahren in Deutschland leben in Hartz-IV-Familien – in Berlin sind es sogar 35,7 Prozent.[53] Bei 15 bis 40 Prozent derjenigen, die auf Lebensmittelspenden der Tafeln angewiesen sind, handelt es sich um Kinder und Jugendliche.[54] 2,62 Euro sieht der Hartz-IV-Regelsatz täglich für Ernährung von Kindern bis sechs Jahre vor; 3,21 Euro für Kinder bis 14, 3,52 Euro für Teenager.[55] Dass es unmöglich ist, Kinder und Jugendliche mit einem solchen Budget gesund zu ernähren, stellte Mathilde Kersting vom Forschungsinstitut für Kinderernährung (FKE) bereits vor vier Jahren fest: Wer einen Teenager von 15 Jahren halbwegs gesund ernähren will, muss selbst im Discounter 4,68 Euro und im Supermarkt 7,44 Euro am Tag ausgeben.[56] Da helfen auch die autoritären und selbstgefälligen Belehrungen der Wohlhabenden nichts: »Nicht die Armut ist das Hauptproblem der Unterschicht, sondern der massenhafte Konsum von Fastfood und TV«, gibt der neokonservative Historiker Paul Nolte und Uniprofessor vor zu wissen: »Das große Fressen« lautete bereits 2003 die reichlich zynische Überschrift seines Essays über die »kulturellen Wurzeln der Verwahrlosung« in der Wochenzeitung *Die Zeit*: »Sich gut und vernünftig zu ernähren, hört man dann, sei eben teurer – womit man wieder bei den materiellen Verhält-

nissen und damit bei der Forderung nach Umverteilung wäre. Das ist jedoch eine Legende. Jede zu Hause zubereitete Mahlzeit aus Kartoffeln und Gemüse, aus Vollkornbrot und Käse ist billiger zu haben als die Dauerernährung in Imbissbude und Schnellrestaurant, die vielen Kindern der Unterschichten zugemutet wird – wohlgemerkt: nicht von den Konzernen, sondern von ihren eigenen Eltern.«[57]

Überschuss für die Überflüssigen

Elisabeth Müllers Taschen sind gut gefüllt mit Gemüse und Brot. Mit dem Käsebrot wird es diesmal trotzdem nichts, Milchprodukte gab es heute leider keine. »Dann muss es diese Woche mal ohne gehen«, murmelt sie. Es ist Monatsende, das Geld wird nicht reichen für den Einkauf im Supermarkt. Am liebsten, sagt Elisabeth Müller, würde sie sich und die Kinder mit Biolebensmitteln ernähren. Sie sagt das so, wie andere von einem Sportwagen schwärmen, den sie sich nie werden leisten können.

Dann geht die 46-Jährige in den Gemeindesaal und stellt sich an der Essensausgabe an. In einigen Ausgabestellen der Münchner Tafel gibt es kostenloses Mittagessen, solange der Vorrat reicht. Meist wird es von Firmenkantinen geliefert, manche Firmen lassen extra für die Tafel kochen. Zum Beispiel die Bayern Bankett Gastronomie, eine hundertprozentige Tochter der Bayerischen Landesbank, die der Staat mit 30 Milliarden Euro Steuergeldern gerettet hat.[58] Jetzt sponsert sie für mehrere tausend Euro im Monat und unter großem Beifall der Gesellschaft Suppenküchen für diejenigen, die vom Staat kaum etwas zu erwarten haben.

Heute gibt es Fisch mit Spinat. »Sehr gut schmeckt das«, finden Frau Müller und ihre Tante; sie essen langsam, je später der Nachmittag, desto kleiner die Portionen. Eine alte Dame scheint weniger begeistert, sie schmeißt den fast vollen Plastikteller nach ein paar Bissen in den Müll.

Ein alltäglicher Vorgang, an dem sich in den Restaurants, Kantinen und an den häuslichen Esstischen der westlichen Wohlstandsgesellschaften keiner mehr stört. Nach einer im Mai 2011 veröffentlichten Untersuchung der Ernährungs- und Landwirtschaftsorganisation der Vereinten Nationen, FAO, landet ein Drittel der weltweit hergestellten Nahrungsmittel im Müll.[59] Essen wegzuwerfen ist das Privileg vollwertiger Mitglieder der Konsumgesellschaft. »Das konsumistische Wirtschaftssystem lebt vom Warenumsatz; es boomt, wenn mehr Geld den Besitzer wechselt, und wann immer Geld den Besitzer wechselt, wandern einige Konsumgüter in den Müll«, schreibt der Soziologe Zygmunt Bauman in seinem Buch *Leben als Konsum*.[60] Er beschreibt den Konsumismus als »Ökonomie des Überschusses und des Abfalls«.[61] Mit anderen Worten: Essen und andere Dinge wegzuwerfen ist die Grundlage der Konsumgesellschaft: Nur wenn viel entsorgt wird, wird auch viel gekauft. Doch hier im kargen, dunklen Vorraum des Gemeindezentrums geht ein entsetztes Raunen durch die Reihen der Tafelnutzer, die gerade noch ein Restchen Essen ergattert haben. In parallelen Konsumwelten wie der Tafel, in der nur der Überschuss verteilt wird, sind nicht nur die Waren endlich, sondern auch Gerechtigkeit und Wahlfreiheit. Solidarität zwischen den Bedürftigen entsteht so kaum, sie werden eher zu Konkurrenten.

Mittlerweile ist auch Klara* gekommen, die 13-jährige Tochter von Elisabeth Müller. Sie schaut sich unsicher um, man merkt, dass sie sich hier unwohl fühlt. Das bildhübsche, zierliche Mädchen trägt eine schwarze Satinhose, die am Knie ein Loch hat. »Was hast du denn da gemacht?« fragt die Tante, das Mädchen schaut traurig auf den Boden. »Macht ja nichts, das hat man jetzt so«, versucht die Tante zu trösten.

Klara besucht das Gymnasium, sie leidet sehr unter der Situation der Familie, sehr viel mehr als ihre kleinen Geschwister, die noch nicht ahnen, dass gesellschaftliche Anerkennung davon abhängt, welche Kleider oder Handys sie besitzen. Ihre Klassenkameradinnen, die sie gern zu Freundinnen hätte, kommen überwiegend aus Mittelschichtsfamilien ohne Geldsorgen. Da können es sich die Eltern auch leisten, den Mädchen 50 Euro für einen Einkaufsbummel mit anschließendem Besuch bei McDonald's in die Hand zu drücken. Elisabeth Müller kann das nicht. Selten kann sie Klara zu solchen Nachmittagen mitschicken. »Mehr als 5 Euro sind dann nicht drin«, sagt sie.

Ihr selbst fällt der Verzicht nicht so schwer. Aber dass sie ihren Kinder so wenig bieten kann, »das tut wirklich weh«. Auch wenn sie verstünden, dass das meiste von dem, was für andere selbstverständlich ist, bei ihnen einfach nicht geht. Obwohl Frau Müller mit Büchern und DVDs aus der Bibliothek versucht, die Kinder auf dem neuesten Stand zu halten, und es bei den Kindern durchaus die Einsicht gibt, dass coole Klamotten, Shoppingtouren und Fast Food nicht das Wichtigste sind im Leben: Wer diesen Status nicht halten kann, wer auf

---

* Name geändert

Almosen angewiesen ist, gehört nicht mehr dazu. Deshalb traut sich Klara im Sommer nicht einmal mehr ins Freibad. Zwar ist der Eintritt für Bedürftige in München kostenlos. Doch wenn Klara ihren München-Pass an der Kasse vorzeigt, lachen die anderen sie wegen ihres »Penner-Passes« aus.

In einem Interview in der *Süddeutschen Zeitung* erzählt Paul Nolte, dass er in einer Pfarrersfamilie aufgewachsen sei. »Jeden Tag standen Penner vor unserer Haustür und wollten eine Mark oder etwas zu essen haben. Da bin ich halt in die Küche und habe ein Butterbrot geschmiert.«

Er habe viel Empathie von zu Hause mitbekommen, sagt Nolte, der vom Pfarrersohn zum Hassprediger der Elite aufgestiegen ist, der heute seine Empathie gilt. Deshalb beklagt er wohl eine fehlende »Aufstiegmentalität«.[62]

Dabei haben 15,8 Prozent der Arbeitslosen in den westlichen Bundesländern einen Hochschulabschluss. Im Osten sind es 13,8. 80 Prozent der Geisteswissenschaftler finden nach dem Studium keine feste Anstellung sondern schlagen sich mit schlecht bezahlten Aushilfsjobs durch. 1,2 Prozent der Arbeitslosen sind Akademiker zwischen 25 und 35 Jahren, die direkt nach der Uni Hartz IV beantragen müssen.[63] Das Problem von Menschen wie Elisabeth Müller ist also keinesfalls mangelnde »Aufstiegsmentalität«, sondern das sind der rapide Abstieg – und die Abstiegsangst der Mittelschicht, die sich, wie von Nolte gewünscht, nach oben orientiert. Frau Müller sagt, dass sie gern wieder arbeiten gehen würde. Doch mit sechs Kindern und ohne Unterhalt müsste sie mindestens 5 000 Euro verdienen, um ohne Unterstützung ein normales Leben führen zu können. Mit einem durchschnittlichen Gehalt von 2 000 Euro stünde sie noch schlechter da als jetzt, weil ihr sämtliche Unterstützung gestrichen würde. Auch ein Besuch bei der Tafel wäre dann nicht mehr drin, weil sie ihre Zugangsberechtigung verlöre.

»Wer im Wohnzimmer die berühmte Glasschale mit drei Kilo Süßigkeiten stehen hat, dem kann man sagen, dass sich das Geld auch anders investieren lässt, in Obst und Gemüse oder ein Buch zum Vorlesen zum Beispiel«, eifert Nolte, der sagt, er würde »den Finger in die Wunde legen« wollen.[64] In der der Bedürftigen jedenfalls bohrt er ziemlich tief.

»Ich fühle mich von so was nicht angesprochen, ich arbeite ja von früh bis spät für die Kinder«, sagt Frau Müller. Und trotzdem soll nicht einmal ihr Bruder wissen, dass sie zur Tafel geht: »Er hält solche wie mich für Parasiten der Gesellschaft.« Auf Frau Müllers Tisch steht keine Glasschale mit drei Kilo Süßigkeiten, sondern ein Teller mit Weintrauben. Dazu legt ihr achtjähriger Sohn seine Matheschularbeit, eins mit Sternchen, Frau Müller unterzeichnet nicht ohne Stolz. An den Wänden der hübsch eingerichteten Wohnung hängen Fotos aus der anderen Zeit: die kleinen Kinder am Strand, die Familie vor Sehenswürdigkeiten in südeuropäischen Städten, Elisabeth Müller im Businesskostüm mit Kollegen. »Trauben von der Tafel«, sagt Frau Müller, steckt sich eine in den Mund und schüttelt lachend den Kopf. Einen solchen Luxus, sagt sie, könnte sie sich sonst nicht leisten. Wenn man fragt, welchen Luxus sie sich denn gönne, dann sagt sie fast trotzig: »Kaffee. Ja. Den kauf ich mir manchmal.« Dann schenkt sie sich eine Tasse aufgewärmten Kräutertee ein. Kaffee gibt es heute nur für den Gast.

Vom Müll in den Magen

Es ist kurz vor sieben Uhr. Die Morgensonne färbt die Türme des Heizkraftwerks am Rand des Münchner Großmarktgeländes rosa, ein Gabelstapler fährt Paletten über die ruhige Straße, leere Lieferwagen kommen vom Ausliefern zurück. Nur auf dem Parkplatz vor dem Heizkraftwerk, den die Stadt München der Tafel kostenlos für die 15 Lieferfahrzeuge zur Verfügung stellt, herrscht rege Geschäftigkeit. Motoren brummen, Autotüren knallen, das Handy der Koordinatorin Ruth Stark klingelt ununterbrochen, während sie den Fahrern Anweisungen zuruft. Wenn der Hauptbetrieb am Großmarkt vorbei ist und die frischen Lebensmittel in den Regalen der Supermärkte liegen, beginnt die Arbeit der Tafel. Sie steuert die Rückseite jener Supermärkte und Discounter an, auf deren Laderampen Kisten voll mit übrig gebliebenen Lebensmitteln stehen, die die regulären Kunden in den Regalen haben liegen lassen. Fahrer Dimitri[*], 41, ist einer von 11 fest angestellten Mitarbeitern der Münchner Tafel. Mit den Jahren und unter dem Ansturm von immer mehr Armen mussten sich die Tafeln professionalisieren. Achtstündige Abhol- und Ausliefertouren, jeden Morgen ab sieben Uhr – das ist auch mit knapp 400 Ehrenamtlichen nicht zu leisten.[65]

Dimitri, der Ukrainer, ist ausgebildeter Zahntechniker. Als er vor mehr als zehn Jahren in der Hoffnung auf ein besseres Leben nach Deutschland kam, fand er keine Arbeit. Also machte er eine Umschulung zum Systemadministrator, doch auch nach 150 Bewerbungen hatte er noch keinen Job. Dimitri kam als Ehrenamtlicher zur Tafel, er stieg zum Ein-Euro-Job-

---

[*] Name geändert

ber auf. Mancher Kollege von Dimitri war zuallererst selbst Nutzer der Tafel. Ein fester Job bei der Tafel ist das Ende einer Karriereleiter, die zwar aus der individuellen Armut herausführt, aber nicht aus der Parallelwelt der Armut. Dimitris Beruf ist es jetzt, Bedürftige mit kostenlosem Essen zu versorgen, andere Arbeitslose, die nicht so viel Glück hatten wie er.

Dimitri parkt den Lieferwagen rückwärts vor der Laderampe eines Discounters. Er geht durch den Laden zum Hintereingang, vorbei an den Regalen mit frischer Ware, die auf Kunden warten; ein Mitarbeiter zeigt wortlos neben die Kartonpresse. Unterhalb der Rampe stehen die Mülltonnen hinter einem abgeschlossenen Gitter.

Dimitri zieht seine Arbeitshandschuhe an und räumt die Müllsäcke beiseite, die auf den Kisten stehen, in denen das Essen für die Tafel wartet. Es gibt jede Menge Bananen, Paprika in Plastikschläuchen, Salatköpfe und Orangen; eine Kiste mit guten Kartoffeln, zwischen denen zwei Flaschen Bier ausgelaufen sind und in der drei Tiefkühlpizzen auftauen, muss Dimitri zurücklassen. Beim nächsten Discounter lässt sich erst gar kein Mitarbeiter blicken; vor dem verschlossenen Rollladen steht ein Turm aus Kisten. In einer gammelt Putenfleisch vor sich hin, in einer anderen suppt abgelaufener Joghurt aus kaputten Bechern über eine Schachtel mit zerdrückten Eiern, Fliegen sitzen auf dem Müll. Ist das einfach nur gedankenlos, oder glauben Lebensmittelkonzerne mit zweistelligem Milliardenumsatz tatsächlich, dass selbst verdorbenes Essen für Arme allemal gut genug ist?

Hannelore Kiethe, die die Münchner Tafel 1994 gründete, sagt, dass es eine Weile gedauert habe, bis sie den Supermärkten angewöhnt hätten, den Wareneinsammlern nicht einfach nur den Müll zu überlassen. »Man gab uns häufig verschimmelten, ungenießbaren Schrott. Wir waren für die Händler ein gefundenes Entsorgungsunternehmen«, schreibt Kiethe in dem kleinen Bildband ... *außer man tut es*, den die Münchner Tafel anlässlich ihres 15-jährigen Bestehens veröffentlichte.

Die Chuzpe der Händler, den Ehrenamtlichen säckeweise verfaulte Kartoffeln oder Kisten mit stinkendem Fisch zu überlassen, gerät dort zur lustigen Anekdote: »Aber die feinen Damen hielten durch, erwiesen sich als ausdauernd und zäh. Die Händler staunten. Der Spott ließ nach, aus Verachtung wurde Hochachtung.«[66] Heute dürfen sich die Händler darüber freuen, dass sie Tafelspenden als soziales Engagement für die Imagepflege bewerben können.

Die Handelsketten haben einfach erkannt, dass sie von der Zusammenarbeit bestens profitieren: Sie sparen sich einen Teil der Entsorgungskosten. Dafür gehen die der Münchner Tafel für Paletten, Pappe, Verpackung und Biomüll in die Tausende pro Monat – trotz Sponsoren und Vergünstigungen der Münchner Abfallwirtschaft. Die Berliner Tafel muss zwischen 26 000 und 40 000 Euro Spenden pro Jahr für die Müllbeseitigung aufbringen.[67] Der Discounter Lidl nennt die Berliner Tafel noch heute »Entsorger« – sehr zum Ärger der Gründerin Sabine Werth.

Dimitri reißt Verpackungen auf und sortiert brauchbare – heißt: einwandfreie – Sachen in grüne Kisten. Die Tafeln müssen sich an Lebensmittelrichtlinien halten und werden entsprechend kontrolliert. Eine Selbstverständlichkeit, die die Tafeln allerdings extra betonen. »Wir geben nichts her, was wir nicht auch selbst essen würden«, wiederholen die Verantwortlichen gebetsmühlenartig. Man möchte nicht als Müllabfuhr verstanden werden, wenn man so hehre Ziele wie die Tafeln verfolgt. Nämlich nicht weniger als zwei der größten Probleme unserer Zeit gleichzeitig zu bekämpfen: Armut und Überfluss. Genau das ist der Grund, weshalb die Idee der Tafeln solche Anerkennung in der Gesellschaft findet: Rund 20 Millionen Tonnen Lebensmittel werden in Deutschland jedes Jahr weggeworfen, während immer mehr Menschen Not leiden.[68] Mehr als 11 Millionen Menschen leben in Deutschland nahe an oder unterhalb der Armutsgrenze.[69] Ein Gedanke, der auch in der Überflussgesellschaft für latentes Unbehagen sorgt. Doch die Tafeln, so scheint es, füllen diese Lücke zwischen Armut und Überschuss. »In Deutschland gibt es Lebensmittel im Überfluss – dennoch herrscht bei vielen Menschen Mangel. Die Tafeln bemühen sich um einen Ausgleich«, heißt auf dem Faltblatt des Tafelbundesverbands. Das Motto, das unter dem orangefarbenen Schriftzug »Die Tafeln« und dem Tellersymbol mit Messer und Gabel steht, lautet »Essen, wo es hingehört«; »Verteilen statt vernichten« ist das Credo der Münchner Tafel. Das klingt nach Verteilungsgerechtigkeit und »Anpacken statt Jammern«. Doch der moralisch verbrämte Pragmatismus verdeckt den schmalen Grat, auf dem sich die Tafeln bewegen, die Überflüssiges an Überflüssige verteilen.

Kunden ohne Rechte

Am Nachmittag bietet eine freundliche Tafelmitarbeiterin einer Bedürftigen einen Laugenring mit Butter und Schnittlauch an, doch die Frau mit russischem Akzent lehnt unwirsch ab. Die Miene der Ehrenamtlichen verdüstert sich auf der Stelle. »Die ist absolut frisch und gut«, ruft sie so laut und empört, dass es alle in der Schlange mitbekommen. »Dann eben nicht«, zischt sie hinterher und beißt demonstrativ selbst hinein. Vielleicht mag die Russin kein Laugengebäck, vielleicht wollte die ältere Dame, die sich zu diesem Termin stark geschminkt und einen Mantel mit Pelzkragen angezogen hat, nur auf sehr ungeschickte Weise selbstbewusst wirken. Solche Szenen spielen sich nicht selten ab. Meistens reagieren die Ehrenamtlichen empfindlich, wenn die Bedürftigen Äpfel, Salat und Karotten in den Händen wiegen und braune Stellen oder welke Blätter monieren. »Das kann man doch wegschneiden«, sagen sie dann. Oder: »Das passiert Ihnen im normalen Supermarkt genauso.« Der Unterschied ist nur: Tafelnutzer sind darauf angewiesen, das zu essen, was normale Kunden im normalen Supermarkt liegen lassen. Sie haben nicht die Wahl. Und so wird der verzweifelte Versuch, ein Restchen Würde und Kundenstatus zu demonstrieren, oft genug als Undankbarkeit, Gier und Anspruchsdenken gewertet.

Die meisten Tafeln in Deutschland nennen ihre Nutzer tatsächlich »Kunden« und lassen sie einen symbolischen Euro zahlen, damit das Essen einen »Wert« erhält.[70] In der Konsumgesellschaft sind Teilhabe und Würde des Einzelnen an seinen Kundenstatus gebunden – und Freiheit bedeutet in der Konsumgesellschaft, aus einer scheinbar unendlichen Fülle zu wählen und scheinbar individuelle Kaufentscheidungen zu treffen. Stephan Lorenz ist Soziologe an der Universität Jena und beschäftigt sich mit Konsum, Überfluss, Ernährung, Umwelt und Nachhaltigkeit. Er leitet zwei Jahre ein Forschungsprojekt zu den Tafeln und ist Herausgeber des Bandes *Tafelgesellschaft. Zum neuen Umgang mit Überfluss und Ausgrenzung*. Er sagt:

»Die Simulation des Kundenstatus markiert ja gerade: Ihr gehört nicht dazu. Es ist ja keine Versorgung über den Markt,
sondern neben dem Markt.« Unbeschädigte, also »normale«
Kunden zeichnen sich dadurch aus, dass sie ihren Bedarf auf
eigenständige Weise befriedigen können. Wären sie echte Kunden, müssten sie eben nicht zur Tafel. »Der Kunde ist König,
nicht Bettler«, sagt Lorenz.

Echte Kunden dürfen auch Ansprüche stellen. Tafelnutzer
können das nicht. Zum einen, weil das Angebot oft willkürlich
ist: So gibt es statt Grundnahrungsmitteln wie Mehl, Nudeln
oder Reis oft kistenweise Produkte wie Kilodosen Zwiebel-
suppenpulver. Darüber sollte sich der Tafelkunde aber nicht
beschweren: »Tafelkunden können keinen Anspruch haben.
Das ist ein Problem. Denn wir merken halt auch: Der Anspruch ist da. Wir hatten auch schon Situationen, da hieß es
dann: Ich habe hier bezahlt, da hab ich eine Anspruch auf was
Anständiges, wo wir dann schon auch mal in einem Fall dem
laut meckernden Mann den Euro zurückgegeben und gesagt
haben: Geh zu Aldi, kauf dir was Schönes«, sagt die Gründerin der Berliner Tafel, Sabine Werth. Man könnte auch sagen:
Friss oder stirb.

Permanent wird den Nutzern der Tafel ihr Status des Nicht-
kunden vergegenwärtigt. Auch durch das Angebot: Hier landen
Produkte, die andere nicht haben wollen. Auf verstörende Art
und Weise kann man so erkennen, was auf dem ersten Konsumgütermarkt angesagt ist und was nicht: Wenn die Leute
weniger Fleisch essen wollen, weil Vegetarismus gerade in ist,
gibt es eben mehr Wurst und Schnitzel für die Tafeln. Ebenso
türmen sich Erdbeeren im Winter, wenn mal wieder in der Zeitung stand, dass deren Anbau der Umwelt schadet und der

sogenannte verantwortungsvolle Konsument aus ökologischen Gründen folglich die Finger davon lässt. Bis in den Februar hinein gibt es abgepackten Raclettekäse von Silvester. Und während normale Kunden Osterhasen und Schokoeier kaufen, dürfen sich Tafelnutzer im April über Weihnachtsgebäck und Schokonikoläuse freuen. Nach dem Dioxinskandal entstand ein Überangebot von Eiern, die die verschreckten Kunden lieber im Supermarkt stehen ließen. Und als im Mai 2011 in Deutschland EHEC-Infektionen ausbrachen und man den Erreger auf Salat und Gurken vermutete, landeten bei einigen Tafeln selbstverständlich kistenweise Salat aus Norddeutschland und Gurken aus Spanien – die allerdings nicht verteilt wurden.[71]

Freiwillige und unfreiwillige Entsorger des Wohlstandsmülls

Das scheint die einzige Leistung, die Tafelkunden noch zu bieten haben: Sie entsorgen den Wohlstandsmüll – und damit en passant das schlechte Gewissen der Konsumgesellschaft. Gerd Häuser, Vorstandsvorsitzender des Tafelbundesverbands, sieht darin sogar eine wichtige gesellschaftliche Aufgabe. Er sagt, er kämpfe für mehr Selbstbewusstsein bei den Tafelnutzern: »Ich wünsche mir, dass sie sagen: Ich tu was für die Gesellschaft, weil ich einen ökologischen Beitrag leiste. Diese Leistung müssen wir anerkennen. Das sind keine Almosenempfänger, sondern Rädchen in der Lebensmittelindustrie. Wenn es sie nicht gäbe, müsste man das Zeug wegschmeißen. Das ist ja wohl auch nicht die Lösung.«

Das klingt allerdings zynisch. Denn niemand geht aus ökologischen Gründen zur Tafel, sondern weil ihn Not und Hunger dazu zwingen. Und gewiss würde es Handelsketten und Lebensmittelkonzernen und vielleicht auch den Tafeln nicht gefallen, wenn Tafelnutzer selbstbewusst Überproduktion anprangerten.

Das wiederum machen die sogenannten Freeganer. Die Bewegung entstand Mitte der neunziger Jahre unter Globalisierungsgegnern in New York. Der Name ist zusammengesetzt aus »free« für frei und »vegan«, was bedeutet, sich ohne tierische Produkte zu ernähren. Es ist eine politische Ernährungsform, die sich den kapitalistischen Marktprinzipien verweigert. Tafelnutzer wie Freeganer ernähren sich aus den gleichen Quellen. Der Unterschied ist nur: Freeganer holen sich einfach, was sie brauchen – ganz anarchisch. Nachts ziehen sie »los« und sammeln aus den Müllcontainern hinter den Supermärkten Lebensmittel, die noch verzehrfähig sind. Freeganer haben hippe Bezeichnungen für das, was sie tun, sie nennen es »Dumpster Diving« oder »Containern«, es gibt Freegan-Blogs mit Fotos der Ausbeute, die meist gewaltig ist, Foren, in denen sich Freeganer austauschen und Tipps geben; es gibt Container-Ortsgruppen, die Lebensmittel untereinander tauschen, es gibt sogar T-Shirts für bekennende Freeganer, und manche linksalternativen WGs besorgen sich ihre Nahrungsmittel komplett aus dem Müll.

Sie verstehen das nicht nur als privaten Konsumboykott, sondern als Bewegung: als politischen Protest gegen das kapitalistische System, das auf Ausbeutung, Umweltzerstörung und Menschenrechtsverletzung bei der Lebensmittelproduktion gründet und Armut hervorbringt. Genau deshalb sind sie den Supermarktketten ein Dorn im Auge. Darum sperren die wiederum ihren Müll nachts weg oder umwickeln die Container mit Ketten; manche, so hört man in der Szene, schmeißen verdorbenes Essen oben drauf, sodass das gute Essen nicht mehr brauchbar ist, oder färben die Lebensmittel ein. In Großbritannien, wo es eine große Freegan-Szene gibt, werden sogar Wachdienste zur Verteidigung des Mülls beschäftigt.

In Berlin waren eine Zeit lang Container von Bio-Läden besonders beliebt. Denn seit Bio boomt und den Massenmarkt erreicht hat, seit auch Bio-Kunden so anspruchsvoll geworden sind, dass sie die ganze Produktpalette zu jeder Jahreszeit wünschen, seit Bio-Gemüse zu den Attributen des Öko-Glamours gehören, haben die zum alten Öko-Klischee verkommenen schrumpeligen Möhren ihre Daseinsberechtigung verloren. Auch bei Bio gibt es deshalb Überproduktion – und Überproduktion bedeutet, dass eine Menge Lebensmittel im Müll landen. Als vor ein paar Jahren ein Bio-Großhändler in einem Berliner Industriegebiet feststellte, dass bis zu 30 Freeganer jede Nacht die Mülleimer plündern, pappte er einen Aufkleber mit der Warnung »Vorsicht, Rattengift« auf die Container.[72] Gutes Essen im Müll – das passt so gar nicht zum sauberen, edlen und nachhaltigen Image der Bio-Läden. Vor allem aber sollen die Menschen das teure Obst und Gemüse schließlich kaufen; Qualitätsware verliert ihren Wert, wenn sie andere für umsonst aus dem Müll fischen.

2004 erstattete eine Filialleiterin der Supermarktkette Rewe Anzeige gegen eine Freeganerin; selbst Müll ist in Deutschland Eigentum, dessen Diebstahl strafbar ist. Ein paar alte Brote und zwei abgelaufene Joghurts hatte die Frau ergattert, die dann wegen »gemeinschaftlichen Diebstahls in einem besonders schweren Fall« vor Gericht stand, weil sie mit ihren »Mittätern« über den Zaun kletterte. Es war nicht die einzige

Strafanzeige gegen Freeganer in Deutschland. Die Straßenmusikerin musste die Anwaltskosten tragen und 60 Stunden gemeinnützige Arbeit leisten.[73] Gleichzeitig ist die Rewe Group (Umsatz dieses zweitgrößten Lebensmittelhändlers in Deutschland: 53 Milliarden Euro) seit 1993 der größte Lebensmittelspender der Tafeln und unterstützt außerdem das Bundestafeltreffen.[74] Lebensmittelspenden aus dem Müll sind Teil der viel beworbenen »Nachhaltigkeitsinitiative« von Rewe, für die der Konzern 2010 den Deutschen Nachhaltigkeitspreis erhielt.[75] Zu den Beratern von Rewe gehört auch Joschka Fischer, der als stellvertretender Bundeskanzler der rot-grünen Regierung öffentlich für Hartz IV warb: »Hartz IV wird nicht massenhafte Verarmung hervorrufen, sondern bei Erhalt einer sozialen Grundsicherung mehr Chancen für den Zugang in den Arbeitsmarkt bieten«, so Fischer ein Jahr vor Inkrafttreten der Hartz-Gesetze.[76]

Beim jährlichen Sommerfest der Bundestafel hat Rewe Bundespräsident Christian Wulff »in die Hand versprochen, weiterhin jeden Tag an die Tafeln zu spenden«.[77] Übersetzt bedeutet dieses Versprechen aber auch: Weiterhin werden jeden Tag noch verwertbare Nahrungsmittel in den Müll geschmissen.

Supermärkte als Profiteure der Lebensmittelverschwendung

Mit Nachhaltigkeit hat das allerdings nichts zu tun – denn Überproduktion und Verschwendung sind die Grundlage für den Profit der Handelsketten. Lebensmittelhersteller produzieren immer 120 bis 140 Prozent des realen Bedarfs, damit Engpässe, Verkaufsschwankungen, Transportprobleme und andere Störungen ausgeglichen werden können.[78] Ein gutes Viertel aller Lebensmittel wird also wissentlich für den Müll produziert.

Es ist einer von vielen grundlegenden Widersprüchen des Tafelsystems, die sich nicht auflösen lassen: Zwar beteuern die Tafeln, den Überschuss zu bekämpfen – doch zugleich ist er ihr Geschäftsprinzip. Tafeln, Lebensmittelkonzerne und Supermärkte stehen in einem symbiotischen Verhältnis zueinander. »Man verhindert ja eben nicht das Entstehen von Abfällen – denn daran kann die Tafel kein Interesse haben. Dann hat man ja immer weniger zu verteilen«, sagt Stephan Lorenz. Das Prinzip der Tafeln setzt keine Anreize, sich von der Idee unendlichen Wirtschaftswachstums zu verabschieden. Sie tragen auch nicht dazu bei, die Strukturen der Verschwendung zu ändern, sondern greifen erst am Ende der Wertschöpfungskette ein: am Mülleimer. Dennoch spart der Bundesverband der Tafeln nicht an Eigenlob: Im hauseigenen *Feedback*-Magazin zum Thema Nachhaltigkeit preist Häuser die Arbeit der Vereine als ein »Paradebeispiel nachhaltigen Handelns«.[79]

130 000 Tonnen Lebensmittel verteilen die Tafeln pro Jahr an Bedürftige in Deutschland.[80] Das klingt nach einer enormen Menge. Doch es ist gerade mal ein winziger Bruchteil der 20 Millionen Tonnen Lebensmittel, die in Deutschland jährlich im Müll landen. Die Deutsche Gesellschaft für Konsumforschung hat ausgerechnet, dass deutsche Privathaushalte Lebensmittel im Wert von fast 20 Milliarden Euro in den Müll schmeißen, darunter viele Lebensmittel, die noch eingeschweißt sind.[81] Durch die extrem niedrigen Preise und das groteske Überangebot an Waren, mit denen die Handelsketten gegeneinander konkurrieren – ein Rewe-Supermarkt hat bis zu

40 000 unterschiedliche Artikel im Sortiment – werden die Konsumenten dazu verleitet, viel zu viele Lebensmittel zu kaufen, die schließlich im Kühlschrank vergammeln. In einem Zeitraum von nur zehn Jahren hat die Anzahl der angebotenen Waren in den deutschen Supermärkten um 130 Prozent und die der Produktvarianten sogar um 430 Prozent zugenommen. Seit den siebziger Jahren sind die Müllberge um 50 Prozent gewachsen.[82]

Der Großteil der Lebensmittel schafft es aber gar nicht erst ins Supermarktregal, er wird schon auf dem Acker vernichtet oder gar nicht erst geerntet, weil der Lebensmittelhandel nur optisch standardisierte Produkte annimmt. Die Gründe dafür sind mitunter erschütternd banal: So lassen sich etwa Kisten, in denen ausschließlich gerade geformte Gurken liegen, besser stapeln.[83] Solche Kriterien bestimmt einzig der Handel, der es mit seinen mächtigen Lobbyverbänden geschafft hat, dass die EU-Normen für Obst und Gemüse seinen Bedingungen entsprechen.

Schätzungen gehen davon aus, dass in Industrieländern insgesamt sogar die Hälfte der produzierten Nahrungsmittel entsorgt wird, während eine Milliarde Menschen weltweit an Hunger leidet und täglich mindestens 20 000 Menschen an Unterernährung sterben. Die Menge der Lebensmittel, die in Europa und Nordamerika vernichtet wird, würde drei Mal reichen, um alle Hungernden der Welt zu ernähren.

Es gehört zur Politik aller Einzelhandelsketten, ganzjährig die gesamte Warenpalette anzubieten. Spricht man Supermarktverantwortliche darauf an, so zucken sie mit den Schultern und erklären mit weit aufgerissenen Unschuldsaugen, dass es ja »der Konsument« sei, der dies nachfrage, »sonst hätten wir die Sachen ja nicht im Regal stehen«. Beziehungsweise: »Wenn wir das nicht haben, dann gehen die Leute eben woandershin.«[84]

Das Überangebot an Waren ist konstituierend für die Konsumgesellschaft, in der die Wahlfreiheit des Kunden wie ein Menschenrecht gehandelt wird (Stichwort »mündiger Konsument«). Dass es aber tatsächlich ein formulierter Kundenwunsch sein könnte, zwischen 100 verschiedenen Sorten Joghurt zu wählen: schwer vorstellbar. Da es beim Einkaufen im Supermarkt längst nicht mehr nur darum geht, hungrige Menschen satt zu machen, müssen Handels- wie Lebensmittelkonzerne, um überhaupt wahrgenommen zu werden, ganz andere Dinge versprechen als bloß einen vollen Magen. Sie müssen satte Menschen wieder hungrig machen, sprich: neue Bedürfnisse wecken. Lebensmittelkonzerne wie Unilever, Danone und Nestlé sind inzwischen dazu übergegangen, so genanntes Functional Food auf den Markt zu bringen: Margarine, die den Cholesterinspiegel senken soll. Joghurts, die das Immunsystem stärken sollen. Müslis mit Vitaminzugabe.

Dazu kommt, dass Supermärkte, die bis zu 40 000 unterschiedliche Produkte auf Verkaufsflächen von mindestens 400 Quadratmetern anbieten, sich von den Discountern absetzen müssen, die nur eine kleine Auswahl – rund 1000 Produkte – billiger verkaufen.[85] So wird aus dem »Vollsortiment« ein Überangebot, das den Konsumenten als anspruchsvoll und »mündig« adelt. Perfidestes Beispiel in diesem Zusammenhang: die Drachenfrucht. Das exotische Obst mit der pinkfarbenen Hülle und dem Fruchtfleisch, das Stracciatella-Eis ähnelt, sieht so attraktiv aus, dass Supermärkte gern ihre Obstabteilungen damit schmücken. Tatsächlich aber scheint die

Frucht, die in Lateinamerika und Asien angebaut wird, nur als Lockmittel zu dienen. Haben will sie nämlich niemand. Die beiden Autoren Stefan Kreutzberger und Valentin Thurn haben bei den Recherchen zu ihrem Buch: *Die Essensvernichter. Warum die Hälfte unseres Essens auf dem Müll landet und wer dafür verantwortlich ist,* herausgefunden, dass diese Früchte, die in teuren Supermärkten bis zu fünf Euro kosten, zu 80 Prozent weggeschmissen werden.[86] Eine gigantische Verschwendung von Lebensmitteln und Energie: Von Januar bis Dezember werden die druckempfindlichen Früchte aus Lateinamerika und Asien eingeflogen, um in deutschen Mülleimern zu landen.

Weil die teuren Supermärkte sich durch »Premium-Qualität« absetzen wollen, gehört es zur obersten Maxime, Gemüse, Obst und Salat mit braunen Stellen oder Dellen sofort auszusortieren. Schnell verderbliches Gemüse wie etwa Salat oder Radieschen darf deshalb oft überhaupt nur einen einzigen Tag lang verkauft werden. In Valentin Thurns WDR-Film *Frisch auf den Müll*[87] begleitet das Kamerateam eine auskunftsfreudige Verkäuferin bei der Arbeit in einem Supermarkt der Rewe Group. Sie erzählt, dass sie einen Salat schon aus dem Regal nehmen muss, wenn nur ein einziges Blatt eine braune Stelle hat. Dasselbe gilt für einen makellosen Kohlrabi, an dem die Blätter fehlen. »Wenn schon das Grüne ab ist, kauft keiner den Kohlrabi. Ist das Grüne dran, machen sie's ab«, sagt kopfschüttelnd die Frau, der es sichtbar unangenehm ist, dass es zu ihrem Job gehört, gutes Essen einfach wegzuschmeißen.[88] Kein Verkäufer oder Filialleiter steht hier und weist, wie bei der Tafel, die Kunden zurecht, dass sie sich nicht so anstellen sollen, dass man den Kohlrabi ja wohl noch essen und braune Stellen einfach wegschneiden kann. Im Gegenteil: Im Konsumismus ist es das verbriefte Recht des »mündigen Konsumenten«, Kohlrabi angeboten zu bekommen, bei dem er sogar wählen darf, ob die ungenießbaren Blätter dranbleiben sollen oder nicht. Deshalb werden jeder zweite Kopfsalat, jede zweite Kartoffel und jedes fünfte Brot entsorgt.

Milchprodukte, erzählt die Rewe-Verkäuferin, müssen zwei Tage vor Ablauf des Mindesthaltbarkeitsdatums aussortiert werden. Dabei ist schon das willkürlich, weil es mit der echten Haltbarkeit eines Joghurts nicht das Geringste zu tun hat – meist hält der noch bis zu drei Wochen länger. Die aussortierten Waren werden augenblicklich nachgeordert, meistens bestelle man noch etwas mehr, um »Engpässe« zu vermeiden. Dabei geht es ausschließlich darum, dass alle Regale zu jeder Zeit randvoll sind, wir leben ja nicht im Kommunismus: »Leere Regale, das hatten wir schon mal: in den ostdeutschen HO-Läden«, sagt Helmut Martell, Hauptgeschäftsführer des Verbandes Deutscher Großbäckereien, und es klingt wie eine Drohung.[89] 500 000 Tonnen Brot werden in Deutschland deshalb jedes Jahr vernichtet, Bäckereiketten produzieren bis zu 30 Prozent für den Müllcontainer, weil ihre Brotregale und die der Supermärkten bis kurz vor Ladenschluss komplett gefüllt sein müssen.[90]

Die Zerstörung des Essens und der globale Hunger

Ein Lastwagen voll mit altem Brot ist die beklemmende Anfangsszene von Erwin Wagenhofers Film *We Feed the World*. Unser täglich weggeworfenes Brot befördert direkt den Hunger in der Welt: Je mehr Weizen nachgefragt, je mehr Brot also für die Tonne produziert wird, desto größer der Hunger. Nicht weil wir das Brot »schließlich nicht nach Afrika schicken können«, wie manche ihr schlechtes Gewissen ob der gigantischen Verschwendung rechtfertigen. Sondern weil eine gestiegene Nachfrage die Weizenpreise an den Rohstoffbörsen nach oben schießen lässt. Das Menschenrechtsverbrechen Agrarspekulation ist ein profitables Geschäft für einige wenige. Für sehr viele hingegen bedeutet sie Leid und Tod, weil die Lebensmittelpreise in den Entwicklungsländern explodieren und die Menschen dort kein Essen mehr kaufen können. Im Sommer 2008 etwa verdoppelte sich der Weizenpreis, sodass es in vielen armen Ländern zu Unruhen kam, die teilweise vom Militär brutal niedergeschlagen wurden.[91] Kurz: Menschen, von Hunger und Verzweiflung zu Straßenrevolten getrieben, werden erschossen, weil der anspruchsvolle westliche Kunde auch noch um kurz vor acht Uhr abends zwischen Vollkornbrot, Sonnenblumenbrot, Kartoffelbrot, Krustenbrot, Ciabatta, Baguette und Frühstückscroissant wählen können soll.

Das Verteilen des überflüssigen Essens an die bedürftigen Besucher der Tafeln unterstützt im Grunde die Überproduktion und die Wirtschaftsweise der Handelsketten, die ihren Profit nur darauf gründen. Es ist ein Grund, warum sie ihr Engagement bei den Tafeln so sehr betonen: Das soll belegen, dass die Handelsketten »verantwortungsvoll« mit Lebensmitteln umgehen. Sie suggerieren, dass sie den gesamten Überschuss den Tafeln spenden. Wie viel wirklich bei den Tafeln landet und wie viel weiterhin im Müll, das verschweigt der Handel wohlweislich. »Die Zahlen gibt es, aber sie werden nicht veröffentlicht. Jeder Supermarkt scannt die Produkte, die rein- und rausgehen. Die Differenz besteht hauptsächlich aus der Menge, die weggeworfen werden muss«, sagt Valentin Thurn. Auf Anfrage von Thurn und Kreutzberger beim Bundesverband des Deutschen Lebensmitteleinzelhandels behauptete der Hauptgeschäftsführer Michael Gehrling, dass Supermärkte nur ein Prozent des Nettoumsatzes wegwürfen. Beim Gemüse seien es fünf Prozent. Laut Hauptverband des Deutschen Einzelhandels würden 150 Tonnen jährlich an die Tafeln gespendet.[92] Das ist in etwa die Menge, die allein die Münchner Tafel angibt, jede Woche zu verteilen. 130 000 Tonnen Lebensmittel teilen die Tafeln insgesamt pro Jahr aus. Einer von beiden muss sich da gehörig verrechnet haben.

Indem die Supermarktketten willkürliche Mengen an die Tafeln spenden, halten sie ihre »Entsorger«, die auf deren Spenden angewiesen sind, wohl bei der Stange. Manchmal hinterlässt ein Supermarkt nur kleine traurige Haufen, die in drei Gemüsekisten passen, manchmal füllen die bereitgestellten Kartons mit einwandfreier Premiumware den halben Transporter. Das verhindert Kritik. Schließlich wollen ja die Tafeln nach Selbstauskunft »auf den Überfluss aufmerksam machen«. So kommt es, dass die Tafeln ein knappes Spendenangebot als ihr Verdienst ansehen: »Wir kriegen sehr viel weniger von den Firmen, weil sie kapiert haben, wie viel sie eigentlich nicht verkaufen. Das schreiben wir uns zu. Das halte ich für den wesentlichen Gradmesser für unseren Erfolg«, sagt Sabine Werth von der Berliner Tafel. Tatsächlich weiß kein Mensch, wie viel die Supermärkte wirklich wegschmeißen.

Zu den Tafel-Sponsoren gehören neben der Rewe Group auch die Handelsriesen Edeka (Umsatz: 43,5 Mrd. Euro), Metro (30,6 Mrd. Euro), Lidl (42 Mrd. Euro) und Aldi (41,8 Mrd.

Euro). Diese fünf Handelsketten bestreiten 90 Prozent des Lebensmittelmarkts in Deutschland. Der Marktanteil der Discounter beträgt mittlerweile 45 Prozent.[93] Auf einem gesättigten Markt wie dem deutschen macht man Profite fast nur noch über den Aufkauf von Märkten oder qua Verdrängung durch einen gnadenlosen Preiskampf. Deutschland gilt international als der härteste Markt mit einem extrem niedrigen Preisniveau: Die Schlacht um Marktanteile ist eine um den niedrigsten Preis und um die größten Ladenflächen. »Wer seine Lieferanten am meisten bei den Preisen drückt oder ihnen unfaire Einkaufspraktiken diktiert, steht im knallharten Wettbewerb besser da. Jeder versucht, den anderen zu unterbieten«, schreibt die Initiative Supermarktmacht, ein Zusammenschluss von 23 Nichtregierungsorganisationen.[94]

Der Druck kommt direkt bei den Lebensmittelproduzenten an. Menschenrechtsverletzungen sind am zweithäufigsten in der Lebensmittelproduktion zu finden. *Endstation Ladentheke* heißt eine Untersuchung, in der die Hilfsorganisation Oxfam am Beispiel von Ananas und Bananen aus Costa Rica und Ecuador den verheerenden Einfluss der Marktmacht dieser fünf Konzerne belegt, die nicht nur in Europa, sondern auch weltweit expandieren.[95] Weil jedes Unternehmen innerhalb der langen Lieferkette den größtmöglichen Teil der Wertschöpfung für sich haben möchte, gehen diejenigen, die die Lebensmittel herstellen, fast leer aus. Die Konzerne Chiquita und Dole, die die großen Supermärkte beliefern, geben ihren Arbeitern nur zwei- bis dreimonatige Verträge, damit sie sich um Sozialabgaben drücken können. Bis zu 72 Stunden, in Extremfällen bis zu 84 Stunden pro Woche schuften die Bananen-Arbeiter in Ecuador, Überstunden werden meist ohne

Aufschläge oder überhaupt nicht bezahlt. Dadurch sparen sich die Unternehmen nach Schätzungen von Oxfam mindestens 43 000 US-Dollar – jeden Monat.[96] Gewerkschaften gibt es so gut wie keine, die Unternehmen drohen mit Gehaltskürzung und Entlassungen, es gibt »schwarze Listen« mit Gewerkschaftsmitgliedern. Die Arbeitsbedingungen sind katastrophal: die Menschen sind jeden Tag dem Pestizidregen ausgesetzt, den Flugzeuge auf den Anbauflächen und gleichzeitig über den Dörfern verteilen. In solchen Anbauregionen leidet fast die Hälfte der Bevölkerung unter Vergiftungserscheinungen und schweren Krankheiten. Weil Boden und Wasser verseucht sind, weil für die gigantische Überproduktion immer mehr Land benötigt wird, haben Kleinbauern keine Chance mehr, für ihre Ernährungssouveränität selbst Nahrung anzubauen. Sie sind gezwungen, unter diesen verheerenden Bedingungen auf den Plantagen zu arbeiten, um überhaupt überleben zu können. Laut der Untersuchung *Bittere Bananen*, die Oxfam 2011 in Ecuador durchführte, verdienen Bananen-Arbeiter mit im Schnitt 237 US-Dollar pro Monat deutlich unter dem Staatlichen Mindestlohn von 544 US-Dollar.

Moralische Strategien der Handelskonzerne

Um dem Kunden das schlechte Gewissen beim Kauf zu nehmen, haben sich Handel und Produzenten Nachhaltigkeitssiegel zugelegt. Die allerdings stehen weder für biologischen Anbau noch für fairen Handel, klingen aber gut. So hat Chiquita, weltgrößter Bananenproduzent, einen Vertrag mit der industriefreundlichen US-amerikanischen Umweltorganisation Rainforest Alliance, die auf den Bananenplantagen seit Jahren dafür sorgen will, dass weniger Pestizide zum Einsatz kommen und auch Menschenrechte irgendwie umgesetzt werden. Doch es hat sich wenig geändert: Viele Bauern sind nach wie vor ohne Schutzkleidung hochgiftigen Pestiziden ausgesetzt, Gewerkschaftsarbeit wird behindert – und die Bauern verdienen nach wie vor viel zu wenig Geld: Laut einer Studie bekommen die Arbeiter 20 Prozent weniger als die, die sich dem fairen Handel angeschlossen haben.[97]

Rewe bezieht einen Teil der Bananen aus einem Projekt mit Chiquita und der Rainforest Alliance. Das gehört zur »Nachhaltigkeitsinitiative«, die unter anderem das Label »Pro Planet« auf ausgewählte Produkte klebt, um »den nachhaltigen Konsum im Massenmarkt zu fördern«.[98] Für dieses Label, bekam Rewe unter anderem den Deutschen Nachhaltigkeitspreis: Schirmherrin Angela Merkel, gesponsert von Coca Cola, Danone und dem Deutschen Markenverband. Die Lobby-Organisation der Markenwirtschaft vereint unter ihrem Dach unter anderem Deutsche Bank, Henkel, Unilever, Nestlé, Danone, Axel Springer, Bayer, BASF und Kraft Foods – allesamt Konzerne, die von Überfluss und Überproduktion profitieren.[99] Auf den Produkten, die das »Pro Planet«-Label tragen, wird eine positive Eigenschaft besonders ausgelobt; auf Paprika und Tomaten aus Südspanien, die man bei Rewe kaufen kann, steht dann zum Beispiel: »Soziale Bedingungen verbessert«.[100]

In der andalusischen Plastikhölle zwischen Alméria, Sierra Nevada und Costa del Sol wachsen auf einer Fläche, die größer ist als München, tonnenweise Gemüse für den europäischen Markt. Jeden Tag verlassen mehr als 1000 LKW den westlichsten Zipfel Spaniens Richtung Norden. Zehntausende afrikanischer Flüchtlinge arbeiten in der Gemüseindustrie.

Ohne Schutzkleidung sind auch sie dem Pestizidregen ausgesetzt; auch sie erhalten nicht einmal den tariflichen Mindestlohn von 43 Euro pro Tag.[101] Einige von ihnen haben die lebensgefährliche Flucht aus Afrika in klapprigen Booten auf sich genommen – in der Hoffnung, in Europa ein besseres Leben zu finden. Jetzt arbeiten sie als Erntesklaven für den deutschen Billigmarkt, den die Gemüse-Patrones nur dann bedienen und gleichzeitig damit ihren Wohlstand sichern können, wenn sie die Kosten möglichst niedrig halten. So können sich die Arbeiter, die ihre armen Familien in Marokko oder im Senegal unterstützen, nicht einmal eine anständige Unterkunft leisten. Versteckt zwischen den Plantagen oder in den übrig gebliebenen Pinienwäldern fristen sie in selbst zusammengezimmerten Barracken ihr menschenunwürdiges Dasein – wenn sie nicht gleich von den Patrones in Lagern auf Slum-Niveau eingeschlossen werden. Der Schweizer Menschenrechtler Albert Widmer vom Europäischen Bürgerforum nennt die Zustände in Südspanien »keine unfreiwilligen Nebenerscheinungen, sondern festen Bestandteil des heute weltweit dominierenden agroindustriellen Modells. Nur billigste Saisonarbeiter, ohne Rechte und jederzeit verfügbar, ermöglichen niedrige Erzeugerpreise. Um diese Produktionsform am Leben zu halten, ist es nötig, die verschiedenen Gruppen von Landarbeitern gegeneinander auszuspielen und ein Überangebot an Arbeitskräften – eine Reservearmee – zu schaffen.«[102]

Für diese Reservearmee hat sich Rewe zur »Verbesserung der sozialen Bedingungen« einfallen lassen, ihnen für drei Monate saubere Unterkünfte zu stellen.[103] Das kommt den Konzern günstiger, als dafür zu sorgen, dass die Arbeiter ordentliche Verträge und einen fairen Lohn bekommen, von dem sie eine anständige Unterkunft selbst bezahlen könnten. Damit die Menschen erst gar nicht gezwungen seien, ihr Land zu verlassen, spendet Rewe großzügig an das SOS-Kinderdorf im Senegal[104]: auf dass es den Kindern dank besserer Schuldbildung einmal besser gehen wird als der Generation ihrer Eltern, die arm sind, weil die Konzerne partout nicht bereit sind, sie für ihre Arbeit zu bezahlen. Sollen das mal andere machen, irgendwann, in der Zukunft, vielleicht.

Dabei liegt es vor allem in der Verantwortung der Handelsketten, dass der Senegal eines der ärmsten Länder der Welt ist: Die europäische Überproduktion an Gemüse und Milchpulver wird auf die afrikanischen Märkte gespült, hochsubventioniert von der EU, wovon abermals Lebensmittel- und Agrarkonzerne profitieren. Auf den Märkten im Senegal und in anderen Entwicklungsländern wird europäisches Gemüse billiger verkauft, als einheimische Bauern es erzeugen können. Das ist ein Grund dafür, warum die Wirtschaft in Ländern wie dem Senegal darniederliegt. Deshalb wird auch den erwachsenen, noch so gut ausgebildeten Senegalesen einmal wenig mehr übrigbleiben, als als »Wirtschaftsflüchtling« im Meer zu ertrinken oder sich als Söldner im Reserveheer des globalisierten Konsumkapitalismus zu verdingen.

Es führt eine direkte Linie von den Ausgebeuteten in den armen Ländern zu den Ausgeschlossenen der westlichen Konsumgesellschaft: die Wohlstandsverlierer der Dritten Welt produzieren Müll für die Wohlstandsverlierer der Ersten.

Die Folgen dieses wirtschaftlichen Weltkriegs sind vielfältig und unendlich, sie haben aber eine wesentliche Ursache: Überproduktion. Ein Viertel des weltweiten Wassers wird verschwendet, der Urwald wird für die immer größer werdenden

Anbaufelder gerodet, indigene Völker und Kleinbauern werden vertrieben und in Armut gestürzt. Dort, wo Lebensmittel wachsen müssten, wächst Getreide zur Fütterung von Nutztieren, um den Fleischhunger im Norden mithilfe der Felder im Süden zu stillen: 57 Prozent der weltweiten Getreideernte ist für Tiertröge bestimmt.[105] Für Fertigprodukte, die dem Kunden als »Convenience Food« schmackhaft gemacht werden, für Energie, die Flugzeuge, Lkws, Kraftwerke, Fabriken und Landmaschinen antreibt, wird ebenso unverzichtbarer Regenwald zugunsten von Palmölflächen gerodet. In Malaysia und Indonesien ist er bereits so gut wie verschwunden. Die Verschwendung von Lebensmitteln verursacht mindestens 10 Prozent der klimazerstörenden Gase. Weil Landwirtschaft nur noch in Großbetrieben rentabel ist, wachsen auch auf deutschen Feldern hochsubventioniert Energiemais, Elefantengras und Solarzellen – was bedeutet, dass die Lebensmittel, die regional wachsen könnten, importiert werden müssen.

Es ist erstaunlich, wie rasant sich die Idee der Tafeln in der Welt verbreitet. Außer in Europa und den USA gibt es Foodbanks in Ägypten, Argentinien, Australien Brasilien, Ghana, Großbritannien, Guatemala, Indien, Israel, Japan, Jordanien, Kanada, Kolumbien, Marokko, Mexiko, Neuseeland, Phillipinen, Südafrika, Südkorea, Taiwan und Türkei.[106] Was allerdings kein Anzeichen dafür ist, dass die weltweite Armut im Begriff ist, abgeschafft zu werden. Im Gegenteil: Mit dem Export der Konsumgesellschaft, die durch Überfluss und Überproduktion gekennzeichnet ist, wächst in armen Kontinenten wie Indien und Afrika die Kluft zwischen Arm und Reich: Extreme Armut und extremer Reichtum nehmen zu. In Indien gibt es mittlerweile eine wohlhabende, gehobene Mittelschicht, die es sich leisten kann, Essen wegzuwerfen, während Landsleute den Hungertod sterben und die Hälfte der indischen Bevölkerung an Unterernährung leidet. Dass die erste Foodbank Indiens ausgerechnet in der fünftgrößten Stadt Indiens, in Chennai, angesiedelt ist, ist kein Zufall: Die Hauptstadt des Bundesstaates Tamil Nadu ist geprägt von Wirtschaftswachstum, viele multinationale Großkonzerne haben dort Produktionsstätten, etwa Daimler, BMW und Nokia. Der Handyhersteller geriet im September 2011 in die Kritik, weil er dort fast nur die Hälfte des existenzsichernden Lohns bezahlt.[107] Die trotz Mangel an Belegen von den Wirtschaftsmächtigen hartnäckig verbreitete Theorie des Trickle-down-Effekts scheint sich auch hier allenfalls darin zu zeigen, dass Brosamen nach unten gereicht werden.

Natürlich werden auch die Foodbanks von den üblichen Verdächtigen unterstützt: Danone, Nestlé, PepsiCola, Unilever, Kellogg, Kraft Foods, Procter & Gamble, dem Pharmakonzern Abbott, der US-amerikanischen Fertiglebensmittelproduzenten General Mills sowie dem Agrarrohstoffproduzenten Cargill.[108] Cargill (Umsatz: 116 Mrd. US-Dollar) gehört neben ADM und Bunge zu den heimlichen Herrschern des Weltagrarmarkts – die drei kontrollieren ein Drittel des globalen Handels mit Agrarrohstoffen wie Soja, Weizen und Futtermitteln. Mit ihren direkten Kunden, etwa den Lebensmittelmultis Coca Cola, McDonald's, Kellogg, Kraft Foods, Nestlé und Unilever, beherrschen sie den weltweiten Lebensmittelmarkt. Zusammen sind sie wesentlich mitverantwortlich für den Hunger in der Welt.[109] »Cargill. A global force against hunger« lautet der Titel des Magazins *Food* des Global Foodbanking Network.[110] Ob sich da jemand verschrieben hat? Eigentlich müsste es fast heißen: »A global force against the poor«.

Hungerarmut auch in Deutschland

Indem Tafeln diesem Überschuss einen »Sinn« verleihen, erhalten sie das System Konsumgesellschaft, dessen wesentlicher Motor die Verschwendung ist: Sie steht für Fortschritt, Innovation und Zivilisation. Die nie versiegenden Warenströme demonstrieren existenzielle Sicherheit in einer Welt, in der es für eine wachsende Zahl von Menschen immer weniger Sicherheit gibt. Auf gewisse Weise suggerieren auch die Tafeln diese Sicherheit: Mit dem Verteilen des Überschusses wiegen sie die Gesellschaft in dem Glauben, dass in Deutschland keiner hungern müsse. Dabei kaschieren sie geschickt den Skandal der Armut in Deutschland, der für viele bedeutet, dass sie sich von dem wenigen Geld, das ihnen der Staat zukommen lässt, eben nicht ordentlich ernähren können. Das ist besonders fatal, weil die Prominenz der Tafeln verschleiert, dass es Hungerarmut in Deutschland tatsächlich gibt. Bereits Anfang der neunziger Jahre reichte die Sozialhilfe für Lebensmittel im Schnitt nur 19,5 Tage im Monat.[111] Es kann davon ausgegangen werden, dass bei vielen Armen Hungerphasen gegen Ende des Monats vorkommen. Für ihr Kapitel »Hunger in der Überflussgesellschaft« in dem von Stefan Selke herausgegebenen Band *Kritik der Tafeln in Deutschland. Standortbestimmungen zu einem ambivalenten sozialen Phänomen* hat die Arbeits- und Industriesoziologin Sabine Pfeiffer die verschiedenen Untersuchungen ausgewertet, die es zum Essverhalten von Empfängern von

Hilfeleistungen gibt. Sie gelangt zu dem Schluss, dass bei Bedürftigen im Extremfall 130 Tage pro Jahr zusammenkommen können, an denen diese hungern oder sich nur schlecht ernähren können. Sogar vor zehn Jahren gaben 70 Prozent der Sozialhilfeempfänger an, beim Essen zu sparen, bei zwei Dritteln reichte das Geld nicht für eine bedarfsgerechte Ernährung. Laut der Daten des Panels Arbeitsmarkt und soziale Sicherung von 2007 verzichtet fast die Hälfte der Hartz-IV-Empfänger auf eine tägliche Mahlzeit. [112] Im selben Jahr verhungerte ein 20-jähriger psychisch kranker Hartz-IV-Empfänger in Speyer. Weil der Sonderschüler keinen angebotenen Ein-Euro-Job annahm und auch nicht den schriftlichen Aufforderungen folgte, wurden ihm die Bezüge erst um 10, dann um 30 Prozent gekürzt, schließlich erhielt er überhaupt kein Geld mehr. Zuvor war der lernbehinderte junge Mann von Sozialamt in einer Reha-Maßnahme betreut worden. Die Sozialhilfe verpflichtet den Träger zur Fürsorge, auch wenn kein Antrag gestellt wurde. Betreuer suchten Menschen zu Hause auf, um sich ein Bild von ihrem Alltag und ihren Problemen zu machen. Das Einzige, was bei Hartz IV ins Haus kommt, sind Schriftstücke mit Drohungen und Aufforderungen. Es gehört zum Prinzip »Fördern und Fordern« des Systems Hartz IV, dass menschliche Schicksale am Schreibtisch verhandelt werden. Wer keinen Antrag stellt, wer seine eigene Bedürftigkeit nicht nachweisen kann, der erhält auch keine Hilfe. »Wer nicht arbeitet, der soll auch nicht essen«, sagte, wie erwähnt, Franz Müntefering. Der Hartz-IV-Empfänger aus Speyer seine gesellschaftlichen Pflichten erfüllt. Er starb am 15. April 2007 an einem Herz-Kreislauf-versagen, nachdem er seit Monaten keine vernünftige Nahrung mehr zu sich genommen hatte.[113]

Wie das »Wirtschaftswunder Tafel« die Armut verdeckt

Nach zwei Stunden fährt Dimitri, die Ladefläche nur zu einem Viertel voll, ein wenig enttäuscht zum Großmarkt. An der Rampe einer Lagerhalle, in der die Großmarktverwaltung der Münchner Tafel Raum zur Verfügung stellt, parken weitere Lieferwagen mit dem aufgedruckten blauen Corporate Design der Münchner Tafel. Hier werden die Waren abermals sortiert, Kartonagen und Folien weggeworfen und Biomüll entsorgt. Dann werden die Lebensmittel auf die Lieferwagen verteilt. Die Ausbeute ist heute mager. Einige der ehrenamtlichen Frauen steuern die Großmarkthallen an und hoffen darauf, dass sie übrig gebliebene Ware von den Händlern geschenkt bekommen. Den meisten sind die Damen mit den dunkelblauen geblümten Schürzen schon bekannt, »Schürzenjäger« werden sie genannt. Langsam schlendern sie durch die Hallengänge, fragen mal hier und dort. Nicht überall sind sie willkommen, manchmal ernten sie auf ihre freundliche Nachfrage nur ein unwirsches Kopfschütteln. Eine der Frauen sagt, es gebe zwei Sorten von Händlern: diejenigen, die gern die guten übrig gebliebenen Sachen spenden, und andere, die nicht einsehen, dass Menschen Essen gratis bekommen sollten: »Die sollen arbeiten gehen wie wir auch«, heiße es dann.

An der Rampe stehen Paletten mit Obst und frischem Gemüse vom Großmarkt und Zentnersäcke Kartoffeln und Karotten. Regelmäßig kauft die Münchner Tafel Letzteres zu, wenn günstig große Mengen haltbarer Ware oder Gemüse angeboten werden. Damit werden die eingesammelten Waren ergänzt, wenn, wie an diesem Tag, nicht genügend zusammenkommt, um die Münchner Bedürftigen ausreichend zu versorgen. Charly* war selbst einmal Tafelkunde, jetzt ist der stille Mittfünfziger als Fahrer und Lagerarbeiter angestellt.

Er zieht einen Palettenwagen Vorräte aus dem Kühlraum: Fertignudelgerichte, Konservendosen, Tütensuppen, Kekse, Babynahrungsmittel, Kaffeemixgetränke. Routiniert verteilen die Ehrenamtlichen die Sachen auf die Lieferwagen, und schon kurz darauf macht sich der Hilfskonvoi auf den Weg in die Krisengebiete Münchens. Mit der steigenden Armut mussten sich die Tafeln professionalisieren. Um jeden Tag eine Million Deutsche mit Lebensmitteln zu versorgen, brauchen sie jeweils die Logistik eines mittelständischen Unternehmens.

Mit dem Erfolg der Tafeln mehrte sich aber auch die Kritik. Stefan Selke ist Soziologieprofessor an der Universität Furtwangen.[114] Er ist der Erste, der sich in Forschungsprojekten mit den Tafeln beschäftigt hat. Es dürfte kaum jemanden geben, der sich damit besser auskennt als er. Denn Selke, vor einigen Jahren selbst arbeitslos, hat sich ihnen nicht nur aus wissenschaftlicher Perspektive genähert: Er hat ein Jahr lang selbst als Ehrenamtlicher bei verschiedenen Tafeln mitgearbeitet. Anfangs war auch Selke begeistert von der Idee, während der Arbeit für die Tafeln jedoch wuchsen seine Zweifel an der »karitativen Schattenökonomie«. Seine Beobachtungen hat er in einem Buch festgehalten: *Fast ganz unten. Wie man in Deutschland durch die Hilfe von Lebensmitteltafeln satt wird.*[115] Selke sagt: »Eine soziale Bewegung muss ein Ziel haben. Wenn das Ziel die Beseitigung von Armut ist, müssten die Tafeln an ihrer Abschaffung arbeiten.«

---

* Name geändert

Doch anstatt sich überflüssig zu machen, arbeiten die Tafeln an ihrer Etablierung. Jede Erweiterung der Tätigkeit, jede Neueröffnung, jeder neue Lieferwagen müsste ein Skandal sein, legen sie doch nahe, dass sich die Tafeln von einem der beiden Hauptziele, nämlich die Armut zu bekämpfen, immer weiter entfernt haben. Stattdessen feiern sie ihre Professionalisierung als Erfolg. Im Mittelpunkt der Aufmerksamkeit stehen Ehrenamtliche und großzügige Sponsoren sowie ökonomische Größen und die Anzahl der Fahrzeuge. Wahrgenommen werden neu geschaffene Arbeitsplätze, die Fläche der Lagerhallen, die Zahl der Tonnen eingesammelter Lebensmittel, aufwändige Spendenaktionen mit Supermärkten. Für jede Neueröffnung, für jedes Jubiläum lassen sich die Organisatoren der Tafeln von Gesellschaft und Politik auf die Schultern klopfen. »So wird Hilfe zum Selbstzweck. Die Ursachen der Armut stehen dann nicht mehr im Mittelpunkt«, kritisiert Selke.

Weniger die Bedürftigen kommen in den Medien vor oder die Schande, dass in einem reichen Land wie Deutschland Menschen auf Essensspenden angewiesen sind. Sondern Fotos mit strahlenden Ehrenamtlichen vor Gemüsebergen, Unternehmensvertreter, die überdimensionierte Schecks aus Pappe überreichen, und Politiker, die nur zu gern die Schirmherrschaft übernehmen. Berlins Oberbürgermeister Klaus Wowereit (SPD) etwa, der die Bürger Berlins lieber qua einer Wette dazu herausfordert, 50 Tonnen Lebensmittel für die Tafeln zu spenden, anstatt mit politischen Mitteln die Schere zwischen Arm und Reich zu bekämpfen, die in seiner Stadt immer größer wird.[116] Solche Beispiele machen Schule: Fünf Wochen vor dem 17. Bundestafeltreffen im Mai 2011 in Kassel ging auch Kassels Oberbürgermeister Bertram Hilgen (SPD) eine Wette mit

Gerd Häuser ein, dem Bundesvorsitzenden der Tafel: Der Schirmherr der Veranstaltung wettete, dass die Kasseler bis zum Treffen der Ehrenamtlichen mindestens elf Tonnen haltbare Lebensmittel wie Reis, Nudeln, Kaffeepulver, Babynahrung oder Konserven für die Tafel spenden würden. 37 Tonnen kamen schließlich zusammen. Sie wurden nach der Konferenz an der öffentlichen »Langen Tafel« ausgegeben, die der Verband bereits als Tradition feiert. »Der Zusammenhalt in unserer Stadt ist sehr groß. Es überrascht mich, dass das Ergebnis der Stadtwette um mehr als den Faktor drei übertroffen wurde«, freute sich Hilgen.[117]

Dabei kann in Sachen Armut von gesellschaftlichem Zusammenhalt keine Rede sein. Was die meisten Deutschen wirklich denken, spürt man, wenn man etwa das Wort »Arme« durch »Arbeitslose« oder »Hartz IV-Empfänger« ersetzt. Dann verwandelt sich Mitgefühl schnell in Schuldzuweisung. Das belegt auch die Studie »Gruppenbezogene Menschenfeindlichkeit«: Danach sind 52,7 Prozent überzeugt, dass die meisten Langzeitarbeitslosen nicht wirklich daran interessiert sind, einen Job zu finden.[118]

Zu ihrem 15. Geburtstag ließ die Münchner Tafel einen Bildband drucken. Die Armen, so scheint es nach Lektüre dieses »Making Of«, spielen vor allem eine Statistenrolle im Ehrenamts-Blockbuster. Auf den Fotos sieht man tapfer lächelnde Tafelbesucher, die sich von freundlichen Tafelmitarbeitern die Taschen füllen lassen. Die notdürftig improvisierten Transportmittel, klapprige, mit Tüten überladene Kinderwagen und von Expandern zusammengehaltene Obstkisten auf Trolleys, erscheinen hier weniger als augenfälliger Beleg für Mittellosigkeit und Verzweiflung, sondern als ästhetische Objekte, die das Bilderbuch zieren. Pittoreske Armut, Carl Spitzweg und sein »armer Poet« lassen grüßen. Es sind solche Darstellungen, die Selke im Kopf hat, wenn er sagt: »Armut ist dann kein Skandal mehr, sondern bei den Tafeln gut aufgehoben.«

Die Tafeln und die Politik

Im Vorwort lobt auch Münchens Oberbürgermeister Christian Ude (SPD) die Arbeit der Tafeln als eine »nicht mehr wegzudenkende Säule des sozialen Lebens in München und des sozialen Friedens in der Stadt«. Frieden vor allem für diejenigen, die (noch) nicht zum stetig wachsenden Heer der Armen gehören. Selbst in der reichen Stadt München sind 13,4 Prozent der Menschen von Armut betroffen und auf Hilfe angewiesen.[119]

Wenn Politiker die Tafeln als »unverzichtbar« loben, kann man das zugleich als Bankrotterklärung der Politik verstehen. Denn deren Aufgabe wäre es, soziale Gerechtigkeit zu garantieren. Doch stattdessen spendieren Stadtobere lieber Kartonpressen, stellen Gebäude zur Verfügung, lassen Gehwege für die Ausgabestellen sperren, subventionieren Arbeitsplätze oder spenden den Tafeln Geld. In manchen Gemeinden gründen Bürgermeister sogar selbst Tafeln; in Aachen wurde die Gründung vom Leiter des Sozialamts angeregt. In Leipzig haben die Tafeln, so Stephan Lorenz, ganze Gebäudekomplexe von Architekturbüros für sich ausbauen lassen – unterstützt mit öffentlichem Geld. Gleichzeitig aber hat die Stadt Leipzig über Jahre hinweg den Hartz IV-Empfängern zu wenig Mietzuschüsse bezahlt.[120] Und in Nürnberg, so Tafelbundesvorstand Gerhard Häuser, hat die Stadt der Tafel ein Haus überlassen. Dafür zahlt die Tafel zwar Miete, doch einen Teil davon bekommt sie als Spende zurück.[121] An einer Ausgabestelle der Münchner Tafel regt sich eine alleinerziehende Mutter über genau solche Mauscheleien auf. »Wieso gibt unser Bürgermeister das Geld den Tafeln? Wenn Geld da ist – warum gibt er das nicht uns? Warum fragt uns niemand, was wir wirklich brauchen?«, fragt die müde wirkende Mittvierzigerin, die ihrer Tochter beim besten Willen keine neuen Turnschuhe für den Sportunterricht kaufen kann. Ihre Nachbarin, eine gepflegte Frau gleichen Alters, ebenfalls alleinerziehende Hartz-IV-Empfängerin, ärgert sich derweil über den zurechtweisenden Tonfall in einem Brief vom Arbeitsamt: Man hat ihr einen lächerlichen Betrag zu viel überwiesen, elf Euro, die sie nicht postwendend zurückgegeben habe. »Man wird behandelt wie eine Kriminelle«, sagt sie. Die Frau, die nicht weiß, von welchem Geld sie die kaputte Waschmaschine ersetzen soll, fügt an: »Wissen Sie, Armut ist ein Spießrutenlauf. Da kommt man nicht mehr raus.«

Auf eine Anfrage der Linken im Bundestag hin bezeichnete die Bundesregierung 2006 die Tafeln als »herausragendes Beispiel für zivilgesellschaftliches Engagement«.[122] Die Regierung ging davon aus, dass durch die Tafeln »Menschen geholfen wird, die über die staatliche Sozialpolitik nur unzureichend erreicht werden«. Die Tafeln seien aus diesem Grund »eine wichtige Ergänzung der vorhandenen staatlichen Hilfen«. So kaschiert die Politik ihr eigenes Versagen; bürgerliches Engagement zu fördern soll den Abbau von Sozialleistungen wettmachen. Mit Gesetzen wie dem »zur weiteren Stärkung des bürgerlichen Engagements« entledigt sich die Politik ihrer ureigenen Aufgabe, Teilhabe so, wie sie im Grundgesetz steht, politisch zu garantieren.

»Es ist ein großes Glück, dass es die Tafeln gibt. Die Tafel-
bewegung ist ein wunderbares Beispiel für bürgerschaftliches
Engagement«, schwärmt Katrin Göring-Eckardt, Grünen-Politi-
kerin und Präses der Synode der Evangelischen Kirche in
Deutschland, in einem Essay in Stephan Lorenz' Buch *Tafelgesellschaft*: »Tafeln sind Antworten auf das zunehmende Problem von Armut. (…) Aber welche Menschen sind überhaupt angewiesen auf die Tafeln? Menschen, die in eine soziale Notlage
geraten sind, die einfach weniger Chancen im Leben hatten als
andere.«[123] Könnten das eventuell dieselben sein, die von der
rot-grünen Bundesregierung mit Einführung der Hartz-Gesetze
in ausweglose Armut gestürzt wurden? Und hat nicht Göring-
Eckardt die Agenda 2010 mitbeschlossen, jenes »Konglomerat
zur umfassenden Zerstörung aller sozialen Sicherungen und
Rechte der Menschen in Deutschland«, wie die ehemalige Grüne Jutta Ditfurth in ihrem Buch *Krieg, Atom, Armut. Was sie
reden, was sie tun: Die Grünen* schreibt?[124] Aber gewiss doch.
»Daher sind Tafeln auch Orte der Mahnung. Sie zwingen uns,
hinzusehen und die Schwächsten unserer Gesellschaft nicht
aus dem Blick zu verlieren. Sie sind auch Mahnung, Politik für
die zu machen, die keine starke Lobby haben«, so Göring-
Eckardt. Jedenfalls haben sie keine Lobby bei der neuen Elite-
partei der Grünen, die ihre Wähler mittlerweile aus der gehobenen Mittelschicht rekrutiert. In einer Erklärung der damaligen
Regierungspartei hieß es 2003: »Die Gesetzesentwürfe Hartz III
und IV im Rahmen der Agenda 2010 sehen wir durchaus kritisch. Dennoch stimmen wir dem Gesetzespaket zu. (Es) werden viele andere Bezieher (…) von Arbeitslosenhilfe erhebliche
Einkommenseinbußen erleiden. Das müssen wir leider in Kauf
nehmen.«[125] Leider, leider. Es tut uns selbst ja am meisten weh!

Zwar kritisiert der Bundesverband der Tafeln, der Mitglied im Deutschen paritätischen Wohlfahrtsverband ist, in Pressemitteilungen immer wieder derartige politische Entscheidungen und plädiert außerdem für einen Mindestlohn. Doch gleichzeitig schrieb Gerd Häuser anlässlich des 15-jährigen Bestehens des Bundesvorstands im Jubiläumsheft: »Wir würden uns wünschen, dass wir von der Politik als notwendiger Teil unseres Sozialsystems anerkannt und die entsprechende Unterstützung erhalten würden.«[126]

Ein fatales Signal: Schon jetzt bekommen Bedürftige in Sozialämtern wortlos Zettel mit der Anschrift der örtlichen Tafel in die Hand gedrückt anstatt genügend Geld, um ein Leben in Würde zu führen. Im September 2011 wies das Sozialgericht Mannheim die Auffassung der Stadt Heidelberg zurück, die Asylbewerbern die Sozialleistungen kürzen wollte, weil sich diese ja kostenlos bei der Heidelberger Tafel versorgen könnten.[127] Die Stadt Heidelberg hat gegen den Beschluss Beschwerde beim Landessozialgericht Baden-Württemberg eingelegt. 2005 regte die Stadt Bochum an, Hartz-IV-Beziehern, die die Tafeln nutzen, ihre Bezüge zu kürzen, weil Sachleistungen auf den Hilfebedarf angerechnet werden müssten. Diese Äußerung des Leiters der Bezirksverwaltung Wattenscheid in einem Fernsehinterview sorgte für Empörung. Wie kann man den Armen nicht mal die geschenkte Butter auf dem Brot aus dem Müll gönnen? Schnell beschwichtigten Politiker und Verwaltung: Natürlich würden Tafelspenden nicht auf die Hilfen angerechnet, der Mann habe Quatsch erzählt. Dabei hat er aber auf etwas Wesentliches hingewiesen: nämlich darauf, dass Verteilungsgerechtigkeit Sache des Staates ist und nicht die Sache Freiwilliger werden darf, die willkürlich Care-Pakete schnüren. Man habe schließlich kein Sozialsystem wie in Amerika, sagte er ebenfalls im Interview.[128]

Auf solche Kritik reagieren die Tafeln überaus empfindlich. Bundesvorstand Gerd Häuser sagt dann etwa: »Hauptaufgabe der Tafeln ist es nicht, Politik zu machen. Politik machen die Politiker. Wir wollen keine Partei werden.« Oder: »So lange die Tafeln da sind, gibt es schlechtes Gewissen. Deswegen sind die Politiker ja auch so freundlich zu uns.«

Vor allem aber profitiert die Politik noch auf ein ganz andere Art und Weise von den Tafeln: Rund zehn Prozent der dort Beschäftigten sind Ein-Euro-Jobber. Ohne sie könnten die Tafeln den logistischen Aufwand gar nicht bewältigen. »Der Einsatz der staatlich subventionierten Billigjobber bei den Tafeln trägt dazu bei, die Arbeitslosenstatistik zu schönen und gleichzeitig die schlimmsten Folgen der politisch intendierten Armut einzuhegen«, schreibt Luise Molling in Lorenz' Band *Tafelgesellschaft*.[129]

Stephan Lorenz sagt: »Die Tafeln sagen zwar, sie sind politisch. Aber es wird weiterhin nur gesammelt und verteilt. Nach fast zwanzig Jahren fragt man sich schon: Wo bleibt denn die politische Initiative? Kommt die noch?«

Es ist ein Problem der Tafeln, dass sie sowohl die Anerkennung der Politik als auch die der Konzerne suchen. Das sorgt nicht eben für die nötige Distanz, um Kritik an beiden üben zu können. »Wenn man sich selbst als Teil der Sozialpolitik versteht, dann kann man das nicht mehr als Protest bezeichnen«, meint Lorenz. So würden sich die Tafeln eher mit den Unternehmen und den Vertretern der herrschenden Sozialpolitik gemein machen, als Solidarität mit den Armen zu üben. Dabei wäre es durchaus möglich (und auch sinnvoll), wenn die

Tafeln zu einer politischen Stimme würden. Das findet auch die Gründerin der Berliner Tafel, Sabine Werth, die sich selbst als größte Kritikerin der Tafeln bezeichnet. Doch selbst ihre Kritik wird beim Bundesverband nicht gern gehört.

Wenn man Sabine Werth besucht, geht man durch die Halle des Berliner Großmarkts. Wüsste man nicht, dass hier die Lebensmittel für die Tafeln sortiert werden, könnte man denken, es sei ein normaler Gemüsegroßhandel, so gigantisch sind die Dimensionen der Essensverteilung in der Hauptstadt. Palettenwagen fahren zwischen den endlosen Türmen von Gemüsekisten, Dutzende Helfer sortieren hier die Ware. Durch ein Treppenhaus, dessen Wände tapeziert sind mit unzähligen symbolischen Pappschecks von Banken, Handelsketten und Unternehmen, gelangt man schließlich in Werths Büro. Sabine Werth ist Sozialpädagogin, neben ihrer Tätigkeit als Tafelchefin betreibt sie die Familienpflege Werth, in der Mütter und Kinder in schwierigen Situationen Unterstützung im Haushalt bekommen. Für ihre Arbeit bei den Tafeln hat Werth bereits das Bundesverdienstkreuz und das Verdienstkreuz des Landes Berlin bekommen.

1993, »Lichtjahre vor Hartz IV«, gründete Werth die Berliner Tafel, nachdem sie bei einem Vortrag von der New Yorker Organisation »City Harvest« gehört hatte, die übrig gebliebenes Essen an Obdachlose verteilte. Nach diesem Vorbild gründete sie damals die Tafel, um die Obdachlosen Berlins zu versorgen, die durch alle sozialen Netze gefallen waren. Sie wehrt sich deshalb gegen das Argument, die Tafeln seien für Hartz-IV-Empfänger ins Leben gerufen worden. Heute, wo diese sich zu einer großen Anzahl über die Tafeln versorgen müssen, sieht auch Werth, die etwa für ein bedingungsloses

Grundeinkommen plädiert, die Pflicht der Tafeln in politischem Engagement: »Wir sind 877 Tafeln in Deutschland, das ist doch nicht mehr irgendwas. Wir müssen uns unserer Macht bewusst werden. Die Politik muss wissen, dass wir gefährlich sein können – gerade weil wir so eine große Anerkennung haben. Aber einen Umschwung der Tafeln in Richtung Politik sehe ich überhaupt nicht.« Sie kritisiert ebenfalls den Bundesverband: »Wir brauchen endlich ein offizielles Tafelstatement, das wir in einer Gruppe schon entwickelt haben, was von allen Landesverbänden noch verabschiedet werden muss. Da steht zum Beispiel eindeutig drin, dass sich die Tafeln politisch verhalten müssen. Damit stehen wir allein auf weiter Flur.«

Warum also nicht die große Menge der Menschen, die sich an den Tafeln begegnen, zum Protest mobilisieren? 877 Tafeln, eine Million Besucher, 50 000 Ehrenamtliche, Sozialverbände wie die Caritas, die Träger von beinahe der Hälfte der Tafeln ist – an Potenzial mangelt es nicht. Doch darauf angesprochen, reagiert Häuser entrüstet: »Wir können doch nicht sagen: wenn du nicht protestierst, dann kriegst du nichts zu essen. Mich würde es ja schon freuen, wenn unsere Kunden mal wählen gingen. Menschen, die um ihre tägliche Existenz kämpfen, haben doch gar keine Lust zu demonstrieren. Meinen Sie, eine alleinerziehende Mutter mit zwei Kindern hat noch großartig Lust, auf die Straße zu gehen?«

Das allerdings müsste man schon die alleinerziehende Mutter mit zwei Kindern selbst fragen. Offenbar tut das aber keiner. Das zeigt, wie weit die Tafeln vom Alltag und dem Bewusstsein der Menschen entfernt sind, die sie zu vertreten vorgeben. Armut bedeutet neben dem gesellschaftlichen immer auch einen politischen Ausschluss. Zu sagen, die Armen würden gar nicht demonstrieren wollen, ist nicht nur bevormundend, sondern treibt diesen Ausschluss weiter voran.

Kritik unerwünscht

Wann immer sie kritisiert werden, halten die Tafeln die tolle Arbeit der Ehrenamtlichen und die praktische Hilfe – »Wir tun was!« – wie einen Schutzschild hoch. Häuser beschreibt das »Wunder der Tafeln« – geht's noch größer? – damit, dass diese das Zusammentreffen der Gesellschaftsschichten organisieren. Doch von einem Treffen auf Augenhöhe kann kaum die Rede sein, schließlich verabredet sich der ehrenamtlich engagierte, pensionierte Richter mit dem Hartz-IV-Empfänger nicht zum Kaffee. Die Rollen sind klar verteilt: Es gibt die, die nehmen, und die, die geben. Dass die Ehrenamtlichen ihr Selbstbewusstsein daraus ziehen, auf der richtigen Seite der Tafel zu stehen, merkt man daran, wie beleidigt sie auf Kritik reagieren. Die Ehrenamtlichen, sagt Werth deshalb, die könne man nicht politisieren. Sobald man das täte, sähen diese ihre Arbeit infrage gestellt. »Wenn ich eine knallharte politische Aussage mache, gelte ich als Nestbeschmutzerin. Das geht ganz schnell. Dabei könnten wir viel mehr erreichen, wenn es diese Empfindlichkeiten nicht gäbe.«

Von Wirtschaft über Politik erfährt das ehrenamtliche Engagement der Tafeln Anerkennung. Kritik trifft deshalb zuallererst auf Empörung. Der Soziologe Stefan Selke wird in den Medien vor allem als »Tafelkritiker« wahrgenommen. In Talkshows wie etwa bei »Anne Will« wird ihm meist die Rolle des ewigen Nörglers zugewiesen, der »die größte soziale Be-

wegung unserer Zeit« madig machen möchte und die ehrenamtliche Arbeit derer diffamiert, die »wenigstens etwas tun«.
In der Tafelszene gilt Selke als Feind – dabei ist er der bislang
Einzige, der Gegner und Befürworter zu Diskussionen zusammen bringen möchte. Zu diesem Zweck hat Selke das »Tafel-
Forum«[130] ins Leben gerufen, eine Diskussionsplattform im
Internet, und das erste Tafelsymposion veranstaltet, zu dem
sowohl Kritiker als auch Ehrenamtliche geladen waren. In
einem Gastbeitrag im evangelischen Magazin *Chrismon* bezeichnete Selke die Tafeln als »Pannendienst der Gesellschaft«,
weil sie, statt Armut zu bekämpfen, »lediglich helfen, die Armut zu bewältigen«. In der nächsten Ausgabe rückte Herrmann
Gröhe (CDU), Staatsminister der Bundeskanzlerin und Herausgeber von *Chrismon*, Selkes Kritik wieder gerade: »Die
Armut in unserem Land darf nicht nur mit Rechtsansprüchen
auf staatliche Leistungen bekämpft werden – so notwendig
diese als Grundlage bleiben.«[131] Selkes Stellungnahme dazu
wiederum wurde nie abgedruckt.

»Tafeln sind Teil des ideologischen Wandels der Betrachtung von Armut«, sagt der Soziologe. »Sie sind im Begriff,
Prototyp der neuen Freiwilligengesellschaft zu werden.« In
einer solchen würden einklagbare Rechtsansprüche schlei-
chend durch eine unverbindliche Almosenökonomie ersetzt.
Barmherzigkeit statt Bürgerrechte. Der Philosoph Peter Sloterdijk, der 2009 in seiner höchst elitären Kampfschrift »die
Revolution der gebenden Hand« (*FAZ*) forderte, ließ sich gar
zu der Behauptung hinreißen, bürokratischer Geldtransfer sei
»kalte Hilfe«, die den Menschen Stolz und Würde nehme. Die
freiwillige und barmherzige Gabe des Wohlhabenden gebe
den Empfangenden jedoch deren Würde zurück. [132]

In der Wochenzeitung *Die Zeit* warb auch Ulrich Greiner dafür, Ungleichheit als gesellschaftliche Tatsache zu akzeptieren. In seinem Essay mit dem bemerkenswerten Titel »Die Würde der Armut. Warum wir nicht mehr von Gleichheit reden sollten« schreibt er: »Man muss sich darüber im Klaren sein, dass seine [des Staates] Fürsorge, deren Ausmaß, historisch gesehen, einzigartig ist, Armut und Deprivation zwar gemildert, aber niemals beseitigt hat.«[133] Weswegen selbstverständlich der Sozialstaat »an seine Grenzen gerät«. Neoliberale Apokalyptiker wie Arbeitgeber-Präsident Dieter Hundt, Ifo-Präsident Hans-Werner Sinn, Ex-BDI-Präsident Hans Olaf Henkel, der rechtskonservative Historiker Arnulf Baring oder SPD-Rechtspopulist Thilo Sarrazin haben diese Legende in den vergangenen zehn Jahren so oft wiederholt, dass »der Sozialstaat« mittlerweile als das eigentliche Problem gilt und nur dessen Abschaffung als Lösung. Neu allerdings ist, dass die Zerstörung des Sozialstaats nun sogar noch moralisch verbrämt wird: Er bedrohe Barmherzigkeit und Humanität. »Die Verrechnungslogik des Sozialstaats, die keine konkreten Menschen kennt, sondern nur abstrakte Geber und Nehmer, beschädigt den ursprünglich humanitären Impuls. An seine Stelle tritt der Rechtsanspruch des Staatsbürgers«, schreibt Greiner und preist die neue »Würde der Armut« als kollektive Grundlage dafür, künftig Almosen ohne schlechtes Gewissen empfangen zu können.

Carola Wagner*, 42, und Saskia Fischer*, 36, jedenfalls können nichts Würdevolles daran finden, jeden Mittwoch selbst
bei Schnee und Regen an der Ausgabestelle der Tafel in ihrem
Münchner Stadtteil zu stehen. Die beiden Frauen haben ihre
Einkaufstaschen in einiger Entfernung, immer aber in Sicht-
weite abgestellt. Sie plaudern, als hätten sie sich zufällig auf
der Straße getroffen. Tische und Lieferwagen werden hier auf
dem Gehweg aufgebaut, die Nutzer sind den neugierigen Blicken der Menschen im Viertel ausgeliefert.

Und auch dem der Medien: Diese Ausgabestelle ist so eine
Art Showroom der Münchner Tafel, Fernsehteams sind oft zu
Gast, nicht selten zum Missfallen der Nutzer – sie haben Angst,
erkannt zu werden. Doch hier auf dem Gehweg ist die Tafel
eine öffentliche Veranstaltung, die Fernsehteams brauchen die
Nutzer nicht um Erlaubnis zu fragen. So dienen sie abermals
als Statisten, wenn es in menschelnden Fernsehbeiträgen wieder darum geht, das Ehrenamt zu loben.

Nicht alle Fernsehteams haben die besten Absichten: Laut
dem Sprecher des Tafelbundesverbands würden in der Berliner Zentrale immer wieder Privatsender anrufen, die bei den
Tafeln Protagonisten für ihre menschenverachtenden Reality-
Formate suchen, in denen Bedürftige als verwahrloste und
lebensunfähige Lachfiguren dargestellt werden. Selbstverständlich würde man niemanden vermitteln, sagt der Tafelbundesverband. Dass die Menschenfänger dann eben etwas entfernt
um die Ecke Tafelkunden abpassen und sie mit Geld in ihre
Schmuddelsendungen locken, das sei nicht zu verhindern.

---

* Namen geändert

Auch Carola Wagner und Saskia Fischer sagen, dass sie es nicht gern sehen, wenn Fernsehteams kommen. Sie haben große Angst, hier entdeckt zu werden. »Wir haben uns schon überlegt, ob wir Kopftücher aufsetzen sollen«, sagt Fischer, der man die Armut nicht ansähe, stünde sie nicht hier. Die Ausgabestelle ist in der Nähe der Schule ihres Sohnes gelegen. »Wenn die Mitschüler oder deren Eltern das mitbekommen, dann wird mein Kind in der Schule gemobbt.« Wie bei Elisabeth Müller weiß auch in ihrer Familie niemand, wie schlecht es wirklich um sie steht. Ähnlich Saskia Fischer: »Mein Bruder verachtet Menschen, die hier stehen, als Schmarotzer.« Immer wieder schaut sie sich nervös um.

»Fünf Anläufe hat es gebraucht, bis ich mich wirklich getraut habe, hierherzukommen. Ich bin immer wieder umgekehrt, als ich die Schlange gesehen habe. Bis es nicht mehr ging«, sagt Fischer. Die 36-Jährige hat zwei Kinder; krankheitsbedingt musste ihr Mann seinen Job aufgeben und ist nun arbeitslos. Sie selbst ist ausgebildete Bürokauffrau, doch ihr Gehalt ist so niedrig, dass sie mit Hartz IV »aufstocken« muss. Saskia Fischer, die von ihrer Firma so wenig Geld bekommt, dass sie zur Tafel gehen muss, hat vor allem Angst, dass ihr Chef sie entdecken könnte: »Wenn der das rauskriegt, bin ich sofort gefeuert.« Wenn ein Arbeitskollege anruft und sagt, er wolle etwas vorbeibringen, macht sich Fischer lieber sofort selbst auf den Weg ins Büro. Niemand soll wissen, wo sie wohnt. Zwar lebt die Familie in einem ganz normalen Hochhaus. Doch »Hochhaus« bezeichnet heute nicht mehr eine Behausung, sondern minderwertige Lebensverhältnisse. »Hochhaus« ist eine Diagnose – genauso wie der Name Kevin.[134]

Rund 1,5 Millionen Menschen in Deutschland sind, wie Fischer, sogenannte »Aufstocker«. Sie müssen Hartz IV in Anspruch nehmen, obwohl sie arbeiten, weil das Geld, das sie verdienen, nicht zum Leben reicht. Jeder fünfte »Aufstocker« hat sogar einen Vollzeitjob. Auf diesem Wege subventioniert der Staat die Niedriglohnpolitik der Unternehmen, die umso mehr Profit machen, je weniger sie ihren Beschäftigten zahlen.

Ein arbeitspolitischer Skandal, verdeckt durch die zur allgemeinen Überzeugung geratene Auffassung, Hartz-IV-Empfänger seien Schmarotzer auf Kosten der »Leistungsträger«.

Das Nürnberger Institut für Arbeitsmarkt- und Berufsforschung (IAB) hat in einer Studie herausgefunden, dass die meisten Aufstocker überdurchschnittlich motiviert seien und bereit, sogar länger zu arbeiten. 60 Prozent der Aufstocker hätten angegeben, auch dann gerne zu arbeiten, wenn sie nicht auf den Lohn angewiesen wären. Mindestens 4,5 Millionen Arbeitslose seien bemüht, eine reguläre Stelle zu finden.[135] Wie Carola Wagner, die blasse, zierliche Frau, die in ihrer Winterjacke fast verschwindet. Seit dreizehn Jahren ist sie alleinerziehende Mutter von zwei Kindern, sie hat sogar zwei Ausbildungen, eine zur Steuerfachgehilfin und eine zur Hauswirtschafterin. Sie klingt entschieden und ehrgeizig, wenn sie von ihrem Traum erzählt, als Familienhelferin zu arbeiten. Doch dafür bräuchte sie ein Diplom zur Sozialpädagogin, sagt das Amt. Jetzt möchte sich Wagner selbstständig und dafür ihren Meister in Hauswirtschaft machen. Aber auch das will ihr die Arbeitsagentur verwehren: Sie müsse dem Amt fünf Tage die Woche zur Verfügung stehen – für unbezahlte Fulltime-Praktika und Ein-Euro-Jobs etwa. Das kann man genauso gut Zwangsarbeit nennen. »Ich bin immer mehr davon überzeugt, dass es gar nicht erwünscht ist, dass Leute wieder in reguläre Jobs kommen«, sagt Wagner. Als sie einer Sachbearbeiterin von ihrem Wunsch erzählte, sich selbstständig machen zu wollen, lachte diese sie aus: »Das schaffen sie doch sowieso nicht. Ein Hartz-IV-Empfänger braucht solche Gedanken gar nicht zu haben.« Es war einer von vielen Abenden, an denen Wagner erschöpft in ihrer Wohnung saß und weinte. Sie sagt: »Wenn ich wirklich einfach nur auf dem Sofa sitzen und nichts tun würde, dann ging es mir vielleicht besser. Sobald man wirklich arbeiten will, geht die Hölle richtig los.«

Und trotzdem hat sich Carola Wagner einen Platz in der Meisterschule erkämpft, den sie aus ihrem Regelsatz selbst bezahlt, weil sich das Amt noch immer weigert, die Kosten zu übernehmen. Trotzdem macht sie, mit 42, das nächste körperlich anstrengende Praktikum in einer Großküche und freut sich darüber, wenn sie eine Gelegenheit bekommt, ihren Vortrag über Sparen im Haushalt zu halten. Trotzdem berät Wagner ehrenamtlich in Not geratene Menschen bei ihren Finanzen – und muss selbst an der Tafel stehen, weil alle Sparsamkeit nichts nutzt. Was für eine gigantische Verschwendung von Energie und Arbeitskraft! Man fragt sich, woher Wagner, woher all diese Menschen, die versuchen, wieder ein selbstbestimmtes Erwerbsleben zu führen, und statt Unterstützung nur Demütigung erfahren, die Kraft nehmen, weiterzumachen.

Die ersten Male, sagt Wagner, habe sie geweint, wenn sie von der Tafel zurückkam. Auch sie sei zuvor, wie ihre Freundin Saskia, immer wieder umgekehrt. Ein Ehrenamtlicher habe sie schließlich überredet und gesagt: »Es ist keine Schande für Sie, sondern für die Gesellschaft.« Jetzt bringt sie jedes

Mal eine Thermoskanne Tee für die Ehrenamtlichen mit, »damit ich wenigstens das Gefühl habe, ich kann etwas zurückgeben.«

Beide Frauen sagen, dass sie hier nicht stehen mögen. Beide sagen auch, dass sie dankbar sind für das Angebot. Wagner kann von dem Geld, dass sie gespart hat, den Teil der Miete bezahlen, den das Amt nicht übernimmt – sie fürchtet, dass sie sonst mit den Töchtern in eine kleinere Wohnung in einem schlechter gestellten Stadtteil umziehen müsste.

»Die Tafel hat mir meine Gesundheit wiedergegeben«, sagt Fischer. Sie habe bereits Bluthochdruck bekommen von der ständigen Sorge, wie sie den nächsten Tag überleben sollte, unlängst habe ihre Ärztin außerdem Burn-out diagnostiziert; ihr Sohn habe in der schweren Zeit Asthma bekommen. Jetzt sei wenigstens wieder »Luft zum Atmen«. Jetzt könne sie dem Kind neue Kleidung kaufen, »und zwar bei C&A und nicht das billige Zeug von Kik oder Gebrauchtes.« Und wenn es gut gehe, selten zwar, seien auch einmal 10 Euro fürs Kino drin. Der letzte Film, den Saskia Fischer gesehen hat, war Erwin Wagenhofers Dokumentarfilm über die Finanzkrise *Let's make Money*.

Es ist ein Anspruch der Tafeln: Sie wollen, laut Bundesverband, ein Zusatzangebot offerieren, um finanzielle Freiräume zu schaffen. So können die Tafeln zwar akut die Not lindern, an die Ursachen strukturell bedingter Armut rühren sie jedoch nicht.

Dadurch, dass die Tafeln mehr und mehr versuchen, Versorgungslücken zu schließen, legitimieren sie vielmehr den Rückzug des Sozialstaats. Die flächendeckende Verbreitung von Tafeln, sagt Selke, erzeuge das Bild eines scheinbar gelösten Problems, »völlig konträr zur sozialen und politischen Realität«. Mit dem Lob der Tafeln spare der Staat »mit wenig Aufwand und ein bisschen Rhetorik viel Geld – und gibt es anderer Stelle aus.«

Warum die Wirtschaftselite die Tafelidee propagiert

Genau das dürfte auch ein wesentlicher Grund sein, weshalb sich Unternehmen bei der Tafel engagieren: Sie sind am Erhalt einer Wirtschaftsstruktur interessiert, die ihren Profit sichert. Dazu gehört ganz wesentlich der Abbau von Arbeitnehmerrechten, der wiederum die Armut zementiert. Die Münchner Tafel hat unter ihren Sponsoren auch die Molkerei Alois Müller, die ihre Milchbauern unter massiven Preisdruck setzt. Sie kündigte mehreren hundert in ihrer Existenz bedrohten Bauern, die gegen die Ausbeutung protestierten, schlicht den Abnahmevertrag. Vor einigen Jahren sackte das Unternehmen 70 Millionen Euro staatlicher Subventionen für die Schaffung von 148 Arbeitsplätzen ein, während es mit zwei Werksschließungen für 165 Arbeitslose sorgte.[136] Mit etwas Glück bekommen diese nun einen abgelaufenen Joghurt bei einer Tafel geschenkt. Auch die steuerliche Begünstigung der Unternehmen zum Schaden des Sozialstaats mehrt die Armut: Zwischen 2000 und 2005 sind die Gewinne von Unternehmen und die Einkommen aus Vermögen in Deutschland um 31 Prozent gestiegen; die darauf gezahlten Steuern hingegen sind um rund 10 Prozent gesunken.[137] Zu den Hauptsponsoren der Tafeln in Deutschland gehört auch Mercedes Benz. Der Autokonzern spendiert der Tafel (Motto: »Für die gute Sache geben wir unser Bestes: unsere Fahrzeuge«) gelegentlich Lieferwagen, was grundsätzlich für Presseecho sorgt. Dabei hatte Jürgen

Schrempp, von 1995 bis 2005 Vorstandsvorsitzender der Daimler-Benz AG und der Daimler-Chrysler AG (heute Daimler AG) und entschiedener Vertreter des Shareholder-Value, einmal stolz erklärt, dass Daimler-Chrysler keine Steuern mehr bezahle.[138] Der Rückgang der gezahlten Unternehmenssteuern geht einher mit dem Zuwachs an Dividendenausschüttungen. Dabei wären Unternehmenssteuern die einzige Möglichkeit, die Gesellschaft an den Gewinnen teilhaben zu lassen. Gerade weil Unternehmen dazu nicht verpflichtet werden, steigt der Bedarf an Tafeln, sprich: die Armut, stetig an.

Es überrascht kaum, dass ausgerechnet die am Shareholder-Value orientierte Unternehmensberatung McKinsey, die mit der Zerschlagung von Firmen und durch Massenentlassungen ungezählte Menschen in die ausweglose Armut getrieben hat, als erster Berater der Tafeln fungierte. Die Unternehmensberatung, deren Direktor Peter Kraljic neben Vertretern von Deutscher Bank, Daimler-Chrysler und Volkswagen in der Hartz-Kommission saß, schuf in einem zweijährigen Projekt ein Organisationsmodell für die Tafeln, das diesen schließlich half, sich zu einem hochprofessionellen Non-Profit-Franchise-Modell zu profilieren. Gleich zwei Publikationen, die für die Öffentlichkeit nicht einsehbar sind, verfasste McKinsey für die Tafeln: das *Handbuch zur Gründung* und das *Handbuch zum Betrieb einer Tafel*.[139] Damit möchte der Bundesverband heute nicht mehr in Verbindung gebracht werden: Auf Anfrage heißt es, dass man die Bücher schon seit Jahren nicht mehr benutze und die allermeisten Tafeln diese gar nicht mehr kennen würden.

»Erst der Abbau von Sozialstaatlichkeit hat diejenigen Räume geschaffen, in denen sich Unternehmen nun über ein explizites, ein freiwilliges und über die gesetzlichen Regelungen hinaus gehendes gesellschaftliches Engagement ein gutes Image verschaffen können«, schreibt die Professorin für Wirtschaftssoziologie Stefanie Hiß im Sammelband *Tafelgesellschaft*.[140] Mit der Unterstützung der Tafeln wollten Unternehmen eben auch zeigen, dass privat organisierte Hilfeleistung Armut mildern kann. Der Begriff unternehmerischer Verantwortung, auch »Corporate Social Responsibilty« (CSR) genannt, begann seine Karriere etwa gleichzeitig mit dem schleichenden Sozialabbau Mitte der neunziger Jahre. Mit der »CSR« ist untrennbar die Rede von der »Win-win-Situation« verbunden. Doch vor allem die Unternehmen profitieren von ihrem Engagement bei den Tafeln. Nicht nur, dass die Müll spendenden Handelsketten sich die Entsorgungskosten sparen – sie verdienen richtig Geld damit. Die Rewe Group wiederholt beispielsweise regelmäßig die bundesweite Aktion »Kauf eins mehr für die Tafel«, im Zuge derer die Kunden angehalten werden, haltbare Lebensmittel wie Kaffeepulver, Mehl, Nudeln, Reis, Zucker, Konserven oder Drogerieprodukte zu kaufen und für die Tafel zu spenden. In manchen Märkten packten die Supermarktmitarbeiter gleich selber Tüten, die sie für fünf Euro verkauften. Weihnachten 2010 verkündete der Handelskonzern per Pressemitteilung: »Rewe- und Toom-Märkte spenden Waren im Wert von 1,2 Millionen Euro.«[141] Allerding haben einzig und allein die wohlwollenden Kunden, die die Tafelspenden gekauft hatten, den Großteil, eine Million Euro, bezahlt. Für die Waren im Wert von 200 000 Euro, die Rewe mit generöser Geste dazu packte[142], gab es immerhin eine Spendenquittung der Tafeln. Steuern sparen, Umsatz machen und noch gute Presse in der Lokalzeitung bekommen – das ist sogar eine Win-win-win-Situation. Kein Wunder, dass andere Handelskonzerne diesem Beispiel nur zu gerne folgen. So rief auch Lidl im Mai 2011 seine Kunden zu einer »Spendenwoche« auf.[143] Dass ausgerechnet Lidl zu den Hauptsponsoren gehört, ist beinahe zynisch: Der Konzern hat sich, was die Behandlung und Bezahlung seiner Mitarbeiter angeht, nicht eben mit Ruhm bekleckert – abgesehen davon, dass Lidl, wie alle Discounter und Handelsketten, von Dumpingpreisen und katastrophalen Arbeitsbedingungen in armen Ländern profitiert. Mit Aktionen wie etwa der »Pfandspende« lässt sich das Image jedoch bestens wieder zurechtrücken: So konnten Kunden wählen, ob sie das Pfand vom Rücknahmeautomat einsacken oder lieber der Tafel spenden wollten. Selbstredend haben weniger die Pfandspender als vielmehr Lidl Ruhm und Ehre dafür eingestrichen.

Eine Blacklist aber gibt es bei keiner Tafel. Bundesvorstand Häuser muss lange überlegen, wenn man fragt, ob es Unternehmen gäbe, mit denen man sich eine Zusammenarbeit nicht vorstellen könne. »Also Sachen mit Alkoholwerbung drauf würden wir nicht nehmen. Und Kriegsspiele würde ich auch nicht fördern, die sollen ihre Millionen alleine machen.« Gut, dass man Kriegsspielzeug nicht essen kann. Er sagt weiter: »Wir sind nie in Lidl reingegangen, um Lidl zu missionieren. Es wird eine kapitalistische Welt bleiben. Wir werden weder die Welt noch die Einkaufspolitik ändern können. Aber wir haben die Lidl-Kunden sensibiliert.« Selbst Sabine Werth, die Gründerin der Tafel in Berlin gibt zähneknirschend zu: »Unternehmenskritik in großem Stil können wir uns nicht leisten. Sonst bekommen wir keine Ware mehr.«

Der ehemalige Metro-Vorstandschef Chef Hans-Joachim Körber konstatiert, dass soziales Wirtschaften nicht die »Domäne von langhaarigen Weltverbessern mit rot-weiß-kariertem Palästinensertuch, sondern von nüchtern kalkulierenden Managern« sei.[144] Es sind dieselben Argumente, die stets von der Wirtschaftselite hervorgebracht werden, wenn es um Privatisierung geht. Wenn sich mit den Armen Geld verdienen lässt, gibt sich jedes noch so unsozial wirtschaftende Unternehmen als Anwalt der Armen. Ebenso wie sich Unternehmen bereits zu Umweltengeln wandelten, seit sie gewittert haben, dass man sich mit Nachhaltigkeitsbehauptungen einen Wettbewerbsvorteil verschafft. Social- und Greenwashing funktionieren identisch: Beides soll dazu beitragen, die Unternehmen aus der Schusslinie zu bringen und gesetzliche Auflagen – etwa angemessene Unternehmenssteuern und verbriefte Arbeitnehmerrechte – zu verhindern, die den Profit schmälern könnten. Dass sich Unternehmen entsprechend öffentlichkeitswirksam sozial engagieren, soll außerdem belegen, dass »die Wirtschaft« allein in der Lage ist, die »Changemaker« und »Innovationen« hervorzubringen und Probleme »kreativ« zu lösen.

Die Beseitigung von Armut bedarf allerdings ziemlich wenig Kreativität oder Innovation: Sie ist ganz einfach eine Frage der Verteilung. »Kreative Lösungen« zur Armutsbekämpfung dagegen geraten schnell zur Geschmacklosigkeit. Kurz vor dem Weihnachtsfest 2009 ließen sich die Kreativen der Werbeagentur Leo Burnett (Motto: »Big ideas come out of big pencils«) in Frankfurt eine besonders schöne Bescherung einfallen. Schon lange klagte die Frankfurter Tafel, dass sie die Pfandsammler nicht erreiche, sprich: diejenigen, die sich ein wenig Selbstbestimmung dadurch erhalten, dass sie in Glascontainern und Mülleimern nach Pfandflaschen suchen, die sie in den Supermärkten gegen Bares eintauschen. Aber Geld kann man doch nicht essen – dachte sich womöglich Leo Burnett. Also ließ die Agentur Plastikflaschen herstellen, auf denen statt eines Getränkeetiketts ein Aufkleber prangte mit den Worten: »Gegen Abgabe dieser Flasche erhalten Sie eine Tüte mit Lebensmitteln«; der Gutschein war einzulösen bei den Ausgabestellen der Tafel. Damit wollte man den Pfandsammlern »die Scheu davor nehmen, sich helfen zu lassen«.[145] Das erklärte Kreativdirektor Hans Jürgen Kämmerer treuherzig, der die Idee zu der Aktion hatte: »Wir haben jetzt die ersten Flaschen hier am Hauptbahnhof verteilt und sogar schon einige Sammler beobachten können, die welche von unseren Modellen rausgefischt haben. Am Bahnhof sind die meisten von ihnen unterwegs, aber in den nächsten Wochen werden wir das Ganze noch ausweiten und auch die Gegenden um die anderen großen Stationen in der Innenstadt mit unseren Flaschen ›bestücken‹.«

Diese sensationelle Instinktlosigkeit traf auf große Begeisterung innerhalb der Werbeszene: Leo Burnett erhielt statt Kritik den Medialöwen in Bronze verliehen, einen internationalen Preis für gute Werbeideen. »Wir freuen uns, dass die hochkarätige Mediajury unsere Idee mit einem Löwen ausgezeichnet hat. Wir hatten gerade in diese Kategorie Hoffnungen gesetzt, denn die zentrale Idee der Arbeit für die Frankfurter Tafel ist in der Tat eine Mediaidee: Wie erreicht man Menschen, die durch Werbung normalerweise nicht erreichbar sind? Diese Aufgabenstellung hat unser Team sehr kreativ gelöst«, sagte Andreas Pauli von Leo Burnett in seiner Dankesrede. Die »trojanischen Flaschen« (die negative Konnotation des Begriffs »trojanisch« scheint niemandem aufgefallen zu sein) seien für die Frankfurter Tafel ein großer Erfolg gewesen.

Alle Zeitungen hätten – meist positiv – über die Aktion berichtet, auch Regionalfernsehen und -radio »halfen, die Armut wieder zu einem Thema in den Köpfen der Menschen zu machen«. Und so jubelte der Branchendienst Ströer: »Mit einem Null-Euro-Budget konnte eine Berichterstattung im Gegenwert von 90 315 Euro erzielt werden.«[146]

Schön, wenn die Armut anderer so viel Geld wert ist. Ob die Pfandsammler tatsächlich das Angebot wahrnahmen, an den Tafeln Müll gegen Müll zu tauschen, darüber wurde nirgends berichtet. Und gefragt hat sie auch keiner: Denn gefragt werden die Nutzer grundsätzlich nicht.

Ausschluss der Ausgeschlossenen

Eine groß angelegte Befragung der Tafel-Nutzer hat es in fast 20 Jahren bis heute nicht gegeben. Wie zufrieden die Menschen mit dem Service sind, ob sie sich gut und gerecht behandelt fühlen, ob sie die postulierte »gelebte Solidarität« spüren, ob ihnen die Tafeln tatsächlich einen finanziellen Freiraum schaffen, der ihnen wiederum gesellschaftliche Teilhabe ermöglicht, und ob sie überhaupt etwas anfangen können mit dem Angebot an Waren: das hat die Nutzer niemand gefragt. Die einseitige Betonung des gesellschaftlichen Engagements der Ehrenamtlichen lässt erst gar nicht den Verdacht aufkommen, dass es womöglich auch bei den Tafeln alles andere als gerecht zugeht. Schließlich ist es ja gut gemeint.

Dass die Tafeln mit Verteilungsgerechtigkeit nichts zu tun haben, lässt sich allerdings allein schon an den Zahlen ablesen: Die Tafeln erreichen nicht einmal zehn Prozent der Bedürftigen. Mehr als elf Millionen Menschen leben in Deutschland unter oder nahe an der Armutsgrenze – aber nur eine Million hat Zugang zu Tafeln, die keine flächendeckende Versorgung gewährleisten können. Prinzipiell kann jeder, sofern er sich den acht Tafelgrundsätzen verpflichtet, eine Tafel eröffnen. So kommt es, dass die Versorgungsdichte in reichen Bundesländern wie Nordrhein-Westfalen, Baden-Württemberg, Schleswig-Holstein, Hamburg und Bayern besonders hoch ist, während es in den neuen Bundesländern, wo wiederum der Bedarf besonders hoch wäre, kaum Tafeln gibt.

Im Büro der Münchner Tafel hängt ein Stadtplan, übersät von Stecknadeln mit kleinen Fähnchen in unterschiedlichen Farben. Die Tafel versorgt in München nicht nur Bedürftige an den 24 Ausgabestellen, sondern auch mehr als 85 soziale Einrichtungen sowie Schulen mit Lebensmitteln. Und trotzdem erreicht die Tafel auch hier nur knappe zehn Prozent der Bedürftigen. Das Büro der Münchner Tafel befindet sich im denkmalgeschützten Kontorhaus auf dem Großmarktgelände. Im Eingang prangt ein Messingschild aus alter Zeit: »Betteln und Hausieren verboten«. Tatsächlich, erzählt die Gründerin Hannelore Kiethe, komme es vor, dass Menschen so hungrig und verzweifelt vor der Tür stünden, dass sie diese erst einmal zu den Kollegen im Lagerraum schicken müsse, wo sie sofort etwas zu essen bekommen. »Die wissen nicht mehr, wovon sie leben sollen, man kann sich das gar nicht vorstellen. Das sind nicht wenige, selbst in der reichen Stadt München«, sagt Hannelore Kiethe. Sie sagt das mit echter Empörung. Froh sei sie, dass sie diesen Menschen wirklich helfen könne. Es ist ihr ein Anliegen, doch trotz guten Willens und bei aller Professionalität sind zehn Prozent das Limit: »Wir können nicht alle Bedürftigen versorgen.

Klar sind die zehn Prozent, die wir erreichen, nicht befriedigend. Aber wir sagen: Wir tun was, und die, die wir erreichen, die haben halt das Glück gehabt. Die anderen müssen leider so klarkommen. Natürlich würde ich am liebsten alle aufnehmen.«

Härtefälle, sagt Kiethe schnell, würden natürlich sofort versorgt – entsprechend der ursprünglichen Idee der Tafeln. Doch längst sind es keine Härtfälle mehr, also etwa Obdachlose, sondern Bürger, die so tief in die Armut gerutscht sind, dass sie auf Essensausgaben, Suppenküchen und Kleiderkammern angewiesen sind. Immer neue Leute möchten die Tafeln nutzen, die Wartelisten sind lang, aber nur wenige haben die Chance nachzurücken – denn Armut ist heute bei den Allermeisten keine Episode, sondern Dauerzustand. Jeden Tag stehen an den Ausgabestellen Menschen, die ihre Scham überwunden haben und auf Hilfe hoffen. Gebeugt und mit erschöpften Gesichtern, aufgerissene Kuverts mit Amtsbescheiden in der Hand, so stehen sie da und warten, bis sie vorsprechen dürfen. Manche von ihnen haben bereits Taschen dabei, beobachten aufmerksam die Schlange, in der die Menschen ihre Tüten gefüllt bekommen.

Doch für die meisten gibt es nur einen Platz auf der Warteliste. Sie sind die Ausgeschlossenen unter den Ausgeschlossenen. Auch in der sogenannten Unterschicht gibt es Klassenunterschiede. So gern die Tafel helfen will, sie verstärkt diese Ungerechtigkeit, anstatt sie zu beseitigen. Denn einen Anspruch auf Versorgung bei den Tafeln besteht nicht: »Wir sind kein Amt, wir leisten freiwillig Hilfe. Wir bemühen uns sehr – aber einen Anspruch darauf gibt es nicht. Man muss zu uns kommen und um Hilfe bitten«, sagt Kiethe.

So liegt es im Ermessen der Tafelverantwortlichen, wer ihre Hilfe in Anspruch nehmen darf und wer nicht. Und teilweise auch, wie diese Hilfe organisiert wird. So hat die Münchner Tafel den Anspruch, ihren Nutzern eine Art Vollversorgung zu bieten. »Zukauf« ist den im Bundesverband organisierten Tafeln eigentlich verboten, soll es doch um das Verteilen überschüssiger Ware gehen. Doch die Münchner Tafel gehört keinem Verbund an. »Wir wissen heute, dass ganz viele Menschen, die wirklich schlecht dran sind, von unseren Lebensmitteln leben, die wir jede Woche ausgeben. Es ist unser Anliegen, sie so zu versorgen, dass sie gut über die Woche kommen. Wir wollen unsere Arbeit ordentlich machen«, sagt Kiethe. Der Ehrgeiz, die Menschen komplett zu versorgen, hat aber auch eine Kehrseite: Zum einen drängt es die Nutzer noch mehr in die Passivität der Empfangenden, wenn ihnen suggeriert wird, dass sie alles Nötige bei den Tafeln bekommen. Zum anderen reden die Tafeln auf diese Weise einer Bedarfsgerechtigkeit das Wort, innerhalb derer nicht die Bedürftigen bestimmen, was sie brauchen, sondern ihre »Versorger«. In München haben ebenjene entschieden: zur Grundversorgung, wie früher im Krieg, gehören Kartoffeln, dazu Karotten, Äpfel und Brot.

Das würde Paul Nolte gut gefallen. Der gab im *SZ*-Interview zu bedenken, dass die Unterschicht nicht immer nur Pommes und Burger essen solle, auch Äpfel und Karotten schmeckten gut.[147] Zwiebeln, erklärt eine Ehrenamtliche, gehörten nicht dazu, die seien schließlich nicht lebensnotwendig. Und wenn die Ausbeute mager ist, dann dürfen die Armen auch mal geschenkte Dosensuppen und Fertignudelgerichte essen, obwohl sie im Normalfall von der Gesellschaft dafür gescholten würden. Übrigens auch bei den Tafeln: Die Leute heute hätten ja verlernt, anständig zu kochen, die gäben ihr ganzes Geld für teure Fertiggerichte aus und wunderten sich dann! Früher, so redet sich eine Ehrenamtliche in Rage, hätte man ja auch kein Geld gehabt und eben Gemüse eingekocht. Auf die Frage, ob denn Fertiggerichte, die von den Tafeln verteilt werden, besser seien, entgegnet sie empört: »Das ist ja wohl ein Unterschied.« Natürlich. Einem geschenkten Gaul schaut man nicht ins Maul.

Aber was ist denn nun gerechter: Nicht zuzukaufen und das wenige nur als Ergänzung so gleichmäßig wie möglich auf viele zu verteilen? Oder weniger Leuten eine Art Vollversorgung zu bieten? Die Frage lässt sich nicht beantworten. Zumal es die vermeintliche Vollversorgung nur so lange gibt, wie der Vorrat reicht. »Die Idee der Tafeln bricht an dem Punkt, wo es um Ansprüche oder Rechte geht. Der Anspruch, etwas zu machen, was notwendig ist, beißt sich mit der Freiwilligkeit. Denn wenn man zu der Erkenntnis gelangt ist, dass die Menschen von der Hilfe abhängig sind, muss man sich dafür einsetzen, dass sie ein Recht darauf haben«, sagt Stephan Lorenz.

Die einzige Gerechtigkeit, die Tafeln organisieren können, besteht darin, den Ablauf möglichst fair zu gestalten. Weil es nur begrenzte Mengen von Lebensmitteln gibt und entsprechend diejenigen das Nachsehen haben, die hinten in der Schlange stehen, beginnen die Ausgaben immer mit einer anderen Ausweisnummer. Trotzdem gibt es gelegentlich ein würdeloses Gerangel in der Schlange. Denn hundertprozentig verlassen kann man sich nicht darauf, dass die Tüte am Ende voll ist. Die Münchner Tafeln sind stolz, dass eine Bäckerei ihnen extra frisches Brot bäckt. Ein Ehrenamtlicher, er verteilt an einer Ausgabestelle das Brot, sagt, manche Bedürftige hätten schon zu weinen begonnen, weil kein Brot mehr da gewesen sei. Manche halten diese Tränen für Selbstmitleid: »Jetzt haben die doch schon so viel Geld gespart – können die sich nicht einfach das Brot selbst kaufen?« Es sei ein Problem, sagt der Soziologe Stefan Selke, der bei seinen Recherchen ähnliche Szenen erlebt hat, dass die Tafeln mit dem ständigen Bemühen, Fehlendes zu ersetzen, Ansprüche wecken, mit denen sie dann nicht umgehen können. Nörgelei der »Kunden« ist bei den Tafeln überhaupt nicht gern gesehen. Im Zweifel werden Begehrlichkeiten als blanke Gier gewertet. An einem der Tage mit schlechterer Ausbeute murmelt eine der Ehrenamtlichen etwas zu laut, um überhört zu werden: »Es ist mal ganz gut, dass es wenig gibt heute. Die werden ja langsam gierig.« Eine andere Frau, die bei den Tafeln arbeitet, ist ebenfalls der Meinung, dass Bedürftige »sehr schnell verwöhnt« würden. Verwöhnen heißt: Sie bekommen manchmal Fleisch. Oder eine Packung Duschgel. Dann seien sie enttäuscht, wenn es so etwas beim nächsten Mal nicht mehr gibt. Sie selbst habe einmal auf der anderen Seite der Tafel gestanden. Sie wäre damals, wie sie erzählt, ohne Lebensmittelspenden nicht über die Runden gekommen. Doch das ist offenbar schnell vergessen, steht man endlich wieder auf der »richtigen« Seite. Mit ihrer festen Stelle bei der Tafel hat sich die Frau einen regelrechten Kasernenhofton zugelegt: »Wer frech wird, fliegt raus. Da kenn ich nix.« Sie erwähnt nicht ohne Stolz, dass sie Ausweise von Bedürftigen schon wochenlang habe sperren lassen.

Die Disziplinierung der Armen

Die Ansicht, Arme müssten, gemäß des Agenda-2010-Ansatzes »Fördern und fordern«, diszipliniert werden, findet sich in gewisser Weise auch bei den Tafeln. Dort macht man Hilfe vom richtigen Verhalten abhängig. Schlechtes Benehmen wird sanktioniert. Wer die Ehrenamtlichen nicht gut behandelt, wer zu laut auf seine (nicht vorhandenen) Rechte pocht oder mehrmals unentschuldigt fehlt, dem wird die Zugangsberechtigung entzogen. Spätestens wenn sich Ehrenamtliche zu Freizeitpädagogen aufschwingen, kommt das Hierarchiegefälle, zwischen den beiden Seiten der Tafel wieder deutlich zum Vorschein. »Wir nennen die Leute Gäste und nicht Kunden. Und ›Gäste‹ beinhaltet: Sie sind bei uns willkommen, müssen sich aber auch entsprechend benehmen. Und wer sich als Gast schlecht aufführt, dem darf man auch sagen: Bitte kommen Sie nicht mehr«, sagt Kiethe und beschreibt unfreiwillig sinnfällig die düstere Seite des strahlenden Ehrenamts und der Freiwilligkeit: Die Menschen werden in »gute« und »schlechte« Arme unterteilt – Armut wird moralisiert. Es gibt Opfer, und es gibt Schmarotzer. So reproduziert und zementiert die Tafel die gesellschaftlichen Machtverhältnisse von oben und unten, von drinnen und draußen. Tafeln sind die philantropisierte Version von: Wer zahlt, schafft an.

Apropos anschaffen: Die Tafel in Darmstadt hat ein Hausverbot gegen Prostituierte eines nahe gelegenen Straßenstrichs verhängt. »Das ist eine bestimmte Klientel, die wir nicht wollen«, begründete die Leiterin Doris Kappel diesen Schritt in der *Frankfurter Rundschau*. Die Frauen, die Hartz IV beziehen, durften dort nicht mehr zu Mittag essen, weil sie Zuhälter und Freier anzögen und sich auf den Toiletten frisch machten.

Es sei, so eine Tafelmitarbeiterin, unzumutbar, dass Mütter und Kinder mit Freiern und Prostituierten (also: die guten mit den schlechten Armen) zu Mittag essen sollen.[148] Eine andere Tafel in einer bayrischen Kleinstadt wiederum erteilte einem Besucher Hausverbot, weil er einen Teil seines Essens, das er dort geholt hatte, an diejenigen verschenkte, die nicht so viel abbekommen hatten. Wer gibt und wer nimmt, ist schließlich Sache der Tafeln.

Es ist kein Zufall, dass es die meisten Tafeln nicht dort gibt, wo die Armut besonders groß, sondern wo die Kluft zwischen Arm und Reich besonders tief ist: Meist sind es die Wohlhabenden, diejenigen, die von den ungerechten Strukturen profitieren, die mit der Gründung und dem Betrieb einer Tafel »etwas zurückgeben« möchten.

Auf dem Hof der Kirche im Münchner Osten ist die Ausgabestelle fertig aufgebaut. Etwas erschöpft lächeln die Ehrenamtlichen, die schon seit gut drei Stunden aussortiert, aufgeladen und Stände aufgebaut haben. In wenigen Minuten wird sich die Schlange, die sich schon seit einer Stunde vor der Einfahrt gebildet hat, in Bewegung setzen. Ein schwarz glänzendes Oberklasseauto braust an der Schlange vorbei und parkt direkt neben den Biertischen, eine feine Dame steigt aus. Gabriela Schultz trägt eine dunkelblaue Steppjacke, Jeans, Lederstiefel und ein Seidenhalstuch. Ihre große Sonnenbrille hat sie ins blonde Haar geschoben. Schultz ist im Vorstand der Münchner Tafel, außerdem ist sie verantwortlich für diese Ausgabestelle. Aber eher sieht sie so aus, als wolle sie gleich in der Maximilianstraße shoppen gehen. Viele Ehrenamtliche stammen aus der sogenannten ersten Gesellschaft. So auch Tafelgründerin Hannelore Kiethe, deren Mann eine große Anwaltskanzlei mit Sitz in München, Brüssel und Berlin führt. Kiethe hat ihren Beruf aufgegeben, als sie Kinder bekam, jetzt sind ihre Söhne erwachsen und aus dem Haus. Also widmet sie sich voll ihrem Ehrenamt: eine Frauenkarriere, wie sie nur in höheren Gesellschaftskreisen möglich ist. Ehrenamtliches Engagement gehört dort zum guten Ton. Mit der selbst formulierten Pflicht zur Mildtätigkeit legitimiert die Elite nicht zuletzt ihren privilegierten Status, denn schließlich gibt sie ja »etwas ab«.

Natürlich nützt den Tafeln der gesellschaftliche Status ihrer Betreiberinnen ganz praktisch: Die verfügen nämlich über beste Kontakte zur Wirtschaftselite und in die Politik. Sie haben es leichter als andere soziale Initiativen, Sponsoren und Spender zu finden. Sogar Erbschaften hat die Münchner Tafel schon bekommen, großzügige Spenden einer Tombola des Golfclubs und Lieferwagen, die der Rotary Club gespendet hat – sein Symbol prangt nun auf der Außenseite der Fahrzeuge. Und natürlich verbessert die enorme öffentliche Anerkennung den Status der Ehefrauen: Sie sind in diesem Fall selbst Unternehmerinnen, ja: Geschäftsführerinnen von erfolgreichen mittelständischen Unternehmen. Ganz ähnlich wie ihre Männer. Ihren 15. Geburtstag feierte die Münchner Tafel entsprechend großzügig: Die Stadt stellte den Rathaussaal für eine Ausstellung zur Verfügung, der Kulturreferent hielt eine Rede, weil, so Kiethe, »unsere Arbeit wertgeschätzt wird als Arbeit für die Stadt München«. Gefeiert wurde mit 500 Gästen: Den Mitarbeitern, Ehrenamtlichen und den Sponsoren spendierten Bayerische Landesbank – »ja, ja, die böse, böse Bayerische Landesbank, da kann man mal sehen« (Kiethe) – und Credit Suisse München ein großes Buffet.

Die Armen selbst waren zu dieser Feier nicht geladen. Aber für die sind 15 Jahre Tafel eher kein Grund zum Feiern.

Die Ideologie der herrschenden Klasse findet heute ihren Ausdruck in den Tafeln, wo die Brosamen der Bourgeosie an die Armen verteilt werden, als seien wir wieder im 19. Jahrhundert. »Wir hier oben kümmern uns um euch da unten und sagen euch, wie ihr als ordentliche Mittel- und Unterschichtsangehörige leben solltet. Die Frauen leben die Beziehungen, die die von ihnen vorgestellte Gesellschaftsordnung impliziert. Schließlich ist es für die Aufrechterhaltung der hierarchisch gegliederten Gesellschaft nützlich, wenn Menschen, die in der Hierarchie unten stehen, keinen Grund haben, unzufrieden zu sein«, beschreibt Tomke Böhnisch die Intention wohlhabender Frauen, sich ehrenamtlich zu engagieren, in ihrem Buch *Gattinnen. Die Frauen der Elite*.[149] Spricht man nämlich die Damen darauf an, ob es nicht wesentlich sinnvoller wäre, die Strukturen so zu ändern, dass es keine Tafeln mehr geben muss – indem man etwa eine angemessene Reichensteuersteuer einführt –, schauen manche so konsterniert, als hätte man gerade die Gründung stalinistischer Umerziehungslager vorgeschlagen: »Aber ich bitte Sie – der Staat tut doch wirklich genug für die Leute, mehr geht eben einfach nicht.« Solche Antworten bekommt man dann. Politisch äußern will sich die Münchner Tafel deshalb ausdrücklich nicht, das steht sogar in ihrer Satzung.

Dankbarkeit als Währung

Auch Elisabeth Müller kommt heute wieder zum »Einkaufen«. Sie trägt denselben blassrosafarbenen Anorak, Tochter Klara immer noch die schwarze Hose mit Loch am Knie. Zwei ihre kleineren Kinder sitzen im Fahrradanhänger. Gabriele Schultz strahlt, als sie die Familie entdeckt. »Alleinerziehende und Rentner«, sagt Schultz, »die liegen mir besonders am Herzen.« Es sind diejenigen, die offenkundig am wenigsten »falsch gemacht« haben, es sind die »guten« Opfer, die »würdigen Armen«, denen man gern seine Hilfe zukommen lässt. Schulz eilt zu ihrem Auto und verteilt vor den Augen der anderen Eltern kleine Geschenke an die Kinder von Frau Müller. Elisabeth Müller ist der Liebling aller Ehrenamtlichen an der Ausgabestelle: »Eine tolle Frau. So ein Schicksal, aber sie jammert nie! Sie lächelt immer!«, sagt ein Ehrenamtlicher über die ehemalige Ärztin. Dabei hätte sie Grund zur Beschwerde genug. Doch darüber, dass Frau Müller nicht klagt, sondern die erwartete Gegenleistung Dankbarkeit erbringt, freut sich ihr Gegenüber so sehr, dass ihm gar nicht auffällt, wie müde ihr Lächeln manchmal ist. Gebetsmühlenartig wiederholen die Tafelbeschäftigten, dass sie ja nicht nur Lebensmittel verteilten, sondern auch stets ein »offenes Ohr« für die Sorgen ihrer Gäste hätten. Gewiss findet sich manchmal ein bisschen Zeit zum Plaudern. Meistens jedoch schiebt sich die Schlange der Menschen so schnell voran, dass für mehr als »Hallo«, »Wie geht es Ihnen« und »Auf Wiedersehen« gar keine Zeit ist.

Vor allem aber sorgt persönliches und individuelles Engagement bei den Nutzern für Unmut. Die Münchner Tafel hat zum Beispiel organisiert, dass die Johanniter Gehbehinderte und alte Menschen mit ihren Taschen nach Hause fahren. Prompt riefen andere Nutzer im Büro an und fragten, ob sie ihre Ware auch nach Hause geliefert bekommen könnten. An einigen Ausgabestellen stellen die Ehrenamtlichen, bevor der

Ansturm losgeht, Kisten für diejenigen zusammen, die nicht kommen können, weil sie krank sind. Eine liebevolle, eine aufmerksame Geste – die bei anderen jedoch für Neid sorgt. An einer Ausgabestelle steht eine Migrantin in der Schlange, sie sieht sehr erschöpft aus. Eine Ehrenamtliche spricht sie an: »Ist alles in Ordnung bei Ihnen?« Aus der Frau platzt es heraus: Ihre Ein-Euro-Arbeitsstelle liegt so weit entfernt, dass sie oft zu spät zur Tafel kommt und deswegen weniger bekommt als die anderen. »Andere bekommen eine Kiste gepackt, warum bekomme ich das nicht, ihr wisst das doch?« keift sie, den Tränen nahe, die erschrockene Ehrenamtliche an. Natürlich möchte man sich als Freiwilliger, der jede Woche auch bei Schnee, Regen und Eiseskälte stundenlang harte Arbeit für die Bedürftigen leistet, nicht auch noch anpfeifen lassen. Das ahnt vermutlich auch die Ein-Euro-Jobberin. Doch ihre Verletzung, nach einem Tag voller Demütigungen gerade dort benachteiligt zu werden, wo es Zuspruch und Gerechtigkeit geben soll, wiegt einfach schwerer.

Der »Kontakt auf Augenhöhe« zwischen den Schichten ist vermutlich der größte Mythos, den die Tafeln verbreiten. Die Ehrenamtlichen solidarisieren sich eben nicht mit den Armen – sie geben ihnen Essen. Wenn sie Dinge sagen wie »wir sind wie eine Familie«, dann meinen sie ihr Verhältnis zu den anderen Ehrenamtlichen. Nicht zu den Bedürftigen. Für viele Ehrenamtliche sind die Tafeln eher Orte der Selbstverwirklichung: Die regelmäßige Arbeit bei den Tafeln strukturiert auch ihren Alltag. Außerdem ist das Engagement dort vergleichsweise harmlos und einfach: Man muss sich nicht von hoffnungslosen Obdachlosen, Drogenabhängigen oder kriminellen Jugendlichen runterziehen lassen, sondern leistet »Hilfe, die ankommt«. Nämlich in den Einkaufstaschen Bedürftiger. »Demonstratives Helfen«, nennt Selke die Tafelarbeit deshalb. Ehrenamtliche bei der Tafel haben mit Leuten zu tun, die auf ihrer Augenhöhe sein *könnten*, die ihnen prinzipiell ähnlich sind, aber einfach Pech hatten. Gut möglich, dass viele sich durch ihre Tafelarbeit selbst versichern, noch auf der richtigen Seite des Tisches zu stehen. Denn die Rolle zwischen den Gebenden und Nehmenden ist klar: Die eine stehen vor, die anderen hinter der Tafel. Tafelnutzer sind, um einen Begriff des Soziologen Georg Simmel zu verwenden, »Objekte der Fürsorge«. Die dürfen dankbar dafür sein, dass ihnen so selbstlos geholfen wird. Es gibt durchaus einen Grund dafür, dass die Bedürftigen es geheim halten, wenn sie zur Tafel gehen, während die Ehrenamtlichen ihre Arbeit stolz in die Welt posaunen.

Auch Elisabeth Müller ist heute dankbar. Sie hat das Schnäppchen des Tages gemacht und freut sich über eine Kiste angematschter Tomaten, die sie zufällig unter einem der Tafeltische entdeckte. Die Ehrenamtlichen haben sie dort aufgehoben. Für alle Fälle. Frau Müller wird daraus Tomatensoße kochen und einfrieren. Für noch schlechtere Zeiten.

3. VON DER GENTRIFIZIERUNG ZUR GATED COMMUNITY

Wie in den Städten Arme durch Wohlhabende verdrängt werden und warum die Politik dies befördert

Der Hauseingang im Neubau Schwedter Straße 37–40 in Berlin wirkt so steril wie ein Neubau nur wirken kann. Die Wände sind weiß getüncht, der Steinboden in hellem Beige gehalten. Ich stehe in einem bereits fertiggestellten Gebäude des Marthashofs, einem weiteren Luxuswohnkomplex, der gerade im Prenzlauer Berg auf dem ehemaligen Mauerstreifen entsteht. Über der Reihe Briefkästen ist eine lange rechteckige Vitrine in die Wand eingelassen, darin eine verträumte Bastelei, die angesichts der kühlen Aufgeräumtheit des Ortes reichlich kitschig wirkt: Über stilisierte Hügel aus geschichteter Wellpappe fliegen gefaltete weiße Papiervögel.

Anna-Maria Gebhardt lächelt beseelt beim Anblick dieser Lichtinstallation, die den Bewohnern des Marthashofs ein »Willkommensgefühl« vermitteln soll. Sie ist Pressesprecherin des Projekts und verrät: »Der Künstler hat sich von Hans Christian Andersens Märchen *Die wilden Schwäne* inspirieren lassen.« Sentimental und unschuldig: So klingen auch ihre Ausführungen darüber, wie familienfreundlich die Anlage samt Vorgärtchen und Gartenpark doch ist, wo Kinder »ein geschütztes Zuhause mit Freiraum zum Spielen« finden sollen.

»Die elf Brüder waren Prinzen und gingen mit dem Stern auf der Brust und dem Säbel an der Seite in die Schule. Sie schrieben mit Diamantgriffeln auf Goldtafeln und lernten ebenso gut auswendig, wie sie lasen; man konnte gleich hören, dass sie Prinzen waren. Die kleine Schwester Elisa saß auf einem kleinen Schemel von Spiegelglas und hatte ein Bilderbuch, das das halbe Königreich gekostet hatte. Oh, die Kinder hatten es sehr gut.« [150] So beginnt Andersens Märchen. Und ungefähr solche Familien sind es, die der Investor, die Stofanel AG, in das »Urban Village« locken möchte. Oder, falls es mit den Royals doch nicht klappen sollte, jedenfalls welche, die mindestens 2 900 Euro pro Quadratmeter hinblättern können, um eine Gartenwohnung, ein Appartement oder ein Penthouse in einem der 17 Gebäude zu kaufen. 130 »Wohneinheiten« (wie es im Maklerdeutsch heißt) der gehobenen Klasse entstehen hier auf knapp 12 380 Quadratmetern, gut 70 Prozent sind im Dezember 2010 bereits verkauft. »80 Prozent der Käufer kommen aus der direkten Nachbarschaft«, sagt Gebhardt wie zur Entschuldigung, denn das Projekt sorgt bei den Anwohnern für Unmut: Es ist nicht das erste Luxusprojekt, das ihnen das Viertel streitig macht. Direkt neben dem Marthashof sind die 37 »Wohneinheiten« der Kastaniengärten bereits verkauft, gleichermaßen die 60 klinisch weißen Häuser im Townhouse-Quartier Prenzlauer Gärten am Volkspark Friedrichshain. Die Choriner Höfe südlich der Kastanienallee und das Palais Kolle Belle am Kollwitzplatz sind bereits etabliert.

Längst ist der Prenzlauer Berg zum Symbol für Gentrifizierung geworden, jenem soziokulturellen und ökonomischen Prozess also, der ehemalige innenstadtnahe Arbeiterviertel mit viel Altbau in Szeneviertel verwandelt. Zuerst kommen die Studenten und Künstler, die sich die damals noch billigen Wohnungen leisten konnten. Sie schaffen eine improvisierte kreative Struktur und locken weitere Nachzügler. Szene-Kneipen, Frühstückscafés, Friseurläden mit originellen Namen, individuell gestaltete Kleider- und Klimbim-Boutiquen und eine kreative, hoch individualisierte Bewohnerschaft werten ein Viertel erst kulturell auf, dann ökonomisch. Flair und urbanes Lebensgefühl einer solchen Infrastruktur werden attraktiv für eine besser verdienende Schicht, die Nachfrage lässt die Mieten in die Höhe schnellen, ehedem günstige unrenovierte Altbauwohnungen werden zu luxussanierten Eigentumswohnungen, ältere Menschen, weniger Wohlhabende und Migranten müssen in günstigere Quartiere fern der Innenstadt ausweichen.

Nur noch jeder fünfte Anwohner des Prenzlauer Bergs hat dort den Fall der Mauer erlebt – alle anderen sind später hingezogen: Die Einwohnerschaft hat sich zu 80 Prozent ausgetauscht.[151] Nurmehr ein knappes Fünftel des sind Alteingesessene. Die Anzahl der Bewohner mit Abitur hat sich seit 1990 verdoppelt, in den teuersten Gegenden rund um den Helmholtz- und Kollwitzplatz leben nun zu drei Vierteln Akademiker. In manchen Straßen des Prenzlauer Bergs hat sich die Zahl der Akademiker sogar verfünffacht,[152] während die

Arbeitslosenquote im Prenzlauer Berg unter dem Berliner Durchschnitt liegt. Allerdings sind die Unterschiede innerhalb des Prenzlauer Bergs eklatant: Rund um den Kollwitzplatz sind nur 6,4 Prozent arbeitslos, in der Schmuddelecke des Prenzlauer Bergs, wo Plattenbauten den Volkspark säumen, sind es doppelt so viele. Der Migrantenanteil liegt mit elf Prozent nur knapp unter dem städtischen Durchschnitt, allerdings ist es nicht der typische Ausländer, der hier lebt: die größte Migrantengruppe stellen die Franzosen, gefolgt von Italienern, Amerikanern, Briten, Spaniern und Dänen. Edelausländer also, Hochgebildete, mit gut bezahlten Jobs. Der Anteil der Türken beläuft sich hingegen auf 0,3 Prozent.[153] Auch die Alten sind aus dem Viertel verschwunden: der Großteil der Bewohner ist zwischen 25 und 45 Jahre alt – jung, fit, leistungsfähig. Das zeigt vor allem die Einkommensverteilung: Vor 20 Jahren lag das Durchschnittseinkommen im Prenzlauer Berg noch 20 Prozent unter dem Ostberliner Mittel, heute fünf Prozent über dem Durchschnitt Berlins. 1993 lagen die Einkommen im Sanierungsgebiet Prenzlauer Berg noch bei 75 Prozent des Berliner Durchschnitts, heute: fast 140 Prozent.[154]

Das spiegelt sich in den Mietpreisen: Am Kollwitzplatz liegen sie für neu vermietete Wohnungen bereits 20 Prozent höher als im Berliner Durchschnitt. Rund um das Wahrzeichen des Prenzlauer Bergs, den Wasserturm, kosten Eigentumswohnungen bis zu 5000 Euro pro Quadratmeter. In nur fünfzehn Jahren hat sich eines der ärmsten Quartiere der Stadt zu einem der reichsten verwandelt.

Noch immer ist Gentrifizierung das Schlagwort, wenn Veränderungen in den Szenevierteln der Städte, etwa im Prenzlauer Berg beschrieben werden. In den Medien wird beharrlich das Feindbild der »Pornobrillen-Träger«, der Bugaboo-schiebenden Supermütter und der Latte-Macchiato trinkenden »Öko-Schwaben« bemüht, um die »Yuppisierung« und das »Bionade-Biotop« des Prenzlauer Bergs zu monieren oder zu belächeln. Doch dass gerade diese Klischees sich im Mainstream-Diskurs so durchgesetzt haben, belegt nur, dass die Gentrifizierung im Prenzlauer Berg längst abgeschlossen ist. »Das hat viel mit dem Selbstbezug der Mittelschicht zu tun, die dort ja mittlerweile vor allem lebt. Wenn es die Mittelschicht betrifft, dann kommt es in die Medien – denn dort arbeiten ja ebenfalls Angehörige der Mittelschicht«, meint der Sozialwissenschaftler Andrej Holm. Oft gehören gerade die Pioniere der Gentrifizierung zu deren späteren Kritikern: Die schärfsten Kritiker der Elche waren früher selber welche.[155] »Und ihnen fallen vor allem die kulturellen Veränderungen auf«, sagt der 42-Jährige, der sich mit Stadterneuerung und Aufwertungsprozessen beschäftigt. Er unterrichtet Stadt- und Regionalsoziologie an der Berliner Humboldt-Universität und kennt die Entwicklung im Prenzlauer Berg gut. Die Sanierung hat Holm unter anderem im Forschungsprojekt »Veränderte Bedingungen der Stadterneuerung – Beispiel Ostberlin« mit untersucht, unter der Leitung seines Doktorvaters, des Stadtsoziologen Hartmut Häußermann. Mittlerweile, so hat Holm beobachtet, kommt die Gentrifizierungs-Kritik aus den Reihen von saturierten Protestlern: »Nachbarschaftsinitiativen thematisieren heute eher die Lebensqualität als den Vertreibungseffekt durch zu hohe Mieten«, kritisiert er. Schließlich haben die Bewohner, die wegen eines bestimmten Images an den Prenzlauer Berg oder in ein anderes aufgewertetes Viertel wie Mitte, Kreuzberg oder Friedrichshain gezogen sind, hohe Ansprüche an ihr Wohnumfeld und die Infrastruktur im Viertel. Sie zahlen ja nicht nur für ihre Wohnung, sondern für ihr Lebensgefühl und ihren Lifestyle.

»Wir bleiben alle!« hieß Anfang der neunziger Jahre die Bewegung, die gegen Aufwertung und Vertreibung mobilisierte, und so mancher hatte bereits zu DDR-Zeiten erfolgreich dagegen gekämpft, dass die Gründerzeitbauten rund um die Oderberger Straße abgerissen wurden. Zwar leben nur noch ganz wenige der Kämpfer von früher in dieser Ecke. Doch daran, dass sie sich ihr Viertel zurückeroberten, erinnern noch heute damals gepflanzte Bäume, damals angelegte Hochbeete und damals aufgestellte Bänke. So wurde seinerzeit nicht nur ein kleines grünes Paradies mitten in der Stadt geschaffen, sondern unfreiwillig auch jenes wildromantische Flair, das das Viertel für die neuen Bewohner attraktiv machte. Als das Tiefbauamt Pankow 2007 ankündigte, die Straßen und Gehwege zu sanieren und im Zuge dessen die illegale Bepflanzung zu entfernen, sorgte das für großen Unmut in der Straße. Nicht nur, dass Mieter den Verlust des Idylls vor ihrer Haustür beklagten: manch neuer Wohnungseigentümer sah den Wert seiner Immobilie sinken – und die Betreiber der umliegenden Gastronomie fürchteten um ihre Geschäftsgrundlage, nämlich den besonderen Charme des Viertels, der die viel verspotteten Latte-Macchiato-Trinker anlockte. Es war diese Mischung aus weichen Lifestyle-Ansprüchen und hartem Geschäftsinteresse, die in die Bürgerinitiative Oderberger Straße

(BIOS) mündete. Sie forderte vehement eine »behutsame Sanierung« – Protest mit Milchschaum vor dem Mund. »Hier geht es nicht mehr um Bewohner, sondern um Bäume und Sträucher«, kritisiert Holm.

»Das Hochbeet vor dem Café Entweder Oder und insbesondere der darin wachsende, malerische Zierapfel ist durch unautorisierte Zerstörung von Wurzelwerk durch eine Baggerschaufel der ausführenden Firma stark beschädigt worden. Das Grünflächenamt argumentiert nun, dass dieses Gehölz nicht mehr standsicher ist und entfernt werden müsste. Die BIOS fordert den Erhalt des Zierapfels.« So lautet eine Forderung der Bürgerinitiative Oderberger Straße. Das klingt in der Tat recht wehleidig und nach NIMBY-Mentalität. »Not in my Backyard«, das ist die britische Bezeichnung für das Sankt-Florians-Prinzip: Leute schreien nur dann laut auf, wenn es um Veränderungen vor der eigenen Haustür geht. Es gibt Dutzende solcher Anwohnerinitiativen in Berlin. Bei manchen scheint der Begriff Gentrifizierung nur noch leere Worthülse für den Kampf für Partikularinteressen zu sein. Denn nicht alle verfolgen so hehre Ziele wie den Erhalt von Bäumen und Spielplätzen oder die Verkehrsberuhigung ihrer Straße wie die BIOS. In Kreuzberg hat sich nach dem NIMBY-Prinzip eine Bürgerinitiative gebildet, deren wohlhabende Angehörige eine Einrichtung für Drogenabhängige verhindern möchten.

Andrej Holm bestellt im Café keinen Latte macchiato, sondern altmodischen Milchkaffee. Er sagt, dass die neuen, oft hochgebildeten Bewohner ein sehr viel stärkeres Mobilisierungspotenzial hätten. »Sie sind besser vernetzt und viel argumentationsstärker als Arme.« Besserverdienende schlagen Krach, Arme verschwinden lautlos. Und sind sie erst aus der

Innenstadt verschwunden, nimmt sie keiner mehr wahr. Sie tauchen dann allenfalls noch in Statistiken auf. Der Spandauer Sozialstadtrat Martin Matz (SPD) hat die Statistiken der Bundesagentur für Arbeit ausgewertet und festgestellt: Innerhalb eines Jahres sind rund 2000 Hartz-IV-Empfänger mehr in günstige Großsiedlungen in Spandau, Marzahn-Hellersdorf und Reinickendorf gezogen, als von dort in die Jobcenter anderer Bezirke gewechselt sind. Die Jobcenter in begehrten Innenstadtlagen wie Friedrichshain-Kreuzberg, Mitte und Pankow, wozu auch Prenzlauer Berg gehört, haben in einem vergleichbaren Umfang Arbeitslose an Jobcenter in innenstadtferne Viertel abgegeben. Das zeigt nicht nur, dass Arme gezwungen sind, die Innenstadt zu verlassen – sondern dass von dort kein Weg mehr zurückführt. Matz sagt »Es gibt einen Treck von Leuten in die Großsiedlungen, die nicht anders können.«[156] Denn selbst in innerstädtischen Sozialwohnungen steigen die Mieten: Ein Zehntel des Berliner Wohnungsbestands, rund 190 000 Wohnungen sind offentlich geförderter sozialer Wohnungsbau. Die 28 000 Sozialwohnungen, die nach 1987 erbaut wurden, förderte die Stadt mit 3,9 Milliarden Euro. Doch weil der Schuldenberg nach dem Berliner Bankenskandal riesig war, stellte ausgerechnet der damalige Finanzminister Thilo Sarrazin die Anschlussförderung ein, die den Mietern zugesagt worden war. Seither dürfen Vermieter die volle Kostenmiete verlangen. Die liegt zwischen zwölf und 20 Euro pro Quadratmeter. Das kann – vor allem in begehrten Innenstadtlagen wie etwa im Fanny-Hensel-Kiez hinter dem Potsdamer Platz – sogar eine vollkommen legale Mieterhöhung von 90 Prozent bedeuten. Vermieter dürfen diese Summen sogar rückwirkend bis zu dreiundzwanzig Monaten einfordern.[157] Eine Stadtpolitik der Vertreibung: Den Mietern bleibt nichts anderes übrig, als rasch auszuziehen. Margit Bayer* ehrenamtliche Mitarbeiterin eines Notruftelefons für Menschen, die von solchen Zwangsauszügen betroffen sind, erzählt: »Die Menschen versuchen alles, damit sie in ihrem Viertel bleiben können. Wenn man die Arbeit verloren hat und die finanzielle Sicherheit, ist es ein untragbarer Verlust, auch noch das Letzte, was geblieben ist, die eigene Wohnung und das soziale Umfeld im Kiez, zu verlieren.« Die Ehrenamtlichen hätten eine interne Erhebung gemacht, nach der 20 Prozent der Anrufer am Monatsende hungerten, um die Mite bezahlen zu können. In Extremfällen hatten sich andere sogar den Strom abstellen lassen.

Wohlhabende hingegen können anders: sich einen Anwalt leisten zum Beispiel. Oft protestieren sie erst gar nicht mehr – sie prozessieren. Im Jahr 2009 lagen Jens-Holger Kirchner (Grüne), Stadtrat für öffentliche Ordnung im Bezirk Pankow, 933 Beschwerden wegen Lärmbelästigung vor, Tendenz steigend. Manche Anwohner, die sich von Hundegebell, Spielplatzgeschrei, Clublärm oder Baustellen gestört fühlten, zögen sofort vor Gericht, ohne vorher den Umweg über ein Gespräch zu wählen. Eine Lösung für das Allgemeinwohl haben sie dabei nicht im Sinn. Als die U-Bahnlinie 2 entlang der Schönhauser Allee zwischen Senefelder Platz und Pankow saniert wurde, wehrten sich prompt Anwohner gegen den unvermeidlichen Baulärm. Es waren ganze drei Kläger, die vor Gericht durchsetzten, dass wegen des Lärms nur bis zehn Uhr abends gebaut werden. Das verzögerte die Bauarbeiten um mehrere Wochen. Der ruhige Schlaf der »Ego-Terroristen« (*Stern*)[158]

---

* Name geändert

hatte für viele tausend andere Berliner zur Folge, dass sie noch länger das Gedränge in den Bussen des Schienenersatzverkehrs aushalten und zudem nicht selten lange Wartezeiten hinnehmen mussten. »Contra Ruhestörungen durch die Open-Air-Spielstätte der Volksbühne« hieß eine weitere Initiative, die sich gegen Kulturlärm der Freiluftbühne am Rosa-Luxemburg-Platz in Berlin – Mitte zur Wehr setzte. Seitdem müssen die Zuschauer nach zehn Uhr abends Kopfhörer benutzen. In Friedenau, einem Viertel, das an den gepflegten Stadtteil Schöneberg grenzt, klagte ein Anwohner gegen eine Kita und erreichte, dass diese umziehen musste. Am Falkplatz am Rande des Mauerplatzes gibt es ein Grillverbot, weil sich die Nachbarn an den Rauchschwaden störten. In Spandau setzte sich ein Ehepaar vor Gericht erfolgreich gegen das Klavierspiel der Nachbarstochter durch. Die Gewinnerin des Wettbewerbs »Jugend musiziert« darf nun nicht mehr am Wochenende Klavier spielen. Und so weiter und so weiter.

Gartenzaunkriege wie diese kennt man eigentlich aus der Provinz. Mit der Individualisierung und der Kampfbereitschaft für ihre Privatinteressen hält jedoch das Dorf Einzug in die Stadt. Dort geraten solche Auseinandersetzungen zu regelrechten langen Fehden. Die Beschwerden neu zugezogener und Ruhe liebender Prenzlauer-Berg-Bewohner etwa sorgten dafür, dass der legendäre Punk-Club Knaack in ihrer Nachbarschaft nach 58 Jahren schließen musste. So klagen Spießerpunks die letzten Reste alternativer Lebensstile weg, die sie einst ins Viertel lockten. Wer zahlt, schafft an – so einfach funktioniert das auch dort. Besonders befremdlich ist die Initiative »Besser leben im Kiez«, die gegen den samstäglichen Wochenmarkt am Kollwitzplatz kämpft, der 5000 Besucher ins Viertel zieht, eben weil er ihnen als Symbol des besseren Lebens dient. Trotz Runder Tische und Gesprächen mit den Betreibern wollten die Bewohner nur eins: Der Markt soll weg. Samstag für Samstag bestellten die Initiative das Ordnungsamt. »Man hat uns missbraucht wie eine Privatarmee«, ärgert sich Stadtrat Kirchner. Es hagelte Anzeigen gegen den Markt (Lärm) und auch gegen Kirchner selbst – wegen Körperverletzung (Lärm). Selbst Wolfgang Thierse (SPD), der am Kollwitzplatz wohnt, scheute sich nicht, einen Beschwerdebrief an das Pankower Ordnungsamt zu schreiben – auf Briefpapier des Bundestags. Ein Vertreter des Volkes, der versucht, sich in dessen Namen private Vorteile zu verschaffen: Das nennt man Amtsmissbrauch. Die Vorkämpferin der Initiative gehörte allerdings nicht zu den verhassten »Schwaben«, sie wohnte bereits vor der Wende dort. Und hatte selbst einmal mit Lärmbeschwerden zu kämpfen, als sie ein Café in der Straße betrieb. Man verliert allmählich den Überblick, wer eigentlich warum gegen wen kämpft.

Krieg der Lebensstile

Berlin scheint die Hauptstadt der »Dagegen-Politik« zu sein. So nannte der *Spiegel* im August 2010 Bürgerprostete, die eher Privatinteressen in den Blick nehmen als das Allgemeinwohl.[159] »Wutbürger«, nannte Dirk Kurbjuweit solche Leute. Man kann dies kaum als einen Erfolg für die Demokratie feiern. Im Gegenteil: Das Politische ist privat geworden in der neoliberalen Konsumgesellschaft, deren Mitglieder selbst für die Ausgestaltung ihres Lebens zuständig sind. Menschen finden sich nur dann zu losen, flexiblen Gemeinschaften, zu Zielgruppen zusammen, wenn sie zufällig dasselbe Lifestylekonzept teilen. Was richtig ist und allen nützt – das ist für den Einzelnen eher eine Belastung, denn es könnte bedeuten, dass sich das Individuum zugunsten einer größeren Idee einschränken müsste. Solche Revolution im Vorgarten dient eher der Willkürfreiheit des Einzelnen. Ausgerechnet die große Stadt Berlin, die als toleranter Ort für das friedliche Nebeneinander unterschiedlichster Lebensentwürfe und Exzentriker gilt, ist zum Schauplatz eines neuen Denunzianten- und Querulantentums geworden.

»Wir sind ein Volk. Und ihr seid ein anderes. Ostberlin, 9. November 2009.« Am Tag der deutschen Einheit kleben die schwarzen Plakate mit der aggressiven Botschaft in weißen und gelben Lettern an Wänden, Litfasssäulen und Stromkästen in der Kollwitzstraße, der Winsstraße, am Helmholtzplatz und im Bötzowviertel. Wer die »Hassplakate« (B.Z.)[160] aufgehängt hat, die so viel professioneller wirken als die an die Hauswände gesprühten »Schwaben – verpisst – euch!«-Parolen, ist unbekannt. Wer »wir« und »ihr« sind, auch. Ossis und Wessis? Alteingesessene und Zugereiste?

Andrej Holm hält solche Pöbeleien nicht nur für überflüssig, sondern auch für gefährlich: »Solche Plakate lösen in den Medien regelmäßig viel mehr Wirbel aus als neue Zahlen über Sozialstrukturveränderungen oder Mieterhöhungen.« Statt über die ökonomischen und politischen Hintergründe der Stadtentwicklung zu berichten, konzentrierten sich die Medien auf die Beschreibung des »Kulturkampfes in den Kiezen«.[161] Aus der Intoleranz gegenüber anderen Lebensstilen – insbesondere denen der Reichen – konstruieren Politiker schnell eine entpolitisierte »Neiddebatte«. Darunter lassen sich dann auch Brandstiftungen an Luxusfahrzeugen in der

Berliner Innenstadt bequem subsumieren; der Krieg der Lebensstile dient den politisch Verantwortlichen auf diese Weise zudem als Vorwand für noch mehr polizeiliche Repression. Niemand weiß das besser als Holm: 2007 wurde er wegen des Verdachts der Mitgliedschaft in einer terroristischen Vereinigung verhaftet. Dem Wissenschaftler wurde vorgeworfen, Mitglied der Militanten Gruppe (MG) zu sein, einer Untergrundorganisation, der diverse Brandanschläge zur Last gelegt werden.[162] Das BKA war nach einer Internetrecherche auf Holm aufmerksam geworden und hatte festgestellt, dass er in seinen wissenschaftlichen Arbeiten Worte verwendete, wie sie auch die Militante Gruppe benutzte. Nämlich die sozialwissenschaftlichen Begriffe Gentrifizierung und Prekarisierung. Dafür wurde er ein Jahr lang observiert – und saß vier Wochen in Einzelhaft. Statt sich einer Debatte über Ausgrenzung durch Aufwertungsprozesse zu stellen, kriminalisiert die Politik lieber deren Kernbegriffe und nimmt die Wissenschaft in Sippenhaft.

Letzte Stufe der Verdrängung: Supergentrifizierung

Es ist ein scheußlich kalter Tag im Winter 2010. Scharfer Wind treibt Schneeflocken waagerecht durch Berliner Häuserfluchten. Auf einer Brache nahe der Bernauer Straße, wo das Dreieck Schwedter und Oderberger Straße zusammenläuft, leuchten die grelllila und grün gestrichene Wände eines Flachbaus gegen das Grau des Tages an. Auf eine Wand sind weiße stilisierte Blumen gemalt; der Zugang zum kleinen Innenhof des Marthashof-Showrooms ist mit dunkelbraunem Lochblech gerahmt, das auch als düsterer Sichtschutz die Häuserfronten des Marthashofs verkleidet. Im Hof stehen bauchige giftgrüne Plastiksessel, daneben kümmern an einem Rankgerüst im Hof die hölzernen Reste einer Glyzinie. »Im Zeichen der Glyzinie«, so die blumige Tagline des Investors, der Stofanel GmbH, wächst der Marthashof in nur wenigen hundert Metern Entfernung heran. Im Sommer sollen die lilafarbenen Blütengirlanden der Glyzinie den 3 000 Quadratmeter großen Garten des Marthashofs schmücken.

»Die Glyzinie ist eine Kletterpflanze, die in sonniger Lage sehr schnell wächst und dazu neigt, mit ihren Haupttrieben jedes Rankgerüst zu überwachsen. (…) Der Blauregen ist infolge seiner Wuchskraft in der Lage, die Bausubstanz eines Hauses zu schädigen, indem seine Triebe beispielsweise Dachziegel verschieben, Regenfallrohre einschnüren, Stäbe von Geländern verbiegen und Rankseile durch Umschlingung aus der Verankerung reißen.«[163] Stofanel hätte kaum ein besseres Symbol als die Glyzinie wählen können. Denn was dem einen, nämlich Stofanel, als romantisch verklärtes Verkaufsargument für »naturnahes Wohnen mitten in der Stadt« dient, ist für die anderen, die umliegenden Bewohner, nichts weiter als ein Symbol für ihre Heimsuchung durch Besserverdienende: So wie die hartnäckig wachsende Pflanze breiten sich derartige Luxusanlagen schon seit geraumer Zeit im Viertel aus. Doch es ist vor allem der Marthashof, der für Unmut unter den Anwohnern sorgt.

Als »Tsunami der Gentrifizierung« beschreibt die Anwohnerinitiative Marthashof solche Wohnprojekte an einem der letzten Orte im Prenzlauer Berg, der lange Zeit vor dem Einfall reicher Bewohner verschont blieb. Die Anwohnerinitiative fürchtet, dass dieser Tsunami das ganze Viertel überschwemmen und zerstören könnte, indem noch teurere Läden, Feinkostgeschäfte, Edelrestaurants, Luxusboutiquen nachziehen.

»Das war bis vor wenigen Jahren ein wirklich verschlafendes Eckchen, ein Studentenviertel«, erinnert sich Claudia Hering, die seit 1998 in der Oderberger Straße wohnt, die an die Rückseite des Marthashof grenzt. Jetzt könne man schon an den Autos sehen, wie sich das Viertel verändert habe: Statt studentischer Schrottlauben parken dunkle Luxuskarossen in den Straßen. »Normale« Geschäfte wie etwa eine Bäckerei gebe es fast nicht mehr. »Stattdessen wird alles aufgehübscht für die, die hierherziehen.« Design- und Klamottenläden prägen das Bild. Auch in den Second-Hand-Läden finde man nur noch teure Markenkleidung, selbst für Kinder. Es wohnten gerade noch vier alte Leute von früher hier, »die kennt man, sie fallen ja auch auf«, sagt Hering. Dafür sehe man zunehmend »neue Alte« in den Cafés herumsitzen, solche mit gepflegten Frisuren und modisch teurer Kleidung. Die 47-jährige alleinerziehende Mutter sagt, sie müsse immer weitere Wege auf sich nehmen, um sich mit günstigen Produkten versorgen zu können. Bis vor Kurzem war die Kunsthistorikerin noch Hartz-IV-Empfängerin, jetzt hat sie einen nicht eben üppig bezahlten Job bei einer politischen Stiftung. Es waren einmal Menschen wie sie, die für das linksalternative Flair des Viertels sorgten, für eine improvisierte Struktur, die nach und nach immer mehr Besserverdienende lockte. Denn mit dem subkulturellen Bohème-Charme lässt sich viel Geld verdienen.

Im Erdgeschoss der Oderberger Straße 44 befindet sich der Laden »Kauf dich glücklich«. Der Schriftzug im Schaufenster besteht aus ausgeschnittenen, bunt zusammengewürfelten

Buchstaben, Möbel der 50er- und 60er Jahre, wie zufällig hingestellt, ergänzen die rumpelige Szenerie vor und innerhalb der kombinierten Eisdiele und Kleiderboutique. Dank der Touristen, die sich zunehmend im Viertel tummeln, und der Wohlhabenden, die dort skandinavische Designerklamotten kaufen, eine Goldgrube: die Betreiber haben ihr Ladenkonzept, das »Kauf-dich-glücklich-Lebensgefühl«[164] (darunter geht es ja nicht mehr) bereits in acht deutschen Städten verwirklicht. Das Lebensgefühl, im selben Haus eine Wohnung zu mieten, sagt Claudia Hering, kostet mittlerweile bis zu 18 Euro pro Quadratmeter. Kalt. Der Bio-Markt in der Oderberger Straße, der eine ähnliche Klientel bediente und dem Marthashof-Investoren als eines der vielen Verkaufsargumente diente, habe hingegen schließen müssen. Er konnte die Mieterhöhung um 100 Prozent nicht mehr bezahlen.

Es ist die letzte Stufe der ökonomischen Vertreibung, wenn selbst die Profiteure der Gentrifizierung aus dem Viertel weichen müssen. Aufwertungsprozesse, die in bereits aufgewerteten Quartieren stattfinden, nennt man Supergentrifizierung. Das bedeutet, dass selbst die gut verdienende Mittelschicht verdrängt wird – durch wirklich Reiche. Es folgt über kurz oder lang ein vollständiger Austausch Statusniederer durch eine ranghöhere Bevölkerung. Es ist das Gegenteil einer sozialverträglichen Mischung, wie sie die Stadtpolitik eigentlich garantieren müsste.

Lange hatte Claudia Hering Glück: Weil das Haus in der Oderberger Straße mit öffentlichem Geld saniert wurde und der Vermieter im Rahmen dieses städtischen Sanierungsprogramms 15 Jahre lang die Miete nicht erhöhen durfte, konnte sie sich die Altbauwohnung leisten. Doch auch der Vermieter möchte sein Stück vom Kuchen abhaben. Immer wieder, so Hering, mache er den Mietern das Leben schwer. Sie zahlt jetzt 20 Prozent mehr Miete, um so viel kann der Vermieter jedes Jahr erhöhen, seit in Berlin die Mietbindung gefallen ist. Wie lange sie sich das noch leisten kann, weiß sie nicht. Sie kenne einige, die bereits weggezogen seien.

Ein Großteil der Modernisierung wurde bis Mitte der neunziger Jahre aus öffentlicher Hand bezahlt. Eine festgelegte Mietpreisentwicklung sowie Sozialpläne sollten eine sozialverträgliche Erneuerung nach der Wende sicherstellen. Ein Drittel aller Hauseigentümer in den Sanierungsgebieten des Prenzlauer Bergs begannen, ihre Häuser mit Hilfe staatlicher Zuschüsse und vergünstigter Kredite zu sanieren. Dafür verpflichteten sie sich, die Mieten über einen Zeitraum von 15 bis 20 Jahren nicht über eine bestimmte Grenze zu erhöhen. So fanden 60 Prozent der Bewohner auch nach der Sanierung eine bezahlbare Wohnung. Selbst als die Grundstücke und Gebäude nach und nach an private Investoren verkauft wurden, ermöglichten Mietobergrenzen und Steuerbegünstigungen (für die Investoren), dass zumindest 40 Prozent der Bewohner nach der Modernisierung in ihre Wohnung zurückkehren oder im Kiez eine vergleichbare Wohnung finden konnten. 2008 wurden die Mietobergrenzen gerichtlich aufgehoben, auch die Steuerbegünstigungen für die Sanierer liefen aus. Seither konzentrieren sich die Investoren darauf, Geld mit luxuriösem Eigentum zu machen. Der Erhalt günstiger Mietwohnungen dagegen liegt nicht im Interesse von Immobilienkonzernen, er ist nicht profitabel. Bereits 30 Prozent des Wohnraums im Prenzlauer Berg sind Eigentumswohnungen, die für die allermeisten ehemaligen Bewohner unerschwinglich sind.

Von solchen Problemen spürt man nichts, wenn man den Showroom des Marthashof besucht. Hier stehen alle Zeichen auf Harmonie und Behaglichkeit. So wie hier mit Ruhe und Sicherheit geworben wird, mit der »grünen Oase«, könnte man fast glauben, hier entstehe ein Sanatorium und kein Wohnkomplex inmitten des für seine Lebendigkeit geschätzten Prenzlauer Bergs. Aus den Lautsprechern plätschert leise Loungemusik, auf großen Plakatwänden sind Computersimulationen der künftigen Anlage zu sehen. »Edles erfreut das Auge, Harmonie erfreut das Herz« steht auf einer Stellwand; daneben Bilder von Dachterrassen mit Holzböden und weißen Sonnensegeln; Glyzinien umranken Pergolen mit Sitzbänken, Licht durchflutetet Wohnungen mit Fenstern bis zum Boden und hellen Designermöbeln. Dazwischen hängen »Impressionen« vom Prenzlauer Berg, Detailfotos von Cafés, umliegenden Läden, Spielplätzen, von der Kulturbrauerei, dem Markt am Kollwitzplatz und dem LPG-Biomarkt am Senefelder Platz, nach Selbstauskunft größter Biosupermarkt Europas. Sogar der Showroom bietet eigene Spielzimmer für Kinder. Selbst das ungeliebte Symbol des Prenzlauer Bergs, ein Glas mit Latte Macchiato, findet sich auf einem Foto. Man kann warme Milch mit einem Schuss Kaffee auch im Showroom bekommen; dort steht eine weiß glänzende Bulthaup-Küche, Modell B1 wird serienmäßig in die Wohnungen eingebaut. Im Raum sind ebenfalls weiße Plastikmöbel im kühlen Apple-Schick verteilt, dazwischen quietschgrüne Plastikhunde, die an Objekte von Philippe Starck erinnern. Es sind die Statussymbole der gehobenen urbanen Mittelschicht, Bausteine des exklusiven Geschmack, der kulturell Kreativen, die man nicht mit goldenen Wasserhähnen locken kann, sondern mit solchem

Design. Starck, der französische Star-Designer, konzentriert sich mittlerweile darauf, Superreichen komplett eingerichtete Wohnungen an ersten Adressen zu verkaufen – genauer: »individuelle Oasen in urbanen Zentren«. Sein »Haute Couture Service« ist für 5000 bis 7000 Euro pro Quadratmeter zu haben. Ihn verkauft er an den »Smart Tribe«, das sind Menschen, die »wach sind, die bewusst leben, das Leben schöner machen wollen« – und vor allem: können.[165] Für sie gestaltet er derzeit 87 Wohnungen in Berlin Mitte nahe dem Regierungsviertel, mit Spreeblick und Wellnessanlage. Mit Individualität im Sinne von Unverwechselbarkeit und Einzigartigkeit haben solche Wohnungen überhaupt nichts zu tun, gibt es doch nur vier verschiedene Einrichtungsmodelle, zwischen denen der Käufer wählen kann. Für die Bäder gibt es fünf unterschiedliche Modelle. Diese Ästhetik ist weniger individuell denn uniform, aber der wichtigste Aspekt von Individualität bleibt durchaus erhalten: die Abgrenzung von den meisten anderen. Es geht in Wahrheit um Distinktion, um das Sich-Abheben vom Massengeschmack: Bulthaup und Philippe Starck markieren die Zugehörigkeit zu einem exklusiven Club. In der Konsumgesellschaft entscheidet schließlich der Geschmack darüber, wer dazugehört und wer nicht. »Harmonie von Freiraum und Geborgenheit, Sicherheit und gute Nachbarschaft« wirbt Marthashof; mit der guten Nachbarschaft sind aber nicht die Bewohner des Viertels gemeint, sondern jene, die man sich in dieser Enklave qua Geldbeutel ausgesucht hat. Solche abgeschlossenen »Wohneinheiten« markieren aber nicht mehr nur eine kulturelle, sondern auch eine soziale Abgrenzung. Lebensstile markieren soziale Unterschiede. Innerhalb des selben sozialen Milieus zu leben, verspricht Sicherheit. Den

Wohn- und Lebensraum nur mit seinesgleichen teilen zu müssen, ist deshalb das wichtigste Verkaufsargument. Den hohen Preis, den Menschen dafür bezahlen, um unter ihresgleichen zu bleiben, nannte der französische Soziologe Pierre Bourdieu »Extrakosten für räumliche Distinktionsprofite«.

Gute Adressen gegen den sozialen Abstieg

Hartmut Häußermann[166] steht vor dem Fernseher in seiner Wohnung. »Können wir das gerade noch schnell anschauen?« Es läuft eine Bundestagsdebatte zum Bund-Länder-Programm Soziale Stadt. Das Programm, das in 570 »sozialen Brennpunkten« deutscher Städte umgesetzt wird, ist gerade von 107 auf 28 Millionen Euro gekürzt worden. Häußermann leitete 1995 dessen Evaluierung. »Okay, da passiert gerade nichts, aber ich muss da ab und an reinschauen, können wir das im Hintergrund laufen lassen?« Er gilt als Vorkämpfer gegen die Spaltung der Stadt, gegen wirtschaftliche und soziale Ausgrenzung, gegen Chancenungleichheit bei der Bildung.

Häußermann setzt sich an den großen Küchentisch in seiner Wohnung im Prenzlauer Berg. Kollwitzstraße, das Zentrum der Gentrifizierung. Als Student zog er damals in das fast leer stehende Haus; mit einer Gruppe von Leuten, die noch heute größtenteils dort wohnt, hat er das Haus renoviert. Er habe niemanden verdrängt, sagt er und lacht, »ich bin sicher kein Gentrifizierer«. Er sagt das mit einem leicht ironischen Unterton, den Begriff der Gentrifizierung benutzt er nicht gern. Wie Andrej Holm, dessen Doktorvater er war, fürchtet er, dass man das Problem der Ausgrenzung mit diesem Begriff verharmlost.

»Es gab immer schon Segregation zwischen Arm und Reich, ganz gemischtes Wohnen, das gab es nie.« Wer sozial aufsteigt, der zieht um, das war schon immer so. »Bislang zogen die Reichen aus der Stadt raus an den Stadtrand und ließen sich dort in sozial extrem homogenen Vierteln nieder. Jetzt haben wir eine umgekehrte Entwicklung: heute gehört es zum Prestige, in der Stadtmitte zu wohnen.«

Lange galt die Stadt – im Gegensatz zum Land – als Ort der politischen und sozialen Emanzipation, und damit auch als ein Ort der Integration von Fremden. Der Aufbau der städtischen Infrastruktur zur Jahrhundertwende fand gegen Partikularinteressen der Grundbesitzer statt. Standesunterschiede waren in der offenen Gesellschaft der Stadt weniger auffällig als auf dem damals noch traditionell feudal strukturierten Land, Teilhabe an Privilegien, soziale Bindungen jenseits der Standeszugehörigkeit waren für alle möglich: Die Stadt stand für Heterogenität und Toleranz, das Land für Homogenität und Intoleranz.[167] Schließlich muss man in der Stadt mit Fremden auf engem Raum zusammenleben. »Diese Kultur der Differenz, die keine verbindlichen Normen für alle setzt, sorgt für Integrationseffekte.« Die Anonymität der Großstadt schafft einen Schutzraum für Exzentrik und ist Quell der kulturellen Produktivkraft: »Die urbane Qualität liegt in der Vielfalt«, sagt Häußermann. Die soziale Mischung ist eine wesentliche Voraussetzung dafür.

Seit dem Ende der Ständegesellschaft fand soziale Entmischung vor allem deshalb statt, weil die Wohlhabenderen aus den Stadtzentren an den Stadtrand zogen und die Konzentration von Armen in den Innenstädten wuchs. Man nennt diese Stadtflucht Suburbanisierung, sie führte zur Entstehung der

»Speckgürtel« und sorgte dafür, dass »Problemviertel« vor allem nahe des Stadtzentrums zu finden waren. Heute hat sich die Entwicklung fast umgekehrt: die Wohlhabenden ziehen in die Städte und schotten sich in Projekten wie dem Marthashof von ihren direkten Nachbarn ab. Sie suchen die Stadt – aber auch die Distanz zu ihren Nachbarn. Andrej Holm beschreibt diese Suburbanisierung in urbanen Zentren, als »Simulation von Stadtrand« in der Innenstadt.

Zwanzig Fußminuten von Häußermanns schöner Altbauwohnung befindet sich eines der ersten Projekte für geschlossenes gehobenes Wohnen in der Stadt: die Prenzlauer Gärten am Volkspark Friedrichshain, eine Townhouse-Siedlung nach englischem Vorbild. Ein Reihenhausidyll inmitten der Großstadt: 60 weiße Häuser flankieren die Privatstraße, Treppen führen zur Haustür, zu jedem Haus gehört eine Terrasse mit Tropenholzmöbeln, ein Parkplatz und ein Baum, nach hinten raus liegen handtuchgroße Gärtchen. Alles ist einheitlich hier. In der Mitte gibt es einen Spielplatz und einen Garten mit Wasserspielen, er ist gewissermaßen der Dorfbrunnen in diesem Dorf mitten in der Stadt, das umschlossen ist von einem anthrazitfarbenen Eisenzaun. Das Rolltor neben dem leeren Pförtnerhäuschen steht offen. Hier finden sich fast alle Merkmale einer Gated Community, jener abgeschlossenen und bewachten Wohnviertel für Reiche, wie man sie vor allem in den USA und zunehmend in armen Ländern Asiens und Afrikas oder in Indien, China und Russland findet. Solche Anlagen entstehen immer da, wo die sozialen Unterschiede besonders groß sind. Weil auch in den wohlhabenden Ländern Europas die Kluft zwischen Arm und Reich wächst, kann man auch in Frankreich, England und Spanien Gated Communities finden. Zwar wacht in den Prenzlauer Gärten kein Doorman, auch das Rolltor steht immer offen, die Privatstraße ist öffentlich. Noch. Doch man fühlt sich schon jetzt wie ein Eindringling, wenn man die Anlage betritt. Die strenge Gleichförmigkeit der Häuser, die Enge, die Sauberkeit, die künstliche Idylle, die Totenstille wirken beklemmend. Ständig hat man das Gefühl, beobachtet zu werden. Es ist tatsächlich dörflich hier – nur dass die Bewohner die soziale Kontrolle durch ihre Nachbarn selbst gewählt haben.

Häußermann sieht in dieser Abschottung nicht eine reale Angst der Bewohner vor Verbrechen. Wohnprojekte wie dieses betrachtet er als Ausdruck der Furcht der Mittelschicht vor dem sozialen Abstieg. »Die Leute sichern sich in der Homogenität des Luxus' ab. Sie suchen die Gemeinschaft gemeinsamer Interessen und wollen, dass auch ihre Kinder unter ihresgleichen aufwachsen«, sagt der Stadtsoziologe. Wenn man sich nur an den Griffen seiner Bulthaup-Küche festhalten kann, wird man schon nicht in den sozialen Abgrund rutschen.

Vor den Häusern stehen Neuwagen der gehobenen Mittelklasse: neue Golfs, Minis, aber auch Oberklassewagen wie Mercedes und Porsche. Die Menschen, die man hier sieht, sind entweder Männer in Anzügen, die aus dem Auto steigen und die Treppen zur Haustür hinauf eilen. Oder Mütter in den Dreißigern mit Kinderwagen, die mit den Augen rollen, wenn man sie mit dem Wort »Gated Community« anspricht. Man merkt, dass sie keine Lust haben, sich rechtfertigen zu müssen dafür, dass sie genauso empfinden, wie es der Werbeslogan des Investors verheißt: »Paradiesisch wohnen, mitten in Berlin.«

In den Prenzlauer Gärten leben Familien der gehobenen Mittelklasse im Alter zwischen 35 und 55, Medienschaffende, Juristen, Designer und Mitarbeiter des Auswärtigen Amtes, vor allem Zugezogene aus Westdeutschland. »Berlin bekommt langsam wieder ein neues Bürgertum«, freut sich Willo Göpel, Projektentwickler der Prenzlauer Gärten. An dieses »zart wachsende Pflänzchen« richtet sich auch das Townhouse-Projekt: »Wir haben auf die bestehende Entwicklung gesetzt.« Es sei nicht die Elite, sondern die gehobene Mittelklasse, die sich für diese Wohnform interessiere. »Die kommen aus dem Reihenhaus und hätten gern wieder ein Reihenhaus.« Nur eben nicht spießig am Stadtrand, sondern in der Innenstadt. »Die Kunden wollen alles, und zwar sofort«, sagt Göpel, »sie wollen einen Eigenheimbau mit einem real geteilten Grundstück, einen eigenen Garten, eine eigene abschließbare Garage, ein Wohngeschoss mit 3,70 Metern Raumhöhe und eine Dachterasse.« All das hat ihnen der Investor, die Asset-Gruppe, mit den Prenzlauer Gärten so hingebaut. Deswegen war die Anlage binnen zehn Monaten komplett ausverkauft, ein weiteres Gebäude musste dazugebaut werden. Kundenwünsche sind die neue städtische Bürgerbeteiligung, und wenn die Stadt zur Privatveranstaltung wird, dann erfolgt ihre Gestaltung auch nach Privatgeschmack. Auch in den Prenzlauer Gärten gibt es drei Gestaltungsmodelle: Beim Modell »Liberty State« übernimmt der Kunde den Rohbau und lässt einen selbst ausgesuchten Innenarchitekten ran. Die wenigsten haben sich dafür entschieden. Sie wählten »Classic« oder »Modern«. Letzteres fand besonders viele Käufer: es ist »zeitgemäß junge Ästhetik«[168] mit reduziertem Design, Philippe-Starck-Style mit Industrieparkett und schwarzem Schiefer im Bad.

Göpel, Historiker, Architekt und PR-Experte, hat bereits die Paul-Lincke-Höfe in Kreuzberg betreut, ein ähnliches Luxusobjekt für Wohnen und Gewerbe, das für heftigen Protest im

Kiez sorgte. Wie alle anderen, die von solchen Anlagen profitieren, lehnt auch er den Begriff der Gated Community ab. »Das ist wie ein stinknormales Mietshaus«, sagt er, da sei ja auch nicht den ganzen Tag die Türe auf. Dass in den Prenzlauer Gärten einmal der Zaun geschlossen sein könnte, schließt er nicht aus: Jahrelang stand das Tor zu den Paul-Lincke-Höfen offen. Dann mehrten sich die Einbrüche. Seither ist das Tor nachts zu.

Arkadien hinter Mauern

Ein fester dunkler Metallzaun bildet eine neue Grenze dort, wo Deutschland einmal durch eine Mauer geteilt war. Entlang des Zauns hängen Bewegungsmelder an Masten, und Überwachungskameras folgen einem leise summend, wenn man am Zaun vorbei spaziert und einen Blick auf die dahinter befindlichen, gefälligen Villen wirft, die in hellen Farben irgendwas zwischen Toskana und Berliner Stadtschloss nachzuahmen scheinen. Dazwischen wachsen Rosen, Hibiskus und, jawohl, Glyzinien. Zumindest soweit man das von draußen erkennen kann, denn dieser 23 000 Quadratmeter große Teil des Unesco-Weltkulturerbes Glienicker Horn, von dem aus der Blick über die Havel aufs Babelsberger Schloss besonders schön ist, ist einer geschlossenen Gesellschaft vorbehalten. Hier steht seit 1999 die erste deutsche Gated Community nach US-amerikanischem Vorbild: Arcadia Potsdam. »Arkadien« steht neben dem Hauptportal.

Arkadien, der mythische Ort, wo Menschen ohne irdische Mühen und gesellschaftlichen Anpassungsdruck frei und glücklich wie die Hirten in der Natur leben: Als sich in der Frühen

Neuzeit die Territorialstaaten entwickelten und der Hochadel unter Legitimationsdruck geriet, entstand aus dem Schäferidyll die Sehnsucht, ein Leben jenseits gesellschaftlicher Zwänge zu führen. Aus diesem Eskapismus heraus entwickelte die Aristokratie die Idee der individuellen Freiheit – die selbstverständlich die des Großadels meinte. Es sind wohl ähnliche Reichenträume zwischen Größenwahn und Verlustangst, die dazu führten, dass die knapp 50 Appartments zum Quadratmeterpreis von 5500 Euro ausverkauft sind.

Ein Klingelschild ohne Namen sagt: unbekannte Besucher unerwünscht. Einlass wird nur dem gewährt, der angemeldet ist, dafür sorgt der 24-Stunden-Wachdienst. Journalisten jedenfalls sind nicht mehr willkommen; die Anwohner lassen ausrichten, sie wünschten, in Ruhe gelassen zu werden. Schon klar, dafür bezahlen sie ja schließlich. Zum Beispiel 1300 Euro pro Monat und Haushalt allein für den Sicherheitsdienst. Als vor ein paar Jahren die ersten Eigentümer nach Arcadia Potsdam zogen, gab es großen Medienrummel. Dabei ist ein abgeschlossenes Reichenghetto vor den Toren des wilden Berlins, mitten in einer gepflegt verschlafenen Gegend, wo sich auch sonst nur die Oberklasse wohnt, ziemlich lächerlich. Man fragt sich, wovor diese Leute Angst haben. Vor Günther Jauch oder Wolfgang Joop, deren Villen auf der anderen Seite der Glienicker Brücke stehen?

Uwe-Peter Braun fungierte lange Zeit als eine Art Pressesprecher von Arcadia. Bereitwillig zeigte der Unternehmer sein 270 Quadratmeter großes Penthouse, angefüllt mit protzigem Reichen-Trash, mit barock bemalten Wänden und gesichert mit einer zusätzlichen Alarmanlage. Dass er und seine Frau echte Dali- und Picasso-Zeichnungen besitzen, einen schwarzen Flügel und einen Sekretär, der einmal Napoleon gehörte – das war bereits bei *Spiegel Online*, im *Manager Magazin* und in der *Süddeutschen Zeitung* zu lesen. Seine Frau Andrea, eine Meranerin mit langen schwarzen Haaren, sagt, dass sie froh sei, wegfahren und sicher sein zu können, dass alles noch da ist, wenn sie wiederkommt. Sie sagt, sie fühle sich frei, weil sie in der Tiefgarage keine Angst haben müsse. Auch Uwe-Peter Braun betont vor allem den Sicherheitsaspekt: »Bei uns nimmt auch die Verarmung zu, die Sicherheitslage verschärft sich, da ist es wichtig, dass man sich abschottet.«[169]

Laut Bundeskriminalamt ging die Anzahl der Wohnungseinbrüche in den vergangenen zehn Jahren um ein Drittel zurück.[170] Die Bedrohung durch Arme ist allenfalls eine gefühlte, jedenfalls in der Villengegend von Potsdam, wo einem Armut ganz sicher nicht im Alltag begegnet. Schon gar nicht, wenn man sich zusammen mit anderen Reichen freiwillig wegsperren lässt. Die Sicherheit, die die Bewohner so gerne betonen, ist hier vor allem ein Statussymbol, ein Ausweis von Exklusivität. Der Zaun ist in Potsdam lediglich ein besonders vulgäres Symbol demonstrativen Reichtums. Man setzt sich hier nicht gegen Arme ab, sondern gegen andere Reiche. Wer hat den längeren Zaun, die höheren Masten – eine *comparatio genitalis* sozusagen: Schwanzvergleich unter Reichen und Gebildeten.

Schöner wohnen im Krisengebiet

»Damit Sie sorglos in Ihren wohlverdienten Urlaub reisen können, bietet Ihnen unser Sicherheitssystem einen Rundumschutz Ihrer Residence. Moderne Sicherheitskonzepte machen dies möglich. Service, Luxus und Sicherheit sind für uns oberstes Gebot, um das Wohnen in unserer Central-Park-Residence für Sie so angenehm wie möglich zu machen.«[171] Das liest man auf der Homepage der Central Park Residence. Die zweite Gated Communty Deutschlands entsteht nicht am Stadtrand, sondern mitten im Zentrum von Leipzig am Clara-Zetkin-Park. Quadratmeterpreis: bis zu 4500 Euro. Die Appartements in den beiden Häusern, die sich geschmacklich ebenfalls zwischen Mittelmeer und Gründerzeit bewegen, sind beinahe ausverkauft. Um die Anlage läuft ein schmiedeeiserner Zaun, eine Standleitung zur Polizei ist immer geschaltet für den Fall, dass jemand versucht, über den Zaun zu klettern; geplant war außerdem ein Wachmann. Warum nicht gleich eine Selbstschussanlage? Schließlich hält man auch sonst sämtliche Mühen des Alltags aus diesem neuen Arkadien heraus: Man kann sich per Handy eine Badewanne einlaufen lassen, der Kühlschrank verwaltet die Vorräte selbst.

Dass diese Anlage ausgerechnet mitten in Leipzig steht, bestätigt die These von Stadtsoziologen wie Häußermann: »Gated Communities geben Zeugnis von der Fragmentierung der Gesellschaft.« Gerade in Leipzig sind die sozialen Unterschiede besonders groß: Leipzig ist laut Statistik die ärmste Großstadt Deutschlands. In der »Armutshauptstadt« leben 19 Prozent der Bewohner unter der Armutsgrenze, 27 Prozent sind von Armut bedroht. Der bundesdeutsche Schnitt liegt bei knapp der Hälfte: 14 Prozent. Mit 12,5 Prozent hat Leipzig mit die höchste Arbeitslosenquote in Deutschland.[172]

Mit der Statusangst der gehobenen Mittelschicht lässt sich gutes Geld verdienen. Alle Investoren privater Wohnanlagen bieten ihren Kunden ein Sicherheitskonzept an. Manchmal gerät das zur Groteske und fordert genau jene Bedrohung heraus, vor der man sich eigentlich Schutz versprach. »Parkplatzsuche? Angst, dass Ihr Auto beschädigt wird? Unsicherheit in dunklen Nebengassen und Tiefgaragen? Das sind Sorgen aus der Vergangenheit. Willkommen in der Welt von CarLoft.« So bewirbt der Investor Johannes Kauka Luxus-Appartements, in die man sein Auto mitnehmen kann. Mit einem speziellen Lift gelangt man, ohne vorher auszusteigen, in seine Wohnung, das Auto parkt auf der Terrasse, man kann sich dann vom Wohnzimmerfenster aus beruhigt davon überzeugen, dass das eigene Schätzchen nicht auf der Straße angezündet wird. An der Ecke Reichenberger Straße in Kreuzberg, dort also, wo es etliche Brandstiftungen gab, steht Deutschlands erstes Carloft. Selbst brennende Autos dienen manchen noch als Geschäftsgrundlage – die Bilder von Luxuskarossen in Flammen waren für Kauka gewissermaßen ein kostenloser Werbespot. Kauka, der wie alle Investoren seinen Kunden »alle Vorzüge der Großstadt und keinen ihrer Nachteile« verkaufen will, hat mit seinem Carloft erst recht Öl ins Feuer gegossen: Das Viertel antwortete mit Gewalt. Ein Carloft symbolisiert den Sieg des Privateigentums über Gemeinwohlinteressen, Kreuzberg ist eines der am dichtesten besiedelten Gebiete der Stadt – hier sind die sozialen Unterschiede besonders groß. Der Ausländeranteil ist mit 23 Prozent der zweithöchste Berlins. Die Arbeitslosenquote liegt bei 19 Prozent, das Nettoeinkommen pro Erwerbstätigem bei im Schnitt 800 Euro. An manchen Orten Kreuzbergs leben mehr als 70 Prozent der Kinder von Hartz IV, es gibt große Probleme mit Drogen, nirgends in der Stadt ist die Lebenserwartung niedriger.[173] Gleichzeitig liegen die Mieten hier teilweise bis zu 120 Prozent über dem Mietspiegel; in Kreuzberg-Friedrichshain sind die Mieten um durchschnittlich 7,2 Prozent gestiegen.

Carloft, das weiße Gebäude, das so einladend aussieht wie ein Parkhaus, steht am Paul-Lincke-Ufer, es gehört zu den Höfen gleichen Namens. Für die weniger wohlhabenden Anwohner ist es nichts als Provokation. »Piss off« – diese beiden Worte haben die Bewohner des Altbaus gegenüber des Carloft an die Fenster geklebt. »Carlofts zur Ruine machen!« lautete das aggressive Motto einer Demonstration. Es klatschten Farbbeutel an die Fassade, Steine flogen in die Fenster des Carloft, insgesamt 20 Anschläge gab es. Während des Richtfests patrouillierten Polizisten und Wachleute mit Hunden um das Gebäude, eine Zeitlang stand ein weißer Container vor dem Haus, rund um die Uhr von Polizisten besetzt.

Seither schreckt die demonstrative Trutzburg vor allem die ab, die es vor derartigen Gewaltausbrüchen schützen soll: Nur sieben der Luxuslofts wurden verkauft. Jetzt macht Kauka lieber Geschäfte dort, wo sich an der wachsenden Kluft zwischen Arm und Reich keiner stört und ein bewohnbares Parkhaus ein nettes Reichengimmick ist: in Frankfurt, München und Düsseldorf, in Warschau, Brüssel, Kapstadt, St. Petersburg, Mexico City und Abu Dhabi.

Der Mann, dem so viel Hass entgegenschlägt, geht selbst ans Telefon, seine Handynummer steht auf der Carloft-Homepage. Johannes Kauka zügelt seinen ausgeprägten Berliner

Dialekt und sagt sehr förmlich: »Bitte haben Sie Verständnis, dass ich lieber nicht mehr mit der Presse sprechen möchte.« Dann lässt er seinem Frust freien Lauf. Er schimpft eine halbe Stunde auf die »Terroristen«, die seine Käufer vertrieben haben, auf die Intoleranz der Kreuzberger, auf die Presse, die ihn in manchen Artikeln erscheinen lässt wie einen eiskalten Profitgeier. Auf die Linken, die keine Veränderung wünschen, sondern »Monokultur«, deshalb würden die Viertel ja so verkommen. Schöner wohnen im Krisengebiet: Erst locken die Investoren mit der Kulisse der rauen Stadt, in der sie eine Oase errichten wollen. Dann erschrecken sie darüber, dass diese Kulisse lebendig wird und Menschen, die sich in der großen Verkaufsshow nur noch als Statisten fühlen, dagegen rebellieren, dass ihre Lebenswelt mit blumigen Worten zu Markte getragen wird.

Wenn die Kulisse lebendig wird

»Die Ecke zwischen Mitte und Prenzlauer Berg ist etwas Besonderes. Hier ist pulsierendes Leben, es ist wie Paris Saint Germain, wie Manhattan vor 50 Jahren, wie Schwabing in München«,[174] schwärmt Bauherr Ludwig Stoffel, der die eine Hälfte der Stofanel AG bildet. Der Bauunternehmer aus dem niederbayrischen Straubing hat sie Anfang 2008 mit seiner Frau Giovanna Stefanel gegründet, Designerin und Erbin des gleichnamigen italienischen Bekleidungskonzerns. Die beiden Millionäre hatten sich 2005 bei einem Seminar über emotionale Intelligenz kennengelernt und beschlossen, Namen, Talente und Vermögen zusammenzulegen, um daraus noch mehr Geld zu machen. Insgesamt 300 Millionen Euro investieren sie derzeit in Berlin. Sie bauen nicht nur den Marthashof, sondern auch das »Tilia Living Ressort«, ein Villenviertel für Superreiche am Griebnitzsee, und ein weiteres Luxusviertel in Zehlendorf, die Truman Show … Entschuldigung: Truman Plaza.

In den Medien erscheinen die beiden jedoch nicht als ausgebuffte Geschäftemacher, sondern als »Power-Paar« (*Bild*-Zeitung) mit Herz: Die Eheleute haben in Nepal ein Waisenhaus für dreißig Kinder gestiftet, die alle »Mama« und »Papa« zu ihnen sagen.[175] In Interviews mit ihnen geht es nicht um Quadratmeter, Euro und Stadtteilkonflikte, sondern um Liebe, Schönheit und »Werte«, die sie schaffen. »Wenn sich Yin und Yang perfekt ergänzen«[176] lautet die Überschrift eines Porträts über den »den Bayer« und »die Italienerin«, die »Wohnungen mit Seele« bauen wollen, wo die Menschen »Ruhe und Geborgenheit« finden sollen. Wenn man ein Lebensgefühl verkaufen will, muss man entsprechend gefühlsduselig daherkommen.

»Ich wäre gerne Künstler, habe diese Talente jedoch nicht. Aber ich habe das einmalige Glück, dass ich Dinge bauen lassen kann. Ich kann an ausgesuchten Plätzen, die ich für gut empfinde, wie ein Künstler etwas platzieren. Die Skulptur eines Bildhauers kann man wegtragen. Wenn ich eine Stadt oder einen Ort mitprägen kann, dann ist das ein unglaubliches Glück«, sagt Ludwig Stoffel über seine Gestaltungsmöglichkeiten in Berlin. Etwas weniger blumig ausgedrückt: Nirgends in Deutschland bekommt man so einfach und so günstig große Grundstücke in Innenstadtlage, mit deren Bebauung man derart viel Geld verdienen kann, wie in Berlin. Die Stofanel AG selbst residiert am Pariser Platz, direkt neben dem Brandenburger Tor, ihr gehört das ganze Gebäude. »Bayerischer Glanz für die Hauptstadt« überschrieb die *Welt* einen Artikel über das Bauunternehmen. Davon kann aber nun wirklich keine Rede sein. Denn Ludwig Stoffel hat seine Millionen bislang nicht mit schönen Häusern, sondern mit Einkaufszentren und Gewerbebauten gemacht.

»Wohnen ohne Kompromisse« ist das Motto des 65 Millionen Euro teuren Marthashof, der den Anwohnern ungefragt vor die Nase gesetzt wird. Was für die Kunden der Eigentumswohnungen im Marthashof als »kompromisslos« verkauft wird, ist für die umliegenden Bewohner schlicht rücksichtslos. Die bis zu sechs Stockwerke – geplant waren anfangs acht – des Ensembles, das mit einem Abstand von teilweise nur fünf Metern zu den umliegenden Altbauten in den Berliner Himmel wächst, versperrt ihnen den Ausblick und verschattet ihnen die Wohnungen. Doch das ist nicht der einzige Grund, weshalb das Bauprojekt für heftige Diskussionen und Proteste sorgt. »Antisoziale Plastik« nennt die Anwohnerinitiative Marthashof den Wohnkomplex. Auf dem Baugrundstück befand sich bis zum Zweiten Weltkrieg eine Herberge und Bildungsstätte für junge Mädchen, die vom Land in die Stadt kamen, um dort als Dienstmädchen ihr Glück zu machen. Das Anwesen wurde im Krieg zerstört, nach der Wende gab es unterschiedliche Pläne für die Brache: Es wurde über eine Grundschule nachgedacht und über einen öffentlichen Park. Doch die Stadt hat kein Geld für solche Dinge – und so verkaufte die Bundesanstalt für Immobilienaufgaben (BIMA) das Grundstück an die Stofanel AG, die versprach, familiengerechten, ökologischen Wohnraum mit hohem Grünanteil zu bauen. Klingt fast wie ein Kompromiss: irgendwie grün, irgendwie öko, irgendwas für Familien mit Kindern. Nur die Öffentlichkeit hat nichts von der naturnahen Wohnanlage. Das Viertel wird sich weiter räumlich verdichten, der wilde Park, der auf der Brache wuchs und in dem die Kinder des Viertels spielen konnten, wird zur Spielwiese der Investoren. Dort wird ein durchdesignter »halböffentlicher« Garten wachsen, der für »naturnahes Wohnen« sorgt. Er ist nur von der Schwedter Straße aus begehbar und wird abends möglicherweise geschlossen werden. Der Initiative scheint es naheliegend, dass die neuen Mieter eher ihr Eigentum vor äußeren Einflüssen schützen wollen, als Kontakt zu den alten Anwohnern zu suchen: »Wer soll sich denn in diesem Garten aufhalten? Da traut sich doch gar niemand rein. Und ich kann mir gut vorstellen, dass bei einer der ersten Eigentümerversammlungen beschlossen wird, dass das Tor zu bleibt«, sagt Claudia Hering von der Initiative. Zum Sicherheitskonzept gehören auch Bewegungsmelder in den Gärten und Video-Gegensprechanlagen. Hering nennt den Marthashof »Gated Community light«.

An der Hauswand hinter dem lila Verkaufspavillon prangt ein riesiges Grafitto mit Fußballspielern, aus einem Fenster hängt ein Banner mit der Internetadresse der Anwohnerinitiative. Es ist diese alternative Aura, die sich auch Marthashof zu eigen macht. Giovanna Stefanel-Stoffel sagt, es habe sie immer gestört, »wie wenig mit Gefühl gebaut wird«. Doch gerade an der Schwedter Straße agiert Stofanel besonders unsensibel. Ausgerechnet auf den Vorabend des 1. Mai, an dem sich im Mauerpark auf der anderen Straßenseite die Autonomen für die Krawalle sammeln, legte Stofanel die Eröffnung des Pavillons. Als die Anwohnerinitiative den Investor darauf aufmerksam machte, wurde dem wohl ein wenig mulmig. Ein bisschen Punk fürs Image ist ja ganz schön – aber Aufstände gegen das Projekt, das kann man sich nicht leisten, schon gar nicht, wenn man mit guter Nachbarschaft wirbt. Claudia Hering erinnert sich, dass die Angehörigen der Initiative jeweils persönlich von den Bauleuten zur Eröffnungsfeier abgeholt wurden. Die Investoren gaben sich bürgernah. Trotzdem flogen Steine und Farbbeutel von Autonomen gegen den lila Showroom. Einen Tag nach der Eröffnung schützten gepanzerte Polizisten den lila Bungalow, die Baustelle ist noch immer bewacht. Zum Richtfest des Marthashofs hatten die Investoren die Elite geladen: Zu den Gästen gehörten Julius Eduard Prinz von Anhalt Herzog zu Sachsen und Corinna Prinzessin von Anhalt. Auch Stadtpolitiker waren gekommen, Klaus Wowereit schickte ein Grußwort. Zur Eröffnung der benachbarten Kastaniengärten war der Regierende Bürgermeister noch persönlich erschienen. Damals sagte er, dass man Menschen verstehen müsse, die sich bedroht fühlten durch neue Entwicklungen. »Auf der anderen Seite muss man auch immer wieder deutlich machen, es gibt keine Alternative zu einer Veränderung, es sei denn, dass man schlechte Zustände zementieren will. Das wollen wir nicht. Wir glauben an die Zukunftsfähigkeit dieser internationalen Metropole. Und deshalb muss sich etwas verändern. Und etwas Neues ist eine Bereicherung und keine Gefährdung des Alten.«[177] Und damit Schluss. In seinem Grußwort zum Marthashof-Richtfest erwähnte der Basta-Bürgermeister die Ängste der Anwohner mit keinem Wort: »Mit dem erreichten Stand nähert sich ein anspruchsvolles Projekt seiner Realisierung. Ich begrüße die familienfreundliche Gestaltung und das großzügige Freiraumkonzept ebenso wie die Verknüpfung stilvoller Architektur mit einer dem Klimaschutz verpflichteten Energieversorgung.«[178]

»Gentrifizierung ist eine Maschinerie, die die Teilhabe an der Stadt über Geld regelt. An den Schalthebeln: Politik, Wirtschaft, Investoren. Die Vertreibung ist kein Zufall, sie ist gewollt«, schreibt der Autor Christoph Twickel in seinem Buch *Gentrifidingsbums oder Eine Stadt für alle*.[179] Die Stadt der 50er und 60er Jahre folgte einem wohlfahrtsstaatlichen Modell. Zwischen 1949 und 1973 wurden in Deutschland 12,5 Millionen neue Wohnungen gebaut, die Hälfte davon waren Sozialwohnungen. Im Vordergrund stand der soziale Ausgleich, das Ziel: eine Stadt für alle. Mit dem Abbau der industriellen Arbeitsplätze, der Mitte der achtziger Jahre begann, wandelte sich die soziale zur unternehmerischen Stadt. Die alten Industrien wanderten in die Entwicklungsländer ab, wo die Produktionskosten niedrig waren. In den westlichen Metropolen ließen sich die Dienstleistungsindustrien nieder, Werbe- und PR-Agenturen, Unternehmensberatungen, Immobilienfirmen, Medienkonzerne, die Unterhaltungsindustrie. Neue Menschen für die neue Wirtschaft – gebraucht wurde jetzt eine höher gebildete, besser verdienende und konsumfreudige Schicht: die globale Elite der kulturell Kreativen. Um diese »neue Intelligenz« anzulocken, startete etwa Hamburg bereits 1985 eine 4,5 Million D-Mark teure Kampagne: »Hamburg – das Hoch im Norden« hieß der Lockruf des damaligen SPD-Bürgermeister Klaus von Dohnanyi, der sich an »Unternehmensinhaber, leitende Angestellte, freie Berufe und Selbstständige« richtete. Hamburg dürfe sich nicht in eine Stadt verwandeln, »in der die sozial Schwächeren zwar eine Chance haben, aber die sozial Starken, als die Besserverdienen, das heißt, die kräftigeren Steuerzahler, sich abgewertet fühlen«, sagte Dohnanyi.[180]

Man nennt das heute Standortmarketing – denn die Städte sind längst nicht mehr Orte des Sozialen, sondern gerieren sich als Unternehmen und treten im Wettbewerb um Standortvorteile gegeneinander an. Je mehr Wohlhabende in der Stadt, desto besser. Sie haben Geld für Eigentum, Konsum und Investitionen. An ihnen verdienen Projektentwickler, Architekten, Baufirmen, PR-Agenturen und Konsumgüterkonzerne.

Die Stadt muss deshalb versuchen, sich als Marke zu etablieren. Dazu gehören etwa Landmarks, unverwechselbare Kennzeichen mit globalem Wiedererkennungswert. In Hamburg sollte das die Elbphilharmonie werden, ein monströser Aufbau auf dem Kaiserspeicher A in der Speicherstadt, gestaltet vom Schweizer Star-Architekten-Duo Herzog & de Meuron. Eine eigene »Freiheitsstatute«, wie der *Spiegel* schrieb.[181] Das Gebäude nahe der Hafencity, ein weiteres Vorzeigeprojekt der Hansestadt, sollte, so das damalige Versprechen, mit Spenden Hamburger Großbürger mitfinanziert werden sowie mit dem Verkauf von Luxuswohnanlagen. »Die Elbphilharmonie sorgte als Bekenntnis der Stadt zur Entwicklung der Hafencity für das nötige Zutrauen der Investoren«, sagte Ole von Beust.[182]

Heute ist die Elbphilharmonie der größte Bauskandal der Republik; wegen Nachforderungen des Bauunternehmens Hochtief wird er den Hamburger Haushalt mit mindestens 476 Millionen Euro belasten.[183] Mehr als 40 Prozent der städtischen Ausgaben für Kultur gehen laut Twickel an die Elbphilharmonie, die allenfalls ein äußerst betuchtes Publikum anlocken wird: eine Bühne für die Megastars und dazu noch ein Fünf-Sterne-Hotel, das darin eröffnet werden soll. Diese sowie die Luxus-Appartments sind für die, die das Bauwerk nun finanzieren müssen, die Hamburger Bürger, kaum zugänglich. Doch zeitgleich verkündete Bürgermeister Ole von Beust, wegen des jährlichen Haushaltsdefizits dürfe es beim Sparen »keine Tabus« geben.[184]

Frankfurt: die Vertreibung aus dem Einkaufsparadies

Für die kaufkräftigen Städter werden auch neue innenstädtischen Shopping-Welten geschaffen: Nicht mehr nur Kaufhäuser und Kettenläden reihen sich dort aneinander, sondern auch die Flagshipstores (zum Teil teurer) Marken wie Fred Perry, Puma, Adidas, American Apparel und Apple. Seit 1990 haben sich die Verkaufsflächen in den Innenstädten fast verdoppelt. In Großbritannien nennt man diese bereits »Malls without Walls«. In Liverpool, der europäischen Kulturhauptstadt 2008, ist diese Entwicklung besonders drastisch. Fast das komplette Zentrum der ehemaligen Arbeiterstadt wird dominiert vom gigantischen Einkaufszentrum »Number One«, dessen Gebäudeteile sich fast krakenartig in alle Richtungen ausbreiten. Doch es gibt auch eine Renaissance der Einkaufszentren: Sie sind von der grünen Wiese und den Rändern der Städte zurück in die Zentren gezogen. Entworfen von Stararchitekten, sind sie die neuen Attraktionen und Sehenswürdigkeiten. So zum Beispiel »My Zeil«, der gigantische Glaspalast des Architekten Massimiliano Fuksas mit 100 Geschäften auf einer Verkaufsfläche von 47 000 Quadratmetern, der den wunderbaren Superlativ für sich beanspruchen kann, über die längste Rolltreppe Deutschlands zu verfügen. Auf dem Gelände standen einst das Hauptpostamt und der Fernmeldeturm, eines der ersten Hochhäuser Frankfurts. Mit dem alten Redaktionsgebäude der

Frankfurter Rundschau und dem Verwaltungsgebäude der Hoechst AG nebenan ergab das ein einzigartiges Ensemble der Nachkriegsarchitektur. Im Hoechst-Gebäude befindet sich jetzt ein Luxushotel, die anderen Gebäude wurden zugunsten des Konsumtempels abgerissen. Im Osten der Stadt steht das Skelett der ehemaligen Großmarkthalle, ein bedeutendes Denkmal der Industriearchitektur der 20er Jahre, erbaut von Martin Elsässer. Vor zehn Jahren noch herrschte hier ein bunter Betrieb, vorne die Lkws, die be- und entluden, hinten ein Güterbahnhof und der Osthafen mit seinen Industriekränen. Das Gelände und die Halle waren zugänglich für jedermann, in den Imbissbuden gesellten sich in den frühen Morgenstunden Nachtschwärmer zu Lkw-Fahrern, Tagelöhnern, Gemüsehändlern und Obdachlosen, die sich hier wärmten. Das Ostend, damals noch geprägt von Resten solcher alten Industriebauten, ein ehemaliger Arbeiterstadtteil, bot lange Zeit günstigen Wohnraum für Migranten, Studenten und Alte. Heute ist er gekennzeichnet von Galerien, edlen Clubs und Restaurants in aufwändig renovierten Brauereien und Fabrikhallen. Direkt am Main ist, wie am ehemaligen Westhafen, ein luxuriöses Wohnviertel mit kastenförmigen bunten Häusern entstanden. Wenn es dunkel ist und die riesigen Fenster hell erleuchtet sind, wirken sie wie große Adventskalender des Luxus-Lifestyles.

Allein die Ankündigung, dass die europäische Zentralbank in die Großmarkthalle ziehen werde, hat eine Aufwertung des Viertels ausgelöst. Die Großmarkthalle, Baudenkmal und Identifikationsgebäude der Frankfurter, wird für sie nicht nur nicht mehr zugänglich, sondern auch kaum mehr zu sehen sein: zwei gigantische Hochhäuser und ein Umbau werden das Gebäude für immer verstecken, obwohl aufgrund des Hochhausrahmenplans eigentlich keine mehr hätten gebaut werden sollen. Hinter der Großmarkthalle am Main, an einem der schönsten Plätze der Stadt mit Blick auf Fluss, Skyline und Elsässers monumentales Werk, stand bis vor kurzem ein selbst organisiertes Café: Bierbänke unter Industriekränen, Holzloren am Ufer. Es musste schließen, es passt nicht mehr ins Gefüge, ein teures Etablissement aus Glas und Stahl soll jetzt für die Banker dort hingebaut werden.

In einem anderen Fall beschloss die Frankfurter Börse, die im Stadtteil Hausen in einem gigantischen Komplex aus acht Gebäuden residierte, den Finanzplatz Frankfurt zu verlassen. Sie zog in die Nachbargemeinde Eschborn, weil dort die Gewerbesteuern niedriger sind. Auch das auf Kosten der Allgemeinheit, die Stadt Frankfurt verliert damit einen wichtigen Steuerzahler. Die Börse will mit dem Umzug jährlich bis zu 100 Millionen Euro Gewerbeabgaben sparen.[185]

Als »My Zeil« im Februar 2009 eröffnete, kamen 120 000 Menschen. Zugegeben, es sieht spektakulär aus: In der Mitte der Fassade erkennt man ein riesiges tunnelartiges Loch, das sich nach innen verjüngt und wie ein Strudel wirkt. Im Einkaufszentrum mit dem besitzanzeigenden Fürwort im Titel befindet sich auch eine von zwei europäischen Filialen des kalifornischen In-Labels Hollister, das zu Abercrombie & Fitch gehört. Es ist der einzige Laden ohne Schaufenster, durch die verdunkelten, teils mit Fensterläden verschlossenen Scheiben kann man nichts erkennen. Vor dem Eingang hängt eine Absperrkette, wie man sie von Clubs kennt, eine lange Warteschlange steht dahinter und wartet, vom Türsteher eingelassen zu werden. Es ist nicht so, dass das Geschäft überfüllt oder gar zu klein wäre; es ist ja der zweitgrößte Laden im Erdgeschoss.

Also wohl dem, der sich exklusiv die langweiligen Baumwoll-T-Shirts anschauen oder gar kaufen darf, die auch nicht anders aussehen, als bei H&M. Doch deren Filiale befindet sich im veralteten 90er-Jahre Einkaufszentrum Zeil-Galerie nebenan.

»Die erstaunliche Leistung [der Konsumgesellschaft] beruht auf der Besetzung des Raums, der sich zwischen menschlichen Individuen erstreckt, durch Konsumgütermärkte; jenes Raums, in dem die Fäden gesponnen werden, die Menschen miteinander verbinden, und in dem die Zäune gebaut werden, die sie trennen«, schreibt Zygmunt Baumann in *Leben als Konsum*. Im Obergeschoss von »My Zeil« verbringen mittellose Jugendliche ihren Nachmittag zwischen den Schaufenstern von Deutschland größtem Saturn (»Geiz ist geil!«) und der Aussicht auf die Zeil, die umsatzstärkste Einkaufsmeile Deutschlands.

Herumlungern, Skateboard fahren, Alkohol trinken und Betteln ist hier nicht mehr erwünscht, so wie in allen großen Städten, deren öffentlicher Raum der ungestörten Konsumstimmung geopfert wird. Viele Fußgängerzonen sind deshalb so genannte Business Improvement Districts, teilprivatisierte Räume, in denen eine saubere Konsumatmosphäre geschaffen werden soll, von der alle ansässigen Geschäfte profitieren. Dazu gehört auch, dass alles, was im Verdacht der Armut steht, verschwinden muss: Billigläden, Resterampen und Eckkneipen. In solchen teilprivatisierten Räumen gibt es etwa ein zentrales Management für die Einkaufsstraße, eigene Putzkolonnen und Wachdienste. Die ansässigen Läden können ihr Hausrecht dann auch vor der Ladentür wahrnehmen und konsumschädliche Subjekte wie Bettler, Punks und Alkoholiker vertreiben lassen. Manchmal ganz offensiv durch Sicherheitskräfte und Polizei. Manchmal eher subtil durch die Architektur: es werden eben keine Sitzgelegenheiten mehr aufgestellt – oder nur noch solche, auf denen man nicht lange sitzen und schon gar nicht liegen kann. Es ist bezeichnend für diese Entwicklung, dass Wilhelm Heitmeyer und seine Kollegen in ihrer Untersuchung *Deutsche Zustände* von 2011 eine gestiegene Ablehnung von Obdachlosen feststellten: 38 Prozent der Befragten empfanden Obdachlose in den Städten als unangenehm. 35,4 Prozent sprachen sich dafür aus, dass bettelnde Obdachlose aus den Fußgängerzonen entfernt werden sollen

> *Ein feiner Trick: das System zu kritisieren soll denen vorbehalten bleiben, die an ihm interessiert sind. Die anderen, die Gelegenheit haben, es von unten kennen zu lernen, werden entwaffnet durch die verächtliche Bemerkung, dass sie verärgert, rachsüchtig, neidisch sind.«*

Max Horkheimer in seinen Notizen 1950 bis 1969[186]

4. DIE MACHT DER ELITEN

Warum sich die Reichen von der Gesellschaft verabschiedet haben und wie sie um ihren Vorteil kämpfen

»Für ein wirksames Volksbegehren brauchen wir 61 438 Stimmen«, sagt der Mann mit den grauen Haaren und der runden Hornbrille. Er trägt einen Anzug, ein hellblaues Hemd und eine rote Krawatte. Sein schweißfeuchtes Gesicht sieht nach Arbeit aus. Es ist spät geworden an diesem Sonntag, Mitte November 2009, genaugenommen ist sogar schon Montag. Der Redner macht eine Kunstpause und schaut mit hochgezogenen Augenbrauen in die Menge; als sich dort ein aufgeregtes Kichern und Raunen breitmacht, grinst er und blickt auf seinen Zettel: »Ich sag jetzt die Zahl, ich mach's kurz. Also, wenn man die Zahl der Briefwähler noch dazu zählt...« – das Gackern wird lauter – »...okay, lassen wir weg. Also, wir haben selber mit unseren Leuten gesammelt...«, – er wedelt mit den

Händen und schreit dann: »EINHUNDERTZWEIUNDACHT-
ZIGTAUSENDUND…« Doch die paar Zerquetschten gehen
unter in hysterischem Jubel. Anzugträger und Frauen mit gepflegt blondierten Frisuren klatschen und hüpfen im Sie-
gestaumel. Es sieht aus wie auf einer Party der FDP, als die
noch Grund zum Feiern hatte. Das 50 Sekunden kurze Privat-
video[187] ist Dokument des Etappensiegs der Elite über die sozial Depravierten im Hamburger Bildungskrieg. Hier verkündet
Walter Scheuerl, Initiator der vornehmlich großbürgerlichen
Protestkampagne »Wir wollen lernen« das Ergebnis der Un-
terschriftensammlung für das Volksbegehren gegen die sogenannte Primarschule.

Letztere war der wichtigste und revolutionärste Teil der
Bildungsreform, die die schwarz-grüne Koalition in Hamburg
beschlossen hatte. Die Primarschule hätte eine Verlängerung
der Grundschulzeit auf sechs Jahre bedeutet. Zwei Jahre län-
geres gemeinsames Lernen nach skandinavischem Vorbild, in
kleineren Klassen und mit zusätzlichen Lehrern, sollte vor allem sozial schlechter gestellte Schülerinnen und Schüler davor schützen, Opfer der allzu frühen Selektion nach der vierten Grundschulklasse zu werden. Es sollte nicht mehr von den
Eltern, sondern von der Lehrerkonferenz entschieden werden,
ob ein Kind das achtjährige Gymnasium oder eine Stadtteil-
schule besucht, also eine Art Gesamtschule, in welcher 2010
nach dem Hamburger Modell Haupt- und Realschule aufgehen
sollten und in der das Abitur wie gehabt nach der 13. Klasse
erworben werden kann. »Gucci-Protest«[188] nannte *Die ZEIT*
den Aufstand von »Wir wollen lernen«. Denn die Initiative unter Führung des promovierten Anwalts Scheuerl, Seniorpart-
ner der international operierenden Kanzlei Graf von Westpha-

len, setzte sich vor allem aus Unternehmern, Anwälten und Ärzten zusammen und wurde unterstützt von Adligen wie Ingeborg Prinzessin zu Schleswig-Holstein sowie Magnus Graf und Karoline Gräfin Lambsdorff.

Stritt diese Initiative wirklich darum, eine für die Allgemeinheit bessere Alternative zum Hamburger Modell durchzusetzen? Wollten sie die Qualität der Bildung allgemein heben? Oder ging es den Gründern von »Wir wollen lernen« nicht eher um die Zementierung des selektiven Schulsystems, das ihre eigenen Kinder bevorteilt – Kinder, die ohnehin im Leben besser aufgestellt sind? Kämpften sie nicht eigentlich um den Erhalt »ihres« Gymnasiums – oder besser gesagt um dessen Symbolwert als Schule der besser Lernenden, der späteren »Leistungsträger«?

»Die Elite schottet sich nach unten ab. Das bedeutet: Wenn von unten niemand nach oben kommen kann, erhöht das automatisch die Wahrscheinlichkeit, dass bei denen, die oben sind, alles halbwegs so bleiben wird, wie es ist«, sagte der Darmstädter Elitenforscher Michael Hartmann in einem Beitrag in *Panorama* über diesen Eliteprotest.[189] Demnach ginge es den vermeintlichen Rebellen aus Hamburg also nur um den Erhalt ihres Wettbewerbsvorteils im Kampf um den besten Platz für ihre Kinder an den rarer werdenden Fleischtöpfen. Bessere Bildung für die nicht ganz so feinen Kreise bedeutet für die Elite offenbar nur potenzielle Konkurrenz für den eigenen Nachwuchs. Das *ARD*-Politmagazin nannte den Protest die »letzte Schlacht der Ständegesellschaft«.

»Wir sind dafür, dass die Kinder früher separiert werden. Wir sind für ein leistungsorientiertes Schulsystem, weil wir absolut davon überzeugt sind, dass schlechte Schüler nicht davon profitieren, wenn sie mit guten zusammen sind«, sagt eine Pelzträgerin dem *Panorama*-Reporter auf dem Wochenmarkt im Hamburger Nobel-Stadtteil Blankenese. Ein Mann ergänzt: »Man muss nicht die sozial Bevorteilten benachteiligen, indem man die sozial Schwachen bevorteilt.« So denkt also der große Mann auf der Straße – wenn man ihn dort einmal antrifft.

Gleich massenhaft war das der Fall, als die Initiative »Wir wollen lernen« im April 2009 zur ersten Demonstration gegen die Schulreform aufrief. Ein Zug von 4000 Gut- bis Sehrgut-verdienern bewegte sich von Gänsemarkt zum Rathaus. Fein gekleidet und unfein lärmend marschierten sie auf dem Jung-fernstieg entlang der Binnenalster und durch das Luxusein-kaufsparadies der Stadt. »Wir sind hier und wir sind laut, weil man uns die Bildung klaut«, deklamierte Walter Scheuerl, der die mondäne Meute anführte.[190] Das noble Alsterhaus zur Rechten, das High-End-Hotel Vier Jahreszeiten zur Linken: Der elitäre Aufmarsch demonstrierte auch hier seine eigene Noblesse. Auf dem Gänsemarkt schließlich rief Scheuerl im dunkelblauen Polohemd, es war ein warmer Tag, mit erhobe-ner Faust in die jubelnde Menge: »Ich ruf das mal vor, und dann rufen wir das anschließend zusammen: Können wir das schaffen? Jou, wir schaffen das! Und noch mal! Können wir das schaffen? Jou, wir schaffen das!« Ein anderer Demons-trant rief vom Podium herab: »Wir sind stolz! Hier steht die Mehrheit der Hamburger!« – Hoppla, da braucht die »Bildungs-initiative« wohl dringend Nachhilfe in Mathe: 4000 Leute sind etwa 2,4 Prozent aller Hamburger. Doch hinter der übermüti-gen Hochrechnung steckte eine ganz andere Botschaft: Hier stehen die, die zählen, weil sie zahlen. Und wer zahlt, schafft an. Später tönte der prominenteste Unterstützer der Kampagne, das FDP-Mitglied Sky Dumont, ins Mikrofon: »Ich, meine Damen und Herren, spreche der Politik das Recht ab, über *meine* Kinder zu entscheiden.«[191] In Wahrheit bleibt es Sky Dumont und den Anhängern von »Wir wollen lernen« unbenommen, ihre Kinder auf eine Privatschule zu schicken. Elf Prozent der Kinder von Wohlhabenden besuchen ohnehin eine solche. Der Gedanke, dass das Geschrei nach Etabliertenvorrechten eventuell das Schicksal von Kindern besiegelt, deren Eltern keine solche Stimmgewalt und keine Wahlfreiheit in Sachen Bildung haben, dieser Gedanke kam Dumont jedoch nicht.

Die Demonstration war der öffentlichkeitswirksame Auftakt zu einem vulgären Klassenkampf zwischen oben und unten – geführt mit harten Bandagen. Wenn der Soziologe Michael Hartmann von der »Radikalisierung der Elite« spricht, dann meint er, dass diese »die eigenen Interessen deutlich vehementer vertritt«. So vehement übrigens, dass im Verlauf der Demonstration ein Anhänger von »Wir wollen lernen« einen Gegendemonstranten heftig aus dem Weg schubste, der ein Schild mit der Aufschrift trug »Unterschicht grüßt Oberschicht: Eure Schule wollen wir nicht«. Er stürzte und prellte sich den Arm.[192]

Der skrupellose Kampf der Reichen für »ihr« Gymnasium
Die Initiative »Wir wollen lernen« gibt es seit dem Frühjahr 2008. Da las Walter Scheuerl, der damals im Elternbeirat des Gymnasiums Hochrad im vornehmen Stadtteil Othmarschen saß, den Koalitionsvertrag der schwarz-grünen Regierung im Internet, der auch den Beschluss über die Primarschule enthielt. Sogleich schickte er diesen über den Verteiler des Eltern-

beiratsvorsitzenden. »Jetzt sind Hunderttausende unzufrieden in der Stadt«, habe er sich gedacht und gefragt, »wer packt es jetzt an? Es braucht ja immer einen Kümmerer. Da war recht schnell klar: Es muss jemand Unabhängiges sein, der sich mit Schule auskennt und mit Medienrecht und Krisenkommunikation.«[193] Scheuerl, 50 Jahre alt, ist als Krisenkommunikator kein Unbekannter: 2010 vertrat er, da scheint sich fast ein Kreis zu schließen, den Textildiscounter Kik gegen den NDR, der die mittlerweile preisgekrönte Reportage *Die Kik-Story – Die miesen Methoden des Textildiscounters*[194] von Christoph Lütgert gesendet hatte. Lütgert berichtete darin über die Produktionsbedingungen des Konzerns in den Fabriken in Bangladesch. Er hält dem damaligen Kik-Geschäftsführer Stefan Heinig das Foto eines schwerkranken bangladeschischen Jungen vor die Nase und sagt: »Seine Cousine sorgt für ihn, sie arbeitet für Kik. Und sie verdient so wenig, dass sie sich keinen Arzt für ihn leisten kann. Wollen sie was dazu sagen?« Der grinsende Heinig wimmelt den Reporter ab. Kurz darauf erhielt der NDR einen Brief von Anwalt Scheuerl, darin die Vorgabe, der NDR dürfe die Begegnung mit dem Kik-Chef und die Bilder seiner Luxusvilla niemals zeigen. Er müsse das Material sogar vernichten. Weiter, schrieb Scheuerl, würden die gezeigten Frauen gar nicht oder nur selten für Kik arbeiteten. Scheuerl setzte sogar vor Gericht durch, dass der NDR die *Kik-Story* nicht wiederholen darf. Lütgert flog abermals nach Bangladesch, um sich von den Frauen eine eidesstattliche Erklärung unterzeichen zu lassen, und schließlich siegte der NDR dann doch vor Gericht.[195] Scheuerl vertritt als Anwalt außerdem Pelztier-, Schweine- und Hühnerzüchter und den Zirkus Krone, der für seine nicht-artgerechte Tierhaltung in der Kritik steht, in den rechtlichen Auseinandersetzungen mit Tierschutzgruppen wie PETA.[196] Die nahm etwa die Erzeugergemeinschaft Landkost-Ei unter die Lupe, die angeblich Freilandeier verkauft, und fand kein einziges. Stattdessen konnten die Tierrechtler mit Videos belegen, dass die Hühner katastrophal gehalten wurden. Prompt schaltete Landkost ebenfalls Scheuerl ein.[197] Er sei, so befanden die PETA-Leute, ein »Anwalt ohne Moral«.[198] Seine moralische Überzeugung könnte man tatsächlich anzweifeln, wenn man verfolgt, wie kompromiss- und skrupellos er mit seiner Initiative vorging. Ein Werbespot etwa bemüht plumpe Horrorszenarien über das drohende »Schulchaos«: Kinder, die schreiend auf den Tischen tanzen, Lehrer, die von Schule zu Schule hetzen und gegen den Baulärm in Schulen anbrüllen müssen. Anschließend klagt eine Frau mit Perlenohrringen, sie fühle sich entmündigt, wenn andere über die Zukunftsperspektiven ihrer Kinder entschieden.[199] Doch so lächerlich das dilettantische Video wirkt: Der Druck, den das Netzwerk in der Öffentlichkeit gegen die Befürworter aufbaute, war ganz und gar nicht lustig. Scheuerl scheute sich nicht, Nazi-Vergleiche ins Feld zu führen: Der Leiterin der Hamburger Schulbehörde Christa Goetsch (die Scheuerl auf der Auftaktdemo »Hexe Christaxa« nannte[200]) warf er vor, ihre Schulreform gleiche einer »Gleichschaltung« in der »Tradition der NS-Pädagogik des Erziehungswissenschaftlers Peter Petersen«.[201] Die Initiative sammelte sogar Informationen über Mitglieder der Hamburger Schulbehörde, die mit der Umsetzung der Reform betraut waren. Diese erhielten Schreiben von Scheuerl, die detaillierten Angaben über ihren beruflichen wie privaten Lebenslauf enthielten, darunter »erfolglose Bewerbungen« und »Eintritt in die kommunistische Partei« in Jugendjahren. Die Hamburger Schulbehörde befand dies als »eindeutigen Einschüchterungsversuch«. Scheuerls Begründung: es sei von öffentlichem Interesse, wer die Schulreform in Hamburg durchsetze.[202] Die *Bildzeitung*, neben Radio Hamburg und *Morgenpost*, die wie ein inoffizieller Medienpartner der Initiative erschien, beteiligte sich an der Rufschädigung: Sie nahm Schulausschuss-Mitglied Hans-Peter de Lorent von der Grün-Alternativem Liste (GAL) auf den Titel: »Ex-Kommunist soll Schulreform durchpauken«.[203] Auch auf die Gegeninitiative »Pro Schulreform« feuerte Scheuerl schwere Geschosse. Die Organisation der Befürworter hatte als Maskottchen eine Eule im Supermann-Kostüm gewählt. Mit selbst genähten Eulenkostümen und gebastelten Pappeulen waren sie auf Infos-Ständen anzutreffen. Anwalt Scheuerl schickte der Initiative eine Abmahnung ins Haus: würden sie das Superman-Logo weiter verwenden, müssten sie 150 000 Euro wegen Markenrechtsverletzung zahlen. »Ein ganz normaler Vorgang. Es ist eine Markenverletzung, das ist ja nicht nur lustig. Es gibt keinen Grund, das denen durchgehen zu lassen, dass sie unter Verwendung der Superman-Marke Leute zu ihrer Kampagne lenken«,[204] sagte Scheuerl. Und nicht nur das. In einem Elternforum im Internet schlug er vor: »Eine übergewichtige Grundschulleiterin bzw. fette Eule als Logo Ihrer ›Gruppe‹, die sich in ein Superman-Latex-Kostüm zwängt, um evtl. einen der lukrativen Leitungsposten einer Primarschule zu ergattern. Ich möchte hiermit offiziell vorschlagen, sie ›Angelika‹ zu nennen, quasi als Homage an Angelika F. [Name von der Autorin abgekürzt], die im Februar die Goetsch-Loyalitätsliste initiierte.«[205] Später entschuldigte sich Scheuerl bei der Frau.

Als »Wir wollen lernen« beschloss, per Volksentscheid die Primarschule zu verhindern, hatte die Initiative drei Wochen Zeit, um 62 000 Unterschriften zu sammeln. 3 500 pro Tag. Dazu schickte sie eine Weile Studenten los, die pro eingesammelter Unterschrift einen Euro bekamen und später pro Stunde bezahlt wurden. Das Kampagnenbüro wurde in bester Innenstadtlage aufgeschlagen, und die FDP spendierte Plakatwände. Man hatte einen Kampagnenleiter, und insgesamt 2 100 Leute sammelten Unterschriften.[206] Die Listen lagen in den Einzelhandelsgeschäften der reichen Vororte aus, in Arztpraxen und Anwaltskanzleien, gesammelt wurde auf Golfplätzen und innerhalb anderer Reichennetzwerke. Selbst in Altersheimen waren Sammler unterwegs. »Wir wollen lernen« hatte Infostände in Konsumtempeln wie dem Elbe-Einkaufszentrum, nach Selbstauskunft das »schönste Einkaufszentrum des Hamburger Westens«[207] im wohlhabenden Stadtteil Osdorf. Angeblich aus »Platzgründen« wurde es der Gegeninitiative »Pro Schulreform« verweigert, ihrerseits dort ebenfalls Infostände aufzubauen.

Während »Wir wollen lernen« mit allen Schikanen um die Aufmerksamkeit und Unterschriften der verängstigten Mittel- und selbstsicheren Oberschicht kämpfte, kritisierte Scheuerl den Hamburger Senat, weil dieser eine Werbeagentur damit beauftragt hatte, eine Kampagne für die Schulreform zu gestalten – für 200 000 Euro. Nicht nur, dass er sich über die Verschwendung von Steuergeldern aufregte, er erklärte sie sogar für rechtswidrig und forderte – erfolglos – den Stopp der Kampagne.[208] Dabei, so schätzt Klaus-Dieter Schwetscher von Ver.di Hamburg, der selbst schon mehrere Bürgerentscheide organisiert hatte, in der *taz*: »Über 200 000 Euro kostet die Kampagne von ›Wir wollen lernen‹ schon, da bin ich mir ganz sicher.«[209] Wer das ganze Geld bereitstellte, ist bis heute nicht bekannt. Dabei ist »Wir wollen lernen« geschickt in eine gesetzliche Lücke geschlüpft: Laut Hamburger Volksabstimmungsgesetz müssen alle Spender mit Namen und Adresse aufgelistet werden, die mehr als 2 500 Euro geben. Doch einziger Spender ist der »Förderverein für bessere Bildung in Hamburg«, den Scheuerl aus der Taufe hob. Zweck des Vereins laut Satzung: Unterstützung der Volksinitiative »Wir wollen lernen«.[210] Der Förderverein hat seit 2008 mehr als 240 000 Euro an Spenden eingesammelt. »Das hat es noch nie gegeben, dass jemand so eine Tarnorganisation gegründet hat«, empört sich Angelika Gardiner über die »ausgebufften Anwälte« von »Wir wollen lernen« in der *taz*. Sie arbeitet für »Mehr Demokratie« in Hamburg, einen Verein, der seit dreizehn Jahren Bürgerinitiativen unterstützt und berät.[211]

Besitzstandswahrung gegen sozial Schwache

Wenn man Walter Scheuerl im Konferenzraum seiner Kanzlei gegenübersitzt, hat man nicht das Gefühl, einen Krawall schlagenden »Anwalt ohne Moral« vor sich zu haben. Er wirkt ruhig, freundlich und zuvorkommend, gute alte Schule eben. Es ist Ende November 2010; drei Monate zuvor, im Juli, hat »Wir wollen lernen« den Volksentscheid gewonnen. 276 304 Bürger stimmten für den Erhalt der vierjährigen Grundschule, 218 000 für die Primarschule. Das relativ knappe Ergebnis belegt, dass »Wir wollen lernen« gar keinen so großen »Schneeballeffekt«[212] ausgelöst hat oder gar die Mehrheit der Bürger vertrat. Die Wahlbeteiligung lag bei nur 39 Prozent – in den bürgerlichen Vierteln des Westens allerdings, der Hafencity und der Walddörfer, dort also, wo die Reichen der Stadt leben, war sie überdurchschnittlich hoch.[213] Das Wahlergebnis bedeutete nicht nur das Ende der Primarschulen, sondern auch das Ende der schwarz-grünen Koalition im Hamburger Senat: Unmittelbar nach dem Volksentscheid kündigte der Regierende Bürgermeister Ole von Beust seinen Rücktritt an. Am Tag meines Treffens mit Scheuerl meldeten die Zeitungen, dass die Grün-Alternative Liste das Bündnis mit der CDU aufgekündigt hatte.

Für Scheuerl war dies noch nicht das Ende des Kampfes um Besitzstandswahrung. Direkt nach dem Volksentscheid trug er sich mit dcm Gedanken, aus der Kampagne »Wir wollen lernen« eine Wählergemeinschaft zu machen, um den Sieg gegen die Schulreform abzusichern: »Wenn ›Wir wollen lernen‹ nicht antritt, ist die Wahrscheinlichkeit groß, dass die SPD die stärkste Partei wird, die CDU zweitstärkste, und ob die FDP reinkommt, weiß man nicht. Das heißt, es könnte Rot-Grün oder Rot-Rot-Grün werden. Im Zweifelfall hätten wir wieder eine Senatorin Goetsch, und alles ginge wieder von vorne los – mit noch weniger Gegenwind von der CDU. Dann hätten wir außer einer Zeitverzögerung nichts erreicht.« Außerdem wolle man sich im Senat um eine »sorgsame Haushaltsführung« kümmern und darum, dass »Wirtschaft und Hafen weiter vorankommen, als es im Moment aussieht«.

Eine Partei ist aus der Kampagne nicht entstanden, doch Walter Scheuerl trat als parteiloser Kandidat auf der CDU-Landesliste an und erhielt nach dem Spitzenkandidaten Bürgermeister Ahlhaus die zweitmeisten Stimmen auf der CDU-Landesliste. Jetzt ist er Mitglied der Hamburgischen Bürgerschaft und Vorsitzender des Schulausschusses. In dieser Funktion will er bildungspolitische Schwerpunkte in der CDU setzen.[214]

Walter Scheuerl wohnt mit Frau, Sohn und Tochter in einem Villenviertel in Blankenese. Dort leben die, die sich in der Regel keine Sorgen um ihre Zukunft machen müssen: das durchschnittliche Einkommen liegt bei 94 500 Euro.[215] Den Vorwurf, »Wir wollen lernen« sei eine elitäre Bewegung gewesen, weist Scheuerl jedoch zurück: »Das war nie ein sachliches Argument, sondern immer ein Versuch der Polarisierung.« In Hamburg würden mehr als die Hälfte der Kinder an Gymnasien angemeldet. »Das ist ja nicht Elite, sondern Eltern, die wollen, dass ihre Kinder aufs Gymnasium gehen.«

Die andere Wahrheit ist: 10 Prozent der Hamburger Schüler verlassen die Schule ohne Abschluss, deutschlandweit sind es 800 000 Jugendliche. Ein Viertel aller 15-Jährigen kann nicht richtig lesen und schreiben. Das dreigliedrige Schulsystem in Deutschland steht international in der Kritik. Denn UNICEF hat in der Studie »Disadvantage in Rich Countries« festgestellt: Im deutschen Bildungssystem werden die Menschen zu früh sortiert, und diese Einsortierung lässt sich im späteren Leben nur schwer durchbrechen. OECD-Generalsekretär Angel Gurría kritisiert, dass in Deutschland Kinder der Oberschicht eine mehr als doppelt so hohe Studienchance haben wie Schüler aus den unteren Schichten: »In Deutschland können diese Ungleichheiten aber auf die Struktur des Schulsystems zurückgeführt werden. Bereits im Alter von zehn Jahren werden Schulkinder auf die verschiedenen Zweige des

Schulsystems verteilt, wobei Kinder aus sozial benachteiligten Familien häufig an Zweige verwiesen werden, in denen die Leistungserwartungen niedriger sind.«[216]

Die Idee der Chancengleichheit, die hinter der Primarschule steckt, ist für Scheuerl allenfalls »ideologisierte Gesellschaftspolitik«: »Der Großteil derer, die sich für die Primarschule engagiert haben, sind in der Linkspartei, ein Teil in der GAL oder im linken Flügel der SPD.« Die Schulreform ist zwar fraktionsübergreifend beschlossen worden, doch wenn es um soziale Gerechtigkeit geht und um Entscheidungen im Interesse der Allgemeinheit, fällt den Apologeten der Leistungsideologie selten mehr ein, als mit der Kommunismuskeule loszuschlagen. »Die unterschwellige gesellschaftspolitische Grundlage war: Ein Gymnasiast hat es wirtschaftlich besser, dem muss man was wegnehmen oder ihn dazu bringen, dem Kind, das benachteiligt ist, Zeit und Unterrichtsgeschehen abzugeben. Das ist unsinnig«, sagt Scheuerl. »Das den Schülern aufzubürden, dass sie sich nicht mehr um sich selbst kümmern, sondern um andere – unter sozialen Gesichtspunkten mag das löblich sein. Das führt aber nicht dazu, dass alle besser werden, sondern dass die Spreizung extremer wird.« Das Gegenteil ist wahr, wie verschiedene Untersuchungen belegen: Gute Schulleistung und Chancengerechtigkeit gibt es gerade in den Ländern, in denen Kinder länger gemeinsam lernen. Denn das führt dazu, dass nicht der familiäre Hintergrund über den Bildungserfolg entscheidet, wie das in Deutschland der Fall ist, sondern die tatsächliche Leistungsfähigkeit: Eine Reihe von Studien belegt, dass im bisherigen System auch mittelmäßig begabte Kinder aus höheren Schichten aufs Gymnasien gelangten, während selbst leistungsstärkere Schüler mit schwachem sozialem Hintergrund dies nicht schaffen.[217] So belegt etwa die Berliner *Element-Studie*, dass eine längere gemeinsame Grundschulzeit zu insgesamt besseren Ergebnissen führt und dass auch die Lernstarken genauso gut, wenn nicht noch besser lernen.[218]

Der Bildungsforscher Andreas Schleicher, internationaler Koordinator der PISA-Studien, sagt: »Wenn Sie ein Land wie Deutschland, Ungarn oder die Tschechische Republik nehmen, hier [in der PISA-Studie] im unteren Bereich eingezeichnet: das sind alles Länder, die diese Philosophie [der Selektion] sehr stark verankert haben, und Sie finden keines dieser sehr stark selektierenden Systeme unter den erfolgreichen Staaten. Es gibt nicht eine einzige Ausnahme.«[219]

Die Angst der Mittelschicht als Waffe

Bei Stefanie von Berg hängt ein Adventskranz über dem großen Esstisch, um den herum schwarze Stühle von Arne Jacobsen stehen. Kerzen brennen, auf dem Stövchen dampft Tee in einer Designglaskanne, und im Hintergrund läuft klassische Musik. Sie sagt: »Ich bin auch Elite. Mein Vater ist Professor, ich habe promoviert, ich habe eine Führungsposition, ich bin sogar adelig – aber trotzdem denke ich, es kann doch nicht sein, dass Menschen keine Chance haben.«

Die Pädagogin ist Gründerin und Sprecherin von »Pro Schulreform«, Mutter eines 12-jährigen Sohnes und ehemalige Elternbeiratsvorsitzende an der Schule Rellingerstraße, die mit Reformpädagogik arbeitet. Sie sitzt als Abgeordnete der GAL ebenfalls in der Hamburger Bürgerschaft. Um den Tisch haben sich noch weitere Mitglieder der Initiative versammelt:

Constanze Petersen, Christian Lührs und Michael Dürrwächter. Noch jetzt, Monate nach der Entscheidung, spürt man ihre Ernüchterung. Der Verein hatte sich erst gegründet, als Scheuerl bereits massiv an die Öffentlichkeit gegangen war. »Wir haben den anfangs nicht ernst genommen, die Schulreform war ja beschlossene Sache«, sagt von Berg. »Wir konnten ja keine Unterschriften für einen Volksentscheid sammeln, wir konnten nur sagen: Wir sind für das Gesetz«, ergänzt Christian Lührs. Sie führten einen aussichtslosen Kampf – rationale Argumente gegen Geld, Macht und Verunsicherung. Constanze Petersen, sie ist Ärztin und saß damals, wie Scheuerl, ebenfalls im Elternbeirat des Gymnasiums Hochrad in Othmarschen, hat den Bodenkrieg von »Wir wollen lernen« hautnah miterlebt. »Zugegeben: Ich spiele auch Golf. Da habe ich beobachtet, wie eine Großmutter Unterschriften bei Frauen sammelte – und zwar mit dem Argument: ›Das Gymnasium soll abgeschafft werden.‹« Eine der Frauen habe sie sogar sagen hören: »Ist das dann so, dass meine Enkel mit ›denen‹ – gemeint hat sie Migranten und sozial Schwache – zusammen sein müssen?« Solche verächtlichen Aussagen hat auch von Berg gehört, die bei Infoständen in den wohlhabenden Vierteln für die Primarschule warb: »Diese Affen sollen doch auf ihren Schulen bleiben.« Eine ältere Dame, die offenbar glaubte, Frau von Berg gehöre zu »Wir wollen lernen«, habe vor dem Elbe-Einkaufszentrum sogar gesagt: »Find ich toll, wie Sie sich engagieren. Können sie nicht auch dafür sorgen, dass diese ganzen Ausländer endlich Hamburg verlassen?«

Constanze Petersen sucht nach einer Erklärung: »Wissen Sie, in Othmarschen gibt es viele Frauen, die studiert haben, aber nicht arbeiten. Sie kümmern sich nur um die Aufzucht ihrer Kinder. Die haben Angst, dass ihre Aufgabe verloren geht. Und davor, dass es in einer Gesamtschule womöglich auffallen könnte, dass auch ihre Kinder leistungsschwach sind.« Selbst im vornehmen Gymnasium Hochrad, weiß sie, bräuchte ein Drittel der Kinder Nachhilfe.

»Da wurden ganz bewusst Ängste geschürt – um Sachgründe ging es bei ›Wir wollen lernen‹ nie. Und wenn man Angst hat, dann ist man für rationale Argumente nicht mehr zugänglich«, sagt Stefanie von Berg. Argumentativ hätten Scheuerl und seine Leute bei Diskussionen immer den Kürzeren gezogen – »das kann man ja auch am Wahlergebnis sehen, das war ja ziemlich knapp. Das heißt positiv gedreht: Ein ganze Menge waren für die Schulreform«, sagt Lührs. Er bedauert, dass sie vor allem diejenigen nicht erreichen konnten, die von der Primarschule profitiert hätten: »An die sogenannte Unterschicht kamen wir einfach nicht ran«. Ohnehin hätte ja ein großer Teil derer, die das betrifft, nämlich die Migranteneltern, nicht wählen dürfen. Michael Dürrwächters Sohn besucht eine Förderschule. Er sagt, dass die Schulleiterin dort ebenfalls an »ihrer« Schule festgehalten habe. Das mag auch daran liegen, »dass sie in Eppendorf wohnt und nicht möchte, dass ihre eigenen Kinder betroffen sind«, vermutet er.

Am schlimmsten aber sei, so sagen die Mitglieder, dass nun das etablierte Schulsystem auf Jahre hinaus festgeschrieben sei. Im »Hamburger Schulfrieden«, den alle Koalitionspartner damals unterzeichnet hatten, sei festgelegt, dass nach der Schulreform zehn Jahre lang nicht mehr am Schulsystem gerüttelt werden dürfe. »Das ist auch ein Signal für die ganze Republik. Alle haben damals nach Hamburg geschaut. Jetzt traut sich an so was keiner mehr ran«, befürchtet Lührs.

»Eliteförderung« statt Bildungsgerechtigkeit

Bundesbildungsministerin Annette Schavan lobte das Ergebnis des Hamburger Volksentscheids. Es sei eine »eine gute Nachricht für das Gymnasium und eine gute Nachricht für das Selbstbewusstsein der Bürger«. Die CDU-Politikerin steht für ein konservatives, leistungsorientiertes Bildungssystem. Als Kultusministerin von Baden-Württemberg setzte sie dort das umstrittene achtjährige Gymnasium (G8) durch, das die Selektion weiter verstärkt. In der schwarz-gelben Bundesregierung trieb Schavan ebenfalls das Eliteförderungsprogramm voran. Damit sollen 160 000 Studenten durch Stipendien auf Staatskosten weiter gefördert werden.[220] »Eliteförderung« kann man dabei ganz wörtlich nehmen: Von der Allgemeinheit subventionicrt werden eben nicht die, die es nötig hätten. Der größte Anteil der deutschen Studierenden stammt aus akademischen Elternhäusern. Und von Stipendien profitieren ebenfalls vor allem Akademikerkinder. Dennoch stellen Bund und Länder 2,7 Milliarden Euro zwischen 2013 und 2017 für die »Exzellenzinitiative« bereit, um Nachwuchswissenschaftler in Graduiertenschulen und Forschungsgruppen in »Exzellenzclustern« zu fördern und eine kleine Gruppe von »Spitzenuniversitäten« zu küren.[221] Das ist ein Fünftel des gesamten Bildungsetats von 10,7 Milliarden Euro.[222]

Damit setzt die Regierung ganz oben an. Nicht nur dass sie die ohnehin Wohlhabenden fördert: 83 von 100 Akademikerkindern schreiben sich in Deutschland an einer Hochschule ein; aus Familien ohne akademische Tradition machen das nur 23 von 100 Kindern. Nur acht Prozent der Studierenden sind Migrantenkinder. Die Selektion hat aber bereits Jahre zuvor in der Grundschule angefangen. Dort werden nach der vierten

Klasse 60 Prozent eines Jahrgangs aussortiert, für die ein Studium ab diesem Zeitpunkt praktisch nicht mehr oder nur noch über Umwege möglich ist. »Eliteförderung« ist natürlich auch ein Schlagwort der Wirtschaftsmächtigen: »Ohne Eliteförderung ist Deutschland nicht mehr wettbewerbsfähig«, »warnte« etwa der Bundesverband der Deutschen Industrie.[223] Immer, wenn die Wirtschaft »warnt«, geht es um nichts anderes als darum, gefälligst ihren Wünschen zu folgen – sonst droht der Untergang mindestens des Abendlands. Wenn man beispielsweise »Jürgen Großmann« und »warnt« bei Google eingibt, bekommt man mehr als 150 000 Treffer.[224] Der Geschäftsführer des Energiekonzerns RWE hat schon die schillerndsten Horrorszenarien von der »Stromlücke« über die »Ökodiktatur« bis hin zum »Industrieschwund« verbreitet. Damit wollte er den Atomausstieg so lange wie möglich verhindern.

Dabei weiß auch das Bundesbildungsministerium spätestens seit PISA: Es »entscheidet in kaum einem anderen Industriestaat die sozio-ökonomische Herkunft so sehr über den Schulerfolg und die Bildungschancen wie in Deutschland«.[225] So steht es auf der Homepage des Ministeriums. Nach einer Erhebung unter allen Hamburger Fünftklässlern benötigt zum Beispiel ein Kind, dessen Vater das Abitur gemacht hat, ein Drittel weniger Punkte für eine Gymnasialempfehlung als ein Kind mit einem Vater ohne Schulabschluss. Die Enquete-Kommission »Wachstum, Wohlstand, Lebensqualität« des Deutschen Bundestags schrieb im November 2011: »Ein hohes Bildungsniveau in der Gesellschaft befördert eine nachhaltige Entwicklung der Wirtschaft und ist selbst ein wesentlicher Faktor für gesellschaftliches Wohlergehen.« Dennoch gibt Deutschland im Vergleich zu anderen Industriestaaten lächerlich wenig Geld dafür aus: Gemessen am Bruttoinlandsprodukt sanken die Ausgaben von Staat und Privatwirtschaft von 6,8 Prozent Mitte der neunziger Jahre auf 6,2 Prozent 2008. Damit liegt Deutschland im OECD-Vergleich weit hinter anderen Industrienationen.

Der Mythos der Leistungsgerechtigkeit

Der Eliteforscher Michael Hartmann, der »Wir wollen lernen« scharf kritisiert, ist ebenfalls davon überzeugt, dass das dreigliedrige Schulsystem Bildungsgerechtigkeit verhindert und stattdessen Klassenunterschiede zementiert, ja, den Leistungsmythos aufrechterhält. Er sagt: »Bildung ist ein Erklärungsmuster, das man gut verwenden kann. Es entlastet. Man sagt den Leuten ja nicht: Spielt Lotto. Sondern: Jeder Einzelne kann es schaffen, wenn er sich nur genug anstrengt.«

Ein schlichtes Argument, das implizit im Bildungspaket der Bundesregierung zu erkennen ist, das den Kindern von Hartz-IV-Empfängern und Bedürftigen staatliche Zuschüsse für Nachhilfe, Sportvereine, Musikschulen, Schulmaterial, Klassenfahrten oder Mittagessen gewähren soll. Leider sind die Bildungsgutscheine, wie sie Arbeitsministerin Ursula von der Leyen noch als Familienministerin durchsetzte, im Grunde eine Mogelpackung. Denn sie fördern nicht die Bildung als solche, sie leiten Geld nicht in den dringend nötigen Ausbau des Bildungssystems, sondern an den Einzelnen – und mit dem Geld auch die Verantwortung. Nun kann man von 100 Euro im Jahr weder eine ordentliche Nachhilfe (die ohnehin nur gestattet wird, wenn es schon beinahe zu spät, sprich: das Kind versetzungsgefährdet ist) noch eine Mitgliedschaft im Sportverein oder gar den Violineunterricht an Musikschulen bezahlen, doch damit nicht genug: Bildungsgutscheine befördern die Zwei-Klassen-Gesellschaft. Sie stigmatisieren Kinder als arm und ihre Eltern als verantwortungslos. Denn was sonst drücken Bildungsgutscheine aus als die Idee, dass nur sie sicherstellen, dass das Geld auch wirklich bei den Kindern ankommt?

Die Gutscheine wurden nach ihrer Einführung Anfang 2011 nur schlecht angenommen. Das lag daran, dass viele betroffene Eltern kaum oder gar nicht informiert worden waren und außerdem die Antragstellung etwa so kompliziert war wie eine Steuererklärung. Viele Hartz-IV-Empfänger, mit denen ich während meiner Recherche gesprochen habe, befürchteten zudem, mit den Bildungsgutscheinen nun endgültig »die Hosen runterlassen« zu müssen, wo sie doch sonst alles unternehmen, ihre Armut zu verbergen. Den konservativen Hasspredigern aber diente die Zurückhaltung der Bedürftigen als Beleg für die Richtigkeit ihrer menschenverachtenden Argumente: »Bildungsgutscheine sind ausschließlich für das Wohl der Kinder, man kann sie nicht für Nikotin und Alkohol benutzen. Sie lassen sich eben nicht verrauchen und versaufen«, sagte etwa der Berliner CDU-Abgeordnete Frank Steffel.[226]

Und auch Ursula von der Leyen sprach mahnend von der »Holschuld« der Eltern. Sie hätte ebenso gut sagen können: Da kann man es sehen, die wollen einfach nicht. Ihre Kinder sind ihnen egal. Kann man nichts machen. Der Sozialrichter Jürgen Borchert widerspricht dem energisch: »Tatsache ist, dass alle Untersuchungen ausnahmslos das Gegenteil zu Tage fördern, dass sich nämlich gerade im untersten Einkommensbereich die Eltern besonders sorgfältig um die Bildung kümmern, sich dafür sogar verschulden und hungern dafür, dass ihre Kinder diese Leistungen erhalten.«[227]

Für Hartmann sind die ständigen Forderungen nach »mehr Bildung« von Politik und Wirtschaft nichts als Sonntagssprüche. »Wenn es ihnen wirklich ernst wäre, dann müssten sie sich als Erstes fragen: Was sind uns die Schulen, die Universitäten wirklich wert? Dann müssten sie aufhören, den Bildungsbereich weiter auszuquetschen. Schulgebäude, Universitäten zerfallen. In den letzten zehn Jahren wurden fast 1 500 Professorenstellen eingespart, bei den Geisteswissenschaften fielen über zehn Prozent weg, manche Fächer werden regelrecht ausgelöscht.«[228] Was er meint, versteht man recht schnell, wenn man Hartmann in der Technischen Universität Darmstadt besucht, wo er seit 1999 als Professor für Soziologie lehrt. Ein Teil der Hochschule ist im Residenzschloss in der Innenstadt untergebracht. Doch der äußere Glanz trügt. Das Gebäude ist innen reichlich marode, überall bröckelt Putz von den schmutzigen, mit Löchern übersäten Wänden. Ein Bild von symbolischer Kraft.

Hartmann ist Autor der empirischen Studie *Der Mythos von den Leistungseliten*. Darin untersuchte er den Zusammenhang zwischen sozialer Herkunft und Zugangschancen zu Spitzenpositionen in Wirtschaft, Politik, Wissenschaft und Justiz. Das Ergebnis: Solche Positionen werden zu einem überwältigenden Anteil von Kindern des gehobenen oder Großbürgertums besetzt. 85 Prozent der Topmanager, 65 Prozent der in der Justiz Angestellten und 70 Prozent in der Politik entstammen den höheren Schichten, die jedoch gerade mal 3,5 Prozent der Bevölkerung ausmachen. Doch dieser kleine

Teil bestimmt die gesellschaftliche Entwicklung in Deutschland – und zwar nach seinen eigenen Interessen.

Eines ihrer Anliegen ist es, den Mythos der Leistungsgerechtigkeit aufrechtzuerhalten, der besagt, Elite sei, wie der Duden es definiert, die »Auslese der Besten«: Die Besten sind oben. Was aber ist Ursache und was Wirkung?

Indem die Eliten behaupten, sie seien die Besten und genau deswegen auch oben, indem sie also ihren Status als ausschließliche Folge ihre Leistung verklären, halten sie auch den Glauben der Mittelschicht aufrecht, jeder könne es nach oben schaffen, wenn er sich nur genug anstrenge. Zwar vermuten 28 Prozent der Deutschen, dass Herkunft »sehr oft« eine Rolle spielt, wenn es um die Erlangung von Reichtum geht, 52 Prozent halten sie »oft« für wichtig. Doch 68 Prozent sind sich sicher, dass es auch die »Fähigkeiten« sind, die mit Reichtum belohnt werden. Und 82 Prozent befinden es für gut, dass »jeder die Freiheit hat, selbst reich werden zu können.[229]«

Klar: Niemandem wird es verboten, reich zu werden. Doch während der Durchschnittsbürger innerhalb von fünf Jahren sein Vermögen um gerade mal 1,6 Prozent steigern konnte, wuchs das Vermögen des einen reichsten Prozents um ganze 10 Prozent.

Es sind, wie Michael Hartmann herausgefunden hat, ganz andere Mechanismen, die Topkarrieren bestimmen. Die Elite rekrutiert sich aus sich selbst: »Die erheblich besseren Karriereaussichten für Bürgerkinder resultieren im Kern aus der Tatsache, dass die Personen, die an der Spitze der Unternehmen stehen und damit über die Besetzung der Toppositionen entscheiden, für diese Positionen jemanden suchen, der ihnen im Habitus gleicht oder zumindest ähnelt: Bürgerkinder suchen

Bürgerkinder. Die entscheidenden Besetzungskriterien sind intime Kenntnis der Benimmcodes, breite Allgemeinbildung, unternehmerisches Denken sowie vor allem persönliche Souveränität.«

Das geben Topmanager sogar unumwunden zu. Ein Teilnehmer des LAB-Managerpanels, das Führungskräfte befragt, um ein »Stimmungsbild der Wirtschaft aus Sicht von Managern« zu bekommen, sagt: »Die fachlichen Fähigkeiten reichen für eine berufliche Karriere bis zur Spitzenposition nicht aus. Vielmehr benötigt man dazu entsprechende Beziehungen und Kontakte zu einflussreichen Personen im Unternehmen, die den Kandidaten fördern und promoten. [...] Mit den entsprechenden Kontakten haben sogar fachlich und menschlich mittelmäßige oder unterdurchschnittliche Personen sehr gute Chancen, Spitzenpositionen zu erreichen, die die anderen ohne entsprechende Kontakte nicht haben.«[230]

Entscheidend sind also nicht Fleiß und gute Noten, sondern ein bestimmtes Weltbild, Standesbewusstsein, kultiviertes Benehmen und Distanz nach unten. »Eliten bewegen sich zunehmend in einer Parallelwelt. Der obere Teil der Bevölkerung verkehrt weitgehend unter seinesgleichen.« Abgespalten von der Plebs, deren Interessen für ihr eigenes Leben völlig irrelevant sind. Es gilt sogar die einfache Gleichung: je wohlhabender, desto gleichgültiger. Eine Untersuchung der University of California aus dem Jahr 2010 belegt, dass Reiche gehörige Defizite in Sachen emotionale Intelligenz aufweisen. Die Forscher legten dar, dass Menschen, die einer niedrigen Schicht angehören, im Vergleich zu Angehörigen der Oberschicht deutlich mehr Mitgefühl und eine bessere Menschenkenntnis besitzen.

Es ist das eine, dass die Wirtschaftsmacht homogen ist und Führungspositionen fast ausschließlich den Angehörigen höherer Schichten zugänglich sind. Das andere ist die weitreichende gesellschaftspolitische Macht, die die Wirtschaftselite mittlerweile besitzt und zu ihren Gunsten einsetzt. Die aber muss von höherer Stelle legitimiert sein: von der Politik.

Elitisierung der Politik

Michael Hartmann hat beobachtet, dass sich auch die politische Klasse, die sozial bislang eher offen gewesen ist, zunehmend genauso rekrutiert wie die Wirtschaftselite. Bis zur Jahrtausendwende bestand die Regierung zu zwei Dritteln aus Nachkommen von Kleinbürgern und Arbeitern, heute ist es genau andersherum: Zwei Drittel des Kabinetts entstammen gehobenen Schichten. Arbeitsministerin von der Leyen ist die Tochter des Industriellen Ernst Albrecht, der in den siebziger Jahren Geschäftsführer von Bahlsen war und später Ministerpräsident von Niedersachsen. Thomas de Maizière ist, nach Karl Theodor zu Guttenberg – dem Spross einer der reichsten Adelsfamilien des Landes – der zweite Verteidigungsminister mit Adelstitel in Merkels Kabinett. Er entstammt einer Hugenottenfamilie, sein Vater Ulrich war Generalinspektor der Bundeswehr, sein älterer Bruder Manager bei der Commerzbank. Rainer Brüderle ist Sohn eines Textilunternehmers, Familienministerin Kristina Schröders Vater ist Oberamtsanwalt, ihre Mutter Immobilienhändlerin, ihre Ehemann Ole Schröder Jurist und Staatssekretär im Innenministerium. Außenminister Guido Westerwelle ist Anwaltssohn, Schäubles Vater Steuerberater und Landtagsabgeordneter in Baden-Württemberg.

Fast ein Drittel des Kabinetts besteht aus Juristen. Das war schon unter Gerhard Schröders rot-grüner Regierung ähnlich. Zwar ist der Exkanzler selbst Sohn eines Hilfsarbeiters, und Exaußenminister Joschka Fischer der eines Metzgers. Doch der Vater von Otto Schily leitete ein Stahlwerk, die Väter von Hans Eichel und Peer Steinbrück waren Architekten, der von Wolfgang Clement Baumeister, Herta Däubler-Gmelin ist Diplomatentochter und Brigitte Zypries Tochter eines Unternehmers. Wenn sich die Elite nicht mehr nur in Wirtschaft, Justiz und Verwaltung bündelt, sondern auch noch in der Politik: Wie sehr repräsentiert sie dann noch das Volk? Wie nah sind solche Kabinettsmitglieder am Alltag und der Lebenswirklichkeit der Kleinbürger und Bedürftigen? Und hat sich nicht auch in der politischen Klasse längst ein großbürgerliches Denken durchgesetzt, das Angehörige der selben Klasse bevorzugt, wenn es um die Verteilung von Reichtum und Privilegien geht?

Damit nicht genug: »Es gibt zunehmend einen Wechsel von einem Elitesektor in den anderen, das ist in Deutschland neu«, stellt Michael Hartmann fest. Unternehmer und Juristen gehen in die Politik, und umgekehrt Spitzenpolitiker in die Konzerne oder Interessenverbände der Wirtschaft. Und zwar nicht nur, wie früher üblich, in den Aufsichtsrat, sondern in Führungspositionen. Roland Koch war der Erste, der aus einem Spitzenamt der Politik in eine Spitzenposition in der freien Wirtschaft wechselte. 2010 trat der CDU-Politiker als hessischer Ministerpräsident überraschend zurück, wenig später war er Vorstandsvorsitzender des Baukonzerns Bilfinger-Berger. Geschätztes Jahresgehalt: 1,5 Millionen Euro.[231] Einen so lukrativen Job bekommt man eher nicht, wenn man sich für die Belange des kleinen Mannes einsetzt.

Den allzu schnellen Wechsel von der Politik- in die Konzern-spitze kritisierte die Antikorruptionsorganisation Transparency International heftig. Während Kochs Amtszeit als Ministerpräsident hatte das Unternehmen Bilfinger-Berger den Zuschlag für den Bau von Teilen der umstrittenen Landebahn Nordwest und anderer Einrichtungen am Frankfurter Flughafen erhalten. Auftragswert: 80 Millionen Euro. Das Land Hessen ist zu einem Drittel Anteilseigner der Flughafenbetreibergesellschaft Fraport AG, die solche Bauaufträge vergibt. Aufsichtsratsvorsitzender war damals Kochs Finanzminister Karlheinz Weimar. [232] Der ehemalige Chefvolkswirt des Bundesfinanzministeriums, Markus Kerber, ist jetzt Cheflobbyist der Deutschen Wirtschaft, er fungiert als Geschäftsführer des Bundesverbandes der Deutschen Industrie. Diesen wolle er zur »Kommunikationsschnittstelle zwischen Politik und Wirtschaft« machen und »das Nebeneinander von Wirtschaft und Politik verbessern«. Als ob das nötig wäre. Als ob von einem schlichten »Nebeneinander« noch die Rede sein könnte. Fast alle politischen Entscheidungen der vergangenen 20 Jahre sind zugunsten der Wirtschaftselite gefallen. Angefangen vom Abbau des Sozialstaats über die Senkung der Lohnnebenkosten für Arbeitgeber bis hin zu großzügigen Steuergeschenken – von der Rettung der Banken auf Kosten der Allgemeinheit einmal ganz zu schweigen. Stets wurde von unten nach oben umverteilt. Bevor Kerber in die Politik ging, hatte er übrigens als Investmentbanker gearbeitet – unter anderem für die Deutsche Bank.

Die Liste der Schamlosigkeiten ließe sich unendlich verlängern, und auf ihr wären nicht nur konservative und liberale Seitenwechsler zu finden. Auch eine ganze Reihe ehemaliger Minister des ersten Kabinetts Schröder, die der Wirtschaft nur allzu bereitwillig bewiesen hatten, wie gut sie deren Anforderungen erfüllen. In der Rückschau sieht die Agenda 2010 wie eine gute Bewerbungsgrundlage aus: Andrea Fischer »modernisierte« als grüne Bundesgesundheitsministerin die gesetzlichen Krankenkassen – was vor allem bedeutete, dass Leistungen gestrichen oder zumindest verteuert wurden. An die Profite der Pharmaindustrie rührte sie hingegen nicht, was sicher nicht schadete, da sie nach der Amtszeit sofort mit einem feinen Job als Pharmalobbyistin weitermachen konnte: Zunächst leitete sie in der international tätigen PR-Agentur Pleon die Abteilung Healthcare, heute ist sie selbstständige Beraterin für »Gesundheitspolitik und Gesundheitswirtschaft«[233]. Matthias Berninger, unter Rot-Grün parlamentarischer Staatssekretär für Verbraucherschutz, Ernährung und Landwirtschaft, wechselte nach seiner Amtszeit zum US-amerikanischen Nahrungsmittekonzern Mars, um dessen Image in Europa zu verbessern. Das hat der Konzern auch dringend nötig, denn ihm wird seit Jahren vorgeworfen, dass seine Kakao-Lieferanten Bauern und Kinder ausbeuten. Die ehemalige Parteivorsitzende der »Anti-Atom-Partei« Die Grünen, Gunda Röstel, wechselte sogar in den Aufsichtsrat des Energiekonzerns EnBW, der den größten Atomstromanteil deutscher Energiekonzerne besaß.[234] Joschka Fischers postpolitische Karriere ist nahezu atemberaubend: unter anderem ist er Lobbyist von Europas größtem CO_2-Emittenten, dem Energiekonzern RWE und berät den Handelskonzern Rewe, Siemens sowie den Autobauer BMW. Er ist außerdem für Madeleine Albrights Beratungsagentur Albright Group LLC tätig, deren Kunden streng geheim gehalten werden.[235]

Nur um das noch einmal zu verdeutlichen: Die ehedem demokratisch gewählten Volksvertreter profitieren jetzt mit ihren lukrativen Posten in der Wirtschaft finanziell davon, dass sie eine Politik gegen die Interessen weiter Teile der Gesellschaft gemacht haben. Dabei sind Politiker eigentlich deswegen verpflichtet, einer regulären Arbeit nachzugehen, damit sie unabhängig bleiben.

Besonders anstößig erscheint in der Reihe das Engagement des sogenannten Sozialdemokraten Wolfgang Clement: Als Bundesarbeitsminister hatte er den gesetzlichen Rahmen für Leiharbeit liberalisiert, die zeitliche Befristung wurde abgeschafft. Gefühlte zwei Minuten nach seiner Amtsaufgabe saß Clement im Aufsichtsrat des fünftgrößten Zeitarbeitsunternehmens Deutscher Industrieservice (DIS). Als dieser vom Schweizer Konzern Adecco, heute Weltmarktführer für Personaldienstleistungen (Umsatz: 18,7 Mrd. Euro) aufgekauft wurde, übernahm er den Vorsitz des von Adecco finanzierten Adecco Instituts zur Erforschung der Arbeit, um die gute Sache der Leiharbeit voranzubringen.[236] Diese moderne Form des Sklaventums – gleiche Arbeit für weniger Lohn und ohne soziale Sicherheit – boomt, seitdem Rot-Grün sämtliche Beschränkungen aufgehoben hat. Die Branche machte 2010 einen Umsatz von 26 Milliarden Euro.[237]

Grünen-Politiker wie Cem Özdemir, Omid Nouripour und Katrin Göring-Eckardt sind sogar Mitglieder des Elitebunds Atlanikbrücke, deren 500 Miglieder von 267 Vertretern der Wirtschaft dominiert werden. Mitglieder dort sind auch Jürgen Großmann (RWE-Vorstandsvorsitzender), Hilmar Kopper (EXvorstandsvorsitzender der Deutschen Bank), Matthias Wissmann (Vorstandvorsitzender des Verbands der Automobilindustrie), Alexander Dibelius (Geschäftsleiter der während der Finanzkrise scharf kritisierten Investmentbank Goldman Sachs) und Kai Diekmann (Chefredakteur der *Bild*). Doch die *FAZ* nannte die Atlantikbrücke einen der »in Deutschland seltenen Versuche, von privater Seite in den politischen Raum hineinzuwirken, sympathiebildend, kontaktvermittelnd, katalysatorisch«.[238] Dass auch Vertreter der Grünen in diesen exklusiven Klub aufgenommen wurden, ist bezeichnend für die Entwicklung der ehemaligen Antipartei.

Wirtschaftsverbände, unernehmensnahe Stiftungen, Finanzelite, neoliberale Ökonomen, Medien machten Druck. Und die rot-grüne Regierung war in Erklärungsnot, weil sie ihr Versprechen, die Arbeitslosenzahlen zu senken, nicht einlösen konnte. Unter dem Motto »Mehr Wachstum und Beschäftigung« verkündete Rot-Grün die Agenda 2010 – eine Reform auf Grundlage des wirtschaftspolitischen Forderungskatalogs für die ersten hundert Tage der Regierung der Bertelsmann Stiftung – der mächtigsten und wortgewaltigsten Stiftung des Landes. Zusammenlegung von Arbeitslosen- und Sozialhilfe auf dem Niveau der Sozialhilfe, verkürzte Bezugsdauer des Arbeitslosengelds, Aufweichung des Kündigungsschutzes, Senkung der betrieblichen Lohnnebenkosten, Zumutbarkeitsklauseln für Arbeitslose und die Verschärfung repressiven Zwangs: Damit hätte Rot-Grün einen »langen Weihnachtswunschzettel des Kapitals« erfüllt, schreibt Jutta Ditfurth in ihrer Abrechnung *Krieg. Atom. Armut – Was sie reden, was sie tun: Die Grünen*.[239]

Das Buch beleuchtet aufschlussreich den Weg der Grünen von der linken Anti-Partei hin zu einer Art FDP mit grünem Anstrich. Es zeigt: Ohne Orientierung am politischen Mainstream, ohne Aneignung konservativer Ideen, ohne den Schulterschluss mit der Wirtschaftsmacht wäre den Grünen der Weg aus der Opposition an die Macht niemals gelungen.

In den achtziger Jahren standen die Grünen noch für soziale Gleichheit und waren gegen Atomkraft, Krieg und Kapitalismus. Das änderte sich in den neunziger Jahren: als die Grünen die Trennung zwischen Fundis und Realos aufhoben, also die Trennung zwischen Linken und Pragmatikern, formulierten sie einen neuen Wunschwähler: den »konsumfreudigen Citoyen 2000«.[240] Entsprechend warfen die Grünen im Lauf ihrer Regierungsbeteiligung sämtliche konstituierenden Überzeugungen über Bord: Ende der neunziger Jahre stimmte die Anti-Kriegspartei für den völkerrechtlich nicht legitimierten Angriffskrieg im Kosovo, mit dem Atomkonsens, der als Atomausstieg verkauft wurde, schuf sie die Grundlage für den Ausstieg aus dem Atomausstieg der schwarz-gelben Regierung.[241] Die Agenda 2010 verabschiedete sie innerhalb der Partei mit 90 Prozent der Stimmen.

Da scheint es doch recht erstaunlich, dass die Grünen immer noch so großes Vertrauen genießen. Tatsächlich hat ihnen lediglich die Basis der Öko-Partei ihren Sinneswandel wirklich übelgenommen.

Doch der bürgerliche Mainstream empfindet den Verrat sämtlicher Prinzipien – die »Sachzwang«-Politik – als vernünftig. Es ist das, was ihnen anerkennend als »Regierungsfähigkeit« attestiert wird. Die Grünen haben bis heute von der Agenda 2010 nur profitiert.

Die Grünen sind die Wohlfühlpartei, auf die sich alle einigen können, denn sie sind wirtschaftsfreundlich, mittelschichtsorientiert, technikbegeistert, öko. Sie gelten als glaubwürdig, weil sie es geschafft haben, den Mythos ihrer Vergangenheit als Anti-Partei zu konservieren. Damit halten sie noch einen Teil der Stammwähler, die nach wie vor glauben, die Grünen stünden für einen Politikwechsel und mit »den anderen« wäre alles noch viel schlimmer gekommen. Und sie haben Wähler anderer Lager dazugewonnen: Wähler aus der gehobenen Mittelschicht. »Die Grünen verbinden denjenigen, der Porsche Cayenne fährt, mit demjenigen, der den Porsche Cayenne in Kreuzberg anzündet. Die kriegen sie beide unter ein grünes Dach«, beschreibt Bundestagsabgeordneter Martin Lindner (FDP) nicht ohne Neid diesen Spagat. Sie schaffen es, »ein Lebensgefühl zu verkaufen«.

Wie die Politik die Reichen bevorteilt

Natürlich hat es für die Gesellschaft schwere Folgen, wenn nun auch die politische Landschaft von Menschen beherrscht wird, die in bürgerlichen oder großbürgerlichen Verhältnissen aufgewachsen sind. Sie tragen ihre Sicht von den Leistungsträgern oben und den sogenannten Leistungsschwachen unten in die Gesetzgebung und in die politischen Diskussionen. Dass die Kosten der Krisen auf die weiter unten abgewälzt werden, ist in diesem Zusammenhang zwangsläufig: Schließlich wollen die Politiker ja nicht den Kreisen, aus denen sie stammen und denen sie sich zugehörig fühlen, Verpflichtungen oder finanzielle Einbußen zumuten. Deswegen wurde schnell klar, dass den Preis für die Finanzkrise der Staat zu zahlen habe und nicht die Spekulanten: »Eine Art Sonderopfer auf ihre Gewinne von vielleicht 20 Prozent oder 30 Prozent hätte schon gereicht«, sagt Michael Hartmann. Doch den Sozialstaat abbauen, der ja nur den Schmarotzern dient – »das passt ins Weltbild der Elite.« Und in das vieler Bundesbürger.[242] Diese Überzeugung traf man auch überwiegend an, als es um die Rettung der »Pleitegriechen« (*Bild*) ging: Die Empörung richtete sich nicht etwa dagegen, dass milliardenschwere Reeder jahrzehntelang praktisch keine Steuern bezahlt hatten. Nein, der faule Südländer war das Problem. Eine protorassistische Gewissheit, die über Wochen selbst durch seriöse Tageszeitungen sickerte.

Die Banker und Manager zogen sich erst den Unmut der Bevölkerung zu, als klar wurde, dass sie auch nach der Finanzkrise weiterhin Milliardengewinne einstrichen durch Boni und satte Gehälter; unter anderem deshalb, weil sie auf die Rettung durch den Staat gewettet hatten. Dass wir alle gleichzeitig ebenfalls das Vermögen der Reichen, ihre Einlagen und Aktiengewinne mit unserem Geld gerettet haben, das wurde in der Öffentlichkeit praktisch nicht wahrgenommen.

Kein Wunder, dass sich die Politiker nicht zu schade waren, mit einer wohlfeilen Gratismoral die »Gier« der Banker und Manager zu belärmen: Das »wahnsinnige Streben nach immer höherer Rendite« müsse ein Ende haben, sagte etwa Exfinanzminister Peer Steinbrück 2008 in einer Regierungsklärung vor dem Bundestag.[243] Moment, wer war noch mal Peer Steinbrück? Ach so, ja: Sein Ministerium hatte 2001 die Deregulierung der Finanzmärkte durchgesetzt, den Derivatenhandel liberalisiert und 2003 mit der »Investmentmodernisierung« Hedgefonds zugelassen. Damit hatten Steinbrück & Co der »Gier« ein gesetzliches Fundament gegossen. Heute wettert Steinbrück: »Wir müssen die grauen Finanzmärkte

austrocknen, und wir müssen dem Treiben der Schatten-
banken ein Ende setzen«, und plädiert für eine drastische
Einschränkung hochriskanter Spekulationen wie Derivate.[244]
Und Uraltkanzler Helmut Schmidt, dessen autoritären »klaren Worte« (etwa so abfällige Bemerkungen wie: »Lasten? Ja,
herzliches Beileid! Ihr jungen Leute habt ein ganz schweres
Leben vor euch.«[245]) der durchschnittliche »Beckmann«-Zu-
schauer nur allzu gerne hört, stellte Steinbrück mit dem gemeinsamen Buch *Zug um Zug* ein Empfehlungsschreiben für
die Kanzlerkandidatur aus. Schmidts joviales »Er kann es«
nahm der *Spiegel* auf den Titel,[246] das habe er als Finanzminister der Großen Koalition bewiesen – wenige Monate
zuvor lärmte Schmidt, dass die Investmentbanker uns »in die
Scheiße geritten« hätten.[247] Dabei waren die bösen Banker
genau jene Geister, die sein Wunschkandidat Steinbrück gerufen hatte.

Offenbar verlassen sich Schmidt und Steinbrück darauf,
dass die Wähler unter Amnesie leiden. Und das Schlimme ist,
so befürchtet Michael Hartmann: »Sie haben das wirklich
vergessen. Beziehungsweise sie haben es nicht gemerkt. Diese ganzen Deregulierungsmaßnahmen sind ja nicht in der
Presse erörtert worden. Das ist in kleinem Kreis hinter verschlossenen Türen entschieden worden.« So gesehen ist
Steinbrück ein Musterbeispiel für die Überzeugung der Elite,
dass nur sie wisse, was die Stunde geschlagen hat. Der Versuch, Steinbrück sozusagen via Empfehlung des fast schon
mit einem Heiligenschein versehenen Altkanzlers jenseits
der normalen Parteiabläufe als Kanzlerkandiaten zu inthro-
nisieren, ist symptomatisch für die Mentalität der Elite, man
solle sie nur mal machen lassen.

Wenn jetzt die SPD mit dem Versprechen in den Wahlkampf zieht, den Spitzensteuersatz von 42 auf 49 Prozent zu erhöhen, dann spekulieren die Sozialdemokraten offenbar ebenfalls darauf, dass die Mehrheit der Deutschen an Alzheimer leidet. Denn Rot-Grün hatte den Reichen so großzügige Steuergeschenke gemacht wie keine Regierung je zuvor: Sie senkte den Spitzensteuersatz von 53 auf 42 Prozent. Die reale steuerliche Belastung der 450 reichsten Deutschen mit einem jährlichen Mindesteinkommen von damals neun Millionen Euro hat sich allein zwischen 1998 und 2002 durch die Steuerreformen der ersten rot-grünen Bundesregierung von 41 auf 34,3 Prozent verringert. Bei den 45 reichsten Deutschen mit einem Mindesteinkommen von 22 Millionen Euro sank sie von 45 auf 32 Prozent, also um über ein Viertel. Der Durchschnittsdeutsche dagegen hat sein Vermögen zwischen 2002 und 2007 praktisch nicht steigern können, gerade einmal von 15 000 auf 15 288 Euro. Anders war dies bei den oberen zehn Prozent mit einem Vermögen von mindestens 222 295 Euro, die um 6,6 Prozent zulegen konnten. Und richtig gewonnen hat in dieser Zeit das eine Prozent an der Spitze, mit einem Vermögen von mindestens 817 181 Euro netto. Sie haben in fünf Jahren zehn Prozent dazu gewonnen. Das heißt, dass dieser sehr kleine Teil der Bevölkerung, der nahezu ein Viertel des gesamten Vermögens in Händen hält, fast 150 Milliarden dazukam hat. Die reichsten zehn Prozent haben Einnahmen von rund 100 Milliarden Euro, versteuern aber nur 20 Milliarden. Bei den oberen zehn Prozent der Bevölkerung – gemessen am Einkommen – bleiben etwa 80 Prozent der Einnahmen aus Vermögen völlig unversteuert.[248]

»Mehr netto vom brutto« und »anstrengungsloser Wohlstand«: das gilt seitdem ausschließlich für die Reichen. Die große Koalition setzte den reichenfreundlichen Kurs fort und führte 2009 die sogenannte Abgeltungssteuer ein, die Kapitalerträge wie Zinsen oder Dividenden nur noch einheitlich mit 25 Prozent belastet. Und für Kapitalgesellschaften bleiben seit 2000 Gewinne völlig steuerfrei, die bei der Veräußerung von Unternehmen oder Unternehmensanteilen erzielt werden.

Zwar zahlte 2005 das reichste eine Prozent 22,7 Prozent aller Einkommenssteuern, die obersten zehn Prozent zahlten etwa die Hälfte der Einkommenssteuern. Ein Argument, das von »Leistungsträgern« gerne angeführt wird, wenn sie, so etwa von Peter Sloterdijk in seinem *FAZ*-Manifest *Revolution der gebenden Hand*, über die »Enteignung qua Einkommenssteuer« jammern. Die Wahrheit aber ist: Diese zehn Prozent erzielen auch 40 Prozent aller Einkünfte. Und ihr sonstiger Reichtum bleibt seit Abschaffung der Vermögenssteuer 1997 unberührt – seitdem hat der Staat 100 Milliarden Euro weniger Steuern eingenommen.

Noch dazu macht die Einkommensteuer gerade mal ein Drittel des Steuereinkommens aus. Und indirekte Abgaben wie die Mehrwertsteuer belasten vor allem mittlere und niedrige Einkommen erheblich mehr als Reiche. Mittlerweile leben in Deutschland nach den USA die meisten Vermögensmillionäre.[249] Im Jahr der beginnenden Finanzkrise 2007 kamen sogar noch 72 000 hinzu. Im Jahr 1998 gab es Deutschland 650 000 so genannter Dollarmillionäre, 2006 bereits 1,9 Millionen – eine Verdreifachung – dank dauernder Steuersenkungen für Reiche.[250]

Reich durch sanktionierten Steuerbetrug

Das Buch *Schön reich – Steuern zahlen die anderen. Wie eine ungerechte Politik den Vermögenden das Leben versüßt* liest sich wie ein Wirtschaftskrimi. Sascha Adamek und Kim Otto, die beiden Autoren, haben mit Millionären gesprochen, mit Finanzbeamten und Steuerfahndern, sie haben Briefkastenfirmen enttarnt und die politischen Entscheidungen der vergangenen Jahre beleuchtet. Sie kommen zu dem Ergebnis: »Die Bundesrepublik ist ein Steuerparadies für Superreiche.«[251]

Reiche werden nicht nur mit großzügigen Steuererleichterungen belohnt, sondern auch von den Behörden weitgehend in Ruhe gelassen. Während der Hartz-IV-Empfänger für jeden Cent kontrolliert wird und bei dem geringsten Missbrauch härteste Strafen zu befürchten hat, werden im Schnitt nur 15 Prozent der deutschen Einkommensmillionäre regelmäßig geprüft. Dabei, das hat der Bundesrechnungshof ermittelt, führt jede Kontrolle bei Einkommensmillionären zu einer Nachforderung von im Schnitt 135 000 Euro. Hochgerechnet auf die 16 000 Einkommensmillionäre (Im Unterschied zu den Dollarmillionären, deren ganzes Vermögen berechnet wird, haben diese allein ein Einkommen in Millionhöhe, sind also Teil der Dollarmillionäre) wäre das ein Steuerausfall von mindestens 1,7 Milliarden Euro. Doch die Personaldecke in den Finanzämtern ist außerordentlich dünn. Und sie wird weiter ausgedünnt. 2700 Betriebsprüfer und 300 Steuerfahnder fehlen in Deutschland, obwohl sie dem Staat mehr einbringen, als sie ihn kosten: Jeder Betriebsprüfer treibt im Jahr 1,5 Millionen Euro ein.

Dabei arbeitet er unter Bedingungen, die ihm die ordentliche Ausführung seines Berufs nahezu unmöglich machen.

Nicht nur fehlt es an Personal und Bearbeitungszeit – sondern auch an Ausstattung: In vielen Finanzämtern teilen sich 500 Angestellte den einzigen Computer mit Internetzugang. Wirtschaftsmagazine, die von Gewinnen der Konzerne berichten, müssen sie sich selber kaufen. Eine Finanzbeamtin erzählte den Autoren von sogenannten »Durchwinkwochen«, in denen Einkommenssteuererklärungen von Selbstständigen eins zu eins übernommen würden, um den Bearbeitungsrückstand aufzuholen. Ausgerechnet die Bundesländer, in denen die meisten Reichen leben, haben in den letzten Jahren Stellen in den Finanzämtern abgebaut. So würden auch maximal 200 000 von 3,7 Millionen Unternehmen im Jahr geprüft.

Die ständige Forderung nach weniger Bürokratie und Staatsausgaben der Wirtschaftsmächtigen bedeutet in diesem Fall bares Geld für sie. Verbrechen erwünscht: Die Politik hofft, mit der bekanntermaßen laxen Verfolgung von Steuersündern Unternehmen anzulocken und zu halten. Dadurch, meint die Gewerkschaft Ver.di, gingen dem Bund jedes Jahr 12 Milliarden Euro verloren. Ingesamt schätzen Adamek und Otto den Verlust auf 70 Milliarden Euro pro Jahr. Allein 30 Milliarden Euro Jahr für Jahr durch Steuerhinterziehung. Bis heute, so Adamek und Otto, haben die Steuerbetrüger die unfassbar hohe Summe von 500 Milliarden Euro ins Ausland geschafft. Der Diebstahl an der Allgemeinheit ist eine Straftat – doch anstatt Steuerhinterzieher ins Gefängnis zu stecken, gewährt ihnen die Politik immer wieder großzügig Amnestie. 2004 belohnte Gerhard Schröder Steuerhinterzieher mit dem halben Steuersatz, wenn sie nur ihr Schwarzgeld wieder nach Deutschland schafften. Er hoffte auf Einnahmen von 100 Milliarden Euro. Tatsächlich brachte das dem Staat gerade einmal eine Milliarde ein. Doch anstatt Gesetze und Kontrollen zu verschärfen, die Finanzämter besser auszustatten und für die Trockenlegung von Steueroasen und die Aufhebung des Bankgeheimnisses zu kämpfen, gibt die Regierung öffentlichkeitswirksam Millionen für CDs mit den Daten von Steuersündern aus – und erlässt diesen bei Selbstanzeige auch noch die Strafe. Das von Bundesfinanzminister Wolfgang Schäuble in die Wege geleitete Steuerabkommen mit der Schweiz, das eine Abschlagszahlung von 20 bis 30 Prozent auf Schwarzgeld vorsieht, ist deshalb nichts als eine Legalisierung von Steuerbetrug. Dabei kommt die Regierung wegen der Verjährungsregel nur noch an Geld heran, das in den vergangenen zehn Jahren in die Schweiz geschafft wurde. Gerade einmal zehn Milliarden Euro sollen damit an die Staatskasse fallen.[252] Lediglich 2 Prozent des Schwarzgelds, das geschätzt im Ausland liegt. Attac nennt das Abkommen »Beihilfe zur Steuerflucht und Geldwäsche«.[253] Das vor dem Rest der Bevölkerung zu rechtfertigen, ist erschütternd einfach: Denn 60 Prozent der Deutschen halten Steuerbetrug laut Umfragen für ein Kavaliersdelikt.

»The Giving Pledge«: Philantropisierung des Reichtums

War das ein großes Hallo, als im Sommer 2010 die superreichsten US-Amerikaner ihren Geldbeutel aufmachten und einen Teil ihres Vermögens in den globalen Opferstock rasseln ließen. Auf die Initiative der reichsten Männer der Welt, Warren Buffet und Bill Gates, bekannten sich 57 Milliardäre zu »The Giving Pledge« (Deutsch: Das Versprechen, zu geben) und spendeten die Hälfte ihres Vermögens für wohltätige Zwecke. Wie viel letztlich zusammenkam, ist unklar, es kursierten

Schätzungen von bis zu 600 Milliarden Dollar. Das wäre mehr als das Doppelte des deutschen Bundeshaushalts und immer noch weniger als das, was die Finanzkrise denselben gekostet hat. Die Superreichen sparten so eine Menge Steuern. Darüber hinaus konnten sie selbst bestimmen, was mit dem Geld geschieht. So spendete Warren Buffet an die umstrittene Bill & Melinda Gates Stiftung, die unter dem sozialen Deckmäntelchen auch fragwürdige Projekte zum Zwecke der Reichtumsmehrung der globalen Wirtschaftselite vorantreibt.[254] Zu den Spendern gehörte auch Schnellrestaurantgründer Tom Monaghan, einer der größten Einzelspender der USA, der vor allem für die Umsetzung seines reaktionär konservativen Weltbilds Geld gibt, etwa Initiativen gegen die Homosexuellenehe oder für den Bau einer Kathedrale in Nicaragua.[255]

»Philantrokapitalismus« nannten 2008 die Autoren Matthew Bishop und Michael Green diese Attitüde, die im Grunde ein Rückschritt ins 19. Jahrhundert ist, als die Reichen den Armen gönnerhaft ihre Brosamen zukommen ließen. Ihr Buch mit demselben Namen trägt im Untertitel die Behauptung: *Wie Spenden die Welt retten können.*

Dabei belegen Studien, dass Reichenopfer die soziale Kluft auch noch verstärken: Wohlhabende spenden oft an Universitäten und kulturelle Einrichtungen. Davon haben die Armen gar nichts. Die Reichen jedoch kaufen sich damit den Ruf des edlen Mäzens, der den Menschen in positiver Erinnerung bleibt. Der Stahltycoon Andrew Carnegie (1835–1919) war einer der ersten US-Unternehmer, die mit einer Stiftung – und dem Bau der Carnegie Hall – ihren Nachruf aufbesserten.

»The Giving Pledge« wurde zum Teil heftig kritisiert. Doch ausgerechnet Politiker von SPD und Grünen riefen deutsche

Superreiche zur Nachahmung auf. »Ein gutes Vorbild« sei das, sagte Grünen-Chefin Claudia Roth, »wer spenden kann, sollte das tun.« Eine Bankrotterklärung der Politik, die ja dafür gesorgt hat, dass sich der Reichtum bei einigen wenigen konzentriert.

Es ist offensichtlich, dass der Staat am meisten denjenigen dient, die ihn am liebsten abschaffen wollen: den Reichen und der Wirtschaftselite. Die Feststellung der OECD, in keinem anderen OECD-Land hätten Einkommensungleichheit und Armut seit der Jahrtausendwende stärker zugenommen als in Deutschland, zeichnet ein realistisches Bild der Entwicklung.[256] Doch anstatt die Reichen zu ihrer Verantwortung zu zwingen, hilft die Politik der Elite auch noch bei der Reichtumsmehrung. Und wie gewünscht richtet sich die Wut der Mittelschicht nicht gegen »die da oben«, sondern gegen die ganz unten. Denn neben Wirtschaft und Politik ist noch eine weitere Macht am Werk, den Einfluss der Eliten zu stärken und das Märchen von der »Leistungsgerechtigkeit« fortzuschreiben: die Medien.

>> *Mitglieder dieser Klasse liebten die Autorität mit all ihrem Glanz und ihren Machtsymbolen; sie identifizierten sich mit ihr und erfuhren durch diese Beziehung Sicherheit und Stärke. Ihr Leben war, wenn auch nicht glänzend, so doch fest eingerichtet. Sie fühlten sich wirtschaftlich gesichert und waren Oberhaupt ihres Haushalts; welche rebellischen Empfindungen sie auch haben mochten, sie schlummerten tief verborgen.«*

Erich Fromm in seiner sozialpsychologischen Studie
»Arbeiter und Angestellte am Vorabend des Dritten Reichs« (1929)[257]

5. ENDLICH SAGT'S MAL EINER!

Wie das Feuilleton die Rechte der Etablierten verteidigt

Ein kleines Rätsel zur Auflockerung:
Aus welchen Zeitungen stammen die folgenden Zitate?

1) »Tatsächlich besteht derzeit gut die Hälfte jeder Population moderner Nationen aus Beziehern von Null-Einkommen oder niederen Einkünften, die von Abgaben befreit sind und deren Subsistenz weitgehend von den Leistungen der steueraktiven Hälfte abhängt.«[258]

2) »Andererseits aber drängt sich der Verdacht auf, dass unser in Deutschland so angefeindetes Sozialsystem immer noch attraktiv genug ist, dass es eine massenhafte Einwanderung in

die sozialen Netze auslöst – was das Prinzip der Einwanderung, in einem fremden Land durch eigener Hände Arbeit sein Glück zu finden, auf den Kopf stellte.«[259]

3) »Es wurden schon viel zu viele mitfühlende Tätergeschichten geschrieben, ich schreibe nicht noch eine. Eine kaputte Kindheit ist kein Freifahrtschein für Mord und Totschlag.«[260]

4) »Die SPD hat besonders schlecht bei den Jungen abgeschnitten und besonders gut bei den Hauptschulabsolventen und Rentnern. Diese Gruppen verdienen Schutz, aber die Zukunft lässt sich mit ihnen nicht erobern.«[261]

5) »Alleinerziehende werden umsorgt: 40 Prozent von ihnen erhalten Hartz IV – zu besseren Konditionen als Bedürftige. Arbeit lohnt sich da kaum. Ein neuer Partner auch nicht.«[262]

6) »Solange die Regierung das Recht auf Kinder als Recht auf beliebig viel öffentlich zu finanzierenden Nachwuchs auslegt, werden Frauen der Unterschicht ihre Schwangerschaften als Kapital ansehen. Allein eine Reform hin zu einer Sozialnotversicherung mit einer Begrenzung der Auszahlungen auf fünf Jahre statt lebenslanger Alimentierung würde wirken. [...] Eine solche Umwandlung des Sozialstaats würde auch die Einwanderung in die Transfersysteme beenden.«[263]

7) »Zur Menschenwürde gehört auch, dass der Mensch zur Selbsthilfe und zur Selbstverantwortung fähig ist und sich beschämt fühlt, wenn er auf Kosten anderer Leute, sei es auch über Staatsgeschenke, leben muss. Den Empfängern sol-

cher Geschenke ohne Gegenleistung darf es nicht erspart bleiben, diese Situation als schmerzlich zu empfinden. Eben dies spornt an, aus dieser unwürdigen Lage wieder herauszukommen.«[264]

Auflösung:
1) Peter Sloterdijk in der *FAZ* 2) Giovani di Lorenzo in *Die ZEIT* 3) Susanne Leinemann in Die *ZEIT* Leben 4) Josef Joffe in *Die ZEIT* 5) Georg Meck und Rainer Hank in der Frankfurter Allgemeinen Sonntagszeitung 6) Gunnar Heinssohn in der *FAZ* 7) Gerd Habermann in der *Welt*

Eigentlich sind Sätze wie die oben stehenden die Domäne der *Bild* oder Thilo Sarrazins. Doch wenn man sie nur gedrechselt genug formuliert, finden diese Stammtischweisheiten auch bei bildungsbürgerlichen Lesern seriöser Medien Gehör. Die Botschaft aber ist dieselbe: Sozialschmarotzer leben auf Kosten der Leistungsträger. Angriffe auf sozial Schwache sind salonfähig geworden, seit sich selbst Akademiker (die oft eine großzügige Staatsbesoldung erhalten) und seriöse Medien dem Kampf von oben nach unten angeschlossen haben. Dass sich das Herzblatt der Bildungsbürger, *Die Zeit*, dem Hetzblatt der Nation, der *Bild*, zuweilen annähert, belegt allein der historische Umstand, dass die ausländerfeindlichen Thesen des Edelausländers und *ZEIT*-Chefredakteurs Giovanni di Lorenzo von Seite eins der *ZEIT* auf Seite eins der *Bild* gewandert sind: »*ZEIT*-Chef Giovanni di Lorenzo stößt heikle Debatte an: Warum kriegen Migranten häufiger Hartz IV als Deutsche?«,[265] titelte *Bild* am Tag nach di Lorenzos Behauptung der »massenhaften Einwanderung in soziale Netze« im Januar 2010. Dabei ist eine solche gar nicht möglich: dafür hat die Reform des Familiennachzugs im Ausländerrecht längst gesorgt. Heute muss jeder Migrant, der seine Familie nach Deutschland holen will, nachweisen, dass er ihren Unterhalt bezahlen kann.[266]

So lassen sich viele Behauptungen ganz einfach widerlegen – etwa Peter Sloterdijks Klage über die angebliche Steuerlast der »Leistungsträger«, zu denen sich der staatlich alimentierte Großdenker selbstredend zählt. In seinem verquasten Aufruf zur »Revolution der gebenden Hand« sind dem Philosophie-Professor nicht einmal die Gedanken zu schlicht, der Staat sei ein »geldsaugendes Ungeheuer« und dessen Steuerpolitik »Kleptokratie«. In seinem Pamphlet ermutigte er im Ernst die Elite, ihre angebliche »Selbstverachtung«, geschürt durch Neid und Ressentiments der Schlechtergestellten, zu überwinden und in einen »fiskalischen Bürgerkrieg« zu treten, um ihr Eigentum zu verteidigen.

»Aus einsamer Höhe verkündet Sloterdijk die lang ersehnten Parolen zur politischen Gestaltung der Zukunft, Parolen, in denen dem rührseligen Traum vom Sozialstaat endlich der Garaus gemacht wird«, schreib der Frankfurter Habermas-Schüler und Sozialphilosoph Axel Honneth in einer Gegenrede zu Sloterdijks »unausgegorenen Überlegungen« in der ZEIT.[267]

Dort nannte er dessen Ausführungen eine »intellektuelle Ausgeburt eines Klassenkampfs von oben«. Dem »befreienden Lachen, das eine solche Kampfparole aufgrund ihres Aberwitzes, ihres geradezu atemberaubenden Leichtsinns auslösen könnte«, schreibt Honneth, stünde nur »der Gedanke entgegen, dass es sich dabei um die Sätze eines von den Medien geliebten, von der politischen Öffentlichkeit verehrten und von den Akademien hochdekorierten Intellektuellen handelt.« Ein schönes Schlusswort wäre das gewesen, das der *ZEIT* gut zu Gesicht gestanden hätte. Aber die überließ dieses lieber Sloterdijk und räumte ihm nach der Veröffentlichung von Honneths Gegenrede gleich eine Doppelseite frei, auf der Sloterdijk unter dem hochnotpeinlichen Titel »Warum ich trotzdem recht habe« seine Thesen abermals ausbreiten durfte.[268]

Das biopolitische Gedankengut, das der Sozialpädagoge Gunnar Heinsohn, Autor des rechtspopulistischen Propaganda-Netzwerks »Achse des Guten«, via *FAZ* in die Welt setzen durfte, spielt sogar mit einer gefährlichen und die längste Zeit verpönten Idee: Mit seiner Forderung, die Sozialleistungen auf fünf Jahre zu begrenzen, um die »Belohnung« in Form einer »Quasiverbeamtung für immer mehr bildungsferne Kinder« zu beenden, sprach Heinsohn offen aus, es vermehrten sich zu viele von den »Falschen« – und gab damit zu Protokoll, dass Kinder von sozial Schwachen für die Gesellschaft weniger wert sind. Welche menschenverachtende Forderung wird als Nächstes intellektuell verbrämt? Zwangssterilisation?

Die Wahrheit über die angeblich kaninchenartige Vermehrung der Unterschicht zum Zwecke des Geldeinstreichens ist die: Hartz-VI-Empfängerinnen müssen Verhütungsmittel aus dem Regelsatz selbst zahlen – während sie eine Abtreibung kostenlos bekommen. In einer Untersuchung von Pro Familia Köln aus dem Jahr 2007 gaben 80 Prozent der befragten ungewollt schwangeren Frauen aus der sogenannten Unterschicht an, dass sie sichere, aber teure Verhütungsmittel wie Pille oder Spirale nicht bezahlen können. Gleichzeitig erklärte mehr als ein Drittel der Frauen, seit dem Bezug von ALG II besser als zuvor zu verhüten – aus Angst, dass sich ihre Situation durch ein Kind noch weiter finanziell und sozial verschlechtern würde. Dies ist bei 80 Prozent der befragten Frauen der Fall, die ungewollt schwanger wurden.[269] Doch um Wahrheit geht es gar nicht in dieser Scheindebatte. Sondern um die Verteilung von Rechten und Vermögen. Dabei dienen sich auch Journalisten gern den Wertvorstellungen der Elite an und wiederholen uralte Denkmuster. Mit allzu viel Sozialkritik schafft man halt kein anzeigenfreundliches Umfeld und keine Auflage.

Axel Honneth bezeichnet solche Feuilletonisten als »normalisierte Intellektuelle«: fern jeglicher gesellschaftswissenschaftlicher Theorien, würden sie nur noch Meinungen innerhalb ohnehin anerkannter Prinzipien äußern. Sie müssten anschlussfähig sein, während wahre Gesellschaftskritik die Aufgabe hätte, genau diese gängigen Prinzipien zu hinterfragen.[270] Man kann Giovanni di Lorenzo fast als Protoyp des normalisierten Intellektuellen sehen. Während er mit seinen Zuwanderungsthesen nach unten tritt, sucht er den Schulterschluss nach oben – etwa in seiner Endlos-Serie »Auf eine Zigarette mit Helmut Schmidt«. Und jüngst mit seiner PR-Aktion für den ehemaligen Verteidigungsminister Karl-Theodor zu Guttenberg. Di Lorenzo, zu Guttenberg – da findet zusammen, was zusammen gehört: Geldadel trifft Schreibadel. So kann man die beiden auf dem Autorenbild des Interview-Buchs *Vorerst gescheitert* schon kaum mehr unterscheiden: beide tragen eine dünnen dunklen Pullover über dem Hemd, zwischen ihnen das Aufnahmegerät, hinter ihnen der weiß getünchte Kamin im Zimmer des Luxushotels in London. Zwar musste sich di Lorenzo viel Kritik in der eigenen Redaktion gefallen lassen und Häme von den schreibenden Kollegen. Doch das milde kritisch geführte Interview, das nur schwammig die Einsicht des Doktorarbeitsabschreibers erkennen lässt, befördert zu Guttenbergs Rehabilitation. Schließlich kann der sich gut vorstellen, wieder in die Politik zu gehen. Erschütternderweise können das auch viele Deutsche: immerhin 49 Prozent wünschen sich, dass »KT« wieder die politische Bühne betritt.[271]

Bürgerkinder in den Redaktionen

Michael Hartman ist diese »bemerkenswerte Entwicklung« in den Medien bereits lange aufgefallen. Schon allein deshalb, weil er als Elitenexperte selbst ein gefragter Interviewpartner ist. Denn er sagt Dinge, die zumindest konservative Redakteure, die am Elite-Modell festhalten, nicht gern hören wollen. »Die ärgert das richtig, dass ich als Kritiker der Eliten diese Position habe, und nicht einer aus ihren Reihen, der für die Elite eintritt«, sagt Hartmann. Er habe schon erlebt, dass er *FAZ*-Redakteuren, die zum Thema Elite recherchierten, ausführliche Interviews gegeben habe, und dass diese Redakteure ihn dann immer wieder dazu bringen wollten, sich pro Elitenbildung auszusprechen. Seine Argumente aber seien in die Texte gar nicht eingeflossen. Er sieht darin eine bewusste Verschiebung von Gewichten in eine von Anfang an gewünschte Richtung – und im Grunde auch eine Herabsetzung seines Status' als Wissenschaftler.

In ihrer Dissertation *Habitus, Herkunft und Positionierung: Die Logik des journalistischen Feldes* hat Hartmanns Doktorandin Klarissa Lueg anhand von drei führenden deutschen Journalistenschulen die Herkunft von Journalisten und die Auswirkung dieser Abstammung auf ihren Beruf untersucht. Sie fand eine geschlossene Herkunftsgruppe. Ihre Ergebnisse lassen auf entsprechend homogene Denkschemata schließen. 68 Prozent der Journalistenschüler, so Lueg, stammen aus gehobenen mittleren Schichten, ihre Eltern sind Akademiker, Unternehmer oder Ärzte, während Kinder von Facharbeitern oder ungelernten Arbeitern dort überhaupt nicht zu finden sind. Journalistenschulen gelten als exklusivste Kader der journalistischen Ausbildung. »Wer es geschafft hat, auf eine Journalistenschule zu kommen, hat es im Grunde genommen in diesem Beruf bereits geschafft«, zitiert Lueg einen Schulleiter. Entsprechend nähmen sie ihre Journalistenschüler als berufliche Elite wahr. Tatsächlich schaffen diese es doppelt so häufig in relevante Positionen bei großen Zeitschriften und Leitmedien wie Journalisten mit anderer Ausbildung.

Genau genommen bedeutet das, dass die gehobene Mittelschicht im Journalismus den Ton angibt, Themen entsprechend aussucht und aufbereitet – wobei sie sich an ihrer Zielgruppe orientieren. In den Gesprächen mit Schulleitern fand Lueg heraus, dass – wie auch in der Wirtschaftswelt – der Habitus die größte Rolle bei der Aufnahme spielt: entscheidend sind ein Vertrauen erweckendes Auftreten, Medienkenntnisse, Gesprächsführungskompetenz, Sprachgefühl, Flexibilität und eine bescheidene Selbsteinschätzung. Das ist das kulturelle und soziale Kapital, das zählt. Ein auf den ersten Blick überraschendes Ergebnis ist, dass sich die Schüler aus den oberen Schichten fast gar nicht für eine Position als Chefredakteur interessieren, sondern eher anstreben, »Edelfedern« zu werden – also Meinungsführer wie Kolumnisten, Leitartikler, Kommentatoren, Magazinjournalisten oder Auslandskorrespondenten. Das Berufsziel Chefredakteur hingegen haben zu einem überwältigenden Anteil Schüler aus den von Lueg am niedrigsten eingestuften Schichten an der Schulen. Für sie bedeutet eine Chefposition einen wirtschaftlichen und sozialen Aufstieg. Ein Grund dafür, dass Chefredakteure heute nicht mehr zwingend die intellektuellen Wortführer sind, sondern in Zeiten der Medienkrise durchaus auch Geschäftsführer und Sanierer im eigenen Unternehmen, was viel Arbeit bedeutet, wenig Ansehen und im Vergleich zur Wirtschaft ein mittelmäßiges Gehalt. Eine solche Position ist für die höheren Schichten eher uninteressant.[272] Wer unternehmerisch tätig sein will, der geht gleich in die Wirtschaft. Und bei zum Beispiel McKinsey wird das Kehren mit dem eisernen Besen in anderen Unternehmen mit einem ordentlichen Salär und Anerkennung unter seinesgleichen verbunden.

Michael Hartmann erkennt im Journalismus ein selbsterhaltendes System: »Die Journalisten stammen ja überwiegend aus der Mittelschicht. Man hinterfragt dann Voraussetzungen nicht mehr, sondern vergewissert sich im wechselseitigen Gespräch.« Vor allem sei es einfacher, nach unten zu treten, als das komplizierte Geflecht von Wirtschaft und Macht zu entwirren: »Im Vergleich dazu erscheint Hartz IV simpel – davon hat man ein Bild, da hat man das Gefühl, was zu durchblicken.« Noch dazu ist es viel riskanter, sich mit den Mächtigen und dem herrschenden Mainstream anzulegen: »Das befördert keine Karriere.«

Hartman sagt, es gebe solche, die tatsächlich überzeugt seien von dem, was sie schreiben – weil sie sich eben auch in elitären Kreisen bewegen. Und andere, die zumindest ein ungutes Gefühl hätten angesichts der zunehmenden gesellschaftlichen Spaltung. »Die wollen aber einfach, dass es so ist, wie sie schreiben.« Sie klammerten sich dabei stets an den Glauben: »Kein Land ist so gut durch die Krise gekommen wie Deutschland.« Damit würde auch Hartz IV gerechtfertigt und nicht mehr hinterfragt: Ist nicht schön, geht aber nicht anders. Leider, leider! Nur allzu gern wird das als »unbequeme Wahrheit« verkauft – doch solche »unbequemen Wahrheiten« sind immer die denkbar bequemsten Ausflüchte der herrschenden Klasse. Dieser angehörige Kommentatoren und »Experten« wie der Ex-McKinsey-Manager Utz Claasen, Arnulf Baring, Hans-Olaf Henkel und der Ex-McKinsey-Chef Herbert Henzler dominieren nicht nur seit Jahren die Polittalkshows, sie erfreuen die Öffentlichkeit auch mit Büchern, in denen sie ihre individualisierten »Wahrheiten« verbreiten, die »Grenzen sozialer Gerechtigkeit« aufweisen (Baring) und, wie etwa Claasen, Deutschland attestieren, »über die Verhältnisse« zu leben – sich selbst und seinesgleichen natürlich ausgenommen.

Dominik Brunner, der Held von Solln: ein Mediencoup

In der Tiefgarage der Münchner Philharmonie parken schwarz glänzende Limousinen, Damen in Festtagsdirndl und Seidenrobe flanieren mit einem Glas Sekt in der Hand durch das Foyer des Konzerthauses. Es ist ein Samstagabend im September 2010, in der Philharmonie spielt das Münchner Rundfunkorchester ein Violinkonzert von Beethoven, mit dem Bachchor bringt es das »Deutsche Requiem« von Brahms zur Aufführung. Der Schauspieler Wolf Euba trägt Adalbert Stifters *Die Sonnenfinsternis am 8. Juli 1842* vor, die höchst emotionale Schilderung des Moments, in dem mitten am Tag sich Finsternis über die Erde legt: »Es gibt Dinge, die man fünfzig Jahre weiß, und im einundfünfzigsten erstaunt man über die Schwere und Furchtbarkeit ihres Inhaltes.« Die Fernsehmoderatorin Anouschka Horn betritt im Abendkleid die Bühne und sagt: »Ohne jeden Kompromiss riskierte er sein eigenes Leben und gab es für andere hin.« Von dieser Sorte gab es schon mal einen, aber jetzt und heute gibt es nach Jesus Christus einen zweiten: Dominik Brunner. Der »S-Bahn-Held« (*Bild*) starb ein Jahr zuvor zwar nicht, wie Anouschka Horn das nahelegen möchte, für die Erlösung der Menschheit, aber immerhin bei einer gewalttätigen Auseinandersetzung mit Jugendlichen auf einem S-Bahnsteig mitten im Münchner Nobelviertel Solln, nachdem er Kinder in der S-Bahn gegen die selben Jugendlichen hatte verteidigen wollen.

Die Dominik-Brunner-Stiftung hat dieses Konzert anlässlich von Brunners erstem Todestag ausrichten lassen; es ist der Höhepunkt einer sagenhaften Heldenverehrung, die dem Verstorbenen zuteil wurde. Postum erhielt Brunner den Bayerischen Verdienstorden, den »Aktenzeichen-XY-Preis für Zivilcourage« und das Verdienstkreuz Erster Klasse der Bundesrepublik Deutschland. In seinem Heimatort Ergoldsbach, wo der Jurist als Finanzvorstand der Ziegelfabrik seines Vaters arbeitete, steht ein überlebensgroßes Denkmal zu seinen Ehren. Feierlich enthüllt wurde es von Bayerns Innenminister Joachim Herrmann. Die Skulptur, ein Mann, der sich mit abwehrender Hand schützend vor ein Kind stellt, steht vor dem Dominik-Brunner-Haus, das eine Kinderkrippe und einen Schülerhort beherbergt; ein weiteres Dominik-Brunner-Haus gibt es in Landshut. Die Stadt München nannte eine Straße in Solln Dominik-Brunner-Weg, die hessische Stadt Dietzenbach hat nun einen Dominik-Brunner-Platz. Für das Programmheft zum Konzert haben die Granden der bayerischen Politik und Gesellschaft Grußworte geschrieben: Bayerns Ministerpräsident Horst Seehofer, der bayerische Innenminister Joachim Herrmann, Münchens Oberbürgermeister Christian Ude, FC-Bayern-Manager Uli Hoeneß, Harald Strötgen, Vorstandsvorsitzender der Münchner Sparkasse, und der Münchner Polizeipräsident Wilhelm Schmidbauer. Der Münchner Erzbischof Richard Marx schließlich erkannte in Brunners Handeln die Umsetzung der christliche Maxime: »Deinen Nächsten sollst du lieben wie dich selbst.«[273]

So ist alles vorbereitet, dass der Abend im Münchner Gasteig zur Heiligsprechung gerät: »Frage dich bei allem: Was würde Christus tun?«, schlägt die Moderatorin Horn den höchsten Ton an, den sie trifft. Ob es allerdings wirklich das gewesen wäre, was Christus auf dem Heimweg in sein Reichenviertel gemacht hätte: einem Jugendlichen aus schlechten Verhältnissen mit der Faust ins Gesicht schlagen? Man weiß es nicht genau.

Was man genau zu wissen meint: Am 12. September 2009 saß Dominik Brunner in der S7 Richtung Solln. Dort bekam er mit, dass die beiden Jugendlichen, der 17-jährige Sebastian L. und der ein Jahr ältere Markus S., vier Schüler damit drohten, sie »abzuziehen« und zu schlagen. Brunner stellte sich schützend vor die Schüler und rief die Polizei. Nicht wegzuschauen, sondern einzugreifen: gewiss ein mutiger Schritt, ein beispielhafter Akt der Zivilcourage. Als Brunner mit den Jugendlichen am S-Bahnhof Solln ausstieg, prügelten die beiden Jugendlichen den damals 50-Jährigen brutal zu Tode. So jedenfalls die überlieferte Version des Vorgangs, wie sie bis zur Gerichtsverhandlung im Sommer 2010 die Berichterstattung in allen Medien dominierte.

Am Tag nach der Tat hielt Uli Hoeneß vor 69 000 Stadion-
besuchern in der Münchner Allianz-Arena eine Trauerrede:
»Unbegreifliches ist in unserer geliebten Stadt geschehen. Ein
Münchner Bürger wurde von brutalen Schlägern zu Tode gebracht, weil er verhindert hatte, dass Kinder beraubt und belästigt werden. […] Wir verneigen uns vor einem Menschen,
der sein Leben hingegeben hat, um andere zu schützen.« Die
Fußballprofis spielten mit Trauerflor. Drei Tage nach Brunners
Tod wurde in München ein Gottesdienst unter freiem Himmel gehalten, an dem 500 Menschen teilnahmen; der ganze
öffentliche Nahverkehr stand für eine Gedenkminute still.
Am Vormittag bereits hatten Horst Seehofer und Bundespräsident Horst Köhler die Verleihung des Bayerischen Verdienst-
ordens und des Bundesverdienstkreuzes angekündigt. Auch
Bundeskanzlerin Angela Merkel schickte ein paar Grußworte nach München, genau wie diverse Prominente, zum Beispiel Boxer Wladimir Klitschko, Schauspielerin Maria Furtwängler und Fernsehprediger Jürgen Fliege, der schon vor so
weltlichen Dingen wie einer ordentlichen Gerichtsverhandlung ein Urteil über die Tat der Jugendlichen zur Hand hatte:
»Dieser Mord hat das Potenzial, unsere Gesellschaft zu verändern.«[274]

Fliege gab damit nur wieder, was der öffentlichen Meinung
zu entsprechen schien: Polizeibekannte Schläger, arbeitslos,
asozial und verroht, haben im Alkohol- und Blutrausch einen
mutigen und ehrbaren Geschäftsmann brutal ermordet. Einen
Mann, der von seinen Freunden und Geschäftspartnern als
friedlich und besonnen beschrieben wurde, ausgestattet mit
einem tiefen Sinn für Gerechtigkeit. Zu seinem 50. Geburtstag habe er, so sickerte durch, keine Geschenke haben wollen,

sondern Spenden für ein Krankenhaus. Als einen »Gentleman im positivsten Sinn« beschrieb ihn der Bürgermeister seines Heimatortes. [275]

Der Prozess und das Urteil

In der Folge brachten die Medien weitere grausame Details der Tat ans fahle Tageslicht. Die *Bild* veröffentlichte einen Mitschnitt von Brunners Notruf bei der Polizei. Es sei schrecklich anzuhören, »wie ein Mensch totgeschlagen wird«, gab ein Ermittler zu Protokoll und beschrieb einen tobenden Täter: »Er schreit wie ein Tier.«[276] Oberstaatsanwältin Barbara Stockinger bestätigte, wie sich später herausstellen sollte, leider ein wenig vorschnell: »Er hatte 22 sehr schwere Verletzungen, die in ihrer Gesamtheit zum Tod geführt haben.« Eigentlich lag da ein endgültiges Obduktionsergebnis noch gar nicht vor.[277] Dennoch lautete die Anklage: Mord aus niederen Beweggründen.

Im Verlauf des Prozesses im Sommer 2010 begann das Heldenbild zu wackeln. Mehrere Zeugen hatten beobachtet, wie die Gewalttätigkeiten erst eskaliert waren, nachdem Brunner dem Hauptangeklagten mit der Faust ins Gesicht geschlagen hatte. Der Hieb des Helden war bis dahin als »Selbstverteidigung« in Nebensätzen der Berichterstattung untergegangen. »Jetzt gibt's hier hinten Ärger«, soll Brunner gerufen haben, so der S-Bahnfahrer, bevor er Jacke und Rucksack abgelegt und sich tänzelnd mit erhobenen Fäusten auf die beiden Angeklagten zubewegt habe. »Na, bist wohl ein ganz Harter«, habe sich Sebastian L. noch über ihn lustig gemacht. Dann habe Brunner Markus S. ins Gesicht geschlagen. Erst einige Schrecksekunden später habe der reagiert und wie von Sinnen auf sein Opfer eingeprügelt, zunächst noch mit Hilfe des Freundes L... Der ließ aber schnell von Brunner ab und versuchte gar, Markus S. zu stoppen, als Brunner bereits am Boden lag. Ob es tatsächlich vorauseilende Notwehr war oder ob Brunner seine Kraft überschätzte, ob er mit seinem Faustschlag den kriminellen Burschen einfach nur hemdsärmelig zeigen wollte, wer der Herr im Haus ist – das alles ist möglich, bleibt aber letztlich ungeklärt. Sein Verhalten rechtfertigte nicht die Gewalt, die ihm die Jugendlichen angetan haben; sie bleibt ein Verbrechen und der Tod Brunners schrecklich. Doch Brunners Handgreiflichkeiten stellten die von den Medien so oft bemühte Vorbildfunktion des Verstorbenen plötzlich infrage: Er hatte sich selbst in Lebensgefahr gebracht. Nicht umsonst raten alle Experten in solchen Situationen zur Deeskalation. Die Staatsanwaltschaft aber befeuerte den Heldenmythos weiter und behauptete, Brunner habe »alles richtig gemacht«.[278] Die wesentliche neue Erkenntnis, die sich im Verlauf des Prozesses herauskristallisierte, war jedoch: Dominik Brunner starb nicht an den Schlägen, sondern an Herzversagen. Sein Herz war krankhaft vergrößert gewesen, es hatte den Stress der Situation nicht verkraftet. Keine der 22 Verletzungen, die ihm die Angeklagten zugefügt hatten, wäre für einen gesunden Menschen tödlich gewesen. Eine Erkenntnis, die auf das Strafmaß für die Angeklagten einen gewaltigen Unterschied hätte machen müssen, nämlich den zwischen Mord bzw. Totschlag und schwerer Körperverletzung mit Todesfolge. Die Staatsanwaltschaft jedoch fällte das Urteil »Mord aus niedrigen Beweggründen«. Begründung: Die Täter hätten sich an Brunner für dessen Einmischung rächen wollen.[279] Markus S. wurde zu neun Jahren und zehn Monaten Gefängnis verurteilt, was nur wenig unterhalb der Höchstgrenze im Jugendstrafrecht liegt, Sebastian L. zu sieben Jahren Freiheitsstrafe. Ein Exempel, das dem gesunden Volksempfinden voll und ganz entsprach.

Ist es vorstellbar, dass die Justiz dem Druck nachgab, der vonseiten der Medien aufgebaut wurde? Die ihrerseits die Angst der Bevölkerung vor jugendlichen Intensivtätern schürten und die beispiellose Heldenverehrung von Dominik Brunner in Szene setzten, dem weißen Ritter, der stellvertretend für alle versucht hatte, der Gewalt aus der Unterschicht etwas entgegenzustellen? »Staatsanwälte sind von Gesetzes wegen verpflichtet, Belastendes gegen, aber auch Entlastendes für Angeschuldigte zusammenzutragen. Nach acht Prozesstagen im Fall Brunner herrscht in wichtigen Fragen zum Tathergang Ratlosigkeit. Klar ist aber: Die Staatsanwaltschaft hat manch entlastendes Indiz beiseitegewischt, um den Mordvorwurf zu begründen«, kommentierte Jörg Schindler in der *Frankfurter Rundschau*. Neben Gisela Friedrichsen im *Spiegel* war die FR eine der wenigen Zeitungen, die den Prozessverlauf kritisierte.

Für die Bevölkerung spielten diese juristischen Feinheiten, die erst nach und nach und viel zu spät in die Öffentlichkeit gerieten, längst keine Rolle mehr. Zu gut ließ sich die heroische Geschichte erzählen. Das Requiem auf den Helden von Solln in der Münchner Philharmonie fand nur wenige Wochen nach der Urteilsverkündung statt. »Man sollte nicht Dinge aufgreifen, die nicht zum eigentlichen Akt gehören«, sagt in der Pause ein älterer Herr, mit seiner Frau extra aus Regensburg angereist ist, um Brunner zu ehren, und er meint den Faustschlag Brunners. Ein jüngerer Mann sagt achselzuckend:

»Letztlich zwingt doch niemand jemanden dazu, jemand anderen auszurauben.« »Die juristischen Nuancen beeinträchtigen nicht, was Brunner getan hat«, findet ein Mann im Sonntagsstaat und ergänzt: »Wenn das in der Bronx in New York passiert wäre, hätte das keinen interessiert.« Spektakulär sei, dass die Tat in Solln geschah. Das habe die Münchner Idylle getroffen. »Und wir haben uns doch hier immer sicher gefühlt.«

Womöglich liegt genau da der Hase im Pfeffer, womöglich war das ein wesentlicher Grund für das einhellige Entsetzen: »Solche« Leute verirren sich für gewöhnlich nicht in vornehme Stadtteile, wo die Wohlhabenden unter sich bleiben. Kriminalität spielt in Reichenvierteln sonst nur in Form von Diebstählen eine Rolle.

Tatsächlich war die Fallhöhe in der Causa Brunner eine andere als im Fall, sagen wir, Emeka Okoronkwo. Der Nigerianer hatte im Mai 2010 im Frankfurter Bahnhofsviertel beobachtet, wie zwei Frauen vor einem Salsaklub von Männern bedrängt und bespuckt wurden. Okoronkwo schritt ein. Auch er tat das nicht in vorbildlicher Weise: Er schlug den später angeklagten Robel G. und zückte ein Messer. Das entwandt dieser ihm und stach es dem 21-jährigen ins Herz. Okoronkwo verblutete. Zu seiner Trauerfeier kamen zwar hundert Gäste. An ein Bundesverdienstkreuz dachte ernsthaft niemand, und auch über ein geplantes Denkmal ist nichts bekannt geworden. Robel G. aber wurde nicht wegen Mordes verurteilt, sondern wegen Totschlags.[280]

Die pompöse Veranstaltung in der Münchner Philharmonie, so schien es, sollte die im Prozess aufgetauchten Zweifel über die Tugendhaftigkeit Brunners vom Tisch wischen. Sie war der Kitt, der die Risse im Sockel des Heldendenkmals wieder zusammenfügte. Organisiert hatte das Konzert die Dominik-Brunner-Stiftung, die kurz nach dem Tod des Geschäftsmanns von dessen Freunden gegründet worden war. Sie hat wohlhabende Unterstützer: etwa den Rotary Club Traunstein, der ihr 25 000 Euro aus einem Golfturnier spendete.[281] Ein Fall des Helden hätte nicht nur das Ansehen der Stiftung beschmutzt, in dessen Kuratorium die Medienikonen Uli Hoeneß und Maria Furtwängler sitzen, sondern auch das Ansehen der Bundes-, Landes- und Stadtpolitiker, die der medialen und öffentlichen Vorverurteilung mit vorschnellen Ehrungen und Kommentaren beigesprungen waren.

Die Dominik-Brunner-Stiftung – Motto: »Wo die Zivilcourage keine Heimat hat, reicht die Freiheit nicht weit« – hat wesentlich daran mitgewirkt, Brunner zum Symbol der Zivilcourage werden zu lassen. »Das kann es doch nicht gewesen sein, dass da einer sein Leben lässt, das muss einen Sinn kriegen. Da müssen wir was langfristig auf die Beine stellen, damit das nicht komplett umsonst war«, sagt denn auch Andreas Voelmle, der im Vorstand der Stiftung sitzt. Voelmle ist ebenfalls bei der PR-Agentur Engel & Zimmermann Vorstandsmitglied. Diese ist unter anderem spezialisiert auf Krisenkommunikation und berät neben Konzernen wie Wiesenhof und Kik auch die Ziegelfabrik Erlos AG, die der Familie Brunner gehört sowie die Dominik-Brunner-Stiftung. Untergebracht ist die Agentur in einem hübschen, von einem gepflegten Park umgebenen Schlösschen in Gauting, einer Kleinstadt unweit des Starnberger Sees.

Voelmle und die anderen Stiftungsmitglieder haben die Berichterstattung und den Prozess aufmerksam verfolgt. »Zu Prozessbeginn haben wir gesagt: Wir äußern uns nicht. Das

Strafmaß hat uns nicht interessiert, das macht Herrn Brunner ja auch nicht mehr lebendig.« Sie hätten viele Interviewanfragen bekommen, doch keine beantwortet. Als die Stimmung aber zu kippen drohte, weil Brunner wegen des Erstschlags in Misskredit zu geraten begann, »da sind den Kollegen vom Vorstand die Haare zu Berge gestanden. Wir haben schon befürchtet, dass es dann heißt: Der Brunner war ein Schläger, der hat das verdient.« Da habe man beschlossen zu reagieren. »Alle, die ihn kannten, haben ihn immer als besonnenen Menschen erlebt. Das hat der nicht gemacht ohne Grund, der muss eine wahnsinnige Angst gehabt haben, sonst hätte er nicht zuerst geschlagen.« Sie seien deshalb »aktiv an die Medien herangegangen«, um all jene anzurufen, denen sie zuvor Interviews verweigert hatten: »Wir haben unsere Meinung geändert.« So sprachen sie mit der *Süddeutschen*, der *Welt am Sonntag* und »Frontal 21«, die einen Beitrag über die Täter-Opfer-Verdrehung sendeten.

Es wäre gewiss zu einfach, den Prozessausgang der Arbeit von Kommunikationsprofis zuzuschreiben. Kein einzelner Akteur hat so viel Wirkmacht. Vielmehr geriet der Fall Brunner zu einem Selbstläufer, dessen Schwung sich aus verschiedenen Quellen speiste: Da war zum einen das in dramatischen Farben gemalte Sittenbild von gefährlichen, ja: seelenlosen jugendlichen Intensivtätern, zum anderen ein großes Bedürfnis nach einem untadeligen Helden. Da waren wortgewaltige Fürsprecher, politischer Einfluss und eine mediale Aufmerksamkeitsökonomie, in der die Geschichte vom bürgerlichen Helden, der dem Pöbel zeigt, wo es langgeht, und dabei tragisch ums Leben kommt, ein immenses Kapital bedeutet.

Sogar ein beinahe gutes Ende hatte die scherenschnittartig schlichte Narration: Der Tod des Helden wurde durch die beispiellos harte Bestrafung der Jugendlichen gesühnt.

Gymnasiasten und Unterschichtmonster

Wie viel anders, nämlich schlechter, sich durchaus ähnliche Vorgänge erzählen lassen, soll ein anderes Beispiel verdeutlichen: der Fall des Berliner U-Bahn-Schlägers Torben P. Sturzbetrunken hatte der 18-Jährige im April 2011 im U-Bahnhof Friedrichstraße einen 29-Jährigen fast totgeschlagen. Im Verlauf eines Streits schlug er ihm eine volle Cola-Flasche ins Gesicht, warf ihn zu Boden und trat dem Bewusstlosen mehrfach und mit voller Wucht an den Kopf. Auch hier gab es Menschen mit Zivilcourage, ein Tourist griff ein und zog sich dabei selbst Verletzungen zu. Das Opfer überlebte mit schweren Verletzungen.

Anders als die Gewalttäter von München stammte Torben P. aus gutem Hause, er besuchte das Gymnasium. Torbens Eltern aber waren schwer krank und sogar Frührentner, der Vater leidet an Parkinson, die Mutter an Depressionen, der Junge selbst wechselte mehrfach die Schule. Ein junger Mann, der seelisch vielleicht angeschlagen und dann für einen Moment völlig aus dem Gleis geraten war – warum, kann man nur erahnen. Entsprechendes Einsehen hatten die Richter und verurteilten den jungen Mann vergleichsweise milde zu zwei Jahren und zehn Monaten Jugendstrafe, um seine Zukunftschancen durch eine hohe Gefängnisstrafe nicht völlig zu zerstören. Bis zur Vollstreckung des Urteils durfte Torben P. das katholische Liebfrauengymnasium in Berlin besuchen, eine Schule für

Hochbegabte mit Leistungsschwäche. »Das Verfahren hat nicht den Täter zum Opfer gemacht, sondern aus dem Monster einen Menschen«, schrieb *Die ZEIT*.[282] So viel Empathie können Journalisten haben – allerdings nicht für jeden, nicht für Unterschichtmonster wie Markus S. und Sebastian L. Für eine Diskussion über Sinn und Unsinn hoher Haftstrafen, über den Ausbau sozialer Einrichtungen, über die Ursachen von Jugendgewalt gab es in ihrem Fall keinen Raum – stattdessen wurden, am Ende der langen Kette, die Gewalt entstehen lässt, wieder einmal nur eine »Kultur des Hinschauens« und mehr Zivilcourage gefordert. Ein Reparaturmechanismus, der dem Einzelnen alle Verantwortung zuschiebt.

Die Dominik-Brunner-Stiftung hat sich neben der Förderung von Zivilcourage und der Unterstützung von Opfern der Zivilcourage auch vorgenommen, Gewaltbereitschaft einzudämmen. Sie unterstützt einige lobenswerte Projekte der Kinder- und Jugendhilfe und plant Dominik-Brunner-Häuser, in denen sie zusammen mit verschiedenen Trägern Kitas, Schülerbetreuung und Notunterkünfte einrichten möchte. Nicht zuletzt ist auch das eine posthume Ehrung Brunners, die weitere mediale Präsenz garantiert. Doch in München sind sie mit der Umsetzung des Plans gescheitert: Ein entsprechendes Haus war im Hasenbergl geplant. Die Nachbarn aber fürchteten Ghettobildung, das Projekt in München liegt vorerst auf Eis.

Die beiden Münchner Täter ohne Förderplatz an Hochbegabtenschulen ließen sich leicht als Monster darstellen. Dabei war ihr Leben bereits in frühen Jahren aus den Fugen geraten: Sebastian L.s Eltern ließen sich scheiden, als er vier war, Vater und Mutter waren Alkoholiker. Bereits mit zehn trank auch Sebastian, allein damit er schlafen konnte. Seine Mutter erlitt einen Hirnschlag, sie liegt noch immer im Koma, wenig später starb sein Vater an den Folgen seiner Alkoholkrankheit, der Junge fand den Toten. L. wurde in Heimen und anderen Einrichtungen untergebracht, aus denen er immer wieder weglief, er trank, kiffte, klaute, stets umgeben von anderen jungen Menschen, die ebenfalls auf die schiefe Bahn geraten waren. Ein Vertreter der Jugendgerichtshilfe beschrieb ihn als »traurigen, einsamen jungen Menschen«. Die familiären Verhältnisse von Markus S. blieben im Dunkeln, festgestellt wurde nur eine Fixierung auf den großen Bruder, seinen einzigen Halt, sein Vorbild. Der sitzt wegen Rauschgifthandels im Gefängnis, was in Markus S. offenbar unbändigen Hass auf die Polizei auslöste. Empathie wurde ihnen nicht zuteil. Die Chance auf eine Zukunft, die diese Bezeichnung verdient, bleibt ihnen verwehrt. »Wenn einer fünf Jahre sitzt, ist sein Leben vorbei«, sagt der Strafverteidiger und Buchautor Ferdinand von Schirach. »Der Mensch ändert sich natürlich, wenn man ihn zehn Jahre einsperrt – aber kaum zum Besseren.«[283]

Für Eliteforscher Michael Hartmann ist die mediale Bearbeitung des Falls ein Beleg für seine Thesen. »Die Interpretation erfolgte nach einem bestimmten Weltbild: Das ist einer von uns! Wenn man immer nur mit Leuten zu tun hat, die denken, wie man selbst, dann reproduziert sich das – und dann wird es auch zur Wahrheit.«

Null-Toleranz-Strategie

»Eine Frau geht spätabends eine Straße in Berlin entlang. (…) Sie kennt die Straße gut, es ist der Schulweg ihrer Tochter, der Weg zum Kindergarten ihres Sohnes. Dies ist ihr Viertel, Wil-

mersdorf, hier lebt sie seit über zehn Jahren. Ihre Schritte sind
gut zu hören, die neuen Stiefel haben laute Absätze, der Klang
gibt Sicherheit.« Mit dieser Schilderung beginnt die wütende
Geschichte, die Susanne Leinemann aufgeschrieben hat. »Der
Überfall« erschien als Titelgeschichte *im Zeit*-Magazin *Leben*.[284]
Leinemann wurde an diesem Abend Opfer eines brutalen
Überfalls, drei Jugendliche raubten ihr die Handtasche und
droschen mit einem Holzstück auf sie ein. Ein entsetzlicher
Vorgang; sie hätte an ihren schweren Verletzungen – Schä-
delbruch, Hirnhautriss, Schädel-Hirn-Trauma – auch sterben
können. Doch das Verstörende an diesem Text ist nicht die Beschreibung des Überfalls als solchem – es sind die Possessiv-
pronomen: der Weg *ihrer* Tochter, der Kindergarten *ihres* Sohnes, *ihr* Viertel. »Um den Schock des Viertels zu verstehen,
muss man Berlin verstehen. Natürlich, es gibt Kriminalität.
Einbrüche. Überfälle. Trotzdem hat die Stadt viele intakte
Kieze; umgrenzt von Ausfallstraßen, wirken sie wie Inseln.
Um den Ludwigkirchplatz liegt ein solcher Kiez. Man kennt
sich, grüßt sich, passt aufeinander auf. Probleme löst man
durch Reden, viel Reden, manchmal auch mit Geld, bestimmt
nicht durch Fäuste. ›Die machen unser Viertel kaputt‹, empört
sich später eine Bekannte – die, das sind die Täter. Und tatsächlich, sie sind von außen angelandet, an einem U-Bahnhof,
der ihnen nichts sagte«, schreibt Leinemann weiter. Wir hier
drinnen, die da draußen – kaum ein *Zeit*-Leser wird sich gegen seine Eingemeindung ins Autorinnen-, ins Kiezbewohner-
Wir innerlich gewehrt haben. Leinemanns unreflektierter Op-
fer-Blick zwingt den Leser zur Identifikation mit dem Erzäh-
ler-Ich. »Aus einer Tasche, die sie extra gepackt haben, holen sie eine dicke Treppensprosse hervor, herausgetreten aus

einem gründerzeitlichen Treppengeländer dort, wo sie gerade wohnen. Die Gründerzeit hat beim Bauen geklotzt, nicht gekleckert – die Sprosse ist massiv und gedrechselt. In der Hand des Jüngsten wird sie zur wuchtigen Keule, zum Baseballschläger, damit wird er auf mich einschlagen. Absurd, ausgerechnet mit einem Gründerzeit-Treppenteil fast totgeschlagen zu werden. Normalerweise schreibe ich Romane, Unterhaltungsromane, und in meinem letzten spielt die Gründerzeit eine große Rolle.« Die kriminelle Unterschicht schlägt ausgerechnet mit Attributen der Großbürger auf selbige ein! So manchem *Zeit*-Leser wird vor Schreck der handgedrechselte, elfenbeinerne Eierlöffel aus der Hand gefallen sein. »Ich sehe die Täter an – und fühle nichts. Ich kenne diese drei Typen nicht, ich habe keine Geschichte mit ihnen, keinen Konflikt gehabt, nichts. Alles, was uns verbindet, ist die Tatsache, dass sie mich fast umgebracht haben. Einfach so, nebenbei, willkürlich. Im Grunde interessiert mich nicht, wer sie sind und warum sie so geworden sind, wie sie sind. Wenn ich hier kurz ihre Geschichte erzähle, dann nur im Interesse der Allgemeinheit, nicht der Täter – weil ich am eigenen Leib erfahren musste, dass im weiten, von der Öffentlichkeit blickdicht abgeschotteten Feld der Heimerziehung und Intensivpädagogik etwas furchtbar schiefläuft. Es wurden schon viel zu viele mitfühlende Tätergeschichten geschrieben, ich schreibe nicht noch eine. Eine kaputte Kindheit ist kein Freifahrtschein für Mord und Totschlag« vollendet Leinemann die Opferrolle rückwärts. Zwei der Täter werden später zu Haftstrafen verurteilt, fünf und viereinhalb Jahre, der dritte zu zweieinhalb Jahren auf Bewährung. »Es ist hart. Es ist richtig«, schreibt Leinemann am Ende.

Kann schon sein. Jedes Opfer möchte, dass die Täter hart bestraft werden. Empathie und Urteilsvermögen kann man nicht erwarten von einer Frau, die fast totgeschlagen wurde. Allerdings sprechen aus diesem Grund Richter die Urteile, nicht Opfer. Der ZEIT-Text ist bewusst »politically incorrect« geschrieben, gegen die vermeintlich ubiquitäre Nachsicht mit den Tätern, dafür mit der verzweifelten Wut des Opfers im Bauch. Er rührt, und das auf unangenehm berechnende Weise (»Frauen und Kinder zuerst!«), an das tiefe Unbehagen der Mittelschicht, er möchte Ausschluss und Abgrenzung rechtfertigen: Wenn die Autorin moniert, es würde jugendlichen Intensivtätern, die »blickdicht abgeschottet« sind, zu viel Mitgefühl entgegengebracht, fordert sie eigentlich zum Wegschauen auf. Ein Null-Toleranz-Plädoyer, das an das erinnert, was ein britischer Richter einem Jugendlichen sagte, als er die Randalierer im Sommer 2011 im Minutentakt zu drakonischen Strafen verurteilte: »Anständige Mitglieder der Gesellschaft haben Leute wie dich satt, wir sind eurer müde.«[285]

Auch das ist Klassenkampf von oben. In einem journalistischen Erzeugnis, das zumindest versuchen müsste, Objektivität zu wahren. Doch anstatt Kritik zu ernten, erhielt das Stück von Leinemann die renommierteste Journalistenauszeichnung, die die Edelfedern des Landes untereinander austauschen: den Henri-Nannen-Sonderpreis. Sie hat offenbar die Richtigen angesprochen.

>> *In demselben Maße, in dem die Widerwärtigkeit der Arbeit wächst, nimmt der Lohn ab.«*

Karl Marx, Das Manifest der kommunistischen Partei, Februar 1848

6. DAS ENDE DER SOLIDARITÄT

Wie die Politik zugunsten der Wirtschaft Arbeit zerstört und Menschen bricht

»Die Hemmschwelle für Sozialbetrug ist offensichtlich bei einigen gesunken, seitdem die Arbeitsverwaltung Sozialleistungen auszahlt und nicht mehr das Sozialamt. Arbeitsvermittler liefern drastische Beispiele dafür, dass manche, die sich arbeitslos melden, tatsächlich gar keine Vermittlung in den Arbeitsmarkt anstreben und Sozialleistungen zu erschleichen versuchen. Unter Zuhilfenahme von Schlupflöchern und geschickten Interpretationen von Bestimmungen versuchen wiederum andere, an öffentliche Leistungen auf eine Weise zu kommen, die den Geist der Reformgesetze auf den Kopf stellt.«[286]

Diese Sätze hat, man merkt es allerdings nur an der Diktion, abermals nicht *Bild* geschrieben. Sie stammen aus einer Informationsbroschüre mit dem klingenden Titel *Vorrang für die Anständigen – Gegen Missbrauch, »Abzocke« und Selbstbedienung im Sozialstaat.* Das Bundesministerium für Wirtschaft und Arbeit der rot-grünen Bundesregierung hat diese 32-seitige Propagandaschrift im August 2005 herausgegeben. Erst ein gutes halbes Jahr zuvor, im Januar 2005, war das vierte Gesetz für moderne Dienstleistungen am Arbeitsmarkt in Kraft getreten, kurz: Hartz IV. Dieses sollte die Zusammenführung von Arbeits- und Sozialhilfe sein; faktisch bedeutete es eine Kürzung sowohl der Arbeitslosen- als auch der Sozialhilfe. Letztere war bis dato zwar niedriger als das Arbeitslosengeld II, doch sie wurde im Bedarfsfall von den Sozialämtern aufgestockt, durch Zuschüsse zu Wohnungsausstattung, Schulmaterial und Kleidung sowie durch Extrageld zu Weihnachten. Hatte sich die Sozialhilfe noch an den individuellen Bedürfnissen orientiert, so werden die Hartz-IV-Leistungen pauschal vergeben. Und während vor der Arbeitsmarktreform die Dauer des Bezugs von Arbeitslosengeld (60 Prozent des vorherigen Monatsgehalts) davon abhing, wie lange der Empfänger zuvor sozialversichert beschäftigt war, endet das Arbeitslosengeld I heute bereits nach einem Jahr. Nur wer älter als 50 ist, erhält achtzehn Monate lang ALG I, die über 58-Jährigen zwei Jahre. Für alle, die nicht innerhalb eines Jahres eine neue Beschäftigung finden, bedeutet es einen rasanten Rutsch in die Armut.

Die Grundlage für die Einführung der Hartz-Gesetze war eine bis dahin beispiellose Hetzkampagne gegen Arbeitslose, ein Generalverdacht des Schmarotzertums, das »staatlich verordnete Misstrauen«, wie es der Publizist Albecht Müller in seinem Buch *Meinungsmache. Wie Politik, Wirtschaft und Medien uns das Denken abgewöhnen wollen* nennt. »Niemandem wird es künftig gestattet sein, sich zulasten der Gemeinschaft zurückzulehnen. Wer zumutbare Arbeit ablehnt – wir werden die Zumutungskriterien ändern –, der wird mit Sanktionen rechnen müssen.« So stellte Kanzler Schröder die Agenda 2010 im Bundestag vor. Nicht etwa fehlende Stellen seien schuld an Arbeitslosigkeit, sondern die Arbeitslosen selbst, da sollten keine Missverständnisse entstehen. »Fördern und Fordern«, lautete das Motto. Wenn man Arbeitslose nur hart genug rannähme, das war der Subkontext, dann würden sie sich schon Arbeit suchen. Zwei Millionen neue Jobs versprach sich Schröder von den Sanktionen. Statt dass des Kanzlers Träume aber wahr wurden, erhöhte sich die Zahl der Erwerbslosen kräftig. Das musste, um es der Öffentlichkeit erklärbar zu machen, ebenfalls der verkommenen Moral der »Sozialschmarotzer« zugeschrieben werden – und nicht der wahren Ursache, nämlich der verfehlten Regierungspolitik, die die Aushöhlung der Arbeitnehmerrechte und die Lockerung des Kündigungsschutzes vorangetrieben hatte, was die Betriebe prompt zu einem massiven Stellenabbau nutzten.

Entsprechend schroff war die Sprache der Broschüre des Ministeriums, zu der Bundesarbeitsminister Wolfgang Clement persönlich das Vorwort beisteuerte: »Eine solche Mitnahme-Mentalität schadet der großen Mehrheit von Arbeitswilligen und tatsächlich Bedürftigen. Jeder Euro, der am Arbeitsmarkt ›abgezockt‹ wird, steht für sinnvolle Unterstützung nicht mehr zur Verfügung. Leistungsmissbrauch ist also kein Kavaliersdelikt, sondern Betrug an all denen, die Hilfe wirklich brauchen, und an Millionen Menschen, die ihre Steuern und Sozialabgaben ehrlich entrichten und die sich auf diesen Staat verlassen können müssen, wenn es einmal ernst wird. (...) Wir werden deshalb alles uns Mögliche tun, um Missbrauch aufzudecken und zu bekämpfen. Bestmögliche Hilfe für alle, die sich nicht aus eigener Kraft helfen können oder eine zweite Chance brauchen, aber auch unnachgiebige Konsequenz gegenüber jenen ›schwarzen Schafen‹, die sich Leistungen erschleichen wollen, das gehört auch zur Gerechtigkeit im Sozialstaat. Wir können die Zukunft unseres Landes nur meistern, wenn wir die Realität ungeschminkt und ohne falsche Rücksichten in den Blick nehmen.«

»Melkkuh Sozialstaat – die alltägliche Selbstbedienung am Gemeinwohl« ist das erste Kapitel überschrieben, ein Brevier von anekdotisch erzählten Betrugsfällen, das vor Hohn und Spott förmlich trieft: »›Steht im Morgengrauen ein nackter Kerl auf dem Balkon, und es ist nicht der Ehemann...‹ So beginnen Thekenwitze in Deutschland. Aber solche familiären Katastrophen ereignen sich nicht nur, wenn gehörnte Ehegatten früher als gewöhnlich ins traute Heim zurückkehren. Manchmal klingelt lediglich der Prüfdienst der ARGE – der Arbeitsgemeinschaft aus Arbeitsagentur und Kommune – frühmorgens an der Haustür. Dieter Schuster aus Mannheim wusste jedenfalls sofort, welche Richtung er einzuschlagen hatte, als er frühmorgens im Flur leise Stimmen und den Begriff ›Prüfdienst‹ hörte. Fluchtartig flitzte Schuster in Unterhose aus dem Schlafzimmer Richtung Terrassentür. Draußen empfingen ihn feiner Nieselregen und bibbernde Kälte – leider kam der Prüfdienst Anfang März.«[287] Angeblich ein Fall, der der Arbeitsagentur Mannheim untergekommen war. Es folgen weitere Anekdoten dieses Zuschnitts – »Kaum eine fadenscheinige Angabe oder Ausrede, die Mitarbeiter der Arbeitsagenturen und Sozialämter noch nicht gehört hätten!« – über verheimlichte Lebenspartner, Phantomwohnungen, Falschangaben in Anträgen, verdunkeltes Vermögen, Sozialbetrüger aus dem Ausland und Schwarzarbeit. Und »manch einer verspürt offenkundig nichts dabei, sich auf Kosten der Gemeinschaft eine neue Schrankwand zu finanzieren.«[288] In Deutschland, dieses Eindrucks sollte man sich offenbar kaum erwehren können, feiern Sozialschmarotzertum und »Mitnahmementalität« fröhliche Urständ. »Biologen verwenden für ›Organismen, die zeitweise oder dauerhaft zur Befriedigung ihrer Nahrungsbedingungen auf Kosten anderer Lebewesen – ihren Wirten – leben‹, übereinstimmend die Bezeichnung ›Parasiten‹«.[289] Das stammt, man muss es noch einmal betonen, nicht etwa aus einer RTL2-Dokusoap, sondern von der rot-grünen Bundesregierung.

Wer einen solchen Popanz aufbaut, verfolgt zweierlei: Er rechtfertigt Maßnahmen, die unter anderen Umständen kaum durchzusetzen wären. In diesem Fall nämlich das Privatleben von Hartz IV-Empfängern auf unwürdigste Art und Weise zu durchleuchten, ja, sogar unter ihren Bettdecken zu schnüffeln. Dabei sind die Chancen, in großem Stil zu betrügen, ohnehin äußerst gering – während Reiche sich nahezu unbehelligt arm rechnen und ihr Vermögen ins Ausland schaffen können. Davon abzulenken, das ist der zweite Zweck des Schreckgespensts Sozialschmarotzer: Tatsächlich liegt die Missbrauchsquote der Hartz-IV-Empfänger bei gerade mal einem Prozent.

Zusätzliche Arbeitsplätze aber wurden auf diesem Wege nicht geschaffen, im Gegenteil: Das so genannte »Jobwunder«, das die mittlerweile schwarz-gelbe Regierung Ende 2010 als Riesenerfolg vermeldete, war allein dem riesigen Niedriglohnsektor geschuldet, der inzwischen geschaffen worden war: Heute arbeiten 7,3 Millionen Menschen in Mini-Jobs für 400 Euro im Monat, 900 000 Leiharbeiter für knapp die Hälfte des Lohns der Stammbelegschaft. Das bedeutet: Zehn Prozent der Deutschen haben eine Arbeit zweiter Klasse, von der sie mehr schlecht als recht leben können. Von den vielen Selbstständigen, die sich gerade mal so über Wasser halten, in den Statistiken aber kaum auftauchen, von den Menschen, die von Umschulung zu Umschulung, von Praktikum zu Praktikum geschoben werden, um die Statistik zu frisieren, von dieser immer größeren Dunkelziffer also einmal ganz zu schweigen. Eine erschreckende Zahl straft die Legende des »Jobwunders« Lügen: Jeder vierte Arbeitslose rutscht sofort in Hartz IV. Das gab die Bundesagentur für Arbeit im Dezember 2011 bekannt. Demnach meldeten sich 2,8 Millionen Menschen arbeitslos, 737 000 hatten keinen Anspruch auf das Arbeitslosengeld I: Sie hatten zu kurz gearbeitet oder zu wenig verdient, um andere Ansprüche als Hatz IV geltend machen zu können. Heißt: wer erst einmal in die Abwährtsspirale von Hartz IV und prekärer Arbeit gelangt ist, der findet dort nicht mehr heraus.

Arbeiter zweiter Klasse

Auf dem Tisch mit der Plastiktischdecke liegt, beklebt mit Schnipseln von Geschenkverpackungen, eine Seite grünes Tonpapier. Darauf steht in schöner Handschrift eine Liste unter der Überschrift: »Was ich Dir heute, an Deinem großen Tag, so gerne schenken würde: Einen Führerschein. Ein Auto. Eine eigene Wohnung. Eine schöne Reise, wohin Du auch immer möchtest.« Und dann: »Du weißt, das alles kann ich leider nicht. Aber was ich Dir sagen kann, ist: Du bist das Beste, was mir in meinem Leben passiert ist. Du bist das Wichtigste in meinem Leben, mein Ein und Alles. Ich liebe Dich mehr als mein Leben.« Es ist eine selbst gebastelte Karte zum 18. Geburtstag von Franziska*. Ihre Mutter Birgit Kramer* sitzt auf der Eckbank; auf der Lehne liegen gestrickte Schlangen aus Wolle, versehen mit einem Preisschildchen. Wir befinden uns im B-Laden, einer Filiale des Sozialkaufhauses Contact in Augsburg. Birgit Kramer arbeitet hier. Sie klebt noch einen Streifen Geschenkpapier auf die Vorderseite, lächelt und fragt: »Wie findest du das so?«

Ich finde es schön und erschütternd. Aber für Birgit ist trotzdem ein guter Tag. Franziska hat die Fachoberschule abgeschlossen und ihre Ausbildung in einem Auktionshaus begonnen. Aber nicht nur das: Birgit Kramer reckt die Arme in die Höhe und sagt: »Ich bin die ARGE los!«

Wenn es nach der Bundesregierung geht, dann ist die 52-jährige Teil des »Job-Wunders«. Das heißt nicht, dass sie eine sozialversicherte Vollzeitstelle hätte. Birgit hat es geschafft, nach einem Ein-Euro-Job einen befristeten Vertrag für einen Mini-Job auf 400 Euro-Basis im Sozialkaufhaus zu bekommen. Trotzdem sagt sie: »Jetzt kann ich wieder frei atmen.« Ihr künftiger Haushaltsplan ist auf Kante genäht: Franziska bekommt 400 Euro netto Lehrlingsgehalt, mit Kindergeld und Unterhalt für die Tochter schaffen sie es zusammen gerade so auf ein Einkommen knapp unter Hartz IV. Damit sind sie noch schlechter gestellt als zuvor, denn nun müssen sie alles selbst zahlen: Miete, Neben- und Heizkosten, Zahnarztbesuche. »Es darf dann einfach nichts schief gehen«, hofft Kramer. Eine große Wahl hatten sie ohnehin nicht: als Franziska den Ausbildungsplatz bekam, erfuhr Birgit, dass ihr dann die Hartz IV-Bezüge gekürzt würden, wenn ihre Tochter weiter bei ihr wohnen bliebe. Nur wenn Franziska ausgezogen wäre, hätte sie wieder Hartz

---

* Namen geändert

IV für sich selbst beantragen können. »Ich habe geheult, als ich ihr sagen musste, dass sie vielleicht ausziehen muss.«

Birgit Kramer hat, wie fast alle Hartz IV-Empfänger, eine ganz normale Job-Biographie. Sie ist ausgebildete Außenhandelskauffrau und hat viele Jahre bei einer Versicherung gearbeitet. Als sie keinen Kindergartenplatz für ihre Tochter bekam, musste sie ein gutes Jobangebot ausschlagen. »Dann ging's los.« Heißt: Sie hat jahrelang gejobbt. Geputzt, Supermarktregale aufgefüllt, im Telefonmarketing gearbeitet. Dort habe es keine Arbeit mehr für sie gegeben, nachdem sie sich einmal in sechs Jahren krankgemeldet hatte. Dann kam es zur familiären Katastrophe: Das Doppelleben ihres Mannes flog auf, und ans Tageslicht kam nicht nur eine andere Frau, sondern auch eine Menge offener Rechnungen. Ohne eigene Schuld musste Birgit Privatinsolvenz anmelden; schließlich blieb ihr nichts anderes mehr übrig, als Hartz IV zu beantragen. Innerhalb von zwei Jahren erhielt sie ein einziges reguläres Jobangebot: eine Stelle als Sekretärin in einem Unternehmen in Türkheim. Voraussetzung: Kroatischkenntnisse in Wort und Schrift. Der Rest: Aufforderung zur Bewerbung bei Zeitarbeitsfirmen, Fortbildungsmaßnahmen, Bewerbungen schreiben. Eines Tages lernte sie Roswitha Kugelmann kennen, die das Second-Hand-Kaufhaus Contact in Augsburg gegründet hat. Von ihr erhielt Birgit Kramer ihren Ein-Euro-Job.

Sozialkaufhaus – »Paradies für Arme«?

Contact ist untergebracht in einer riesigen, 4 000 Quadratmeter großen Halle im Gewerbegebiet Haunstetten. Die Hallen sind randvoll mit gebrauchten und gespendeten Möbeln, mit

Geschirr, Haushaltswaren, Vorhängen, Tischdecken, Handtü-
chern, Kleidern, Nippes, Schuhen und Büchern, die günstig
verkauft werden. Ein Sozialberechtigungsschein ist hier nicht
nötig. »Es gibt eine Menge Leute in unserer Stadt, die sind so
arm, dass sie sich kaum das Straßenbahnticket zu uns leisten
können«, sagt Roswitha Kugelmann. Daher hat sie die Ver-
schenkhalle eingerichtet, in der Gegenstände kostenlos verteilt
werden. In der Filiale B-Laden, der in einem ruhigen Wohnge-
biet im selben Stadtteil liegt, werden Kleider, Bücher und
Spielzeug, die nicht binnen vier Wochen über den Ladentisch
des Sozialkaufhauses gegangen sind, noch günstiger verkauft:
das Stück für 50 Cent, drei Teile für einen Euro.

Bei Contact arbeiten sechzig Ehrenamtliche und elf Angestellte. Bis vor Kurzem waren dort auch dreißig Ein-Euro-Jobber beschäftigt. Doch die Fördermaßnahmen wurden nicht
verlängert, Kugelmann konnte nur die Hälfte in Minijobs oder
als Auszubildende übernehmen. Die Einrichtung trägt sich
ausschließlich durch den Verkauf, von den laufenden Kosten
von 40 000 Euro für Miete, Strom, Wasser und Logistik im
Monat machen die Lohnkosten mehr als die Hälfte aus. Das
fehlende Geld für Löhne versucht Kugelmann durch andere
Angebote wettzumachen: Es gibt ein kostenloses Mittagessen,
das aus Essensspenden gekocht wird. Ähnlich wie die Tafeln
bekommt auch Contact übrig gebliebene Lebensmittel. Genauer: solche, die nicht einmal die Tafel haben will. Seit die
Augsburger Tafel die Spenden von Lidl aussortiert hat, liefert
der Discounter jetzt an Contact. Die Lebensmittel liegen in
einem Raum, jeder Mitarbeiter darf sich hier bedienen. Niemand möchte deswegen vor Scham ein Kopftuch aufsetzen.
Man muss sich dafür nicht »hinten anstellen«, man muss kei-

nen Nachweis der Bedürftigkeit erbringen, man muss sich nicht belehren lassen. Auch ostentative Dankbarkeit erwartet keiner. Im Sommer gab es sogar einen gemeinsamen Betriebsausflug an den Gardasee.

Auf gewisse Weise ist Contact ein paralleles Universum. Eine parallele Einkaufswelt für die, die sich nicht auf dem ersten Konsumgütermarkt bedienen können. Aber auch ein Paradies für Flohmarktjäger. Und eine parallele Arbeitswelt für die, die auf dem ersten Arbeitsmarkt keine Chance haben. Hier arbeiten viele, die arbeiten wollen, aber eigentlich nicht mehr können: Alte, die nicht von ihrer Rente leben können. Kranke Menschen. Menschen mit Depressionen. Menschen, die mürbe geworden sind durch die Gängeleien des Arbeitsamts. Viele haben hier einen würdigen Platz gefunden: Johannes*, trockener Alkoholiker, der in einer Lagerhalle Möbel restauriert. Hier leisten auch Jugendliche Sozialstunden ab. Zum Beispiel Mirco*, der fünf Euro geklaut und einen Polizisten beleidigt hat. Er arbeitet mit so großer Begeisterung in der Buchabteilung, dass er mittlerweile aus freien Stücken ein Berufsvorbereitungsjahr drangehängt hat.

Salvatore Tozzi* stellt eine Kanne frisch gebrühten Kaffee und einen Teller mit kleinen Marzipankugeln auf den Tisch. »Probier mal, hab ich heute selber gemacht.« Tozzi ist 46, wirkt mit seinen Tätowierungen aber fast jugendlich. Wie Birgit Kramer arbeitet er im B-Laden. Salvatore ist ein Workaholic, obwohl er sich kaum ohne Schmerzen bewegen kann. Er ist gelernter Fliesenleger und hat viele Jahre als Selbstständiger im Trockenbau ordentlich verdient. Doch nach drei Bandschei-

---

* Namen geändert

benvorfällen und einem schweren Sturz auf den Rücken kann er diesen Beruf nicht mehr ausüben. Genau genommen sollte er gar nicht mehr arbeiten, »ich kann nicht lang sitzen, nicht stehen, nicht liegen, ich darf eigentlich auch nicht mehr als zehn Kilo heben«. Da Tozzi viele Jahre alkohol- und drogenabhängig war, darf er keine Schmerzmittel nehmen. Er sagt: »Nicht zu arbeiten ist für mich schlimmer als die Schmerzen.« Salvatore Tozzi arbeitet schon sein ganzes Leben; sein Vater stammt aus Sardinien, die Familie hatte in den siebziger Jahren einige Eisdielen und Pizzerien. Sein Vater, autoritär und gewaltbereit, hat ihn schon als Kind in der ganzen Verwandtschaft zum Arbeiten ausgeliehen – und selbst das Geld dafür kassiert.

Nachdem Tozzi sein Geschäft als Trockenbauer aufgeben musste, wollte er gerne in die Jugendarbeit: »Ich habe gedacht, dass ich mit meiner Erfahrung Jugendlichen helfen kann, die auf die schiefe Bahn geraten sind.« Er hat Praktika in Jugendeinrichtungen absolviert, aber ein Job ist daraus nie entstanden. »Ich bin zu dumm. Meine Ausbildung reicht dafür nicht aus«, sagt er sarkastisch. Lieber habe ihn eine Einrichtung, bei der er einen Ein-Euro-Job absolvierte, ein ganzes Fitnesscenter einrichten lassen und nur zu diesem Zweck beim Amt die Beschäftigung immer wieder verlängert. Ein Vollzeit-Job also, bei dem er praktisch nichts verdiente. Im Zeugnis habe dann gestanden: »Er hat fleißig mitgeholfen.« Im Arbeitsamt bat er, ihm dies wenigstens als richtigen Job anzurechnen. Doch da hieß es: Geht leider nicht. Denn die Arbeit hätte ja ein Meister machen müssen. Salvatore Tozzi weiß eine Menge solcher Geschichten zu erzählen. »Du bist ja irgendwann so weit, dass du alles machst, damit du nicht verhungerst.« Er hat Essen ausgefahren, für 80 Cent pro

Stück, und im Altenheim geputzt: Für einen Euro die Stunde. »Ich habe alles immer durchgezogen. Und trotzdem musst du jedes Mal wieder einer neuen Zwanzigjährigen im Amt alles von vorn erzählen. Dabei steht alles im Computer.« Dauernd habe man ihm Fliesenlegerjobs angeboten, die er gar nicht ausüben darf. Ein ganze Reihe von Ein-Euro-Jobs hat er gemacht – und musste sie immer wieder abbrechen, wenn etwas Neues kam. »Du gehörst dem Amt, du arbeitest eigentlich für die«, sagt er.

Am unerträglichsten seien die Machtspielchen gewesen. Als er Hartz IV beantragte, hätten sie ihn eine Weile lang jeden Tag morgens um sieben antanzen lassen. Immer wieder wollten sie ihm weismachen, dass ein Dokument fehlt. Als es wieder geheißen habe, der Mietvertrag fehlt, den er längst mit der Post geschickt hatte, sei er schließlich ausgerastet. Er sei ins Amt gegangen und habe die Herausgabe seiner Akte gefordert. Auf der ersten Seite: der Mietvertrag. Er habe dem Mitarbeiter den Ordner mit Wucht an den Kopf geknallt. »Ruf die Polizei«, habe er damals geschrieen, »ich will, dass die kommen und sehen, wie ihr hier arbeitet!«

Wenn die Saat, die Schröder und Clement mit ihrer Schmarotzer-Kampagne gesät haben, irgendwo aufgegangen ist, dann im Alltag der Ämter.

Salvatore Tozzi ist ein Kämpfer, er lässt sich nicht unterkriegen. Dazu hat er zu viel erlebt.

Jetzt krempelt er trotzig sein Hemd hoch und zeigt eine große Tätowierung: düstere, entstellte Gesichter. »Das hab ich stechen lassen, als ich mit dem Saufen aufgehört habe. Das sind meine alten Saufkumpanen. Es sind jetzt nur noch Fratzen, so sehe ich das heute.« Hartz IV aber sei wie eine schlechte Tätowierung:

»Das kriegst du nicht mehr los. Das ist ein Schimpfwort. Wenn du Hartz IV hast, dann bist du schon asozial geboren. Und wenn du auf Krücken gehst, dann bist du eben ein Simulant.«

Tozzi pflegt nebenbei noch seine Mutter, geht für sie einkaufen und kocht für sie.

Als er das damals beim Amt erwähnte, fragten sie: »Und essen Sie da auch mit?«

Jede Frage eine Falle; wer ehrlich antwortet, muss mit Strafen rechnen. Mittagessen bei der Mutter hätte eine Kürzung seiner Bezüge bedeutet. Selbst Geschenke muss man angeben: »Wenn man einen neuen Mantel geschenkt bekommt, dann muss man das melden. Dann wird das mit den Bezügen verrechnet.«

Salvatore Tozzi ist kein Hartz IV-Empfänger mehr; er hat, wie Birgit Kramer, einen 400-Euro-Job bei Contact.

»Du arbeitest nur, damit du irgendwie auf null kommst. Dann kommt die nächste Rechnung. Jetzt bin ich der Arsch, weil ich einen Arbeitsvertrag habe. Nachzahlung bei den Stadtwerken, Zahnarztrechnungen – das muss ich jetzt alles selber zahlen.«

Er sagt, er würde mehr Geld bekommen, wenn er zu Hause säße. »Aber ich will ja arbeiten.«

Die hohe Arbeitsmotivation Langzeitarbeitsloser ist durch Studien längst belegt.[290] Auch, das Hartz IV-Empfänger eben nicht nur faul zu Hause sitzen, sondern sich engagieren.[291]

Was Salvatore Tozzi und Birgit Kramer im B-Laden machen, ist nicht nur ein Job, es ist gemeinnützige Arbeit.

Birgit Kramer steht vor der Tür und redet einem Mädchen ins Gewissen, das die Nachhilfe geschwänzt hat. Kramer bietet kostenlos Hausaufgabenhilfe und Nachhilfe in Englisch an.

Petra* lehrt kostenlos Deutsch für Ausländer und leitet eine kleine Strickgruppe. Darüber hinaus haben Olga* und Vladimir* eine Selbsthilfegruppe für russische Suchtkranke gegründet.

Während wir reden, kommen immer wieder Leute in den Laden. Manche setzen sich einfach nur auf die Eckbank. Unter ihnen sind viele alte Menschen, still und erschöpft und froh, dass sie hier nicht alleine sind. Salvatore Tozzi macht ihnen Kaffee, er kennt fast alle Kunden und ihre Lebensgeschichten.

Der B-Laden ist auch ein Treffpunkt, ein informelles solidarisches Netz. Manchmal, sagt Kramer, kämen alte Leute in den Laden, die so dankbar seien, mit jemandem reden zu können, dass sie ihnen Geld schenken wollen: ein, zwei Euro.

Salvatore Tozzi hat den Laden zu einem Ort mit einem Minimum an Selbstbestimmung und Würde gemacht: Zu Beginn kamen hier einfach nur die Kleidersäcke an, in denen die Leute wühlten. Jetzt stehen hier ordentlich eingeräumte Regale, es gibt Umkleidekabinen, Kleiderständer.

Damit es angenehm riecht, kocht Tozzi Zitronengras auf und sprüht damit den Laden aus, manchmal backt er Kuchen für die Gäste. Er schmeißt solche, die mit dem Mercedes ankommen und säckeweise Markenkleider billig ein- und teuer verkaufen wollen, hochkant wieder raus.

Und weil er seine Kunden mittlerweile sehr gut kennt, legt er für den einen oder anderen Kleidungsstücke zurück, coole T-Shirts, Jeans und Miniröcke für Jugendliche, die sich dafür schämen, dass ihre Mütter hier einkaufen müssen.

»Ich habe ein Paradies für Arme geschaffen«, sagt Salvatore Tozzi stolz.

---

* Namen geändert

Die Gewinner des »Jobwunders«

Es ist kurz vor Feierabend bei Contact, langsam leert sich der Laden. An der Kasse steht Carola Meißner* und rechnet die Tageseinnahmen zusammen. Ein ältere Frau betritt den Laden mit gesenktem Kopf. »Hallo Inge*, wie geht es dir?«, ruft Meißner. Inge zuckt nur mit den Schultern, langsam, kraftlos und ohne nach rechts und links zu schauen geht sie zum Büro. Inge hatte bei Contact bis vor Kurzem einen Ein-Euro-Job. »Für sie geht die Scheiße jetzt von vorne los. Sie steckt wieder mitten drin in den Mühlen der ARGE [Bundesagentur für Arbeit]. Man sieht doch, dass sie nie mehr wirklich arbeiten kann. Das ist bei den meisten so, die gehen mussten. Dabei hatten sie es hier so gut.« Inge ist Mitte 50, wirkt aber viel älter. Jetzt kommt sie in den Laden, um sich kostenlos Essen zu holen, sonst käme sie nicht über die Runden. »Mein Gott, das ist so traurig«, sagt Carola Meißner.

Sie sagt, andere ehemalige Ein-Euro-Jobber hätten einen Aushilfsjob bei Amazon bekommen. Der Online-Buchhändler hat 2011 ein Depot nahe Augsburg eingerichtet und will nach eigenen Angaben 1 000 neue Arbeitsplätze schaffen und zusätzlich 2 000 Plätze für saisonale Mitarbeiter. Die Arbeitskräfte sucht sich Amazon mit Unterstützung der Arbeitsagentur. Das hat einen einfachen Grund: Amazon, der weltgrößte Versandhändler (Umsatz global: 34,2 Milliarden Dollar) muss den Beschäftigten zwei Wochen lang keinen Lohn bezahlen, wenn ihre Tätigkeit als »Probearbeit« deklariert werden kann. Dann bekommen die Arbeiter einfach weiter Hartz IV. Diese Praxis ist ebenso schamlos wie legal, denn sie ist Teil der Wie-

---

*   Namen geändert

dereingliederungsmaßnahmen in den Arbeitsmarkt und wurde mit den Hartz-Gesetzen beschlossen. Bis zu acht Wochen werden Praktika oder Probearbeitszeit unterstützt. Zuschüsse von bis zu 50 Prozent des Lohns können ein Jahr lang gewährt werden. Mit anderen Worten: Statt der Unternehmen bezahlt dann die Allgemeinheit für die Arbeit. Amazon hat diese Unterstützung bereits in den Niederlassungen Werne, Rheinberg und in Graben bei Augsburg ausgenutzt und mehrere tausend Probearbeiter auf dieser Basis beschäftigt – und zwar immer wieder. Einen festen Job bekommen sie deswegen noch lange nicht. Die Jobs sind befristet, die meisten müssen nach dem Weihnachtsgeschäft wieder gehen. Bis zu einer Million Euro hat sich Amazon dadurch bereits gespart.[292]

2010 erhielten 1,3 Millionen Menschen Arbeitslosengeld II, obwohl sie einer Beschäftigung nachgingen. 10,9 Milliarden Euro staatliche Zuschüsse zahlte die Bundesagentur für Arbeit an Unternehmen. 300 000 der so genannten Aufstocker waren sogar Vollzeit beschäftigt und erhielten dafür einen Bruttolohn von maximal 800 Euro.[293]

Unter dem Motto »Mehr Wachstum und Beschäftigung« verkündete Rot-Grün 2003 die Agenda 2010. Dass die Reform nichts als ein großzügiges Geschenk der Regierung an die Wirtschaft war, konnte man schon an der Zusammensetzung der Hartz-Kommission erkennen, die Gerhard Schröder im Februar 2002 berief. Ein Konglomerat der Wirtschaftselite, deren Profitinteresse evident ist. In der Kommission saßen unter anderem: Norbert Bensel, damals Mitglied des Vorstandes der Daimler Chrysler Services AG, Jobst Fiedler von der Unternehmensberatung Roland Berger, Heinz Fischer, der Personalleiter der Deutschen Bank, Peter Kraljic, Direktor vom McKinsey Deutschland, Hanns-Eberhard Schleyer, Generalsekretär des Zentralverbandes des Deutschen Handwerks, und Eggert Voscherau, Vorstandsmitglied bei BASF. Leiter der Kommission war Peter Hartz, Ex-Vorstandsmitglied der Volkswagen AG. Der Manager hatte in Wolfsburg mit Unterstützung von McKinsey 30 000 Jobs bei VW gerettet, indem er einer alten Gewerkschaftsidee folgte und die vorhandene Arbeit mit weniger Stunden und weniger Lohn auf mehr Menschen verteilte. Dafür erhielt Hartz viel Anerkennung – bis 2006 ein Strafverfahren wegen Veruntreuung von Firmengeld in 44 Fällen gegen ihn eröffnet wurde. Unter anderem soll Hartz den damaligen Betriebsratsvorsitzenden Klaus Volkert zehn Jahre lang mit einem »Sonderbonus« von jährlich 200 000 Euro begünstigt haben. Auch dessen brasilianischer Geliebten soll Hartz ein monatliches »Zusatzeinkommen« von 7 600 Euro im Monat verschafft haben. Knapp 400 000 Euro kamen da zusammen.[294]

Auch die Bertelsmann-Stiftung lieferte entscheidenden Input. Mit einem Stiftungskapital von 619 Millionen Euro und rund 300 Mitarbeitern ist sie die mächtigste Stiftung Deutschlands.[295] Sie hält 77,6 Prozent des Aktienkapitals der Bertelsmann AG. Die Grundsätze der Stiftung sind geprägt von den Leitgedanken des Unternehmertums und der Idee der Leistungsgerechtigkeit: »Fundament der Stiftungsarbeit ist die Überzeugung, dass Wettbewerb und bürgerschaftliches Engagement eine wesentliche Basis für gesellschaftlichen Fortschritt sind.«[296] Nach dem Antritt der Regierung Schröder 1998 veröffentlichte die Stiftung in der Wirtschaftszeitschrift *Capital* den »Wirtschaftspolitischen Forderungskatalog für die ersten hundert Tage der Regierung«. Zentrale Forderungen: Abschaffung der Arbeitslosenversicherung binnen zehn Jahren und Kürzung der Sozialhilfe. Senkung der Löhne um 15 Prozent und Reduzierung des Kündigungsschutzes. Mittelfristig eine vollständige Übertragung der Lohnnebenkosten auf den Arbeitnehmer.[297] Sowohl Schröder als auch Merkel haben sich schon von der Stiftung beraten lassen, die sich parteipolitisch unabhängig gibt.

Die Stiftung wird heftig kritisiert: Der Autor und ehemalige SPD-Berater Albrecht Müller beklagt, dass sie »die neoliberale Ideologie in die Gesellschaft« transportiere.[298] Im *Tagesspiegel* schrieb Harald Schumann: »Die Experten der Bertelsmann Stiftung sind auf höchster Ebene beteiligt, als Berater, als Moderatoren – und als Antreiber. Von den Kultusministerien bis zum Kanzleramt, von den Kommunalverwaltungen bis zum Amt des Bundespräsidenten gibt es kaum eine politische Behörde, die nicht mit der Stiftung kooperiert.«[299] Eine externe, unabhängige Kontrolle der Stiftung gebe es hingegen nicht. Die Bertelsmann-Stiftung erstellt unter anderem das Standort-Ranking, in dem sie – nach selbst festgelegten Kriterien – die Wachstums- und Beschäftigungsaussagen der wichtigsten Industriestaaten bewertet. Deutschland steht dort regelmäßig auf dem letzten Platz – und Schweden hinter den USA, deren Staatsquote niedrig ist. »Dass es den meisten Schweden weit besser geht als der Mehrheit der Amerikaner, ficht die Standortmesser nicht an«, schreibt Schumann. Der Journalist Thomas Schuler hat in seinem Buch *Bertelsmann Republik Deutschland. Eine Stiftung macht Politik* den Einfluss der Stiftung auf die Arbeitsmarktreform untersucht. Die Stiftung gründete etwa eine interne Arbeitsgruppe, in der ein siebenseitiges Strategiepapier mit dem Titel *Zur Diskussion um die Reform von Arbeitslosen- und Sozialhilfe* erstellt wurde. Darin stand: »In der Arbeitsgruppe gab es einen Konsens über das oberste Ziel: die Reduzierung und Vermeidung der Hilfebedürftigkeit. Alle anderen Ziele – Transparenz und Bürgerfreundlichkeit, Kundenorientierung und Akzeptanz – müssen dahinter zurückstehen, damit es keine Zielkonflikte gibt.« Die Folien fanden sich als Sachverständigenbeitrag in den Kommissionsmaterialien wieder.[300] Die Stiftung schickte ein Positionspapier mit den wichtigsten Punkten an Helga Spindler, Expertin für Sozial- und Arbeitsrecht, eine Kritikerin neoliberaler Politik. Ihre Antwort lautete: »Eine Ungerechtigkeit im bisherigen System kann ich wirklich nicht erkennen, wohl aber, dass die sozialen Rechte von Bürgern immer weniger berücksichtigt werden und sich ihre materielle Lage immer mehr verschlechtert. Aber ich habe den Eindruck, dass das bei Ihren Überlegungen eine mehr nachgeordnete Rolle spielt.«[301] Ihre Kritik blieb ungehört. Im August 2002 überreichte Peter Hartz den 344 Seiten langen Abschlussbericht der Kommission an Gerhard Schröder. Die *FAZ* druckte einen Bericht, der die Reformen erläuterte. Autor: Frank Frick von der Bertelsmann Stiftung. Einen Monat zuvor war im *Spiegel* eine Geschichte über die Konzepte von Hartz geschrieben worden. Einzige Quelle auch hier: Frank Frick. Kritische Gegenstimmen: keine.[302] Durch die Veröffentlichungen in diesen Leitmedien bekam die PR-Veranstaltung die Weihen der Unabhängigkeit und Glaubwürdigkeit.

Leiharbeit: der moderne Sklavenhandel

»Wir reden heute darüber, wie wir mit den Personal-Service-Agenturen die Zeitarbeit von einem Trampelpfad zu einem guten Weg für Langzeitarbeitslose entwickeln können, damit sie in den ersten Arbeitsmarkt hineinkommen. […] Damit die

Zeitarbeit angenommen wird, muss sie aus der Schmuddel-ecke heraus. Sie muss gesellschaftlich akzeptiert werden. Deshalb werden wir die gesamte Reglementierung des Arbeitsnehmerüberlassungsgesetzes abschaffen.« Mit diesen Worten kündigte Thea Dückert, parlamentarische Geschäftsführerin und arbeitsmarkt- und sozialpolitische Sprecherin der Grünen, 2003 die komplette Entgleisung der Leiharbeit an.[303]

Leiharbeit war bis 1967 in Deutschland verboten, in den siebziger Jahren war sie auf drei Monate begrenzt. 1985 wurde sie auf sechs, 1994 auf neun, 1997 auf zwölf und 2002 auf 24 Monate verlängert. Seit 2004 gibt es keinerlei zeitliche Beschränkung mehr. Dazu wurde außerdem die Wiedereinstellungssperre aufgehoben. Das bedeutet: Ein Angestellter kann theoretisch an einem Tag gekündigt und am nächsten Tag (für weniger Lohn) wieder beschäftigt werden. Leiharbeit ist Arbeit ohne Rechte – eine moderne Form des Sklaventums. Mehr als zwei Drittel aller Leiharbeiter erhalten heute einen Niedriglohn. Sie verdienen laut einer Studie des Nürnberger Instituts für Arbeitsmarkt- und Berufsforschung im Schnitt 20 bis 25 Prozent weniger als regulär Beschäftigte.[304] Laut Deutschem Gewerkschaftsbund verdienen Leiharbeiter in Vollzeit sogar nur halb so viel. Lediglich 19 Prozent kämen auf ein Gehalt von mehr als 2 000 Euro brutto.[305] Daran wird auch der geplante Mindestlohn für Leiharbeiter von 7,89 Euro (brutto!) pro Stunde nichts ändern. Damit sei das Verarmungsriskio von Leiharbeitern vier bis fünf Mal höher als in der Gesamtwirtschaft. Jeder achte Leiharbeiter sei trotz Beschäftigung auf Hartz IV angewiesen. Leiharbeit ist zudem nahezu ein Garant für Altersarmut: durch die niedrigen Löhne und die Pausen zwischen den Aufträgen ergeben sich nur marginale Rentenansprüche. Darüber hinaus, das hat die Soziologin Sandra Siebenhüter in ihrer Studie *Integrationshemmnis Leiharbeit* herausgefunden, ist es für Leiharbeiter schwerer, eine Wohnung zu finden, weil sie kein festes Arbeitsverhältnis nachweisen können.[306] Und: Immer mehr Leiharbeiter werden auf 400-Euro-Basis angestellt: Gab es 2006 noch knapp 50 000 Mini-Jobber, waren Ende 2010 bereits 82 000 bei einer Leiharbeitsfirma unter Vertrag. Noch dazu buhlen die 10 000 Leiharbeitsbetriebe um Kunden: Sie verdienen um so mehr, je billiger sie Arbeit verkaufen.[307]

Nicht nur, dass Leiharbeiter unter grässlichen Bedingungen und zu miesen Löhnen arbeiten: Sie ziehen außerdem den Unmut der Stammbelegschaft auf sich. Für die, die noch ordentliche Arbeit haben, sind sie eine fleischgewordene Bedrohung. Mit dem Damoklesschwert des »Heute die, morgen du« über den Köpfen der Belegschaft gelingt es denn auch viel leichter, die Lohnkosten für Festangestellte zu senken – miserable Tarifabschlüsse inklusive. Leiharbeiter sind nahezu rechtelos, ausgeliefert und austauschbar. Sie werden als erstes gekündigt, wenn das Unternehmen in eine (vermeintliche) Schieflage gerät. Gab es im Juli 2008, kurz vor der Finanzkrise, noch 823 000 Leiharbeiter, so sank ihre Zahl bis April 2009 auf 582 000. In nur zwei Jahren ist die Zahl nun wieder auf heute knapp 900 000 gestiegen.

Besonders ausgiebig nutzt die Metall- und Elektroindustrie Leiharbeiter – dort machen sie bereits fast ein Viertel der Belegschaft aus. Nirgends sonst in Europa gibt es einen so hohen Anteil. Leiharbeit dient längst nicht mehr dazu, kurzfristige Schwankungen bei der Auftragslage zu kompensieren, sondern dazu, den Kündigungsschutz zu umgehen und die Arbeitsbedingungen für alle zu verschlechtern.[308] In einem Interview mit der *Frankfurter Rundschau* im Juli 2010 sagte Martin Kanne-giesser, Chef des Industrieverbands Gesamtmetall, dass im Jahr zuvor die Zahl der Stammbelegschaft um 200000 gesunken sei. Eine gleiche Bezahlung von Leiharbeitern und Stammbe-schäftigten lehnte Kannegiesser selbstverständlich ab.[309] Auch in der öffentlichen Dienstleistung werden zunehmend Leiharbei-ter beschäftigt: Dort finden sich 40 Prozent aller Leiharbeits-verhältnisse in öffentlichen und gemeinnützigen Einrichtungen. In Krankenhäusern, Altenheimen und bei mobilen Pflegedien-sten hat sich die Zahl der Leiharbeiter seit 2004 verfünffacht.

Nach Angaben des Bundesverbands Zeitarbeit wechselten 30 Prozent aller Mitarbeiter »in ein eigenes Anstellungsver-hältnis, nachdem sie bei Zeitarbeitsunternehmen beschäftigt waren«. Der Verband behauptet, jedes Jahr würden mehr als 200000 Menschen in den ersten Arbeitsmarkt integriert. Unabhängige Wissenschaftler aber bezweifeln diese Zahlen. Kerstin Ziegler vom Nürnberger Institut für Arbeitsmarkt-und Berufsforschung sagt: »Auch wenn die Zeitarbeit häufig als Sprungbrett in den regulären Arbeitsmarkt gepriesen wird: Die Wahrscheinlichkeit, dass ein Leiharbeitnehmer von sei-nem Zielunternehmen in eine Festanstellung übernommen wird, ist eher gering. Am Ende der Zeitarbeit stehen nur sie-ben Prozent der zuvor arbeitslosen Leiharbeiter dauerhaft in einer regulären Beschäftigung.«[310]

Früher sterben für das Wirtschaftswachstum

Leiharbeit zerstört nicht nur Arbeitsplätze, sondern auch die Menschen: Zeitarbeit macht krank. Das belegt eine Untersu-chung der Techniker-Krankenkasse vom Juli 2011: 2010 war jeder Leiharbeiter im Schnitt 15 Tage pro Jahr krank geschrieben. Nicht nur die harte Arbeit geht den Leiharbeitern an die Knochen, sondern auch die psychische Belastung, die durch die beständige Unsicherheit, den häufigen Wechsel des Arbeitsplatzes, die miserable Entlohnung und die Entwertung der Leiharbeiter entsteht. 2010 meldete sich jeder zweite Leiharbeiter psychisch bedingt krank. Innerhalb von zwei Jahren stiegen die Fehlzeiten aufgrund psychischer Malaisen um 12 Prozent. Noch häufiger sorgten nur Muskel- und Skeletterkrankungen für Fehlzeiten.[311]

Armut und schlechte Arbeitsverhältnisse machen nicht nur krank und depressiv – sie verringern sogar die Lebenserwartung. Ein bemerkenswerter Vorgang ereignete sich im Dezember 2011. Auf eine Anfrage der Linken im Bundestag lieferte die Regierung einen Befund, der belegte, was sie danach selbst nicht wahrhaben wollte: Arme in Deutschland leben bis zu sieben Jahre kürzer. Mehr als zehn Jahre beträgt der Unterschied zwischen den reichsten und den ärmsten Menschen hierzulande. Während die Lebenserwartung der deutschen Gesamtbevölkerung leicht steigt, ist sie für Geringverdiener um zwei Jahre gesunken.[312] Dass Unterschiede selbst in der Lebenserwartung an den sozioökonomischen Status gekoppelt sind, ist ein ungeheuerlicher Befund für das wohlhabende Deutschland: »Die Zugehörigkeit zu einer niedrigen und bildungsfernen sozialen Schicht stellt (…) die heftigste Bedrohung für Leib und Leben dar«, stellte Werner Bartens in der *Süddeutschen Zeitung* fest.[313]

Doch was nicht sein darf, kann nicht sein – und so hat dieselbe Regierung die Interpretation der Zahlen, die die Deutsche Rentenversicherung vorlegte, prompt für falsch erklärt. Insbesondere das Arbeitsministerium lehnt diese ab. Arbeitsministerin Ursula von der Leyen scheute sich in ihrer Rede wenige Tage nach dem Bekanntwerden der Zahlen nicht einmal davor, die angeblich falsche Interpretation dem von Konservativen gern bemühten Klischee zuzuschreiben, die Linke lebte in der Vergangenheit und jenseits der Wirklichkeit. »Das ist ein Paradestück dafür, dass die Linken mit Zahlen nicht umgehen können. Es zeigt den tiefen Realitätsverlust der Linken«, sagte von der Leyen.[314]

Dass sich ausgerechnet die Arbeitsministerin derart aufspielt, hat einen banalen Grund: die niedrigere Lebenserwartung hat mit der Arbeit selbst zu tun. Sie ist nicht im lasterhaften Fehlverhalten der Armen zu finden, wie es schon kurz darauf zum Beispiel Patrick Bernau in der *FAZ* versuchte, der die Armen auch für ihren Tod verantwortlich machte (Rauchen, Tiefkühlpizza und Burger plus zu wenig Sport und zu wenig Freunde).[315] Diese demütigende Schuldzuweisung Richtung Unterschicht funktioniert seit Jahren zuverlässig: Wer das Geld statt für Kinderbücher für Schnaps und Zigaretten ausgibt, wer den ganzen Tag vor dem Flachbildfernseher fläzt und dort im so genannten »Unterschichtsfernsehen« (Paul Nolte) seinesgleichen beim Kinderverhauen, Schuldenmachen und Amtbescheißen zuschaut, braucht sich nicht zu wundern, wenn er fett und krank wird! Selbst wenn Kranke weniger Sport treiben, weniger zum Arzt gehen (etwa, weil sie sich die teuren Behandlungen nicht leisten können), selbst wenn sie sich schlechter ernähren (beziehungsweise hungern) ja, auch wenn sie trinken und rauchen – dann hat das nichts mit ihrer Moral zu tun, sondern mit dem Unglück der neuen Arbeitsverhältnisse, der Arbeitslosigkeit und dem Ausschluss aus der Gesellschaft.

Es gibt eine ganze Reihe von Untersuchungen, die seit Jahren belegen, wie sich berufliche Unsicherheit, wirtschaftliche

Krisen, Existenzangst und finanzielle Not auf die Gesundheit auswirken. Der unglückliche Arbeiter, der sich abrackert und trotzdem nicht vorankommt, hat ein dreifach höheres Risiko als sein gleichaltriger Fabrikdirektor, einen Herzinfarkt zu erleiden. Herzinfarkte und Schlaganfälle nehmen vor allem nach Wirtschaftskrisen zu.[316] Je mehr die Menschen Angst um ihren Arbeitsplatz haben, desto eher gehen sie außerdem krank zur Arbeit. In ihrem Buch *Gleichheit ist Glück. Warum gerechte Gesellschaften für alle besser sind* haben die beiden Epidemologen Kate Picket und Richard Wilkinson über Jahre sämtliche Untersuchungen zu gesellschaftlicher Ungleichheit zusammengetragen. Danach stellten Wissenschaftler bereits 1967 fest, dass die Sterbeziffer männlicher Beamter der unteren Ebene drei Mal so hoch war wie die der leitenden Beamten. Die so genanten Whitehall-Studien belegten: Ein geringer Status macht anfällig für Herz-, Lungen- und Darmkrankheiten, für Depressionen und Rückenleiden. Seit den siebziger Jahren ist der Einfluss von sozialer Einbindung und gesellschaftlichem Status auf Krankheit und Lebenserwartung evident. Wo das Leben hart ist, stirbt man früher. Und je höher die Einkommensunterschiede, desto mehr leidet die Volksgesundheit.[317]

Knechten für Millionäre

Ein Parkplatz in Duisburg, ein hagerer Mann tritt ins Bild: Peter, der in Wahrheit anders heißt. Es ist zehn Uhr vormittags, er arbeitet seit einer Stunde, verdient hat er bisher keinen Cent. Peter ist Paketbote für Hermes, bezahlt wird er pro Paket, nicht pro Stunde. 60 Cent bekommt er für jede Auslieferung. Heute hat er nur 29 Stück in seinen privaten PKW geladen. Während der vier Stunden, in denen er die Pakete ausliefert, schätzt Peter, wird er auf einen Verdienst von drei Euro kommen. Selbst wenn er wesentlich mehr Pakete ausfährt, sagt Peter, kommt er auf einen maximalen Stundenlohn von drei Euro netto.

Peter ist Protagonist der ARD-Reportage *Das Hermes-Prinzip – Der Milliardär und seine Götterboten*[318] von Monika Wagener und Ralf Hötte. Der Milliardär ist Michael Otto, dessen Familienvermögen auf 18,7 Milliarden Euro geschätzt wird. Er gehört zu den reichsten Menschen der Welt.[319] Der Logistik- und Paketdienstleister Hermes (Umsatz: eine Milliarde Euro pro Jahr) ist ein hundertprozentige Tochter der Otto-Group (Umsatz: 11,4 Milliarden Euro jährlich). Doch Otto und Hermes sind in diesem Ausbeutungsskandal fein raus: Hermes liefert die Pakete an so genannte SAT-Depots, die selbstständige Unternehmen sind. Diese wiederum engagieren Subunternehmer, die die Pakete ausliefern. Juristisch ist Hermes nicht für die Arbeitsbedingungen der Zusteller verantwortlich.

Mit der Auflösung des staatlichen Postmonopols und dem florierenden Internethandel ist ein riesiger Markt entstanden, der von einem gnadenlosen Konkurrenzkampf um Geschwindigkeit und niedrige Preise gekennzeichnet ist. Nur einer von vielen Belegen, dass Privatisierung und Wettbewerb der Allgemeinheit schaden und den Reichen nutzen.

Peter kann sich nicht leisten, krank zu sein. Er fährt sogar mit Fieber. An Urlaub ist gar nicht zu denken: Wenn er nicht Pakete ausfährt, verdient er kein Geld. Die Hälfte seines Verdienstes geht für Benzin und den Unterhalt seines Autos drauf, er muss so gesehen auch noch dafür zahlen, dass er arbeiten darf. Seit er für Hermes Pakete schleppt und Treppen hinauf und hinunter rennt, seit er sich manchmal entscheiden muss, ob er Zigaretten kauft oder etwas zu essen, hat der Mann 15 Kilo abgenommen. »Würden Sie nicht besser dastehen, wenn Sie Hartz IV beziehen würden?«, fragt ihn Reporterin Wagener. »Eigentlich schon. Das hab ich auch eine Weile gemacht. Aber da bin ich irgendwie nicht der Mensch für«, sagt Peter. Niemand ist das. Deswegen nehmen ja so viele Menschen die unwürdigsten Jobs an. Manche gleich mehrere davon, nur um nicht Opfer der Repressionen und Demütigungen zu werden, die Hartz IV bereitet. »Warum funktioniert das System?«, fragt Wagener. »Weil es halt Menschen gibt, die auf dem Arbeitsmarkt nicht unbedingt die Chancen haben, denen da ein Chance gegeben wird. Die aber dann voll ausgenutzt werden, sprich: unter Druck gesetzt, indem sie gesagt bekommen, du musst das jetzt fahren, sonst brauchst du morgen nicht wieder zu kommen. Ja, dann macht man's halt.« Wenn man sich Menschen wie Peter anschaut, und es ist unwahrscheinlich, dass er die Ausnahme bildet, dann erscheint einem das gnadenlose und unternehmensfreundliche Prinzip »Fördern und Fordern« als moderne Form der Zwangsarbeit.

»Umweltschutz und soziale Standards wurden bei uns bereits Anfang der achtziger Jahre aufgegriffen, als kaum noch jemand darüber nachdachte. Heute schätzen uns viele junge Menschen als Arbeitgeber, weil wir Verantwortung übernehmen und uns engagieren.« Michael Otto hält einen Vortrag vor Studenten der Betriebswirtschaftslehre an der Universität München, er erhält dafür großen Applaus. »Die Mission der Otto Group heißt ›Die Kraft der Verantwortung‹. Sie steht für die Werte, zu denen sich die Gruppe mit allen Konzernunternehmen verpflichtet: Wirtschaftlichkeit, Innovation, Vielfalt und Nachhaltigkeit. Sie gelten für jeden Mitarbeiter, also für fast 50000 Menschen in 20 Ländern«, heißt es auf der Konzernhomepage.[320] Otto gilt in der Wirtschaftswelt als Vorreiter des sozialen Unternehmers. Er ist, unter anderem, Vize-Präses der Handelskammer Hamburg, Vorsitzender des Kuratoriums der Gesellschaft für Politik und Wirtschaft, Vorsitzender des Stiftungsrats des WWF, stellvertretender Vorstandsvorsitzender im Kulturkreis des Bundesverbands der Deutschen Industrie. Er ist Ehrenmitglied des World Future Councils und gründete 1993 die Michael-Otto-Stiftung für Umweltschutz.[321] Für sein Engagement wurde der Hamburger Milliardär bereits hoch dekoriert: Er erhielt den Deutschen Umweltpreis und den Sustainability Leadership Award. Er ist Ehrensenator der Universität Hamburg und Ehrensenator der Ernst-Moritz-Arndt-Universität. Otto war Manager des Jahres 2001 und erhielt 2005 den Vernon A. Walters-Preis des Elite-Bundes Atlantikbrücke. Die Theodor-Heuss-Stiftung verlieh ihm den Theodor-Heuss-Preis für eine »in ökonomischer wie ethischer Weise vorbildliche Firmenkultur«. Solche Preise, die von wirtschaftsnahen Organisationen vergeben werden, sind Teil der Propaganda, dass die Wirtschaft bei allem Profitstreben auch sehr um das Wohl von Mensch und Welt besorgt sei. Wenn man Dinge nur oft genug wiederholt, werden sie schließlich für wahr genommen. Für so wahr gleich, dass Otto selbst das Bundesverdienstkreuz erhielt, obwohl zum Zwecke seiner Reichtumsmehrung Menschen mit schwerer Grippe für drei Euro am Tag Pakete ausfahren. Wäre wirklich etwas dran an der sozialen Einstellung des Vorzeige-Unternehmers, würde er im Handumdrehen dafür sorgen, dass die Hermes-Boten anständig bezahlt würden. Es würde ihn wahrscheinlich nicht mal mehr als einen Anruf kosten. Am Rande des Vortrags von Michael Otto in München konfrontiert der ARD-Reporter Ralf Hötte den Unternehmer mit den Zuständen bei Hermes. Otto: »Ich kann nur sagen, die ganz, ganz große Mehrheit kann sehr gut davon leben. Dass das eine anspruchsvolle Aufgabe ist, eine anstrengende Aufgabe: kein Zweifel. Aber man kann da auch vernünftig verdienen. Und viele, die gerade von der Arbeitslosigkeit kommen, haben da eine Chance, eine Anstellung zu finden und Geld zu verdienen. Also von der Seite gibt es unwahrscheinlich viele, die sehr zufrieden damit sind.«

Peter gehört schon mal nicht dazu. Auch nicht der ehemalige Stahlhochbauer Gerhard Hahn, der selbstständig Pakete ausfuhr, bis er zusammenbrach. Verdienst pro Paket: 70 Cent. Nach allen Abzügen blieb ihm nichts zum Leben. »Warum haben Sie das dann gemacht?«, fragt Wagener. »Na, ich war ja froh, dass ich überhaupt was hatte.« Am Anfang habe er gedacht, das sei eben so, wenn man sich selbstständig macht, das müsse wachsen. Doch da wuchs gar nichts außer Verzweiflung und Sorgen. Hahn hatte nicht einmal mehr das Geld für eine Kranken-, geschweige denn Rentenversicherung. Nachdem er drei Jahre ohne Unterbrechung gefahren war, bekam Hahn schließlich einen Schlaganfall. Ein großes Glück, dass ihn die Krankenkasse seiner Frau Stefanie als Familienversicherten aufnahm. Doch jetzt ist er arbeitsunfähig, und weil er unversichert Pakete ausgefahren hat, bekommt er heute keine Invalidenrente. Stefanie Hahn sagt: »Das hat uns eigentlich kaputtgemacht.« Sie fordert, und sie sagt das mit einer resignierten Wut, »dass die oben mal ein bisschen nachdenken, was sie den kleinen Leuten antun.«

Doch von Nachdenken kann »da oben« keine Rede sein: »Dass einige enttäuscht sind, ist natürlich bedauerlich, das ist besonders für den Einzelnen wirklich schlimm, aber das sind wirklich Einzelfälle. Denn 99 Prozent unserer gesamten Zusteller und Unternehmer sind zufrieden oder sehr zufrieden mit uns. Da geht es wirklich nur um Einzelfälle«, beteuert Michael Otto. Wie kommt wohl diese abenteuerliche Zahl zusammen, nach der Leute sehr zufrieden sind mit einem Verdienst von 60, 70 Cent oder maximal einem Euro pro zugestelltem Paket? Der ehemalige Hermes-Geschäftsführer Hartmut Ilek erklärt im ARD-Interview: von den 15 000 Beschäftigten des Unternehmens hätten sich nur einhundert aktiv beschwert – »das ist weit unter einem Prozent«.

»Glauben Neoliberale wirklich daran, dass der freie Markt Unterentwicklung behebt, wie sie so oft beteuern, oder sind all ihre Ideen und Theorien nur vorgeschoben, um maßlos gierig sein zu dürfen und sich aber doch auf altruistische Motive berufen zu können?«, fragt Naomi Klein in ihrem Buch *Die Schock-Strategie. Der Aufstieg des Katastrophenkapitalismus*.[322] Eine rhetorische Frage. Denn die Zerstörung sozialversicherungspflichter Arbeit geschah im Dienste des Kapitals, der Wettbewerbsfähigkeit der deutschen Exportwirtschaft auf den globalen Märkten und des Profits. Das Ergebnis: Eine riesige Reservearmee billigster Arbeiter, die so gebrochen, mürbe und angstzerfressen ist, dass sie ganz sicher nicht mehr aufmuckt, auf der einen Seite, auf der anderen eine verunsicherte Mittelschicht, die nach oben buckelt und nach unten tritt. Darüber: Wirtschaftsmächtige, die die tiefe Kluft zwischen Arm und Reich mit »sozialem Engagement« auffüllen wollen, um davon abzulenken, dass sie nicht bereit sind, faire Löhne und angemessene Steuern zu bezahlen.

7. DIE PRIVATISIERUNG DER WELTRETTUNG

Social Business oder Profite mit den Ärmsten

»Don't wait. Innovate!«, steht auf den Fahnen, die im eisigen Aprilwind vor der Universität Potsdam flattern. Drei Tage lang soll der Campus Griebnitzsee zum »Vision Campus« werden; hier findet der vierte »Vision Summit« statt, das weltgrößte Forum für Soziales Unternehmertum. Das Taxi rollt über den voll besetzten Parkplatz zum Eingang. »Wat is'n hier los, wenn man fragen darf?«, fragt der Fahrer. »Ein Kongress für Sozialunternehmer«, sage ich. »Aha. Wat soll dit sein?« – »Hier zeigt die Wirtschaft, wie sie mit sozialen Ideen Geld verdienen will.« Der Mann lacht: »Ne, wat'n Quatsch. Soziales kostet Geld, da kannste doch keen Geld mit verdienen!« Volkes Stimme.

Aber was weiß schon das Volk? Zum Glück werden in den nächsten Tagen nur noch Experten sprechen, von denen jeder einzelne Visionen haben wird, und Unternehmer, die sich für einen Kapitalismus mit Herz engagieren. Denn das ist soziales

Unternehmertum: Kapitalismus mit Herz. »Social Entrepreneurship« heißt: Gesellschaftliche Probleme wie Armut sollen nicht mehr von der Politik gelöst werden, sondern von Unternehmen. Soziales Unternehmertum wird derzeit als Paradigmenwechsel der Wirtschaft gefeiert. Und die Fürsprecher und Vordenker des »Social Entrepreneurship« sparen nicht an schönen Worten: »Ob Zugang zu Trinkwasser, zu Energie in den armen Ländern oder soziale Probleme bei uns: Sie lassen sich viel öfter, als wir denken, auf wirtschaftlich tragfähige und nachhaltige Weise lösen. Und zwar jenseits von Charity, jenseits von Hilfszuweisungen durch den Sozialstaat.« Das sagt etwa Peter Spiegel, der Gründer des Vision Summit.[324]

Spätestens seit die Unternehmensberatung McKinsey in einer Studie belegt hat, dass ethisches Wirtschaften profitabel sein kann, ist die Verknüpfung von Ökonomie und Moral zur marktwirtschaftlichen Binse geworden. Es dürfte heute kaum mehr ein Unternehmen geben, das sich nicht »verantwortliches Handeln« auf die Fahnen schreibt und die PR-Abteilung um CSR erweitert hat, wobei CSR für Corporate Social Responsibilty steht, für Unternehmensverantwortung also. In diesen Firmenabteilungen wird, in der Regel mit Sozialprojekten oder (selbstverständlich freiwilligen) Selbstverpflichtungen, dem schlechten Ruf entgegenzuwirken versucht, den die meisten Unternehmen sich durch ihr verheerendes soziales und ökologisches Wirtschaften zu recht erworben haben.[325] Social Entrepreurship aber will mehr als das: Die Lösung sozialer Probleme soll der Geschäftszweck dieser Unternehmen sein.

»›Eine bessere Welt ist möglich‹, war das Motto der globalen Zivilgesellschaft in der letzten Dekade. Die Botschaft der jetzigen Dekade soll heißen: ›Eine bessere Welt ist unternehmbar‹ – durch die selben engagierten Bürger, die nun lernen, nicht länger auf den Staat zu warten, sondern selbst innovative Lösungen für die sozialen und ökologischen Herausforderungen im Kleinen wie Großen zu entwickeln und selbsttragend umzusetzen«, sagt Peter Spiegel. Ein wenig roher formuliert (Eigenverantwortung versus »soziale Hängematte«) hat man das schon von Guido Westerwelle, Hans-Olaf Henkel, Gerhard Schröder, Hans-Werner Sinn und anderen Sozialstaatszerstörern gehört. Doch wenn Peter Spiegel, der sich selbst als »Possibilisten« bezeichnet, praktisch das Motto des globalisierungskritischen Netzwerks Attac zur Losung der globalen Wirtschaft umdichtet, klingt das wie eine soziale Bewegung.

Muhammad Yunus Superstar: der Messias der Marktwirtschaft

Wie groß der Glaube daran ist, dass Businesssamariter nunmehr die sozialen Probleme beseitigen, zeigt unter anderem der Umstand, dass ausgerechnet ein Banker den Friedensnobelpreis bekam: 2006 erhielt der bangladeschische Wirtschaftswissenschaftler Muhammad Yunus für sein Konzept, Mikrokredite an Arme zu vergeben, den renommierten Preis. Seither gilt Yunus als Säulenheiliger der ökonomischen Weltrettung. Seine nächste gefeierte Idee nennt sich »Social Business«: ein Unternehmen, das zur Lösung eines bestimmten sozialen Problems gegründet wird, jedoch Gewinne nicht an die Shareholder ausschüttet, sondern in das Unternehmen investiert, damit dieses wachsen und den sozialen Effekt vergrößern kann. Das Unternehmen muss dabei wirtschaftlich rentabel sein und sich selbst tragen, damit es nicht auf staatliche Zuschüsse oder Spenden angewiesen ist. Eine Vorgabe, die diese Art des Wirtschaftens auch für große Konzerne attraktiv macht: Mit den multinationalen Unternehmen Danone, Adidas, BASF, Veolia und Otto hat Yunus bereits Joint Ventures für solche »Social Businesses« in Bangladesch gegründet.

Mit seiner neuen Heilslehre war Yunus auch das Zugpferd des Vision Summit. In Veranstaltungen der ersten drei Jahre dieses Visionsgipfels war er jeweils der Stargast. Seither hat sich die Zahl der Besucher von 600 auf mehr als 1250 verdoppelt.[326] Es waren vor allem seine Auftritte bei diesem Event, die für die Verbreitung und Anerkennung der »Social-Business«-Idee in Deutschland gesorgt haben. Gleich beim ersten Vision Summit 2007 erhielt der Ökonom den »Vision Award« und sorgte damit für große Aufmerksamkeit in den Medien.[327] Vor allem weil der eloquente Messias des Kapitals so druckreife Sätze sagt wie: »Arme Menschen sind wie Bonsais. Der beste Samen eines großen Baumes wird nur wenige Zentimeter groß, wenn man ihn in einen Blumentopf pflanzt; er verkümmert, genau wie die Armen. Ihr Problem ist nicht der Samen, sondern die Gesellschaft, die ihnen keinen Raum gibt zu wachsen. Wenn wir das ändern, muss niemand mehr arm sein.«[328] Klingt wie eine Mischung aus Zenphilosophie und biblischem Gleichnis. Zu dieser quasi religiösen Rhetorik passt, dass Yunus stets die Tracht seiner Heimat trägt. Wenn er auf den Fotos den Anzugträgern aus der Wirtschaft die Hand schüttelt, dann wirkt das nicht so, als hätten da gerade zwei Marktradikale einen lukrativen Deal abgeschlossen. Sondern eher als würde der Dalai Lama den Geschäftsleuten seinen Segen geben.

»Armut gehört nicht in eine zivilisierte Gesellschaft. Sie gehört ins Museum«, lautet Yunus' berühmtester Satz.[329] Es ist seine metaphernschwangere Ausdrucksweise, mit der er es schafft, Elite und einfache Menschen, NGOs und Konzernbosse gleichermaßen zu begeistern und sich selbst zu einem charismatischen Führer zu stilisieren. Er war sogar als Redner auf das Musikfestival eingeladen, das Globalisierungskritiker am Rande des G-8-Gipfels 2007 in Heiligendamm organisierten[330] – obwohl er samt seiner Meinungen gewiss eher ins Hotel Kempinski gepasst hätte, wo zur gleichen Zeit unter dem Motto »Wachstum und Verantwortung« die Globalisierung vorangetrieben wurde.

Yunus' Wortwahl wirkt mitunter zynisch, etwa wenn er es als »finanzielle Apartheid« bezeichnet, dass Arme keinen Zugang zu Krediten haben, oder diese Armen selbst »finanziell Unberührbare« nennt. Die Unberührbaren sind im Hinduismus menschlicher Bodensatz, sie werden in südasiatischen Ländern noch heute unterdrückt und diskriminiert. Mit solchen manipulativen Vergleichen erhebt Yunus Schulden zum Menschenrecht.

»Die Grameen Banh – und ihre Nacheiferer in aller Welt – hilft den Menschen dabei, ihren Willen und ihre Kraft, die sie brauchen, zusammenzunehmen, um die sie jeweils umgebenden Mauern einzureißen.«[331] Hinter diesen schwülstigen Worten steckt nichts anderes als das schnörkellos neoliberale Mantra: »Jeder ist seines Glückes Schmied.« Yunus erweckt den Eindruck, er sei besonders nahe an den Armen dran. Gern wiederholt er die Geschichte von den Hungernden, die ihm in jungen Jahren vor den Füßen wegstarben, bis er den Anblick dieses Leids nicht mehr ertragen konnte. Tatsächlich aber stammt Yunus, Sohn eines Juweliers, aus der gehobenen Mittelschicht und studierte Wirtschaftswissenschaften in den USA. Sein Bild

von der Armut ist, wenn man genauer hinsieht, ebenso westlich geprägt wie seine Idee der ökonomisch rentablen Entwicklungshilfe. Weil er mit dem Habitus der westlichen Elite ver-
traut ist, nimmt diese ihn ernst. Zu seinen Anhängern zählt
nicht nur Politprominenz wie Hillary Clinton oder Nicolas
Sarkozy, sondern auch superreiche Weltstars wie Angelina
Jolie und Brad Pitt, Bono und Bob Geldof sowie Bestseller-
autor Paulo Coelho. Muhammad Yunus ist Pop: Er taucht sogar
als Figur bei den Simpsons auf und gab dort – »Ha, ha!« – Nel-
son Munz einen Mikrokredit zur Gründung eines Fahrrad-
geschäfts.[332]

Betriebswirte mit Gewissen

Im Foyer des Unigebäudes in Potsdam sind Informations-
stände aufgebaut, an denen verschiedene Sozialunternehmer
ihre Projekte vorstellen. Ein Kleinunternehmen präsentiert
einen ökologisch abbaubaren Kaffeebecher, ein Reiseveran-
stalter bietet Urlaubern freiwillige soziale Arbeit in Indonesien an. Eine NGO wirbt für Altkleidersammlung, ein Kleinunternehmen pflanzt Bäume in Afrika. Mehrere Organisationen
werben mit Fotos pittoresker Armut für »soziale Geldanlagen«.
An einem Büchertisch kann man den Bildband *The Power of
Dignity. The Grameen Family* für knapp 40 Euro kaufen, in
dem Fotos von Roger Richter versammelt sind. Ein Coffee-
tablebook der Armut.

Alternativ angehauchte Frauen mittleren Alters stehen an
den Infoständen. Sie greifen weltgewandt wissensdurstig, von
keinerlei Selbstzweifel angekränkelt zu den Infobroschüren
und stopfen sie in ihre Stoffbeutel. Viele junge Menschen tra-

gen Namensschilder um den Hals, auf denen hinter »Ich interessiere mich für« Dinge stehen wie »innovative Lösungen«. An den Stehtischen sieht man Männer in Anzügen, sie gestikulieren geschäftig, während sie ihr dynamischstes Macherlächeln zeigen.

Es sind wohl solche Leute, die den Mythos befeuern, die neue Generation von Geschäftsführern denke sozial. Anders als die alten Machtopas, die hinter schweren Eichenschreibtischen in quietschenden Ledersesseln Zigarre rauchten und mit diabolischem Lachen auf die Bilanzen schauten. »Die jungen Führungskräfte, die mit Fernsehen und Internet groß geworden sind, sind sich der sozialen Probleme eher bewusst als frühere Generationen. Sie machen sich Gedanken über den Klimawandel, die Kinderarbeit, Aids, die Frauenrechte und die Armut in der Welt. Mit dem Aufstieg dieser Generation in den Firmenhierarchien rücken auch die globalen Probleme ins Blickfeld der Unternehmensführungen«, schreibt Yunus in seinem Buch *Die Armut besiegen*.[333]

Das Fach Wirtschaftsethik ist mittlerweile regulärer Bestandteil der Managerausbildung. Viele Universitäten haben Lehrstühle für Unternehmensethik und bieten Seminare zu CSR an.[334] Ganz so, als hätten die neuen BWLer ihr soziales Gewissen entdeckt und wollten tatsächlich nicht mehr Gewinne, sondern gesellschaftlichen Nutzen maximieren. Allerdings ist keine andere Generation in einer derart durchökonomisierten Welt aufgewachsen wie diese. Die Manager von morgen mögen zwar mehr wissen über die Verhältnisse in der Welt und die Folgen verantwortungslosen Wirtschaftens. Gleichzeitig erscheint es ihnen logisch, dass man auch Armut nicht mit Politik, sondern nur mit wirtschaftlicher Effizienz und Pragmatismus bekämpfen kann. In der Welt des Social Entrepreneurship heißen sie deshalb »Changemaker«, »Problemlöser«, »Innovatoren«, »Visionäre«, »Impulsgeber«, »Rulebreaker« und »Erfahrungsteiler«, die mindestens eine »Mission« haben oder »ein Wagnis« eingehen wollen.

Bei der Eröffnung des Vision Summit im voll besetzten großen Hörsaal dann wird klar, dass eine wesentliche Figur in diesem Jahr fehlt: Erstmals ist Muhammad Yunus nicht Stargast der Veranstaltung. Der Friedensnobelpreisträger führt zu dieser Zeit Auseinandersetzungen mit der bangladeschischen Regierung, die ihn »aus Altersgründen« von seinen Aufgaben entbunden hat. Die Ministerpräsidentin des Landes, Hasina Wajed, wirft ihm außerdem vor, »ein Blutsauger der Armen« zu sein.[335]

Die Idee der Mikrokredite ist Ende 2010 erstmals schwer in Misskredit geraten, als sich in Indien 54 Menschen das Leben nahmen, die ihre Schulden nicht mehr bezahlen konnten.[336] Wurde Yunus wegen dieses Imageverlustes nicht herbeigebeten? Veranstalter Spiegel dementiert: Man habe ihn nicht eingeladen, weil man sich diesmal nicht ausschließlich mit »Social Business« beschäftigen wolle. Er rufe aber alle Journalisten auf, sich mit dem »Skandal« der Entlassung Yunus' zu beschäftigen.[337] Die Anhänger des Bankers vermuteten in der Amtsenthebung eine politische Verschwörung: Die Regierung wolle sich seinen Erfolg und seine Macht »unter den Nagel reißen«. Auffallend ist jedoch, dass auch die Konzerne fehlen, die Joint Ventures mit dem Friedensnobelpreisträger gegründet haben. Weder Adidas noch Otto noch BASF sind nach Potsdam gekommen. Selbst das Grameen Creative Lab, die deutsche Vertretung von Muhammad Yunus, blieb der Veranstaltung fern.

Einzig Danone war vor Ort – um ein weiteres Mal das »Best Practice-Beispiel« vorzustellen, mit dem »Social Business« weltweit bekannt wurde[338]: 2006 eröffnet der Weltmarktführer bei Milchprodukten in Kooperation mit Muhammad Yunus in Bangladesch eine »soziale Joghurtfabrik«. Dort soll ein mit Vitaminen und Mineralstoffen angereicherter Joghurt hergestellt werden, der Kinder vor Mangelernährung schützen und den sich die Armen leisten können sollen. Bei Grameen Danone sollen Menschen aus der Umgebung arbeiten, die Milch von Kleinbauern aus der Region stammen und arme Frauen sich ein Einkommen schaffen, indem sie den Joghurt als »Sales Ladies« an arme Familien auf dem Land von Tür zu Tür verkaufen. Danone – Sponsor des Weltrettungsevents – erhielt dafür 2009 den Vision Award. In den Medien wurde das Projekt durchgehend als Best Practice-Beispiel für Social Business vorgestellt. Doch an diesem Tag betonte Andreas Knaut, damals noch Corporate Communications, Health and Sustainability bei Danone[339], dass man nicht nur mit Yunus »Social Business« am Start habe, sondern weltweit 30 solcher Projekte »on place«.[340]

Die Redner auf der Veranstaltung geben sich alle Mühe, genauso viel Pathos zu verbreiten wie der Nobelpreisträger, um das »neue soziale Wirtschaftswunder« zum »größten aller bisherigen Wirtschaftswunder« (Peter Spiegel) zu machen.[341] Einer der Redner ist Peter Endres, Vorstandsvorsitzender der Ergo-Versicherung. Er darf hier den neuen Werbespot zeigen, schließlich ist sein Konzern »Premiumsponsor«. Nur sechs Wochen nach der Weltrettungs- wird eine andere Sause bekannt, zu der 2007 die im Konzern aufgegangene Hamburg-Mannheimer Versicherung ihre besten Mitarbeiter in den Puff nach Budapest geschickt hat. Die 83 000 Euro, die dieser Spaß kostete, konnte Ergo anschließend immerhin als Betriebsausgaben von der Steuer absetzen.[342]

Die Referenten haben penetrant gute Laune, der Saal steht kurz vor gemeinsamem Zwangsschunkeln. Alles wirkt wie eine bizarre Mischung aus Esoterik-Messe, Sektenseminar und Manager-Motivationstraining: »Lassen Sie uns Denkschranken lösen!« Tschaka, tschaka! Im Hörsaal spricht Franz Alt; der Hobby-Ökologe und professionelle Magier, der seit 40 Jahren als »Francesco Altini« auftritt, untermalt seinen Vortrag mit symbolträchtigen Bildern der Erdkugel und der Sonne. Ich glaube kurz, mich verhört zu haben, als er Agrar-Energie als Perspektive für die Zukunft präsentiert und darüber schimpft, dass die Deutschen kein E 10 tanken wollen. Dass dies ein kapitaler Irrtum ist, haben selbst Institute wie Weltbank und OECD verstanden.[343] Nicht aber Franz Alt. Der zeigt ein Bild von einem Bauern, der auf einem Feld mit Schilfgras steht, und ruft in den Applaus: »Der Mann hat was verstanden. Er ist jetzt nicht mehr Landwirt, sondern Energiewirt!«

Danone, der liebe Weltkonzern

Anfang März 2010 treffe ich Ramin Khabirpour, den Geschäftsführer von Danone Deutschland, zum Gespräch über die »Soziale Joghurtfabrik« in Bangladesch.

Es ist mein zweites Interview für die Zeitschrift *Enorm*, die sich mit Sozialem Unternehmertum beschäftigt. Für meine Interview-Serie *Hartmann!* konfrontiere ich Vertreter von Konzernen wie Ikea, Starbucks und McDonald's, die ihr Öko- und Sozialengagement besonders deutlich betonen, mit den schädlichen Auswirkungen ihres Kerngeschäfts. Über jenes von Danone gibt es eine Menge Material.

Danone ist der zweitgrößte Milchproduzent der Welt. Der Konzern hat Niederlassungen in 120 Ländern und macht einen Umsatz von 15 Milliarden Euro jährlich. Durch den Aufkauf des belgischen Babynahrungsmittelherstellers Numico katapultierte er sich auf Platz zwei der Babynahrungsmittelproduzenten, direkt hinter Weltmarktführer und Danone-Konkurrent Nestlé. Bei Flaschenwasser rangiert Danone (Evian, Volvic), auf dem zweiten Platz weltweit. Wie jeder Multi sucht auch Danone den Profit durch Expansion in Schwellen- und Entwicklungsländer zu steigern. Denn die Märkte in Europa sind gesättigt; selbst mit »Innovationen« wie Joghurts, die angeblich das Immunsystem stärken,[344] schafft Danone keine Gewinnsteigerungen mehr. Dagegen erwirtschaftet der Konzern mittlerweile 30 Prozent des Jahresumsatzes in armen Ländern.[345]

Es gibt eine Menge Vorwürfe gegen diese Geschäfte in armen Ländern. Etwa dass Unternehmen wie Danone, Nestlé und Coca Cola davon profitieren, dass die hoch verschuldeten Drittweltstaaten kein Geld für die Bereitstellung von Trinkwasser haben. Knapp eine Milliarde Menschen sind ohne Zugang zu sauberem Wasser, weshalb weltweit jährlich mindestens zwei Millionen Menschen sterben.[346] Trinkwasserhersteller kaufen lokale Wasserabfüller oder Nutzungsrechte an Wasseraufkommen in der sogenannten Dritten Welt, oder sie liefern, wie Danone, teures Flaschenwasser aus dem Westen. Wollen sie sauberes Wasser haben, sind die Armen gezwungen, Flaschenwasser zu kaufen – zu einem bis zu 1000 Mal höheren Preis als Leitungswasser. Ein fantastisches

Geschäft für die Konzerne: Flaschenwasser hat jährliche Wachstumsraten von 25 Prozent. 46,8 Milliarden Euro werden jährlich weltweit für Wasser in Flaschen ausgegeben – die globale Versorgung mit sauberem Leitungswasser dagegen würde mit geschätzten 23,3 Milliarden Euro vermutlich weniger als die Hälfte kosten.[347]

Doch gegen Kritik am Geschäft mit der Armut hat Danone sich gewappnet. Etwa durch ein Brunnenbauprojekt in Zusammenarbeit mit dem Kinderhilfswerk UNICEF in Äthiopien. Dafür lässt sich Markus Lanz mit fotogen lächelnden Eingeborenenkindern auf dem Arm gern ablichten und herumzeigen. So bewirbt Danone die Volvic-Kampagne »1 Liter für 10 Liter«. Doch das ist nicht alles. NGOs wie das International Babyfood Action Network (IBFAN) werfen Danone seit Jahren vor, mit den Tochterunternehmen Milupa, Bledina und Numico gegen den WHO-Kodex zur Vermarktung von Babynahrung zu verstoßen. Nach diesem Kodex darf künstliche Babynahrung für Kinder unter drei Monaten nicht beworben werden, um Mütter nicht vom Stillen abzubringen.[348] Denn laut WHO-Schätzungen sterben jährlich 1,5 Millionen Babys in Entwicklungsländern, weil ihre Mütter das Milchpulver mit schmutzigem Wasser anrühren oder es gar strecken, weil sie es sich bald nicht mehr leisten können.[349] Dann nämlich, wenn ihre Muttermilch endgültig versiegt ist. Doch die Konzerne stürzen sich auf das Geschäft mit dem Milchpulver. Spätestens seit die westliche Welt wieder zur Überzeugung gelangt ist, dass Stillen das Beste ist fürs Kind, stagnieren hier die Geschäfte. Weniger gebildeten Frauen in armen Ländern dagegen kann man leicht einreden, dass künstliches Milchpulver westlicher Konzerne gesünder sei fürs Baby. Zu den perfiden Verkaufspraktiken mancher Konzerne gehört es, Krankenschwestern und Hebammen in Entwicklungsländern mit großzügigen Geschenken zu korrumpieren: Haben sie ihr Verkaufsziel erfüllt, winken Urlaube, Reisen nach Mekka, Kühlschränke oder schlicht Geld.

Der Autor Tobias Zick hat für seinen Report »Die Milch-Macht« im Familienmagazin *Nido* in Indonesien recherchiert.[350] Er hat eine Hebamme getroffen, die zur Belohnung dafür, dass sie einen Jahresschnitt von 20 verkauften Packungen im Monat halten konnte, »Fortbildungen« mit Strandreisen erhalten hat. Einmal, erzählt sie, seien vier Flugzeuge mit Hebammen auf Einladung von Numico, dem indonesischen Marktführer für Babynahrung, nach Bali geflogen. Der Firmensprecher bestätigt das Anreiz- und Belohnungssystem, betonte aber den Erfolg der 200 Projekte zur »Fortbildung« von 30 000 Hebammen: »Das Schöne ist, dass diese Fachkenntnisse dann von den Hebammen an Mütter weitergegeben werden. Wir beobachten die Wirkung der Projekte zur Senkung der Mütter- und Säuglingssterblichkeit.« Jedes Jahr sterben in Indonesien 30 000 Kinder, weil sie in den ersten sechs Monaten nicht ausschließlich gestillt werden.[351] Hebammen und Krankenschwestern und ihren Einfluss auf Frauen nach der Geburt gezielt einzusetzen, wenn sie am verwundbarsten sind, um den Gewinn von Weltkonzernen zu steigern: das ist nachgerade abscheulich. Danone jedenfalls konnte im dritten Quartal 2011 seinen Umsatz erneut steigern, um 5,9 Prozent auf 4,81 Milliarden Euro im Vergleich zum Vorjahr. Babynahrung und medizinische Produkte fanden zwischen Juli und September in China und Indonesien besonders hohen Absatz.[352]

In der Deutschlandzentrale von Danone in München holt mich Susanne Knittel zum Interview mit dem Geschäftsführer Ramin Khabirpour ab. Sie ist Head of External Communications & Corporate Social Responsibilty; »Social Business« gehört zu ihren Themen. Knittel ist eine engagierte Frau, ihre Augen leuchten, wenn sie von dem Projekt in Bangladesch spricht. Sie ist offenkundig stolz darauf, dass Danone an der berühmten »sozialen Joghurtfabrik« beteiligt ist. Klar, wer freut sich nicht, wenn der eigene Arbeitgeber so viel Gutes tut. Mitarbeiterbindung ist ein wesentlicher Aspekt der Corporate Social Responsibility. Durch Social Business, das über eine altmodische Firmenspende weit hinausgeht, binden die Konzerne ihre Beschäftigten auch emotional und moralisch an das Unternehmen. Umgekehrt: Wer würde schon gerne für einen Konzern arbeiten, dem vorgeworfen wird, für den Tod tausender Säuglinge verantwortlich zu sein? Dass Danone in einem der ärmsten Länder der Welt eine Fabrik eröffnet hat, die ausschließlich »den Armen dienen« soll – das hat doch gleich einen ganz anderen Klang.

Aber wie wahrscheinlich ist es, dass Danone auf einmal sein großes Herz für Menschen entdeckt hat? Welche Motive könnte der Weltmarktführer von Milchprodukten wirklich haben, wenn er in Bangladesch eine »soziale Joghurtfabrik« errichtet?

Schließlich führt Knittel mich zu Ramin Khabirpour. Er lehnt sich lächelnd in seinen Sessel und sagt: »Für mich ist es ganz wichtig, morgens in ein Unternehmen zu kommen, von dem ich weiß, es ermöglicht mir etwas, das ich bei hundert anderen Unternehmen nicht machen könnte.« Ich frage: »Ist das Joghurt-Projekt nicht doch nur ein erster Schritt, Bangladesch als Absatzmarkt zu erobern?« Seine Antwort: »Nein.

Wir wollen in Bangladesch unsere Mission erfüllen: ›Bring health through food to as many people as possible‹. Social Business ist eine Möglichkeit dafür, so dass immer mehr Haushalte in der Lage sind, unsere Produkte zu kaufen.«[353] Gesundheit für arme Bangladeschi durch den guten Danone-Joghurt? Aus einer Fabrik, wo sie unter guten Arbeitsbedingungen in Herstellung und Vertrieb das Geld verdienen, von dem sie sich dann Joghurt kaufen können? Das will ich sehen.

Ja, wo laufen sie denn?
Auf der Suche nach den Danone-Ladies

Meine Suche nach dem gutem Joghurt aus der guten Fabrik beginnt ein gutes Jahr später in Wetzlar. Dort sitzt die deutsche Initiative Netz Bangladesch. Doch die Mitarbeiter kennen das Danone-Projekt nur aus der Zeitung. Die Initiative selbst ist nicht in Bogra aktiv, wo die Joghurtfabrik ihren Sitz haben soll, verspricht aber, sich bei den Partnerorganisationen in Bangladesch umzuhören. »Das sollte wirklich kein Problem sein, mit Frauen dort zu sprechen«, sagt der stellvertretende Geschäftsführer Peter Dietzel. Wenig später ruft mich Dietzel an, und er klingt überrascht: »Wie merkwürdig«, sagt er, »ich habe unsere Partner vor Ort angeschrieben – aber von Danone-Ladies, die den Joghurt von Tür zu Tür verkaufen, wusste niemand was.« Kann ja vorkommen – nicht überall weiß jeder alles, und schließlich leben in Bangladesch 158,5 Millionen Menschen. Wie sagt doch Muhammad Yunus so schön über seine Landsleute? »Die Leute achten nicht auf jemanden, der nebenan verrückte Dinge tut.«[354] Wochen später treffe ich in

Frankfurt die bangladeschische Politikwissenschaftlerin Meghna Guhathakurta. Sie ist Geschäftsführerin der Research Initiatives Bangladesch. Diese Organisation unterstützt und finanziert Untersuchungen zur Armutsbekämpfung. Guhathakurta unterrichtete an den Universitäten von Dhaka und im britischen York; sie ist national und international bestens vernetzt, kennt die bangladeschische NGO- und Entwicklungsszene gut und auch Muhammed Yunus. »Ja, sicher kenne ich den Joghurt. Den gibt es in Dhaka im Supermarkt. Ich gebe zu, ich esse den gern, ich finde das recht praktisch mit den kleinen Bechern«, sagt sie und lacht. Als ich die Sales-Ladies erwähne und frage, ob sie Näheres über die sozialen Auswirkungen der Joghurt-Fabrik weiß, stutzt sie. »Nein«, sagt sie, »davon habe ich noch nie gehört.« Hm.

Nächster Versuch: Ich wende mich an Kushi Kabir. Sie leitet die bangladeschische Organisation Nijera Kori. Das heißt übersetzt: »Wir machen das selbst«. Nijera Kori ist eine politische und soziale Bewegung, die marktwirtschaftliche Armutsbekämpfung ablehnt und auf Mobilisierung und Selbstermächtigung setzt. Seit 1974 kämpft sie für die Rechte von Frauen, Kleinbauern und Landlosen, für Selbstbestimmung und Ernährungsunabhängigkeit der Armen in Bangladesch.[355] Nijera Kori findet große Anerkennung in der bangladeschischen Zivilgesellschaft und in der internationalen Entwicklungsszene: 2005 war Kushi Kabir eine der 1000 Frauen, die für den Friedensnobelpreis nominiert wurden;[356] die Bewegung arbeitet mit dem Evangelischen Entwicklungsdienst (EED), Christian AID und der internationalen NGO Food First Information and Action Network (FIAN) zusammen. Außerdem sitzt Nijera Kori in Dhaka und Bogra, dort also, wo Grameen-Danone angesiedelt ist. Das Nijera Kori Center liegt in Noongola, einem Ort im Bezirk Bogra Sadar. Auch die Joghurtfabrik befindet sich dort, ebenso Madla, das erste Verteilungsgebiet der Sales-Ladies. Beides ist nur wenige Autominuten vom Nijera Kori Center entfernt. Wenigstens Kushi Kabir müsste das Projekt kennen. Sie schreibt: »Der Joghurt ist in allen Supermärkten in Dhaka und anderen größeren Städten erhältlich. Auch in Bogra, wo er hergestellt wird. Ich werde versuchen, etwas über den Tür-zu-Tür-Verkauf auf dem Land herauszufinden, aber wir hier bei Nijera Kori haben nie davon gehört.« Zwei Wochen später: »Ich habe meine Kollegen und auch deren Familien, die in und rund um Bogra leben, gefragt, was sie über den Shokti Doi von Grameen Danone und die Grameen Ladies wissen, die den Joghurt von Tür zu Tür verkaufen. Eine Familie ist sogar im lokalen Joghurt-Business in Bogra tätig. Niemand, und ich wiederhole: niemand hat jemals von den Grameen Ladies gehört – geschweige denn welche gesehen.«

Es ist sieben Uhr morgens. Regentropfen sammeln sich an den Fenstern des klapprigen Busses. Nach elf Stunden anstrengender Fahrt mit abenteuerlichen Überholmanövern und Dauerhupen sind wir endlich in Joymonirhat, einem Dorf in Kurigram in der Division Rangpur im Nordosten Bangladeschs angekommen. Ich bin unterwegs mit der Kleinbauernbewegung Krishok Federation and Kishani Sabah (BKFS), die für Ernährungsunabhängigkeit und Geschlechtergerechtigkeit kämpft.[357] Mit ihnen will ich in die ärmsten Regionen des Landes reisen und mit Menschen sprechen, die durch Mikrokredite noch ärmer geworden sind.

Der örtliche Bauernführer Abdul Karim holt unsere vier-
köpfige Delegation ab: Badrul Alam, der BKFS-Geschäfts-
führer mit den langen, schwarzen, lockigen Haaren, Abdul
Mannan Azad, der ehemalige Widerstandskämpfer im bangladeschischen Befreiungskrieg, und Shipra Rani, eine junge
Frau, die sich in der Bewegung engagiert. Wir werden herzlich
empfangen, BKFS genießt große Anerkennung bei der Landbevölkerung; die Organisation hat mehr als eine Million Mitglieder. Es ist erholsam friedlich hier auf dem Land. Auch
wenn es sehr heiß ist, kann man hier Luft holen. Anders als im
lauten und chaotischen Dhaka, wo man manchmal vor lauter
Smog den Himmel nicht sieht. »Komm erst mal zu uns«, hatte
mir Badrul nach Deutschland geschrieben, »hier sehen wir alles weitere, das kriegen wir schon hin.« Das klang recht vage
für mich, die ans andere Ende der Welt reisen wollte. Auch Badrul hatte nie von den Sales-Ladies gehört; er ist ein Kritiker
von Yunus und Grameen in Bangladesch. Doch schon bei unserem ersten Treffen in Dhaka wird deutlich, dass dies »Schau-
mermal« kein leeres Wort bleiben wird. Badrul und Mannan,
die mich am Abend meiner Ankunft in meinem Hotel treffen,
freuen sich, dass ich die Wahrheit über Mikrokredite und »Social Business« herausfinden möchte – ohne die Hilfe der beteiligten Konzerne. Nur sehr wenige Menschen aus dem Westen,
sagt Badrul, hätten diesen Anspruch.

Wir sitzen in der Blechhütte, in einer Ecke brütet ein Huhn,
ein Zicklein hüpft übermütig über die Türschwelle und zurück. Vor den Fenstern stehen Kinder auf Zehenspitzen und
beobachten uns kichernd. Badrul und Mannan haben sich in
ihren Lungi gewickelt, den traditionellen Männerrock. Mannan grinst und packt vier Becher Shokti Doi aus, er hat sie vor

der Abfahrt in Dhaka gekauft. Dort habe ich den Joghurt selbst schon in einem der neuen, teuren Supermärkte gesehen, vor denen Wachleute stehen, um Bettler zu verjagen. Der blaue Plastikbecher ist etwa so klein wie ein »Fruchtzwerge«-Becher, auf dem blauen Deckel prangt ein Löwe, der Kraft symbolisieren soll: »Shokti Doi« heißt Kraftjoghurt. Neben dem Löwen findet sich ein stilisiertes Haus, darin das Label von Danone in bengalischer Schnörkelschrift. Es ist das Symbol von Grameen-Danone. Das Haus ist das Markenzeichen von Grameen, der Name leitet sich aus dem bengalischen Wort Gram ab, was Dorf bedeutet. Grameen Bank bedeutet Dorfbank. Haps – drei Löffelchen, und weg ist er schon, der »Joghurt der Armen«. Er schmeckt ähnlich süß wie Actimel. Badrul hängt am Handy, es klingelt ständig, auch deshalb, weil er sein ganzes Netzwerk darauf angesetzt hat, Danone-Ladies zu finden. »Keine Sorge«, sagt er immer wieder, »wir finden die.« Auf dem Rückweg wollen wir in Bogra halten, um mit ihnen zu sprechen. Und wirklich: Kurz vor der Abreise verkündet Badrul strahlend, ein Bauernführer in Bogra habe nach langer Suche eine Danone-Lady gefunden.

Es dämmert bereits, als wir das Dorf Shaul im Bezirk Kahaloo im Bogra Distrikt erreichen. Bogra, eine der ältesten Städte Bangladeschs, ist ein Handelszentrum im Nordwesten, rund drei Millionen Menschen leben in dem ganzen Distrikt. Die Gegend ist vergleichsweise wohlhabend, dennoch sind 30 Prozent der Bewohner arm, zehn Prozent davon leben in extremer Armut. Arme haben hier zwischen 2000 und 5000 Taka (20 bis 50 Euro) im Monat zur Verfügung, sehr arme sogar weniger als 2000 Taka, sie besitzen auch kein Land, auf dem sie Nahrung anbauen könnten. Zwei Drittel der Menschen verdienen ihr Geld in der Landwirtschaft, die Löhne dort sind meist niedriger als 150 Taka (1,44 Euro) am Tag.[358]

Neben dem Dorfteich, der eher ein brackiger Tümpel ist, stehen Plastikstühle auf der hart gebackenen Erde. Davor wartet eine kleine gebeugte Frau im ausgewaschenen Sari. Sie heißt Surina und ist 55 Jahre alt, wirkt aber wie eine Greisin. Die Lebenserwartung von armen Frauen in Bangladesch beträgt 65 Jahre.[359] »Ich war von Anfang an dabei«, erzählt Surina. Drei Jahre habe sie Joghurts verkauft, dann hätte sie aufgegeben. »Es war sehr harte Arbeit«, sagt sie und erzählt von stundenlangen Märschen durch die Dörfer bei quälender Sommerhitze und durch den Monsunregen, der die Böden zu einem Schlammbad macht, in dem man knöcheltief versinkt. All das mit einigen Kilo Joghurt in einer Kühltasche über der Schulter. »Harte Arbeit war das«, sagt sie immer wieder und fasst sich an Rücken und Beine, »aber mein Leben hat sich dadurch überhaupt nicht verbessert.« Ein Händler habe ihr den Joghurt geliefert, ihm habe sie den Joghurt erst einmal abkaufen müssen. 5,5 Taka (ca. fünf Cent) habe sie pro Becher bezahlt, 50 Becher musste sie abnehmen. Sie verkaufte ihn für sieben Taka weiter, das macht einen Verdienst von 1,5 Taka pro verkauften Becher. Hätte sie alle verkauft, dann hätte sie 75 Taka verdient, zusätzlich einer Prämie von 40 Taka – umgerechnet 1,15 Euro für bis zu drei Tage Arbeit. Doch dass sie alle Joghurts verkaufen konnte, sei selten vorgekommen. Wie fast alle Menschen, die auf dem Land leben, hat auch Surina keinen Kühlschrank. Binnen drei Tagen musste der Joghurt verkauft sein, sonst wurde er schlecht. »Manchmal habe ich eine Ladung gekauft und konnte keine einzigen verkaufen«, sagt sie, und im Schein der funzeligen Öllampe auf dem Bo-

den sieht man ein wütendes Funkeln in ihren Augen, »dann
habe ich totalen Verlust gemacht.« Die Menschen, denen sie
den Joghurt an der Haustür verkaufen wollte, hätten skep-
tisch reagiert, manche sogar unwirsch. In einem muslimi-
schen und patriarchalischen Land wie Bangladesch ist es un-
gewöhnlich, dass Frauen so lange alleine unterwegs sind, um
Geschäfte zu machen, und von vielen Männern wird es nicht
gern gesehen. Den teuren Joghurt – sieben Taka sind mindestens zehn Prozent dessen, was ein einfacher Landarbeiter am
Tag zur Verfügung hat – hätten sich die Leute zudem nicht
leisten können. Die Wirtschafts- und Finanzkrise hat Armut
und Mangelernährung in Bangladesch noch verstärkt. Laut
World Food Programme nehmen die Armen sogar noch weniger zu sich als zuvor, die Qualität ihrer Ernährung hat sich
verschlechtert.[360] Erschreckend fand Surina, dass manche
Kunden ihr statt Geld Reis und Eier gaben, um einen süßen
Snack zu kaufen, der nicht satt macht. Weil Surina aber auch
ein bisschen satt werden wollte, habe sie die Lebensmittel
schließlich genommen. Andere kauften auf Pump und zahlten
nie zurück. Wieder andere hätten sie beschimpft: Sie wisse
doch, dass hier keiner Geld habe für so etwas. »Das war
schrecklich«, sagt Surina, sie windet sich auf ihrem Stuhl. Soziales Ansehen ist das höchste Gut in der bangladeschischen
Landbevölkerung, offen beschimpft zu werden eine große
Schande.

Ob sie denn Kontakt zu anderen Sales-Ladies habe?
»Kaum«, sagt Surina, sie habe die anderen Verkäuferinnen nur
bei den Meetings getroffen. Dort hätten sie nicht viel miteinander gesprochen. Warum auch? Schließlich waren sie ja Kon-
kurrentinnen. Man habe ihr zwar nahegelegt, noch weitere

Verkäuferinnen anzuwerben – »doch die Frauen, die ich kenne, hatten kein Interesse, die wollten keinen Ärger haben.« Für junge Frauen, die einen Haushalt führen müssen, sei das nicht lukrativ. »Es ist harte Arbeit und trotzdem unmöglich, davon zu leben«, sagt Surina abermals. Einmal sei versprochen worden, jede Saleslady bekäme einen Sari geschenkt. Doch als ihr Ehemann ein wenig zu spät angekommen sei, um ihn zu holen, habe es schon keine mehr gegeben. Um zu verstehen, was ein neuer Sari bedeutet, muss man sich nur Surinas zerschlissenes Tuch anschauen. An diesem Tag habe sie beschlossen, keinen Joghurt mehr zu verkaufen. Als der Lieferant sie umstimmen wollte, habe sie erwidert: Erst den Sari. Sie habe ihn daraufhin nie mehr gesehen.

»Warum«, fragt Surina, »bekommen wir Frauen eigentlich kein Gehalt für unsere Arbeit?«

Genau das hatte ich Ramin Khabirpour, den Geschäftsführer von Danone Deutschland, auch gefragt, als ich mich mit ihm für ein Gespräch traf.

Warum müssen die Frauen den Joghurt eigentlich erst kaufen und werden nicht als Verkäuferinnen von Danone bezahlt? Zu teuer für Danone?

Nein, die Löhne dort sind sehr niedrig. Der Gedanke des Mikrobusiness ist ja gerade, dass die Frauen selbstständig werden.

Ist man nicht vor allem dann eigenständig, wenn man für seine Arbeit anständig bezahlt wird?

Das ist unser Denken in Europa: Wir verfügen über ein soziales Netz, das uns einigermaßen zuverlässig auffängt. So ein Netz existiert in Bangladesch nicht. Wer dort auf eigenen Beinen steht, wer nicht angewiesen ist auf eine Anstellung bei einer Firma, der besitzt größere Sicherheit.

Aber die Frauen sind so doch erst recht abhängig von Danone, sie verkaufen ja ausschließlich den Joghurt.

Sie entwickeln Know-how, ihr Geschäft selbstständig zu gestalten. Sie erlernen Fähigkeiten, die sie anderweitig nutzen können und die helfen, sich zu emanzipieren.[361]

Als ich Surina von diesen Antworten erzähle, muss sie so laut lachen, dass die Straßenhunde im Dorf zu bellen anfangen. Ihre Nachbarn, die sich im Dunkeln um uns versammelt haben, stimmen in ihr Lachen ein.

Schließlich sagt Surina: »Ja, ich habe allerdings etwas gelernt. Doch die Erfahrungen, die ich gemacht habe, waren sehr, sehr bitter.«

Aber da sind doch diese schönen Bilder auf der Homepage von Danone, mit Dutzenden von glücklich lächelnden Frauen in bunten Saris, die alle den Shokti Doi in der Hand halten! Laut Grameen-Danone verkaufen 650 Salesladies den Joghurt.[362]

Ist Surina vielleicht nur ein unglücklicher Einzelfall?

Zurück in Dhaka sitze ich im Büro von Khushi Kabir im Stadtteil Lalmatia. Sie ist erstaunt, dass ich überhaupt eine Sales-Lady gefunden habe.

»Es hätte mich nicht überrascht, wenn es die Ladies gar nicht gibt«, sagt Khushi, »das wäre nicht das erste Mal, dass ein Konzern so etwas erfindet.« Und schöne Fotos, ja nun, die könne man ja auch stellen.

Ist das Ganze doch nur eine Riesenseifenblase?

Ich beschließe, ein zweites Mal nach Bogra zu reisen. Ich treffe Shahidur bin Sadar, einen Reporter, im Hotel. An seiner Seite sitzt ein großer und kräftiger junger Mann mit finsterer Miene. »Mein Bodyguard«, erklärt Shahidur*. Als kritischer Journalist hat er sich Feinde gemacht und wurde bereits mit dem Tod bedroht. Deshalb hat er einen Leibwächter. Und deshalb möchte er seinen richtigen Namen lieber nicht veröffentlichen. Er sagt das so fröhlich, als würde er von einem entspannten Besuch der Bundesgartenschau erzählen. Dann eröffnet er feierlich, dass er seinem Beschützer für die nächsten Tage frei gegeben habe, schaut sich um und zieht eine Pistole aus der Hosentasche:

»Du brauchst keine Angst zu haben. Bist du schon mal Motorrad gefahren?«

Zwanzig Minuten später sind wir im Dorf Chopinagar, elf Kilometer südlich vom Zentrum in Bogra. Vor einer Hütte sitzt Tarabanu Lalmia, ihr rechtes Auge ist trüb; vermutlich grauer Star. Diese Augenerkrankung beseitigt man in Europa mit einem Routineeingriff. In Bangladesch werden die Frauen, die sich keine Operation leisten können, einfach blind.

Neben ihr steht Salim Muzzaman, ein junger Mann Anfang 30. Aus ihm platzt es regelrecht heraus: »Ich bin sauer auf die Firma«, sagt er. Salim hat vier Jahre für Grameen-

* Namen geändert

Danone gearbeitet, er hat den Joghurt an die Sales-Ladies und kleine Geschäfte verteilt. Dafür habe er den Joghurt für vier Taka von der Fabrik kaufen und außerdem für 250 Taka einen Riksha-Van[363] zahlen müssen. »Ich war für alles selbst verantwortlich«, sagt er. Mindestens 300 Taka habe er draufbezahlt, anstatt von dem Geschäft zu profitieren. Nach einer Weile setzt er fort, er kenne noch elf andere Fahrer, die aus den selben Gründen gekündigt hätten. Immer wieder hätten sie nach einem Gehalt gefragt und seien stets abgewiesen worden. Jetzt ärgert er sich, dass die Lieferanten neuerdings 5000 Taka pro Monat bekommen. Wie Tarabuna verdiente auch er nur 1,5 Taka pro Joghurt. »Man darf keinen Joghurt zur Firma zurückbringen. Wenn ich nicht alle 800 verkauft habe, bin ich drauf sitzen geblieben«, sagt Salim.

So ging es auch Tarabuna: »Manchmal konnte ich nicht mal ein Viertel verkaufen.« Auch für sie sei der Job ein Verlust-Geschäft von mindestens 800 Taka[364] gewesen. Um sich die erste Ladung Joghurt zu kaufen, hat sich die Frau, die zuvor mit Saris gehandelt hat, Geld von der Familie geliehen.

Private Schulden, um Danone bei der Markteinführung behilflich zu sein.

Bei den Verkaufstrainings habe man ihnen erzählt, dass die Armen und die Gemeinschaft vom Shokti-Doi-Business profitieren würden.

Und?

Auch Tarabuna und Salim lachen ein raues Lachen. »Nein, niemand hat hier profitiert«, sagt Tarabuna. Die Armen könnten sich den Joghurt nicht leisten. Schon gar nicht für all ihre Kinder. Meist konnten sie nur einen kaufen und bettelten sie an, ihnen mehr zu schenken.

»Sie wurden sauer, wenn ich gesagt habe, dass das nicht geht. Das war sehr unangenehm«, sagt Tarabuna. Manche hätten den Joghurt auf Kredit kaufen wollen, andere hätten ihr ebenfalls Reis und Eier dafür gegeben. Als sie in der Regenzeit bei der Fabrik fragte, ob sie einen Schirm bekommen könnte, wurde das abgelehnt. Als sie um ein festes Gehalt bat, habe sie nur Kopfschütteln geerntet, stattdessen seien den Frauen Regenmäntel und Saris als Bonus in Aussicht gestellt worden. Sie selbst, sagt Tarabuna, habe nichts davon erhalten.

Ob sie noch Kontakt zu anderen Sales-Ladies habe?

Sie schüttelt den Kopf. »Manche haben Joghurt in Gebieten zu verkaufen, wo andere Frauen unterwegs waren, und versucht, diese zu übernehmen. Das hat oft Streit gegeben.«

Die Frauen, die als Drückerkolonne für einen Weltkonzern unterwegs sind, werden keine Freundinnen.

Gib den Armen Zucker:
Plastiknahrung zur Armutsbekämpfung

Salim möchte uns zu seiner Mutter bringen. Sie sei die erste Mikrokreditnehmerin in Bogra und darum fast so etwas wie eine lokale Berühmtheit. Er sagt das jetzt mit ein bisschen Stolz. Nasma Begum ist eine schöne, gepflegte Frau mit hohen Wangenknochen, sie trägt einen Sari in leuchtendem rosa und sieht bei weitem nicht so alt aus wie Surina, obwohl beide etwa gleich alt sind. Nasma Begum ist eine von den wenigen Frauen, die mir in Bangladesch begegnet sind und sagen, dass sie von Mikrokrediten profitiert haben. Sie lebt nicht in einer Blechhütte, sondern auf einem großen, gemauerten Hof mit Holztor. Im Vergleich zu den Höfen auf dem Land wirkt das regelrecht wohlhabend. Gegenüber steht eine große Blechhütte unter Palmen. Dort, erzählt Shahidur, sei Ban Ki Moon 2008 auf seinem Bangladesch-Besuch zusammen mit Yunus gewesen, um sich das Mikrokredit-Projekt anzusehen.[365] Ihm sei auch Nasma Begum vorgestellt worden. Sie gilt als eine Vorzeige-Frau, die es zu einem Vermögen und Landbesitz gebracht hat, seit sie 1989 den ersten Kredit und in den folgenden Jahren immer weitere Kredite aufgenommen hat. Hier sieht es nicht nach früherer Armut aus, schon eher nach traditionellem Mittelstand. Nasma Begum betont: »Es ist mir sehr schlecht gegangen früher.« Heute leitet sie eine Gruppe von fünf Kreditnehmerinnen. Keine der Frauen habe Probleme mit der Rückzahlung, sagt sie streng. »Doktor Yunus hat hier so viel Gutes getan«, schwärmt sie und lächelt wieder. Auf meinen Reisen in den Norden und Süden des Landes, die ich bereits unternommen hatte, war mir allerdings anderes zu Ohren gekommen. Warum gehe es dann vielen Frauen noch schlechter als zuvor? Ihr Lächeln friert ein, sie zuckt mit den Schultern und sagt: »Die verwenden das Geld nicht richtig, das ist der Grund.« Und die Danone-Sales-Ladies? Warum haben die es nicht zu finanzieller Unabhängigkeit gebracht? »Die Frauen haben das falsch verstanden. Es geht um die Gesundheit von Kindern.« Sie zieht ein vielleicht siebenjähriges Mädchen aus der Gruppe von Frauen hinter ihr hervor und strahlt: »Da sehen Sie: die Kleine isst sechs bis sieben Shokti Doi jeden Tag!« Die Hälfte der Kinder in Bangladesch ist unterernährt, 36 Prozent sind unterentwickelt, doch der Anblick des Mädchens ist verstörend: sie sieht nicht gesund ernährt aus – sie ist fett.

Übergewicht ist kein Indiz für allgemeinen Wohlstand, im Gegenteil, es ist ein Zeichen steigender Armut. Was hierzulande kaum wahrgenommen wird: Zwei von drei Übergewichtigen leben in Entwicklungsländern. Dort treten in immer mehr Familien Über- und Untergewicht gleichzeitig auf. Diabetes, Schlaganfall, Herzinfarkt und Krebs sind die Folge dieser Fehlernährung. Weltweit leiden bereits 285 Millionen Menschen an Diabetes, die WHO schätzt, dass es bis zum Jahr 2030 366 Millionen sein werden, 298 Millionen davon in Entwicklungsländern.[366] Wegen der schlechten medizinischen Versorgung in diesen Ländern wird es dort noch schwieriger sein, diese Krankheiten in den Griff zu bekommen.

Hunger und Mangelernährung auf der einen, Übergewicht auf der anderen Seite: In der Entwicklungspolitik nennt man diesen Effekt double burden«, Doppelbelastung.[367] In Bangladesch ist das zwar noch nicht der Fall. Doch das Prinzip ist in allen armen Ländern gleich: Viele neue, industrielle Lebensmittel westlicher Konzerne wie der Shokti Doi drängen in den Entwicklungsländern auf den Markt. Erst kaufen die neuen Mittelschichten diese meist großflächig beworbenen Artikel, weil sie in ihnen Prestigeobjekte sehen. Entsprechend begehrt sind solche Produkte dann bald auch bei Armen.

Die Verbraucherorganisation Foodwatch kritisiert schon lange Lebensmittelkonzerne, die ihre überzuckerten und fettreichen Produkte mit Gesundheitsversprechen veredeln: Margarine zur Senkung des Cholesterinspiegels, Schokoriegel für gutes Knochenwachstum, gezuckerte Joghurts zur Darmpflege.[368] Solche Lebensmittel machen bald ein Viertel des Lebensmittelmarktes in Deutschland aus, obwohl es zum Beleg von deren Wirksamkeit meist nur Studien gibt, die die Konzerne selbst finanziert haben.[369] Vor allem Zucker ist ein profitabler Rohstoff: er ist ein billiger Geschmacksverstärker, der süchtig macht.[370] Auch der Shokti Doi enthält viel Zucker, damit er den Kindern schmeckt. »Die Bangladescher haben einen ausgeprägten Hang zum Süßen und sind an ausgesprochen süßen Joghurt gewöhnt. Also experimentierte das Team von Grameen Danone mit verschiedenen Rezepten, um eine Zuckergehalt zu erreichen, der die Dorfkinder erfreuen und zugleich ihre Gesundheit verbessern würde«, schreibt Muhammad Yunus.[371] Das ist zwar ein ernährungswissenschaftlicher Unsinn, doch wenn der »Banker der Armen« das so märchenonkelig aufschreibt, erscheint einem Danone direkt als gute Fee.

Tatsächlich weiß bislang niemand genau, wie viel Zucker im Shokti Doi steckt. Die Vitamine und Zusatzstoffe im Joghurt stammen vom deutschen Chemieriesen BASF, der mit Yunus ein eigenes »Social Business« in Bangladesch aufbaut. Laut Danone deckt der Joghurt 30 Prozent des Tagesbedarfs eines Kindes an Vitamin A, Zink und Jod.[372] Der Organisation Global Alliance for Improved Nutrition (GAIN) zufolge würde der Joghurt den Ernährungsstatus von Kindern zwischen drei und 15 Jahren verbessern, die mindestens zwei Becher pro Woche essen. Es ist die bislang einzige ernährungswissenschaftliche Untersuchung zum Shokti Doi, und sie klingt ziemlich vage. Abgesehen davon, dass sich arme Familien auf dem Land nachweislich nicht zwei Becher pro Woche und Kind leisten können: GAIN ist nicht, wie Grameen behauptet, eine »unabhängige NGO«[373], sondern erscheint viel eher wie eine Lobbyvereinigung der globalen Lebensmittelindustrie. Neben den Regierungen von USA, China, Indien, Bangladesch und diversen anderen asiatischen und afrikanischen Ländern gehören zu GAINs Partnern auch große Konzerne wie Unilever,

Coca Cola, Cargill, Kraft Foods, Pepsico – und natürlich: Danone. GAIN wird unter anderem finanziell unterstützt von der Bill-&-Melinda-Gates-Stiftung, die mit 830 Mitarbeitern weltweit und einem Kapital von mehr als 36 Milliarden Dollar mit Abstand die größte Privatstiftung der Welt ist.[374] Sie ist außerdem der zweitgrößte Geldgeber der Weltgesundheitsorganisation (WHO), obwohl sie weder parlamentarisch noch gesellschaftlich legitimiert ist.

Auch das deutsche Entwicklungshilfeministerium unter Dirk Niebel (FDP), der sich für die Ökonomisierung der Entwicklungshilfe starkmacht, hat eine »enge Zusammenarbeit« beschlossen: Die Bundesregierung unterstützt das Impfprogramm der Stiftung, weitere 7 Millionen Euro Steuern sollen in das stiftungseigene Wasseraufbereitungsprojekt in Kenia fließen.[375]

Gates, der Monopolist der Softwarebranche und mit einem Privatvermögen von rund 56 Milliarden US-Dollar der zweitreichste Mensch der Welt, scheint sich nun zum Monopolisten ökonomischer Weltrettung aufzuschwingen.

Die Stiftung investiert ausgerechnet in Konzerne wie Monsanto und Cargill, die Hunger und Armut in der Welt mit ihren Monopolen eher vorantreiben, als ihn wirksam zu bekämpfen, sowie in den Pharmakonzern Glaxo Smith Klein, der bekannt dafür ist, die Medikamente in den Entwicklungsländern zu teuer zu verkaufen. Und diese Vereinigung will nun objektiv die Vorteile von Danone-Produkten für Bangladescher nachgewiesen haben?

»Die GAIN Business Alliance ist ein schnell wachsendes globales Netzwerk, das marktbasierte Lösungen für Mangelernährung vorantreibt. GAIN hat die Wirtschaftsallianz 2005 mit dem Ziel gegründet, die Wirtschaft dazu zu bringen, eine größere Rolle im Kampf gegen Mangelernährung zu spielen, indem sie sich auf dem Base-of-the-Pyramid-Markt engagieren.«[376] »Base« oder auch »Bottom of the Pyramid«, kurz BOP, beschreibt den untersten Teil der Welteinkommenspyramide. Gleichzeitig ist BOP ein marktwirtschaftliches Konzept, das diese Menschen in den Kapitalismus einbinden will: als Kunden und Verkäufer. Ein lukrativer Markt, schließlich gehört ein Drittel der Weltbevölkerung, geschätzte vier bis fünf Milliarden Menschen, zum Bodensatz der Weltwirtschaft und nahezu ein weiteres Drittel der Weltbevölkerung zur aufstrebenden globalen Mittelschicht.

Erfunden hat das viel kritisierte[377] BOP-Konzept der indisch-amerikanische Wirtschaftswissenschaftler und Unternehmensberater C. H. Prahalad. In seinem Buch: *Ideen gegen Armut. Der Reichtum der Dritten Welt*, widmet sich Prahalad dem Marktpotenzial der »angehenden Verbraucher«: »Diese vier Milliarden können der Motor für die nächste Phase des globalen Handels und des Wohlstand sein.«[378] Allerdings schuften die Armen ja schon jetzt bis zum Umfallen für den Wohlstand anderer: als billigste Arbeitskräfte für die westlichen Märkte in Sweatshops und auf Plantagen, wo nicht mehr ihr Essen wächst, sondern Rohstoffe und Lebensmittel zum Export in reiche Länder. Diese Ausbeutungsstrukturen, die der unregulierte Welthandel geschaffen hat, sind Voraussetzung für Wachstum und Profit der Wirtschaftsmächtigen. Doch das reicht offenbar nicht hin: Nun sollen die Armen auch noch als Kunden den Profit der Konzerne und ihrer Aktionäre mehren.

Wie kaum anders zu erwarten, interessiert sich Prahalad hauptsächlich für die Kaufkraft der Armen und Ärmsten: Laut einer Studie des Weltressourceninstituts und der International Finance Corporation beträgt diese fünf Billionen US-Dollar.[379] In Prahalads Buch ist diese kalte Wirtschaftslogik in warme Worte gekleidet: »Die BOP-Konsumenten erhalten Produkte und Dienstleistungen zu Preisen, die sie sich leisten können, aber noch wichtiger ist, dass sie Anerkennung erhalten, respektvoll und fair behandelt werden. Der Aufbau von Selbstbewusstsein und Unternehmergeist am BOP ist wahrscheinlich der langlebigste Beitrag, den der private Sektor leisten kann.« Die Würde der Armen, ihr Recht auf Teilhabe ist in diesem Modell an ihren Konsumentenstatus gebunden – genau wie in den westlichen Konsumgesellschaften. Das Prinzip, einen Absatzmarkt zu schaffen, der auch die Ärmsten in den Konsumkapitalismus integriert, stellt weder die wirtschafts- noch die sozialpolitischen Strukturen der Armut infrage, ja, noch nicht einmal die Armut selbst. Stattdessen fördert es noch die Umverteilung vom Boden an die Spitze der Pyramide. Konsum wird in dieser Logik regelrecht als Menschenrecht gehandelt, wichtiger noch als der Zugang zu sauberem Wasser, medizinische Versorgung, Ernährungsunabhängigkeit und existenzsichernde Löhne, wie sie nur Regierungen durch entsprechende Regulierung garantieren können. Prahalad bezeichnet die Statusänderung der Armen zu Konsumenten als Teil des »integrativen Kapitalismus«.[380] Damit bewegt er sich ganz in der Spur von Muhammad Yunus. Der empfindet den Kapitalismus als »unvollkommen«. Zu seiner Vervollständigung brauche es Mikrokredite und Sozialunternehmen, »die über die Gewinnmaximierung hinausgehen – ein Unternehmen, das sich ausschließlich der Aufgabe widmet, soziale und Umweltprobleme zu lösen«.[381] Sei der Kapitalismus auf diese Weise erst einmal »vollständig«, würden »alle staatlichen Wohlfahrtsorganisationen nicht mehr gebraucht und könnten abgeschafft werden, und auch die staatliche Sozialhilfe wäre überflüssig. Almosen, Suppenküchen, Lebensmittelmarken, Schulen und Fahrten ins Krankenhaus zum Nulltarif sowie Straßenbettler hätten sich überlebt. Gleiches würde für die staatlichen Arbeitslosen- und Rentenversicherungen gelten«, träumt der Friedensnobelpreisträger, der wie alle Marktverfechter im Staat ein »Monster« sieht.[382]

Stellen Sie sich Folgendes vor: Ihr Haus brennt. Doch weil sich der Staat keine Feuerwehr mehr leisten kann, löscht es keiner. Wenn das Haus niedergebrannt ist, verkaufen Ihnen Sales-Ladies eine Decke, damit sie nicht frieren, wenn sie künftig im Freien schlafen müssen. Klingt grauenhaft? Willkommen im »sozialen Kapitalismus«!

Markterschließung unter dem Deckmäntelchen des Sozialen

Shahidur bringt mich auf seinem Motorrad zu zwei lokalen Joghurtmanufakturen. Bogra ist Bangladeschs Joghurthauptstadt; hier wird in vielen kleinen und großen Betrieben der Mishti Doi hergestellt, ein karamellbrauner, süßer Joghurt. Er wird in Tontöpfen verschiedener Größen serviert, die man an vielen Straßenständen sieht; manche Männer tragen riesige runde Tabletts voller Joghurttöpfe durch die Straßen. Es heißt, der Mishti Doi sei hier vor 200 Jahren erfunden worden, als der

König sich eine Süßspeise gewünscht habe. Noch heute wird diese ausschließlich auf die traditionelle Art und Weise von Hand hergestellt, ohne jegliche chemischen Zusätze. Schweißnasse Männer mit bloßem Oberkörper stehen im heißen Dampf und rühren in riesigen Eisenbottichen, die auf dem Feuer stehen. Die mit Zucker gesüßte Milch und wird so lange aufgekocht, bis sie eine bräunliche Farbe hat. Dann wird sie in Tontöpfe gefüllt und unter einer großen Haube aus Palmenblättern abgestellt, wo der Joghurt seine zuckrig glitzernde Oberfläche bekommt. Der Mishti Doi ist das Wahrzeichen von Bogra: Die Menschen identifizieren sich mit der Süßspeise, die auf keiner Hochzeit, keinem Festival und keiner Familienfeier fehlen darf. Ob sie den Shokti Doi, dessen winzige Becher im Vergleich viel günstiger verkauft werden, als Konkurrenz empfinden, frage ich die Fabrikbesitzer, die mir riesige Töpfe ihres goldbraunen Produkts zum Probieren hinstellen. Sie winken verächtlich ab, doch ich spüre, dass diese Frage an ihrem Stolz kratzt. Der Shokti Doi sei ein maschinell hergestelltes, künstliches Produkt, das hier niemanden interessiere. Manche sagen sogar, sie hätten noch nie davon gehört.

Im Interview habe ich Rhamin Khabirpour von Danone gefragt: »Ist der Shokti Doi günstiger als normaler Joghurt in Bangladesch?« – »Es gibt in Bangladesch sonst keinen Joghurt«, lautete seine höchst erstaunliche Antwort. Auch in den lobenden Medienbeiträgen zu Danone wird nirgends erwähnt, das Bogra die Hauptstadt des traditionellen Joghurts ist. »Es gab noch einen eher zufälligen Grund dafür, dass Bogra eine gute Wahl war: Die Stadt war in Bangladesch als Herkunftsort guten Joghurts bekannt. (...) Somit war es auch unter Marketinggesichtspunkten vernünftig, unsere Fabrik dort anzusiedeln«, räumt hingegen Muhammad Yunus ein.[383] Und nicht nur das: Ein Viertel der Einwohner des Bogra-Districts ist unter 15 Jahren alt, die Zielgruppe des Danoneprodukts. Grameen-Danone rechnete damit, dass sich im Umfeld der Produktionsstätte 750 000 potentielle Kunden finden.[384] Jochen Ebert von Danone Grameen in Bangladesch gibt ganz unumwunden zu: »Der Shokti Doi ist sehr stark angelehnt an den Mishti Doi, ein klassisches lokales Joghurt-Produkt. Es gab eine seriöse marktforscherische Vorbereitung, welches Produkt ein Massenphänomen in dem Land darstellen könnte.«[385] Und dennoch betont Khabirpour im Interview: »Nochmal: es gibt keine hidden agenda.«[386]

Fakt ist: 80 Prozent des Joghurts werden außerhalb Bogras vertrieben, 43 Prozent davon in den Supermärkten der großen Städte – zum Preis von zwölf Taka. In Bogra selbst liegt die Marktdurchdringung gerade einmal bei einem Prozent.[387] Für den Shokti-Doi gibt es Fernsehspots mit Yunus und glücklichen Kindern – gerichtet an die bangladeschische Mittel- und Oberschicht, die man mit solchem Socialwashing offenbar genauso erreichen kann wie die westliche Konsumelite.[388]

2008, zwei Jahre nach der Eröffnung des Joint-Ventures und ein Jahr vor der medienwirksamen Verleihung des »Vision Award« an Grameen-Danone für das »innovative, sozial und finanziell nachhaltige Unternehmenskonzept«, stand die »soziale Joghurtfabrik« vor der Pleite. Sie konnte der wesentlichen Herausforderung des Social Business nicht gerecht werden: sich selbst zu tragen. Es darf weder subventioniert werden noch Verluste machen. Während damals auf der Projekthomepage noch die Rede davon war, bis 2016 50 solcher Fabriken in ganz Bangladesch errichten zu wollen, scheiterte das Unternehmen an der Kernforderung des Social Business: Die Herstellungskosten waren höher als gedacht, denn die Lebensmittelpreise schwanken in Bangladesch extrem. 2007 hatte sich der Milchpreis nahezu verdoppelt. Die Armen konnten die fünf Taka für einen 80-Gramm-Becher nicht zahlen und – Riesenüberraschung – zu wenige Sales-Ladies fanden den Verdienst attraktiv.[389] Als die Fabrik beschloss, den Preis auf acht Taka zu erhöhen, brachen Verkauf und Vertriebsnetz komplett zusammen und der Betrieb musste von Danone mit 1,7 Millionen Euro bezuschusst werden. »Von jetzt an heißt unsere Strategie: 1. Verkaufen. 2. Verkaufen. 3. Verkaufen. 4. Kosten reduzieren«, sagte eine Mitglied des Beirats von Grameen Danone.[390] War da nicht mal von 1. Bekämpfung der Mangelernährung, 2. Bekämpfung der Armut, 3. Selbstermächtigung von Frauen und 4. Schaffung von Arbeitsplätzen die Rede?

Was als neue Strategie angekündigt wurde, hat wenig zu tun mit »Innovation« und »Kreativität«, wie sie von den Apologeten des Sozialunternehmertums propagiert wird: billig herstellen und teuer verkaufen, das ist weiß Gott das älteste und ordinärste marktwirtschaftliche Erfolgsprinzip. Was das bedeutet, das spürten vor allem die 30 Fabrikarbeiter, die Sales-Ladies und die Armen. 133 Taka (ca. 1,30 Euro) verdienen die Arbeiterinnen bei Danone Grameen am Tag, Überstunden werden oft nicht bezahlt[391] – damit verdienen die Danone-Arbeiter sogar weniger als ein einfacher Feldarbeiter und liegen noch unterhalb des örtlichen Armutslevels. Die Sales-Ladies erhalten pro verkauftem Becher 0,6 Taka – eine halben Cent – und einen Gratis-Becher je zehn verkaufter Becher, sobald sie 50 verkauft haben. Wenn sie mindestens 24 Tage im Monat arbeiten, erhalten sie 550 Taka im Monat. Im besten

Fall, das hat Kerstin Humberg herausgefunden, verdienen die Frauen 120 Taka am Tag, im schlechtesten 60. Und auch für die Armen ist der Joghurt teuerer geworden: Die Menge wurde auf 60 Gramm pro Becher reduziert, der sieben Taka kostet.[392]

20 Prozent der Sales-Ladies sollen Mikrokreditnehmerinnen sein. Um den Joghurt zu bezahlen, den sie für den Konzern mit Milliardenumsatz an der Haustür verhökern, nehmen manche Frauen zunächst einen Kredit bei der Grameen Bank auf. Eine herrliche Win-win-Situation – für Danone und die Grameen Bank. Schließlich betragen die Zinsen auf den Mikrokredit 20 Prozent. Um mit dem »Gewinn« von 0,6 Taka pro Becher allein Zinsen und Tilgung des Kredits abzubezahlen, hätten die Frauen jedes Jahr fast 10 000 Joghurts verkaufen müssen.[393] Wie kann man sich mit derart niedrigen Löhnen und zusätzlichen Schulden aus der Armut befreien? Die Antwort ist denkbar einfach: gar nicht.

Shahidur hat mir den riesigen Helm gegeben, der um meinen Kopf schlackert, als wir mit dem Motorrad durch die Schlaglöcher rumpeln. Es gibt viele Schlaglöcher auf den Straßen Bangladeschs. Wir fahren in den Stadtteil Betgari, wo die Danone-Fabrik steht. »Vielleicht finden wir dort noch Sales-Ladies«, sagt Shahidur. Die Danone-Fabrik ist ein weißes Gebäude, von einer Mauer umgeben. »A Social Business Enterprise« und »Welcome« steht auf der fadblau verwitterten Wand an der Pforte, auf der der Shokti Doi-Löwe längst verblasst ist. Er wirkt wie ein Fresco aus einer längst vergangenen Zeit. Um die Fabrik herum ist es still, man sieht keine Menschen. Den Eingang verschließt ein blau gestrichenes Metalltor, dahinter patrouillieren zwei Wachmänner. »Salam!«, ruft Shahidur fröhlich, »ich bringe hier einen Gast aus Deutschland, der schon viel Gutes über Grameen-Danone gelesen hat. Sie ist sehr interessiert an Social Business und würde sich die Fabrik gern ansehen.« Ein Wachmann kommt an den Zaun. »Nein, das ist nicht möglich. Sie müssen in der Zentrale in Dhaka fragen«, ruft der Mann durch das geschlossene Gatter.

Alles Insistieren hilft nichts, wir werden abgewimmelt, und ich schaffe es in dieser vermeintlichen Vorzeigefabrik nicht einmal bis zum Empfangstresen. »Jetzt fällt mir nur noch eine Möglichkeit ein«, meint Shahidur und schwingt sich wieder aufs Motorrad. Wir ruckeln über den sandigen Boden zu einem Haus, indem sich die Shurajana Social Service Association befindet. Hosne Dil Afroze Ruba, eine junge, bildhübsche Frau, hat diese kleine Einrichtung gegründet. Hier, nur eine Viertelstunde Fußweg von der Danone-Fabrik entfernt, unterrichtet sie mit Freunden die Zielgruppe des Shokti Doi kostenlos in Englisch und Mathematik. Sie hat das Haus von ihrem Geld gebaut, 50 Kinder aus armen Familien kommen jeden Tag zum Unterricht in ihr Wohnzimmer. Selbst das Schulmaterial verschenkt sie. Mit dieser Unterstützung möchte sie arme Familien entlasten und Frauen helfen, ein eigenes Einkommen zu generieren. Wenn es wirklich stimmt, dass die Fabrik, wie behauptet, 1 600 Arbeitsplätze im Umkreis von 30 Kilometern geschaffen hat[394], wäre es nur naheliegend, dass Ruba jemanden kennt, der für Grameen-Danone arbeitet. Schließlich hat sie mit vielen Müttern und Kindern der Gegend Kontakt. Doch eine Sales-Lady sei ihr noch nie begegnet. Über das Projekt selbst weiß sie wenig. Sie sagt, sie wüsste gern mehr darüber, »aber es ist wirklich schwer, Zugang zu finden und Informationen zu bekommen«. Bei ihr ist Fazlul zu Besuch, er ist ebenfalls Reporter und unterstützt Ruba bei ihrem Projekt. Er sieht das Grameen-Danone Projekt kritisch: »Warum wollen die mit uns keinen Kontakt? Das ist alles völlig intransparent. Mir scheint das alles ein riesiger Bluff«, sagt Fazlul. Dazu gehört auch die Legende, dass der französische Ex-Nationalfußballspieler Zinédine Zidane, Pate von Grameen Danone, die Fabrik eröffnet habe. Sein Autogramm prangt auf einer Gedenktafel in der Fabrik. »Zidane war nie in Bogra«, sagt Fazlul. Er sei zwar, von einem Pulk Wachleute begleitet, nach Bangladesch gekommen, habe aber nur in Dhaka an einer Feier von Yunus teilgenommen und sei nach zwei Tagen zurückgeflogen. »Vielleicht finden wir in den Dörfern jemanden, der uns was sagen kann?«, sagt Ruba. »Lasst uns spazieren gehen.«

Die schwüle Hitze nimmt mir fast den Atem, meine Beine werden schwer, es fühlt sich an, als laufe ich durch die sprichwörtliche Waschküche. Auch für Frauen, die dieses Klima gewöhnt sind, muss es sehr beschwerlich sein, kilometerweit zu laufen, mit einer dreieinhalb Kilo schweren Kühltasche über der Schulter. Wir gehen eine gute Stunde und fragen jeden, der uns über den Weg läuft, jeden Feldarbeiter, jeden Bauern, jede Frau und jedes Kind. An allen Häusern und Höfen bleiben wir stehen und fragen. Aber niemand hat je eine Sales-Lady gesehen. Auch nicht die Hochzeitsgesellschaft, die sich unter Bäumen versammelt, von denen riesige Jackfrüchte hängen. Die Männer sind damit beschäftigt, die Pferde vor die bunt bemalten und mit Blumengirlanden geschmückten Holzkutschen zu spannen. Darauf sitzen schon die Frauen in ihren festlichen Saris und haben bei dem Geruckel Mühe, die Geschenkschachteln und Tontöpfe festzuhalten. In ihnen befindet sich goldbraun glänzender Mishti Doi.

Kerstin Humberg, Beraterin bei McKinsey, hat mit ihrer Doktorarbeit »Poverty Reduction through Social Business? Lessons learnt from Grameen Joint Ventures« in Bangladesch die erste wissenschaftliche Evaluation zu Grameen Danone vorgelegt und über das Projekt des französischen Wasserdienstleiters Veolia Waters geschrieben, der armen Bangladeschi aufbereitetes Flusswasser verkauft. Ihre Arbeit hatte Humberg auf dem Vision Summit in Potsdam vorgestellt. Sie schreibt, dass 175 Sales-Ladies den Joghurt regelmäßig verkaufen. Kein Wunder, dass kaum jemand sie zu Gesicht bekommt. Viele Frauen seien meist nach vier Stunden erschöpft, mehr als drei Dörfer am Tag können sie nicht bedienen. Selbst wenn jede jeden Tag drei Quadratkilometer bearbeitet, könnten sie nur ein Fünftel des Bogra Districts abdecken.[395] Um den Verkauf ihres Shokti Doi anzukurbeln, hat Grameen Danone deshalb die internationale NGO Care engagiert. Nach dem Zweiten Weltkrieg verteilte diese Organsation in Deutschland die noch heute berühmten Care-Pakete. Mittlerweile arbeitet Care mit den üblichen Verdächtigen aus dem illustren Kreis der multinationalen Konzerne zusammen. Wenn man die lange Business-Partner-Liste[396] liest, glaubt man in Klaus Werner-Lobos *Schwarzbuch Markenfirmen* zu blättern, dem Standardwerk der Konzernkritik. Zu den Sponsoren und Partnern gehören Pharmakonzerne, die wegen Menschenversuchen (Bristol-Myers Squibb) und überteuerten Aids-Medikamenten (Abott) schwer kritisiert werden – und natürlich die Coca Cola Company, Cargill, Procter&Gamble, Walmart, McDonald's und Kraft Foods. Care hat bereits Großkonzernen wie Unilever bei der Einführung ihrer Produkte auf den BOP-Märkten geholfen. Genau genommen fließt das Geld ahnungsloser Spender in die sozial verbrämte Markt-

eroberung von Großkonzernen. Care schickte 19 eigene Verkaufsladies in andere Regionen Bangladeschs und in die Slums
von Dhaka zum Haustürverkauf. Sie verkauften zusammen angeblich 16 000 Becher in einer Woche – mehr als 120 Stück pro
Frau und Tag. Zu welchen Bedingungen und welchem Lohn, darüber ist nichts bekannt.[397]

Wir fahren in den östlichen Teil des Bogra Distrikts, an den
Fluss Jamuna. So heißt der bangladeschische Teil des Brahmaputra, der 3100 Kilometer lange und wasserreichste Fluss
Asiens, der im Himalaja entspringt. Er ist der Hauptstrom in
Bangladesch, fließt weiter südlich mit Ganges und Meghna zusammen und mündet im Golf von Bengalen. Das Flussdelta
macht den größten Teil des Landes aus, das deswegen immer
wieder von schweren Überschwemmungen heimgesucht wird.
Bangladesch hat bereits jetzt unter dem Klimawandel zu leiden. Stiege der Meeresspiegel um einen Meter an, läge ein
Fünftel des Landes unter Wasser. Das bis zu 14 Kilometer
breite Flussbett des Jamuna ist von wandernden Sandbänken,
den Jamuna Chars, durchsetzt, auf denen kleine Dörfer gewachsen sind. Der Subdistrikt Sariakandi gehört zu den ärmsten Teilen des Bogra Districts, die Infrastruktur ist dürftig. Die
Menschen dort besitzen wenig Land oder nur sandiges, auf
dem sie nichts anbauen können. Noch dazu besteht die Gefahr, dass der Fluss, der immer mehr Wasser trägt, das Land
mit sich reißt. Nicht wenige haben hier über Nacht Haus und
Hof verloren, manche sogar mehrmals. Viele Menschen mussten deshalb wegziehen.

   Hier in Sariakandi befindet sich ein Sammelpunkt von
Grameen-Danone, an dem einige der insgesamt 280 Klein-

bauern ihre Milch abliefern. Vor Sonnenuntergang erreichen wir die kleine Blechhütte, an der die Bauern mit ihren vollen Milchkannen stehen. Zwischen 24 und 26 Taka bekommen die Bauern für den Liter Milch, je nach Qualität, einen festen Vertrag haben sie nicht. Der Preis liegt unter dem lokalen Marktpreis von 30 bis 32 Taka pro Liter.[398] Afsal Mondul, ein älterer Mann mit Rauschebart, dicker Brille und einem schmutzigen T-Shirt, das er bauchfrei unter der hageren Brust verknotet hat, sagt, er verdiene höchstens 4500 Taka im Monat, »das Futter für die Tiere wird teurer, das Essen auch – es reicht nicht zum Leben«. Er hat nur eine einzige Kuh, die höchstens acht Liter am Tag gibt. »Wenigstens«, sagt er, »muss ich die Milch nicht mehr zum Markt bringen, der ist viel weiter weg.« Ein anderer zeigt sich zufrieden. »Ja, ich profitiere«, sagt der deutlich jüngere Mann. Es scheint, als sei es ihm ein bisschen unangenehm, das vor Afsal Mondul zuzugeben. Er könne jeden Tag 40 Liter liefern, was wohl bedeutet, dass er mehr Kühe besitzt. Jeder zweite Bauer hat für Grameen-Danone einen Mikrokredit von 10000 bis 20000 Taka aufgenommen, um sich eine weitere Kuh zu kaufen. Zwar fänden die meisten Bauern ihr Einkommen zu niedrig, doch Humberg betont, sie empfänden es positiv, dieses regelmäßig zu bekommen. Damit hätten sie eine Sicherheit auch dann, wenn die Marktpreise niedrig seien; das ist in der Regenzeit der Fall. Darüber hinaus seien sie nicht an Danone gebunden und könnten die Milch auch an andere Haushalte und auf dem Markt verkaufen.[399] Abhängig sind sie auf gewisse Weise aber doch: Denn von dem wenigen Geld müssen sie auch noch die verzinsten Kredite bezahlen, die sie für die Milchkühe aufgenommen haben. Während Danone von den günstigen Preisen profitiert. »Ich kann meine

Milch nicht von sozialen Farmen kaufen, wenn die Milch dort 40 Prozent teurer ist, sondern muss die Milch so kaufen, dass ich zwar social impact erzeuge, aber keine zu hohen Kosten habe«, sagt Jochen Ebert von Grameen-Danone.[400]

Die Sales-Ladies können von ihrem Einkommen nicht leben und müssen sich in den Dörfern beschimpfen lassen. Den Armen ist der Joghurt zu teuer; stattdessen kauft ihn die urbane Mittelschicht. Ob er wirklich gegen Mangelernährung hilft, ist bislang nicht untersucht worden. Die Angestellten verdienen weniger als den staatlichen Mindestlohn. Und die Bauern müssen sich oft ebenfalls mit Preisen unter dem Marktwert zufrieden geben. Die Fabrik des börsennotierten Konzerns Danone, Jahresumsatz – man kann es nicht oft genug erwähnen – 15,2 Milliarden Euro, kann sich nur deshalb halten, weil sie die Preise so niedrig hält. Das aber ist nicht sozial, sondern Business as usual. Oder, wie es Jochen Ebert beschreibt: »Es ist einfach eine Zurechtrückung eines sozialromantischen Ansatzes, der nur dann funktioniert, wenn ich auch Geschäftsprinzipien ›kaltblütig‹ genug einsetze.«[401] Indessen freut sich Muhammad Yunus, der stets betont, dass Social Business keine Charity-Veranstaltung sei, in seinem Buch mit dem hochtrabenden Titel *Social Business. Von der Vision zur Tat*: »Die Fabrik in Bogra ist inzwischen vollkommen ausgelastet, und das ist eine große Leistung. Der nächste Meilenstein wird das Erreichen des Kostendeckungspunktes sein, an dem die Einnahmen die Ausgaben decken. Bald darauf wird das Unternehmen dann einen Überschuss erwirtschaften, der in den weiteren Ausbau des Betriebs investiert werden kann.«[402] Amen. Die zweite Grameen-Danone-Fabrik soll in Kürze nahe Dhaka eröffnet werden. Vermutlich, damit die dortigen Supermärkte noch besser damit bestückt werden können. Auf die Frage, ob die Konzerne ihn nur benutzen würden, um sich ein besseres Image zu verschaffen, antwortete der Banker ungewollt sinnfällig: »Vielleicht benutzen sie mich. Vielleicht benutze ich sie aber auch. Hauptsache, etwas Gutes entsteht.«[403]

Yunus freut sich im selben Buch schon auf weitere Geschäfte seines Joint Ventures mit Danone. So schreibe man nur noch »Shokti+« auf die Joghurtprodukte, »um Grameen Danone bei der künftigen Expansion auf andere Produktbereiche mehr Freiheit zu verschaffen – etwa bei in Flaschen abgefülltem Mineralwasser oder Babynahrung.«[404] Was Flaschenwasser und künstliche Babynahrung in armen Ländern anrichten, habe ich bereits beschrieben. Kritiker wie der bangladeschische Wirtschaftswissenschaftler Anu Muhammad werfen Yunus vor, gezielt multinationale Konzerne ins Land zu holen und sich gleichzeitig für den Abbau staatlicher Strukturen bei Bildung, Gesundheit, Wasser- und Energieversorgung und in der Landwirtschaft einzusetzen. Davon profitiert nicht zuletzt Yunus selbst: zu seiner »Grameen Family« gehören 40 Firmen, die in allen wichtigen Wirtschaftszweigen des Landes tätig sind.

Dabei ist es keinesfalls so, dass die Apologeten des Social Business, die den Staat ablehnen, nicht doch die Hand aufhalten, wenn es um Staatsknete geht: Lebensmittelkonzerne wie Danone versuchen bereits, in der EU durchzusetzen, dass sie für ihre Social Businesses Geld aus dem Entwicklungshilfetopf bekommen.[405] Und auch Yunus plädiert für Steuerbegünstigungen von Social Business. Der bangladeschische Handelsminister Faruk Khan stellte bei einem Social Business Kongress in Dhaka eine Steuerermäßigung von zehn Prozent in Aussicht. Dabei zahlen ja schon Unsocial Business-Firmen zu wenig Steuern in ihren Produktionsländern: Das britische Hilfswerk Christian Aid schätzt, dass den Entwicklungsländern pro Jahr 160 Milliarden Dollar dadurch verloren gehen, dass multinationale Konzerne ihre Gewinne mit fiktiven Transferpreisen oder gefälschten Rechnungen in Länder schaffen, in denen sie wenig bis keine Steuern bezahlen müssen. Christian Aid hat den Zusammenhang von Steuereinnamen und Kindersterblichkeit in den Jahren 1960 bis 2006 ausgewertet und kommt zu dem Schluss, das jedes Jahr 35 000 Kinder weniger sterben würden, wenn die Konzerne ihre Steuern korrekt bezahlen würden.[406]

Muhammad Yunus' Zusammenarbeit mit multinationalen Großkonzernen hat nicht erst mit Social Business begonnen. 1998 hatte Yunus auf einem Mikrokreditgipfel in den USA ein Joint Venture ausgerechnet mit dem hoch umstrittenen Saatgutkonzern Monsanto verabredet, der mit genmanipuliertem Saatgut und Pflanzenschutzmitteln handelt. In Bangladesch, wo mehr als die Hälfte der Bevölkerung von der Landwirtschaft lebt, wollten Yunus und Monsanto das »Grameen Monsanto Netzwerk« einrichten. Dort sollten Mikrokreditnehmerinnen Saatgut und Pestizide als Sachkredit erhalten und an Bauern verkaufen. 150 000 Dollar wollte Monsanto investieren. Wenn man Arme dazu benutzt, andere Arme ins Verderben zu stürzen, reicht offenbar schon eine Investition von einem halben Prozent des jährlichen Werbebudgets.[407] Als Yunus' Flirt mit Monsanto bekannt wurde, gingen die Bauernverbände in Bangladesch auf die Barrikaden, internationale Kritiker des Konzerns starteten eine Kampagne, und schließlich gab Yunus das Projekt auf. Erfolgreicher war der Unternehmer und Banker allerdings mit dem Aufbau des größten Telefonanbieters seines Landes. Grameen Phone ist ein Joint Venture zwischen Grameen Telecom und der norwegischen Telefongesellschaft Telenor. Hier fand sein Prinzip der Grameen-Ladies erstmals Anwendung. Von 2000 an erhielten Frauen einen Kredit, um sich ein Handy kaufen zu können. Die Phone-Ladies sollten damit durch die Dörfer gehen und die Bewohner gegen Geld damit telefonieren lassen. Auch dieses Projekt wurde als Armutsbekämpfung verkauft. Tatsächlich schien das Business zunächst zu funktionieren. 50000 Phone-Ladies konnten ein Einkommen generieren. Doch Grameen Phone versuchte mit allen Mitteln, die Zahl der Verkaufsladies zu erhöhen. Das führte dazu, dass sich dutzende Phone-Ladies in den Dörfern auf die Füße traten. 2005 gab es bereits 280000 solcher Frauen, die von Grameen in einen verzweifelten Konkurrenzkampf um Kunden geschickt wurden. In der Folge sank das Einkommen der Frauen rapide. Selbst ein Mitarbeiter der Grameen Bank gab damals zu: »Heute bleiben Frauen, die ins Telefonbusiness einsteigen, arm.«[408] Grameen Phone ist heute der größte Telefonkonzern des Landes mit dem größten Umsatz von ganz Bangladesch. Den Löwenanteil (55,6 Prozent) hält der norwegische Telefonkonzern Telenor (Umsatz: rund drei Milliarden Euro). Weil es mittlerweile 30 Millionen Mobiltelefone in Bangladesch gibt und die Preise rapide gesunken sind, braucht keiner mehr die Phone-Ladies. Sie sind jetzt vor allem die Protagonisten von Yunus' Gründungsmärchen von Grameen Phone.

Es ist sieben Uhr und schon stockfinster, in Bangladesch geht die Sonne früh unter. Shahidurs Lieblingsort ist am Ende eines gemauerten Damms direkt am Wasser. Das leise Plätschern des großen Wassers mischt sich mit den Gesprächsfetzen aus der Teestube am Ufer. Schwarz erheben sich die Bäume der Flussinsel ins Nachtblau. Dann wächst ein orange leuchtendes Rund in den Himmel, ein fast voller Mond schiebt sich über die Baumwipfel und schickt kleine goldene Kreisel über das dunkle Wasser. »Siehst du«, flüstert Shahidur, »darum liebe ich mein schönes Land!«

Weitere Business-Samariter: Adidas, BASF und Otto

Wenn die gescheiterte Danone-Fabrik noch immer als Vorzeigemodell gilt – wie ist es dann erst um die anderen Social Businesses bestellt, die ebenfalls in Bangladesch ansässig sind? 2009 gab es einen regelrechten Boom: Im März verkündete der weltgrößte Chemiekonzern BASF, in Kooperation mit Muhammad Yunus mit Insektiziden präparierte Moskitonetze und Beutel mit Nahrungsergänzung an Arme zu verkaufen. Im November ließ das weltgrößte Versandhaus Otto verlauten, in Bangladesch eine »soziale Textilfabrik« errichten zu wollen. Und im selben Monat kündigte Adidas an, einen »Turnschuh für Arme« herzustellen, der vor Infektionen schützen soll. »In Bangladesch soll niemand mehr barfuß laufen«, sagte Yunus und versprach zur Überraschung von Adidas, dass der Schuh nur einen Dollar kosten werde.[409] Michael Otto schwärmte, seine »Fabrik der Zukunft« solle »Vorbild werden für die Textilproduktion in Bangladesch und für ähnliche Fabriken auf der ganzen Welt«.[410]

Doch außer großen Worten hat man wenig von diesen Joint Ventures gehört. Distanzieren sich die Konzerne von Yunus, weil sein Stern nicht mehr so hell strahlt? Muhammad Yunus war zu einer Marke geworden, einem Soziallabel, mit dem sich westliche Konzerne gerne schmückten. Dann aber wuchs die Kritik an seinem Mikrokredit-Modell, in seinem Heimatland wurde Yunus mit Klagen überzogen, und im Mai 2011 schließlich musste er seinen Posten als Vorsitzender der Grameen Bank räumen. Gut möglich, dass die Konzerne, die mit ihm Geschäfte machten, die Gefahr witterten, den Unmut der Regierung auf sich zu ziehen. Das wäre keine gute Voraussetzung, um in Bangladesch Geschäfte zu machen.

»Mit Werten Wert schaffen«, beschrieb BASF-Vorstandsvorsitzender Jürgen Hamprecht das ehrgeizigen Ziel, bis 2013 jährlich 200 000 Moskitonetze zum Schutz vor Malaria und mehr als 15 Millionen Vitaminpäckchen gegen Mangelernährung zu verkaufen. Zur Gründung von Grameen-BASF stellte der Chemiekonzern – Umsatz: 63,9 Milliarden Euro – 200 000 Euro, 100 000 Moskitonetze und eine Million Vitaminpäckchen zur Verfügung.[411] Langfristig sollten die Grameen-Frauen die Netze und Säckchen verkaufen. Ähnlich wie beim Shokti-Doi-Joghurt, auf Provisionsbasis und mit einem Mikrokredit als Startkapital. Die Vitaminsäckchen haben es wegen bürokratischer Hürden nie auf den Markt geschafft. Und Moskitonetze sind in Bangladesch überall günstig zu haben. Selbst in den schäbigsten Unterkünften des Landes hängen sie über dem Bett. An extrem Arme verteilen NGOs kostenlos Netze. Ansgar Wille von BASF Grameen Ltd. in Bangladesch sagt, man hoffe, dass die Menschen bereit seien, mehr Geld für Netze auszugeben, die dafür sorgen »dass die Mücke morgen nicht wieder kommt«.[412] Ob BASF damit nicht eher lokale Anbieter verdrängt, scheint auch bei diesem Social Business eher Nebensache zu sein. Auch über die Herstellungsbedingungen – die ersten Netze wurden in Thailand produziert – ist nichts bekannt.

Beschichtet sind sie mit dem BASF-Insektizid Fendozin. Thomas Maurer, der Sicherheitsverantwortliche von BASF, räumt Bedenken bezüglich Gesundheitsschädlichkeit aus. Man habe das schlimmste Szenario getestet: »ein Säugling, der die ganze Nacht am Netz nuckelt«, die Menge des Fendozins sei hundertfach unter dem Grenzwert geblieben. Menschenversuche im Dienste der Weltrettung? Neuen Studien zufolge ist es sogar möglich, dass solche imprägnierten Netze die Resistenz von Malariamücken fördern könnten.[413]

Im *Handelsblatt* gab Hamprecht zu, mit diesem Social Business auch einen neuen Absatzmarkt ausloten zu wollen: »Das ist für uns ein völlig neuer und zudem kostengünstiger Weg für das Pre-Marketing zur Erschließung neuer Märkte und Kundengruppen.«[414]

Genau dieser Aspekt bewegte wohl auch Adidas dazu, den »One-Dollar-Trainer« für Bangladesch zu entwickeln. Adidas wollte diesen unter dem Markennamen seiner Tochter Reebook vertreiben. Die ist bereits Marktführer für Sportschuhe in Bangladesch. Dabei handelte es sich gar nicht um einen Turnschuh, sondern um eine geschlossene Sandale. »Ein billiges Paar Laufschuhe kostet hier genauso wenig, wenn nicht weniger«, sagt Kushi Kabir von Nijera Kori. »Während der Regenzeit, wenn die Böden auf den Land so aufgeweicht sind, dass man wadentief in Schlamm versinkt, geht man sowieso barfuß.« Ein Schlappen würde im Matsch stecken bleiben. In Bangladesch, wo 40 Prozent der Menschen unterhalb der Armutsgrenze von 1,35 Dollar pro Tag leben, wäre ein solcher Schuh für die Ärmsten im Verhältnis fast genauso teuer wie bei uns. »Der Schuh ist höchstens interessant für Menschen, die nicht auf dem Land leben und nicht arm sind«, vermutet Kabir. Und vermutlich könnte auch er die Lebensgrundlage der vielen Schuster in Bangladesch gefährden, die von frühmorgens bis spätnachts Sohlen stanzen, nähen und kleben. Gerade mal 40 Taka verdienen sie pro Schuh.[415] Warum hilft Menschenfreund Yunus einem multinationalen Konzern dabei, diesen Schuster Konkurrenz zu machen?

Im Herbst 2010 gab es die erste Testphase: 5000 Schuhe wurden für einen Preis zwischen 80 und 120 Taka (0,80 und 1,20 Euro) verkauft.[416] Ob sie tatsächlich an Arme vertrieben wurden und was die Ergebnisse der Testphase sind – dazu gibt es nur PR-Antworten von Reebook. Die Testschuhe jedenfalls kommen aus Indonesien. Die Arbeitsbedingungen in indonesischen Textilfabriken sind so miserabel wie die Löhne. Gleichwohl überstiegen beim »One-Dollar-Trainer« die Herstellungskosten immer noch den Verkaufspreis. Ein »Turnschuh für die Armen«, der im Sweatshop hergestellt wird? Das ist zynisch, aber logisch: Ware, die derart wenig Geld kosten soll, muss billig hergestellt werden. Doch faire Löhne sind im Social Business nicht vorgesehen. Es ist erstaunlich, dass Discounter wie Lidl und Kik hierzulande wegen ihrer Beschaffungspraxis und Niedriglohnpolitik heftig kritisiert werden, während Social Business, das nach genau dengleichen Prinzipien arbeitet, eine so große Anerkennung findet. Im November 2011 schließlich gab Adidas bekannt, mit dem Projekt in Bangladesch gescheitert zu sein. Sie hätten, sagte Konzernchef Herbert Hainer, nur Verlust gemacht: drei Dollar (!) habe der Schuh in der Herstellung gekostet – plus 3,50 Dollar Einfuhrzoll. Jetzt will es Adidas in Indien versuchen. Während die Ankündigung des

Turnschuhs für die Armen für großes Presseecho sorgte, blieb diese Meldung in den Medien nur eine Randnotiz. Dabei ist Social Business von Adidas schon das zweite, das gescheitert ist.

Im Juli 2011 gab Otto bekannt, dass sich der Zeitplan für die soziale Textilfabrik »durch politische und praktische Komplikationen verzögert« habe.[417] Der Baubeginn war für März 2010 geplant, im Jahr darauf hätten die ersten Kleidungsstücke in den Handel kommen sollen. Bis heute ist unklar, ob es die »Leuchtturmfabrik« jemals geben wird. Die wollte Otto nach neuesten Ökostandards bauen lassen, mit ordentlichen Sanitäranlagen, medizinischer Versorgung und Gratismittagessen. Ein sicheres, gut ausgestattetes Gebäude ist in Bangladesch gewiss ein großer Fortschritt. Doch die Menschen, die dort arbeiten, sollen nur den staatlichen Mindestlohn bekommen. Der lag damals, als Otto das Grameen-Joint-Venture verkündete, bei umgerechnet 19 Euro im Monat. Wenig später gab es heftige Proteste der Textilarbeiter auf den Straßen von Dhaka, die vom Militär blutig niedergeschlagen wurden, vier Menschen kamen zu Tode.[418] Mehrere Aktivisten wurden verhaftet und gefoltert. Der Mindestlohn wurde auf 34 Euro pro Monat erhöht. Viel zu wenig: die Arbeiter und Gewerkschaften hatten 50 Euro gefordert.

Die Niedriglöhne der bangladeschischen Textilindustrie, in der 2,5 Millionen Menschen arbeiten, sind das Kapital, mit dem das bitterarme Land Investoren locken kann. Unter anderem auch Otto. In dem ZDF-Film »Nähen bis zum Umfallen«[419] steht Michael Otto mitten in einer Fabrik. Der Reporter fragt: »Sind Sie nicht ein Ausbeuter, wenn Sie hier produzieren?« Michael Otto (Familienprivatvermögen: ca. 18,7 Milliarden Euro[420]): »Das sehe ich vollkommen anders. Denn man muss sehen, ohne Aufträge aus Industrieländern können sich Entwicklungsländer überhaupt nicht entwickeln.« Er hätte aber »keinesfalls etwas dagegen«, wenn Mindestlöhne angehoben würden. »Es ist natürlich schon manchmal sehr eigentümlich, dass Konsumenten ein T-Shirt für einen Euro kaufen und sich keine Gedanken darüber machen, dass dann womöglich eine Produktion zulasten der Menschen erfolgt ist. Wenn wir aber eventuell sogar höhere Preise für bestimmte Standards einfordern, dann ist der Konsument nicht bereit, dafür höhere Preise zu zahlen«, sagt Otto, dessen Konzern in der »Otto-Trendstudie« regelmäßig die Kaufbereitschaft ethischer Konsumenten misst. »Der Kunde will's so!« – ein scheinheiliger Standardspruch, mit dem die Unternehmer Bullshit-Bingo spielen.

Aber auch ein teures T-Shirt ist nicht unbedingt unter besseren Bedingungen hergestellt. Selbst Hess Natur, der deutsche Pionier bei Bekleidung aus Bio-Baumwolle, wurde kritisiert, dass die Öko-Kleider nicht fair hergestellt würden.[421] In einem Workshop auf dem Vision Summit in Potsdam verkündete Rolf Heimann von Hess Natur feierlich, dass man künftig mit Yunus kooperieren würde. Zu seinen Grameen-Unternehmen gehört auch eine Textilfabrik. Nach Selbstauskunft eine der fünf bestbezahlenden Firmen des Landes.

Diese Fabrik liegt in der Sonderwirtschaftszone in Savar, etwa eine Autostunde von Dhaka entfernt. Dort treffe ich Arbeiter von Grameen Knitwear. Khorshed Alam, ein Aktivist, der für westliche NGO unter anderem Recherchen in der Textilindustrie durchführt[422] und das Institut Alternative Movement for Resources and Freedom Society (AMRF) leitet, hat mir zwei Kolleginnen zur Übersetzung ausgeliehen. Er schärft mir ein: »Nur zu Hause treffen. Unauffällig benehmen. Maxi-

mal eine Stunde bleiben.« Wenn man mit Textilarbeitern sprechen will, muss man konspirativ vorgehen, sonst gefährdet
man ihren Job. Wir treffen uns vor dem Haus eines Gewerk-
schaftsmitglieds, die beiden Männer sind noch nicht da. Auf
der Wäscheleine hängen riesige Tücher, dahinter werden wir
sitzen. Der Mann telefoniert immer wieder, erst heißt es, sie
kommen gleich, dann, dass sie abgesagt hätten. »Sie sagen, sie
wollen nicht schon wieder Lügen erzählen.« Sie halten mich
für einen Einkäufer oder Kontrolleur. Die allermeisten Menschen, die hierher kommen, haben geschäftlich mit der Textilindustrie zu tun und wollen gerne hören, dass in den Fabriken
alles in Ordnung ist. Zu solchen Auskünften werden die Arbeiter nicht selten von ihren Bossen genötigt.[423] »Bitte, sag ihnen,
dass ich Journalistin bin, ich gehöre zu keinem Konzern und
keiner Organisation.« Kurz darauf erscheinen zwei nervös
wirkende Männer, einer hat ein Kleinkind auf dem Arm. Das
meiste, sagen Mohammed und Nasmul*, sei wesentlich besser
als in anderen Fabriken, vor allem jenen außerhalb der Wirtschaftszone. Doch mit dem Lohn sind sie nicht zufrieden. Ein
ungelernter Arbeiter erhält dort nur wenig mehr als den staatlichen Mindestlohn. Nasmul ist Senior Operator, also in einer
gehobeneren Position, eine Art Vorarbeiter. Er sagt, er verdiene 5 000, mit Überstunden 7 000 Taka (67 Euro). Mohammed,
er ist erst Operator, verdient 4 200, mit Überstunden ebenfalls
bis zu 7 000. Aber nicht immer würden die Überstunden bezahlt: »Nur die gesetzlich erlaubten zwei Stunden zwischen
fünf und sieben Uhr.« Doch die Überstunden würden mehr,
weil der Arbeitsdruck wachse – was nicht zuletzt daran liegt,

---

* Name geändert

dass sich immer mehr Unternehmen von Sozialmaskottchen Yunus angezogen fühlen. Auch C&A und Tchibo wollen in der Fabrik produzieren lassen, sagt Korshed Alam. Doch ausgerechnet die gestiegene Nachfrage von Firmen, die ihre Lieferkette sauber halten wollen, bringt die Arbeiter in die Bredouille. Nasmul sagt, wenn es viele Aufträge gebe, würden sie manchmal vom Management genötigt, nachts weiter zu arbeiten, manchmal bis zwei Uhr morgens. Wenn sie ihr Arbeitsziel nicht erreichten, würden sie vom Management beschimpft, es würde ihnen mit Kündigung gedroht. Gewerkschaftsarbeit sei ebenfalls nicht gern gesehen. »Und wenn wir mehr Geld fordern, gibt es Druck«, sagt Mohammed. Nasmul hat eine Familie mit drei Kindern, Mohammed schickt seinen Eltern auf dem Land Geld. »Wir bräuchten mindestens 9 000 Taka«, sagen sie. Es gebe Fabriken in der Zone, die würden viel besser bezahlen. Das bestätigt auch Khorshed Alam: »Grameen Knitwear bezahlt zwar ganz okay, aber es gibt Fabriken in der Wirtschaftszone, die zahlen mehr.«

Im Juli 2011 revoltierten die Arbeiter der sozialen Fabrik: Sie warfen Fensterscheiben ein und versuchten, Kartons mit Kleidern anzuzünden. Ihre Forderung: eine Erhöhung von Fahr- und Essensgeld und eine Beteiligung am Unternehmen. Der Geschäftsführer von Grameen Knitwear nannte die Forderungen »irrational«. Die Ausschreitungen waren so heftig, dass die Fabrik vorübergehend geschlossen werden musste.[424] Vielleicht ist dieser Vorfall ein weiterer Grund für Otto gewesen, das Projekt der eigenen »Vorzeigefabrik« einzufrieren. Jedenfalls zeigt er, dass es kaum möglich ist, unter den kompetitiven Weltmarktbedingungen sozial gerecht zu produzieren. Existenzsichernde Löhne sind einfach nicht drin.

Kritik unerwünscht

In Wiesbaden steht Hans Reitz strumpfsockig auf dem Flur seines Büros und wühlt in seinem dunklen Wuschelhaar. Seine schwarze Hose ist hochgekrempelt, er trägt bunte Socken und einen Oversize-Pulli. Reitz ist der deutsche Statthalter von Muhammad Yunus, nach einem Treffen mit ihm 2007 hat er in Wiesbaden das Grameen-Creative Lab gegründet, das Unternehmen zu Social Business berät. Er war außerdem an der Gründung der deutschen Joint Ventures von BASF, Adidas und Otto mit Yunus beteiligt.

Reitz' Büro ist im schnörkeligen Philippe Starck-Stil eingerichtet. In seinem Regal steht der Bildband *The Power of Dignity. The Grameen Family.* Auf dem Cover sieht man eine Frau im Sari vor einer Blechhütte. In der gelb beleuchteten Nische des weißen Regals wirkt das fast wie ein Bildnis der heiligen Jungfrau Maria vor dem Stall von Betlehem.

Oft trägt Reitz einen Schlapphut, sein Outfit ist sein Markenzeichen: sozial Engagierte sind empfänglich für den alternativen Touch, Unternehmer werten das als kreativ. Immer wieder erzählt Reitz von seinem »Überlebenskampf«[425]: er ist Sohn einer alleinerziehenden Mutter und wächst mit sechs Geschwistern in einem Dorf bei Regensburg auf. Mit 14 bricht er die Schule ab und jobbt in einem Sportladen. Mit Anfang 20 reist er nach Indien und lebt dort sieben Jahre »ein einfaches Leben«.[426]

Auf Kongressen hält er Vorträge, bei denen er, wie sein Vorbild, »the beautiful Gentleman Professor Yunus«, an Pathos nicht spart: »Es liegt in meiner DNA, meine Fähigkeiten dazu zu nutzen, anderen zu helfen«,[427] sagt er dann. Oder: »Alle, die wir Wirtschaft betreiben, machen das für den Menschen, für die Schöpfung, für die anderen wunderbaren Wesen, die wir haben.«[428] Neben seinem Social Business arbeitet er auch für nicht eben der Weltrettung verdächtige Großkonzerne wie Allianz, Adidas, BASF, Bertelsmann, E.on und Price Waterhouse Coopers. Er ist Gründer und Geschäftsführer der mehrfach preisgekrönten Event-Agentur Circ (Motto: »Leistung bedeutet Verantwortung. Verantwortung bedeutet Leistung«).[429] Mit Inszenierungen kennt sich der 44-jährige also gut aus.

In das Grameen Lab hat Reitz 700 000 Euro investiert. Neben dem Grameen Creative Lab und der Event-Agentur hat der »Tausendsassa« (*Wirtschaftswoche*) eine Kaffeehauskette und ein Kindermodengeschäft gegründet, er betreibt außerdem ein afghanisches Restaurant in Wiesbaden. Den Jahresumsatz seiner Unternehmen schätzt er auf 20 Millionen Euro.[430] Sein Gehalt, das er sich selbst auszahlt, sei gut 30 Prozent niedriger als sein Gehalt als Agenturchef. In den Leitlinien des Grameen Creative Lab steht, dass ein Geschäftsführer nie mehr als das Siebenfache des deutschen Durchschnittseinkommens verdienen dürfe. Für Wirtschaftsmagazine grenzt das an Kommunismus. Doch die »maximal 210 000 Euro im Jahr«, die Geschäftsführer gezahlt bekommen, sind immerhin 17 500 Euro brutto im Monat. Das übersteigt sogar den durchschnittlichen Lohn von Geschäftsführern in der Industrie: mit im Schnitt 186 165 Euro pro Jahr verdienen sie in Deutschland am meisten.[431] Doch Reitz mache bei 90 000 Euro Schluss, 7 500 Euro brutto im Monat, »das reicht doch für ein gutes Leben«, schließlich sei es für ihn »eine Riesendose Freude, diese Arbeit zu machen«.[432] In den Leitlinien des Grameen Social Lab ist ebenfalls festgelegt, dass die Mitarbeiter einen »marktgerechten Lohn« bekommen sollen. Marktgerechte Löhne, das sagt schon der Name, orientieren sich am Markt: Es sind wettbewerbsfähige Löhne. Darüber hinaus beschäftigt das Grameen Creative Lab »Volunteer Social Business Consultants«, die unentgeltlich drei Monate Vollzeit arbeiten.[433] Aber wer wollte schon auf schnödes Geld pochen, wo es doch um die Rettung der Welt geht? Außerdem kann man sich ja jeden Tag eine »Riesendose Freude« aufmachen, und mit etwas Glück mal mit Yunus telefonieren.

Darauf angesprochen, warum die Social Businesses in Bangladesch hinter ihre Versprechen zurückfallen, sagt Reitz: »Wenn wir Geschäfte machen in einem Land, das zu den am wenigsten entwickelten der Welt gehört, ist es ganz normal, dass es in der Phase der Realisierung Herausforderungen gibt. Die Social Business-Idee ist in einer absoluten Pionierphase, man sollte das nicht überbewerten.« Weitere Sprüche aus dem Business-Bullshit-Bingo: »Das geht nicht von heute auf morgen.« – »Das ist ein Prozess.« – »Wir sind ja erst am Anfang.« – »Wir müssen lernen.« Das sind die Antworten, die ich in meinen Interviews für *Enorm* jedes Mal bekomme, wenn ich frage, wie die wohlfeilen Sozial- und Öko-Bemühungen das schädliche Kerngeschäft aufwiegen sollen. Bangladesch gilt als »Versuchslabor« der Konzerne für Social Business. Entsprechend betonen dessen Apologeten gerne »Lernkurven«[434] der Unternehmen. Die Lebensrealität der Versuchskaninchen verkommt auf diese Weise allenfalls zur Maßeinheit wirtschaftlicher Leistungsfähigkeit.

»Es sind mit Sicherheit alle Projektpartner in einer selbstlosen Art und Weise dort hingegangen und versuchen das nach vorne zu bringen. Es waren keine Interessen da, den Markt dorthin zu bringen, das können Sie mir glauben«, beteuert Reitz, ja, leicht gereizt. Hm hm. Jaja.

Selbst leiseste Kritik, das spürt man schnell, ist unerwünscht.

Auf meinen Artikel in *Enorm* darüber, wie weit die Social Businesses in Bangladesch hinter ihren Ankündigungen zurückbleiben, hagelte es aus der Weltretterszene Leserbriefe, die zum Teil feucht von Wutträner waren. Die Besonneneren wären aber schon damit zufrieden gewesen, wenn das Heft von den Kiosken zurückgezogen und im nächsten eine Richtigstellung gedruckt worden wäre.

»Einige Leute erfinden einfach Geschichten, wie es ihnen passt«, wischte auch Muhammad Yunus den Einwand des *Handelsblatt*-Korrespondenten Helmut Hausschild vom Tisch, dass es auch gegen die Grameen Bank Vorwürfe gebe, sie treibe ihre Kunden in die Überschuldung.[435] Dafür gibt es genug ernstzunehmen Belege. Doch gemäß dem TINA-Prinzip erteilen die Marktapologeten lieber Redeverbote, statt mit ihren Kritikern zu diskutieren. Dabei hatten alle beschriebenen Konzerne genug Gelegenheit, meine Bedenken zu zerstreuen: jeden einzelnen und auch das Yunus Center in Bangladesch hatte ich sogar schriftlich gebeten, Stellung zu nehmen. Bis auf Otto und Reebook (die mir eine nichtssagende Standardpressemitteilung schickten) habe ich bis heute auch auf Nachfrage keine Antwort bekommen.

Social Business und Mikrokredite in Deutschland: Neuauflage der Ich-AG

»Soziales Unternehmertun kann jeder. (...) Mit Social Business können wir praktisch das ganze Problem der Arbeitslosigkeit lösen. Wir können den Menschen helfen, aus der Fürsorge herauszukommen. Niemand braucht mehr Sozialhilfe. Die Menschen können für sich selbst sorgen.« Das sagte Muhammad Yunus bei seinem dritten Auftritt auf dem Vision Summit 2009 und warb so auch für eine Umsetzung des Social Business in Deutschland.[436] Es ist das übliche Eigenverantwortungsgebrumm, mit dem Gerhard Schröder den Bürgern das umfassende Programm zur Zerstörung des Sozialstaats, die Agenda 2010, schmackhaft machen wollte. Dazu gehörte auch die so genannte Ich-AG, eine staatlich geförderte Existenzgründung für Arbeitslose. Auch Peter Hartz sprach damals pathetisch von »Fesseln durchschneiden« und »neue Kräfte freisetzen«.[437] Als anekdotische Evidenz wurde in sämtlichen Medien und selbst auf Plakaten die Fotografin Merit Schambach angeführt, die in Berlin-Kreuzberg den »Senfsalon« gegründet hat und ihre Kreationen vom Himbeer- bis zum Knoblauchsenf in ganz Deutschland vertreibt. 2,1 Millionen solcher Ein-Mann-Unternehmen gibt es heute in Deutschland. Doch viele der Zwangsgründer – laut Kreditanstalt für Wiederaufbau (KfW) sind rund zwei Drittel dieser Kleinstunternehmen Notgründungen – kommen nur knapp über die Runden: Ein knappes Fünftel ist armutsgefährdet, 8,7 Prozent der Selbstständigen gelten als arm. Frank Wiessner vom Institut für Arbeitsmarkt- und Berufsforschung (IAB) sagt, dass es nur denen besser gehe, die verheiratet seien und sich auf ein zusätzliches Einkommen verlassen könnten. Dieser Anteil der Ich-AGs betrage aber nur 20 Prozent.[438] Für das Alter: selber sparen. Für die Gesundheit: selber sorgen. Für sein Auskommen: anstrengen! Wer's nicht hinkriegt: selber schuld. Ich-AG, die positive Umschreibung des mit sämtlichen Risiken Alleingelassenen als »eigener Herr«, wurde zum Unwort des Jahres 2002.

Andreas Heineke ist einer der bekanntesten Sozialunternehmer Deutschlands; er und seine Idee wurden bereits in vielen Magazinen porträtiert. In der Hamburger Speicherstadt betreibt er die Ausstellung »Dialog im Dunkeln«. Dabei sollen Blinde die Besucher durch dunkle Räume führen, um Verständnis für ihre Welt zu schaffen. Ohne Zweifel eine tolle Idee. »Dialog im Dunkeln« hat 110 Mitarbeiter und Ableger in 30 Ländern. Heineke sagt: »Wir haben uns vom Gutmenschentum befreit und nutzen normale betriebswirtschaftliche Prozesse. Auf der anderen Seite sind wir ein stromlinienförmiges Unternehmen. Wir müssen genau kalkulieren und unsere Finanzen planen, um am Markt zu bestehen.« Heineke, der immer wieder als Erfolgsbeispiel angeführt wird, zweifelt jedoch an dem Modell: »Social Entrepreneurship verträgt sich nicht mit finanziellem Erfolg. Wir müssen uns fragen, ob das Modell des Unternehmertums im sozialen Bereich wirklich das richtige ist.«[439]

Dennoch ist die Politik vom Sozialunternehmertum begeistert. Die Bundesregierung hat ein öffentliches Förderprogramm für Sozialunternehmer aufgelegt: Soziale Unternehmer können bis zu 200 000 Euro von der bundeseigenen Kreditanstalt für Wiederaufbau als Eigenkapital bekommen – unter der Voraussetzung, dass sich ein weiterer Investor daran beteiligt. Die Europäische Union hat ihrerseits einen Social-Enterprise-Fonds mit 90 Millionen Euro aufgelegt.[440] Das Thema Social

Entrepreneurship soll sogar in Schulen einziehen: Die Schwab Stiftung (deren Gründer Klaus Schwab hat auch das Weltwirtschaftsforum gegründet, ein Symbol der neoliberalen Globalisierung wie der G 8-Gipfel), Intel und verschiedene Universitäten haben bereits Unterrichtsmaterial für die Klassen acht bis zwölf vorbereitet.[441] Damit soll wohl den Schülern so früh wie möglich vermittelt werden, dass der Staat ein Nichtsnutz ist und sie künftig für sich selbst verantwortlich sind. Beim Vision Summit 2011 waren bereits verschiedene Projekte zu Gast, die Kindern unternehmerisches Handeln und Denken beibringen wollen. Etwa die Initiative Rock it Biz: Hier lernen Schüler zum Beispiel, wie sie Investoren finden können, wenn sie etwa ihr Klassenzimmer verschönern wollen. Wenn irgendwann mal die Kommunen so klamm sind, dass sie kein kaputtes Schuldach mehr reparieren lassen können, wissen die Kinder dann wenigstens, wie man sich selbst darum kümmern kann. »Mehr und mehr Kinder werden so zu aufgeschlossenen, aktiven Menschen, die mit Selbstbewusstsein ihr eigenes und das Leben der Gesellschaft positiv gestalten«, heißt es bei Rock it Biz. »Je besser sie diese Aufgabe mit Selbstvertrauen, eigenen, neuen Ideen und Horizonten vor Augen lösen, desto besser werden sie sich fühlen, leichter ihre Ziele erreichen und weniger auf die Hilfe von außen angewiesen sein. Sie werden nicht auf irgendetwas warten, sondern aus sich heraus andere Menschen ermutigen, es ihnen gleichzutun.« Der Verein lebe nur von Spenden und agiere unabhängig von Unternehmen und Institutionen, »aber im Dienste der Sache«.[442] Da überrascht es kaum, dass der Vision Summit 2012 unter dem Motto »Education!« steht – und man kann sich jetzt schon denken, dass bei all den »Bildungsinnovationen«, die dort verhandelt werden, die Verantwortung des Staates, bessere Bildung für alle zu garantieren, nicht die Hauptrolle spielen wird.

Zur ersten »Social Business City« Deutschlands hat sich Wiesbaden erkoren. Hans Reitz überzeugte lokale Unternehmer überzeugt, Geld für einen Social Business Fonds bereitzustellen. Es gibt bereits das Programm »Social Business Women«, das vom Unternehmensberater Thomas Schirmer vom Verein »Berufswege für Frauen« geleitet wird. Darin werden sozial benachteiligten Frauen, Alleinerziehenden und Migrantinnen, Kredite zwischen 5000 und 10000 Euro zur Existenzgründung gewährt – zu acht Prozent Zinsen. Von dem Kredit müssen sie – Eigenverantwortung! – auch noch die Beratungen zahlen, die innerhalb des Projekts verpflichtend sind. So fließen 20 Prozent des Kredits zusätzlich zu den Zinsen wieder in den Verein.[443] Der hat so volle Sicherheit, die Frauen das ganze Risiko.

Was, bitte schön, ist jetzt daran sozial? Nun bin ich selbst nicht sozial benachteiligt, aber mit Selbstständigkeit kenne ich mich als freie Autorin gut aus. Hätte ich statt des Existenzgründungszuschusses vom Arbeitsamt einen Kredit aufgenommen, müsste ich also gleichzeitig Aufträge an Land ziehen, meinen Lebensunterhalt davon bestreiten, fürs Alter vorsorgen und den Kredit abbezahlen – dann hätte ich wohl längst Privatinsolvenz anmelden müssen. Selbst wenn ich nebenbei noch versucht hätte, selbst gemachte Marmelade zu verhökern oder Hunde auszuführen.[444]

Mikrokredite werden in Deutschland zunehmend populär – unterstützt von der deutschen Regierung. Mittlerweile gibt es sogar 50 Mikrofinanzorganisationen in Deutschland, oft arbeiten sie mit den Arbeitsagenturen oder den Landesre-

gierungen zusammen. Mit Geld aus dem Europäischen Sozial-
fonds wurde der Mikrokreditfonds aufgelegt, der seit Januar
2010 bisher 3200 Kredite vergeben hat. Darin stecken 100 Millionen Euro vom Bund und der EU. Ausgerechnet die ökoso-
ziale Gemeinschaftsbank für Leihen und Schenken, die GLS
Bank, ist in Deutschland der größte Vermittler von Mikrokrediten. Sie gibt den Mikrofinanzorganisationen Geld zu 7,5 Prozent Zinsen, die verleihen es zu einem höheren Satz weiter.
Laut GLS darf der effektive Zinssatz maximal 8,9 Prozent betragen. Das Bundesministerium für Arbeit und Soziales und
das Bundeswirtschaftsministerium sichern die Deals ab. Seit
Anfang 2010 hat die GLS-Bank schon 4500 Mikrokredite von
durchschnittlich 6000 Euro abgewickelt. Die Bank hat für ihr
»Engagement« den »Preis für nachhaltige Entwicklung« von
der Bundesregierung bekommen. Die Regierung will Mikrofinanzorganisation sogar mit einer Art Provision locken: Sie
bekommen 800 Euro pro abgeschlossenem Kreditvertrag.[445]

Bis 2015 will die GLS-Bank jährlich 5000 neue Kreditnehmer dazugewinnen. Auch die GLS-Bank kann, wie Mikrofinanzorganisationen, als Erfolg nur die Rückzahlungsquote
(97,8 Prozent) nennen. Und natürlich: schöne Geschichten.
Sie finden sich auf der Homepage der Bank, die ihren Kunden
verspricht: »Hier macht Geld Sinn.« Ausgerechnet ein Unternehmen, das »Golfmode für junge Leute« herstellt, gilt der
GLS-Bank dort als Vorzeigeunternehmen.[446] Echt? Golf? Nicht
nur, dass große Flächen in den schönsten Naturlandschaften
dafür hergenommen werden und für die Allgemeinheit nicht
mehr zugänglich sind. In heißen Ländern wie Ägypten und
Spanien werden die grünen Plätze, auf denen sich die Reichen
von Loch zu Loch langweilen, mit wertvollem Trink- oder gar

Grundwasser – ebenfalls auf Kosten von Allgemeinheit und Natur – bewässert, außerdem werden Pestizide zur Rasenpflege eingesetzt. In Entwicklungsländern wurden auch schon wertvolle Wälder für die Anlage von Golfplätzen abgeholzt und Kleinbauern vertrieben. Und da ist Geld tatsächlich sinnvoll eingesetzt?

Die »soziale Elite« von morgen

Nur 20 Kilometer westlich der »Social Business City« Wiesbaden, in Oestrich-Winkel im Rheingau, steht die European Business School (EBS), eine Privatuniversität, die sich als »unternehmerische Elitehochschule« und »Top-Adresse für die Führungelite von morgen« versteht. 850 Studenten zahlen hier 5000 Euro pro Semester für ihre Eintrittskarte in die Elite. Ein Drittel von ihnen geht später in die Steuerberatung, ein Drittel in die Finanzbranche.[447] Julia Friedrichs besuchte für ihr Buch *Gestatten Elite. Auf den Spuren der Mächtigen von morgen* ein Symposium der EBS. »Survival of the fittest«, stand in der Einladung, Guido Westerwelle (FDP) hielt die Eröffnungsrede. Dabei nannte er die begeisterten Anzug- und Siegelring …, Entschuldigung: Leistungsträger »Exzellenzen«. Bei Testwahlen im dritten Semester, schreibt Friedrichs, hätten 80 Prozent der Studenten FDP gewählt. Doch Westerwelle mahnt auch an das »soziale Gewissen« der Studenten: »Nicht nur der Stärkste soll überleben, sondern auch der Schwache und Schwächste.«[448] Christopher Jahn, damals Präsident der EBS, wollte dem elitären Nachwuchs ebenfalls Moral einimpfen. Er gehört zu den Verfechtern eines Eids für Manager, mit dem der Nachwuchs der Gier abschwören und sich zur Moral in der Wirtschaft bekennen soll.[449] Er selbst hat sich am wenigsten daran gehalten: Der Ökonom hatte selbst einige Funktionen in der Unternehmensberatung Brain Net inne und soll laut Staatsanwaltschaft Scheinrechnungen über mindestens 180 000 Euro an sich selbst oder seine Firmen ausgestellt haben. Auf diese Weise hat er öffentliches Geld veruntreut: Die Hochschule wird vom Bund gefördert, während öffentliche Universitäten des Landes Hessen vor sich hinrotten. Trotz des Skandals sollen weitere 24,7 Millionen Euro für den Aufbau der Jurafakultät dort fließen.[450] Wie sinnfällig, dass das neueste Gebäude auf dem Campus nach dem CDU-Politiker Walther Leisler Kiep benannt ist, der in Kohls Spendenaffäre verwickelt war. Für die Eliteuni gilt die Berufung eines solchen Gewährsmanns offenbar als Ansporn. Nur ein halbes Jahr nach der Betrugsaffäre geriet die EBS abermals wegen Veruntreuung von Steuermitteln in die Schlagzeilen: Sie musste knapp eine Million Euro an das Land Hessen zurückzahlen. Grund: Die Hochschulvertreter mieteten sich für Termine in Berlin Luxuslimousinen, zu »Strategiemeetings« traf man sich in einem Schweizer Vier-Sterne-Hotel, und in »Workshops« auf Mallorca planschten Professoren im Robinson Club im Hotelpool – mit freundlicher Unterstützung der Steuerzahler.[451] Und ausgerechnet diese Hochschule hält nun den ersten deutschen Lehrstuhl für Social Business. Gesponsort von, raten Sie mal: Danone.

» Mögen alle deine Gläubiger stets deine Adresse haben!«

Jüdischer Fluch

8. MIKROKREDITE: WAHNSINN MIT METHODE

Eine Reportage aus Bangladesch

Es ist Mittag in Joymonirhat, dem kleinen Dorf in Kurigram inmitten von Reisfeldern und Palmen. Hier beginnt meine Reise mit Badrul Alam, Abdul Mannan Azad und Shipra Rani von der Kleinbauerorganisation Bangladesch Krishok Federation und Kishani Shaba (BKFS). Die Menschen in diesem Dorf leben sehr einfach: Ein Brunnen versorgt sie mit sauberem Wasser, hinter einem Bambusverschlag befindet sich eine Latrine, die Küche besteht aus zwei offenen Feuerstellen auf dem Boden. In den Wellblechhütten steht eine Holzvitrine mit Geschirr, daneben ein riesiges Bett, das gleichzeitig als Sitzecke und Essplatz dient. Im Hof laufen Hühner, eine Entenmama wackelt mit ihren winzigen Küken über den Lehmboden, ein Junge trägt ein Zicklein auf dem Arm. Mädchen in blau-weißer Schuluniform, die Bücher lose in der Hand, rennen kichernd in die Hütten. Im Hof sammeln sich Frauen in ihren bunten Saris und setzen sich auf den Boden. Ein Bild von pittoresker

Schönheit, genau wie aus einem Werbeprospekt für Mikrokredite. Tatsächlich sind die gut 20 Frauen, die auf den Hof gekommen sind, allesamt Mikrokreditnehmerinnen.

Die Geschichte der Mikrokredite in Bangladesch beginnt mit einer Legende: Anfang der siebziger Jahre war Muhammad Yunus Professor für ländliche Wirtschaftsentwicklung an der Universität von Chittagong. Zu dieser Zeit, zwischen 1974 und 1975, herrschte in Bangladesch eine große Hungersnot, und Yunus verschrieb, sich der Armutsbekämpfung. Im Dorf Jobra, so berichtet Yunus, sei ihm eine junge Frau begegnet. Sufiya Begum war damals 21 und hatte drei Kinder, sie lebte mit ihrer Familie in einer schäbigen Lehmhütte mit undichtem Strohdach und fertigte von Hand Stühle aus Bambus an. Trotz harter Arbeit war es ihr nicht gelungen, sich aus der Armut zu befreien. Yunus fand heraus, dass sich Sufiya Begum bei einem örtlichen Geldverleiher das Geld für den Bambus beschaffen musste: fünf Taka kostete das Material für einen Stuhl. Doch die Kreditzinsen waren so hoch, dass sie von dem Verkauf der Stühle nicht leben konnte. »Mein Gott, wegen fünf Taka ist sie zur Sklavin geworden«, habe sich Yunus damals gedacht.[452] Mit einer Studentin stellte er daraufhin eine Liste der verschuldeten Familien zusammen – sie kamen auf 42 Opfer, die zusammen umgerechnet 20 Euro Schulden hatten. »Ich konnte das nicht mehr mit ansehen. Ich legte diese Summe auf den Tisch und sagte ihnen, sie sollten sich mit diesem Geld selbst befreien«, sagt er heute. Peu à peu, wann immer es ihnen möglich war, sollten sie das Geld zurückzahlen. Sufiya konnte sich ein Haus bauen, und nach einem Jahr seien alle Frauen schuldenfrei gewesen. Für ihn sei dies ein »Heureka-Moment« gewesen – er gilt noch heute als die Geburtsstunde der Mikrokredite in Bangladesch.[453] 1976 begann Yunus damit, erste Strukturen für die formelle Vergabe von Mikrokrediten aufzubauen, 1983 wurde die Grameen Bank gegründet.

Die Idee ist einfach: Das System der Mikrokredite soll Armen Kleinstkredite gewähren; Leuten, die sonst keinen Zugang zu Finanzkapital hätten, weil ihnen – ohne Sicherheiten – keine Bank Geld gäbe. Mit Kleinstkrediten sollen sie ihr Unternehmen erweitern oder eines gründen, sich so einen Lebensunterhalt verschaffen und die Kredite samt Zinsen zurückbezahlen. So soll den privaten Geldeintreibern mit ihren Wucherzinsen das Wasser abgegraben werden. Verliehen wird das Geld fast ausschließlich an Frauen; es soll ihrer Selbstermächtigung dienen. Frauen gelten als besonders zuverlässig. Deshalb, schwärmt Yunus, liege die Rückzahlungsquote bei annähernd 99 Prozent.[454]

Nirgendwo auf der Welt leben so viele Mikrokreditnehmerinnen wie in Bangladesch: 30 Millionen – ein Fünftel der Bevölkerung – haben im Schnitt je 60 Euro Schulden bei einem Institut. Mehr als zwei Milliarden Euro sind in Bangladesch als Mikrokredite in Umlauf, die Zinsen betragen je nach Institut 20 (Grameen) bis 40 Prozent. So viel deshalb, weil angeblich der Verwaltungsaufwand für derart kleine Beträge besonders hoch ist. Mit acht Millionen Kreditnehmerinnen ist die Grameen Bank der größte Mikrokreditgeber der Welt. Laut Muhammad Yunus hätten 64 Prozent der Frauen, die von seiner Bank fünf Jahre oder länger betreut worden seien, die Armut hinter sich gelassen.[455]

Sozialer Ausschluss statt Frauenpower

Doch was die Frauen von Joymonirhat mir erzählen, sind leider ganz und gar keine Erfolgsgeschichten. »Früher war unser Leben hart und arm. Aber es war ein besseres Leben als heute. Jetzt ist hier jeder nur noch damit beschäftigt, die Schulden zurückzuzahlen. Sie bestimmen unser ganzes Leben«, sagt Dulali Begum. In ihrer Version der Geschichte kam 1988 die Grameen Bank ins Dorf, lud die Frauen zu einem Meeting auf dem Schulhof ein und machte ihnen die Kleinkredite schmackhaft. Seit mehr als 20 Jahren seien die Frauen von Joymonirhat nun verschuldet, manche sogar bei bis zu fünf verschiedenen Mikrokreditorganisationen. Dulali Begum sagt: »Es ist kein Frieden mehr in unseren Herzen.« Freundschaften seien zerbrochen, in den Familien gebe es ständig Streit. Das Sozialleben aufrechtzuerhalten, werde immer schwerer.

Dulali Begum leitet eine Einheit von Kreditnehmerinnen der Grameen Bank, in der sechs Gruppen à fünf Frauen organisiert sind.

»Wenn eine der fünf Freundinnen einen Kredit aufnehmen möchte, braucht sie dazu die Zustimmung der anderen vier. Obwohl jede Kreditnehmerin selbst für ihr Darlehen verantwortlich ist, funktioniert die Gruppe wie ein kleines soziales Netzwerk, dessen Mitglieder einander aufmuntern, psychologisch unterstützen und gelegentlich in praktischen Fragen unter die Arme greifen«, schreibt Muhammad Yunus in seinem Buch *Die Armut besiegen*.[456]

Früher unterstützten sich die Frauen gegenseitig, wenn die Familien in Not gerieten, etwa wenn jemand krank wurde. Ein engmaschiges soziales Netz ist lebenswichtig für die Armen auf dem Land, gerade für Frauen, die kaum mobil sind. Heute ist die gegenseitige »Unterstützung«, wie sie Yunus beschreibt, zur Sippenhaft geworden: Als Kreditnehmerinnen bürgen sie füreinander. Das ist die wesentliche Sicherheit der Kreditgeber: Wer nicht zurückzahlen kann, der ist nicht nur den Pressionen der Bank ausgeliefert, sondern auch dem sozialen Druck der Mitglieder. »Es steht außer Zweifel«, schreibt Yunus weiter, »dass die Ausrichtung der Grameen Bank auf die Gemeinschaft wesentlich zum Erfolg des Systems beigetragen hat. Der (…) positive soziale Druck trägt dazu bei, die Kreditnehmerinnen dazu zu bewegen, ihren Verpflichtungen nachzukommen.«[457]

Diese »Motivation« sieht dann nicht selten so aus: »Einmal«, sagt Dulali und schaut beschämt zu Boden, »haben mich die Mitarbeiter der Bank dazu gezwungen, einer Frau, die nicht zahlen konnte, die einzige Kuh wegzunehmen.«

Ökonomie der Beschämung

Bereits Mitte der neunziger Jahre untersuchte der bangladeschische Anthropologe Aminur Rahman die Auswirkung der Mikrokredite auf das Leben der Frauen. Im Dorf Pas Elahin sprach er ein Jahr lang mit Kreditnehmerinnen und Bankangestellten. Sein Befund: Das geliehene Geld führt ganz und gar nicht zur Selbstermächtigung. Im Gegenteil nutzten die Mikrofinanzorganisationen die schwache Position der Frauen aus und zementieren diese: Die armen Frauen sind passiver, fügsamer, weniger mobil als Männer. Weil sie sich für das Wohlergehen der Familie verantwortlich fühlen, sind sie außerdem zuverlässiger. Die Bankmitarbeiter wiederum, die bei den Frauen die Kreditraten und Zinsen eintreiben, seien zu 91 Prozent Männer. Das hat einen ganz ordinären Grund: »Frauen können nicht so rigide sein wie Männer, wenn sie das Geld einkassieren«, verriet Rahman einem Filialleiter.[458]

Mit den Geldeintreibern kommen die Unanständigkeiten privater Geldverleiher, vor denen die Frauen laut Yunus eigentlich geschützt werden sollten: Die Schergen der Banken nehmen den Frauen ihren goldenen Nasenring weg, der die selbe Bedeutung hat wie ein Ehering und den sozialen Status einer Frau markiert. Sie zwingen die Frauen dazu, Hausrat oder gar Land zu verkaufen, nehmen ihnen Kühe oder Ziegen weg, fällen Bäume, decken das Dach ab oder zerlegen ganze Häuser. Sie beschimpfen die Schuldnerinnen vor ihren Männern und dem ganzen Dorf. Sie tun all das entweder selbst oder »überreden« Gruppenleiterinnen, diese Demütigungen zu übernehmen. Oft sitzen mehrere Geldeintreiber stundenlang im Haus der Verschuldeten, manchmal sogar über Nacht, und ziehen auf diese Weise das Ansehen der Familie in den Schmutz. Ich selbst habe in Bangladesch dreizehn Dörfer besucht, und in jedem dieser dreizehn Dörfer mindestens eine dieser Geschichten gehört. In manchen Fällen kamen sogar alle genannten Repressalien zusammen.

Seit den achtziger Jahren kämpft die Organisation Krishok Federation, mit der ich zu den Armen des Landes gefahren bin, gegen Mikrokredite. Badrul Alam, der Leiter der Initiative, erinnert sich, wie sie misstrauisch geworden seien, dass die Mikrokredite verheerende Folgen haben könnten. Nämlich als sie aus glaubwürdiger Quelle hören mussten, dass eine Frau von den Eintreibern so lange verprügelt wurde, bis ihre Beine gebrochen waren.

Die hohen Rückzahlungsquoten werden gerne als besondere Moral der Armen verbrämt – eine ökonomische Version der Theorie des »edlen Wilden«. Tatsächlich aber werden die Zahlungen durch barbarische Methoden erzwungen. Die bangladeschische Anthropologin Lamia Karim, die an der Universität von Orgeon unterrichtet, hat Ende der neunziger Jahre über eineinhalb Jahre mehrere Dörfer im Südwesten Bangladeschs untersucht. »In Bangladesch gibt es eine lange Tradition, Arme – vor allem Frauen – zu beschämen und dies als Instrument der sozialen Kontrolle anzuwenden«, sagt sie.[459] Dass die Mikrokreditorganisationen gezielt solche Instrumente einsetzen, bezeichnet sie als »Wirtschaftssystem der Beschämung«.

Enteignung im Namen der Armutsbekämpfung

Nasma, die Schwiegertochter des Dorfoberen von Joymonirhat, Abdul Karim, eine sanfte junge Frau, verteilt Päckchen aus Blättern an die Frauen. Darin sind Späne der Betelnuss und Gewürze gewickelt. Man kaut sie, um Hungergefühle zu unterdrücken. Der Name des Distriktes, in dem Joymonirhat liegt, heißt Kurigam – das bedeutet übersetzt: zwanzig Dörfer. Kurigam befindet sich im Nordosten von Bangladesch an der Grenze zu Indien in einer der ärmsten Regionen dieses ohnehin bettelarmen Landes. Regelmäßig bricht hier eine Hungernot aus, die die Bangladescher mit dem düster klingenden Namen *Monga* bezeichnen. Meist kommt Monga zwischen September und November; die Menschen in Kurigram nennen diese Zeit auch »mora kartik«[460], die »Monate des Todes und Schreckens«. Diese suchen die Menschen dann heim, wenn die alte

Ernte bereits verbraucht ist, es aber noch lange hin ist bis zur nächsten. Monga trifft die Ärmsten in den abgeschiedenen ländlichen Gegenden besonders hart: Hier sind die meisten Menschen Selbstversorger, sie haben nicht genug Geld für Nahrungsmittel. Dazu kommt, dass die ohnehin schon raren Jobs rasch vergeben sind. Zwischen September und November fliehen daher viele Menschen in die Städte und versuchen, dort Arbeit zu finden. Die das nicht können, weil sie alt oder krank sind, leiden lebensbedrohlichen Hunger, essen Ungenießbares, werden krank oder sterben.

»Monga ist jetzt noch schlimmer zu ertragen als früher«, stellt Dulali Begum fest. Für die Mikrokreditgeber allerdings sei Monga ein gutes Geschäft. »Wenn die Hungersnot ausbricht, sind auch die meisten Banker und Geldverleiher hier.« Denn dann nehmen die Armen Kredite auf, um sich Essen kaufen zu können, und rutschen noch tiefer in die Schuldenfalle.

In ihrer Not beleihen die Familien ihre Felder; früher oder später sind sie gezwungen, diese zu verkaufen. Dulali, die Reisbäuerin, hat ihr Land bereits verkauft. Jetzt arbeitet sie auf den Feldern anderer Bauern, um Geld für den Kredit zu verdienen. »Ich vermisse meine Erde«, sagt Dulali und weint. »Manchmal«, sagt sie leise, »sitzen wir zusammen und überlegen, wie wir da jemals wieder rauskommen sollen. Aber wir finden keinen Weg. Erlösen kann uns nur der Tod.«

Dem Bangladesch Institute of Developement Studies zufolge leben 40 Prozent der Bevölkerung Bangladeschs in extremer Armut und leiden Hunger, 30 Prozent leben in chronischer Armut. 70 Millionen Menschen, fast die Hälfte der Bangladeschi, leben unterhalb der Armutsgrenze.[461] Für den bangladeschi-

schen Wirtschaftswissenschaftler Anu Muhammad sind diese
Zahlen und die jedes Jahr zuverlässig wiederkehrende Hungersnot Monga der Beleg dafür, dass das Programm der Mikrokredite zur Armutsbekämpfung nicht funktioniert. Er und seine
Studenten haben seit den neunziger Jahren Untersuchungen in
15 Dörfern in verschiedenen Teilen des Landes gemacht. Ihr
erschütterndes Ergebnis: Nur fünf Prozent der Mikrokredit-
nehmer profitieren von dem Kredit. Und auch die nur deshalb,
weil sie bereits eine zuverlässige Einkommensquellen hatten,
als sie den Kredit aufnahmen. 50 Prozent konnten ihren Lebensstandard nicht verbessern, allenfalls halten, indem sie zusätzliche Kredite bei anderen Organisationen aufnahmen. Die
Lage der restlichen 45 Prozent hatte sich sogar erheblich verschlechtert.[462] Die meisten kritischen Studien, sagt Anu Muhammad, kämen zu vergleichbaren Ergebnissen: Nur fünf bis
zehn Prozent – und das seien gerade nicht die Ärmsten der Armen – profitieren wirklich von den Mikrokrediten. Selbst eine
Studie der Weltbank und des Bangladesch Institute of Developement Studies gelangte 1997 zu dem Ergebnis, dass sich
nur fünf Prozent der Kreditnehmerinnen aus der Armut befrei-
en konnten – das ist gerade einmal ein Prozent der Bevölkerung. »Es wird vorausgesetzt, dass alle Bedingungen, also Natur, Gesundheit, die Familiensituation, die Geschäftsgrundlage,
konstant günstig bleiben«, sagt Muhammad.[463] Leider ausgesprochen unwahrscheinlich in einem Land wie Bangladesch, in
dem die Menschen jeden Tag Hunger, Krankheit und der Gefahr von Naturkatastrophen ausgesetzt sind, die Löhne nicht
existenzsichernd sind und die Lebensmittelpreise sich über
Nacht verdoppeln können.

Jobra und »Hillary Village«: die Märchendörfer

Tom Heinemann, ein dänischer Dokumentarfilmer, hat für seinen kritischen Film *The Micro Debt*[464] zwei Dörfer besucht, die in der Grameen-Legende eine besondere Rolle spielen: Jobra, der Ort, an dem Muhammad Yunus den ersten Kredit aus eigener Tasche vergab, und Maishahati, das seit einem gemeinsamen Besuch von Hillary Clinton und Muhammad Yunus offiziell Hillary Village heißt. Der Film sorgte 2010 weltweit für Aufsehen, weil er schlüssig darlegte, dass die Grameen Bank Entwicklungshilfegeld der norwegischen Regierung auf sehr usmtrittene Weise einsetzt. In Jobra machte sich Heinemann auf die Suche nach der legendären Sufiya Begum, der Yunus 1976 begegnet sein will. Der dänische Dokumentarfilmer traf ihre Tochter, und sie erzählte, dass ihre Mutter 1998 in tiefer Armut gestorben sei. Ein Dorfbewohner berichtet im Film außerdem, dass das Haus, das sich die Frau angeblich leisten konnte, tatsächlich gar nicht Sufiyas' gewesen sei. Er zeigt auf ein rosa getünchtes, doppelstöckiges Haus mit Säulen davor, im Vergleich zu den Wellblechhütten schon fast ein Palast, und sagt in die Kamera: »Die Grameen Bank hat immer dieses Haus gezeigt. Aber das gehört einem Nachbarn.« Mit so einem Schwindel, sagt der Mann im Film, habe die Bank Millionen verdient.

Hillary Clinton besuchte 1995 Maishahati und ließ sich die schönen Geschichten vom wirtschaftlichen Erfolg erzählen. Unter anderem dass viele neue Häuser gebaut worden seien – das gehört zur Selbstverpflichtung der Kreditnehmerinnen der Grameen Bank.[465] Heinemann – und nicht nur er[466] – fand bei seinem Besuch allerdings vor allem Familien, die durch die Kredite noch tiefer in die Armut gerutscht waren. Ein Mann aus dem Dorf behauptet im Film sogar, dass der medienwirksame Besuch von Hillary Clinton reine Inszenierung gewesen sei: Man habe Frauen aus anderen Dörfern herbeigekarrt – Jubel-Bangladeschi sozusagen.

Anu Muhammad erklärt die Entstehung der Grameen-Mythen so: »Sie führen den Leuten die Dorfbewohner in dem Moment vor, in dem sie von dem geliehenen Geld ihr Haus bezahlt haben. Klar sieht das dann nach Erfolg aus. Aber kämen sie nur ein oder zwei Jahre später wieder, würden sie die wirklichen Folgen sehen: Dann sind die Häuser nämlich verkauft.«[467]

NGOs als Handlanger des Kapitals

Wir fahren zum nächsten Schuldendorf. Unser Weg nach Ghogadaho führt vorbei an sattgrünen Reisfeldern, auf denen Wasserbüffel Pflüge ziehen. In jedem Dorf fallen mir mehrere Hütten auf, an denen die Namen von Mikrofinanzorganisationen stehen. Längst ist es nicht nur Muhammad Yunus' Grameen Bank, die Kleinkredite vergibt. Die beiden anderen großen Institute sind das Bangladesch Rural Advancement Comittee, kurz BRAC, und die Association for Social Advancement, ASA. Darüber hinaus gibt es zahlreiche NGOs, die Geld verleihen. Die Zahl der NGOs in Bangladesch hat sich in den vergangenen zwanzig Jahren versechsfacht. Gab es 1990 noch 382 NGOs, zählte man 2007 bereits 2156,[469] heute sind es über 3000. Seit den siebziger Jahren sind Nichtregierungsorganisationen in Bangladesch tätig. Wie die Krishok Federation und Nijera Kori beschäftigten auch sie sich lange Zeit mit Mobilisierung, Bewusstseinsbildung, Gesundheitsprogrammen, mit dem Kampf gegen Ungleichheit, Ausbeutung, Großgrundbesitzer und Machtstrukturen auf den Dörfern, sie kämpften für Frauenermächtigung und für die Rechte von Landlosen. Doch in den neunziger Jahren wandelte sich das solidarischen Kerngeschäft: Die NGOs stiegen ins Mikrokreditgeschäft ein. Zunächst, weil sie auf diese Weise unabhängig von Spenden wirtschaftlich nachhaltig arbeiten konnten. Ihr Fokus liegt auf der eigenen finanziellen Unabhängigkeit, nicht auf der ihrer Zielgruppe. Und nicht wenige solcher MFI-NGOs haben sich zum Selbstzwecke gegründet – einige sind damit reich geworden.

Die Wandlung der NGOs zu Geldverleihern ist eine Folge der so genannten »Strukturanpassung« für Entwicklungsländer. Es ist das, was man gemeinhin unter Globalisierung versteht. »Wirtschaftswachstum« lautete bereits in den siebziger Jahre die Devise der Entwicklungshilfe. Die Geberländer förderten in Entwicklungsländern etwa Großprojekte wie Staudämme oder Kraftwerke, an denen vor allem die Konzerne aus dem Westen verdienten. Das investierte Geld floss auf diesem Weg zurück in die Länder, aus denen es gekommen war, während die Länder der Dritten Welt auf den Rechnungen sitzenblieben. Als sie die Schulden nicht zurückzahlen konnten, kam es in den achtziger Jahren zur Schuldenkrise. Doch anstatt Schulden zu erlassen, um überhaupt die Voraussetzung für Armutsbekämpfung und den Aufbau einer Infrastruktur zu schaffen, die für alle, auch die Ärmsten, zugänglich gewesen wäre, legten Weltbank und Internationaler Währungsfonds sogenannte Strukturanpassungsprogramme auf. Diese knüpften die Vergabe weiterer Kredite an die Privatisierung öffentlicher Strukturen wie etwa der Energie- und Wasserversorgung und des Bildungs- sowie Gesundheitswesens. Auch wurden die Entwicklungs- länder gezwungen, Importbeschränkungen aufzuheben und die Märkte zu deregulieren.[469] Auf Druck der westlichen Welt hob man außerdem fast alle Zinsobergrenzen der armen Län- der auf. Die als »Armutsbekämpfungs- und Wachstumspro- gramme« verbrämten Maßnahmen haben die sogenannte Dritte Welt in der Folge in eine noch größere Abhängigkeit vom Westen und die Armen in eine noch aussichtslosere Lage versetzt: Sie müssen nun für jede Dienstleistung bezahlen. Sie leiden darunter, dass der Staat ihnen keine überlebens- notwendige Infrastruktur wie etwa medizinische Betreuung und Wasserversorgung kostenlos zur Verfügung stellen kann. Doch der reiche Westen hat nicht das geringste Interesse daran: Als die Vereinten Nationen im Juli 2010 mit einer Re- solution den Anspruch auf sauberes Wasser zum Menschen- recht erklärte, stimmten die USA – Hauptsitz von 500 mul- tinationalen Konzernen – und 40 weitere reiche Länder dagegen, während die Staaten der Dritten Welt durchgängig dafür stimmten.[470]

Auch Bangladesch ist hoch verschuldet. Die Staatsverschul- dung beträgt 35 Milliarden US-Dollar, das sind fast 40 Prozent des Bruttoinlandsprodukts. Gesunken sind dagegen die Mit- tel klassischer Entwicklungshilfe: Zwischen 1996 und 2005 von 230 auf nur noch 1,39 Milliarden Dollar. Davon wer- den 80 Prozent als verzinste Kredite vergeben. Natürlich ist die klassische Entwicklungshilfe durchaus zu kritisieren. Korrupte Regierungen, grassierende Privatisierung, immense Staatsschulden, Steuerflucht, Hungerlöhne – alles, was dem reichen Westen dient, kommt in Konflikt mit Hilfe, wie sie nötig wäre. Aber ist die Privatverschuldung, wie sie Mikrokredite verursachen, eine ernsthafte Alternative?

Der Wandel von den Nicht-Regierungsorganisationen zu Mikrofinanzinstituten (MFI) – Anu Muhammad bezeichnet solche MFI-NGOs auch als »Corporate NGOs« – fiel genau in die Zeit der Strukturanpassungsprogramme, gefördert von der Weltbank. Diese gründete 1995 die sogenannte Consultative Group to assist the Poor (CGAP), also eine Beratungsgruppe für die Unterstützung der Armen. Sie wollte 200 Millionen US-Dollar für die Vergabe von Mikrokrediten auf den Weg bringen. 1996 gab sie folgende Strategie aus, um NGOs in den kommerziellen Finanzmarkt zu integrieren: »a) ein passendes Rahmenwerk für Finanzoperationen des NGO-Sektors entwickeln, b) große NGOs dabei unterstützen, sich als Banken zu etablieren, c) einen Großhandel von Krediten bei etablierten NGOs unterstützen, und d) kleinere NGOs als Zwischenhändler einsetzen, um Kredit-Selbsthilfe-Gruppen zu mobilisieren.«[471]

Das zeigt, dass das Mikrokreditwesen nicht etwa deshalb so schnell gewachsen ist, weil es sich als probates Mittel zur Armutsbekämpfung erwiesen hatte, sondern weil die mächtige Weltbank die Verbreitung der Mikrokredite durchsetzte.

Privatschulden als Entwicklungshilfe

1997 wurde das erste Mikrokredit-Gipfeltreffen in Washington abgehalten. Auf der Konferenz kündigten unter anderem die Weltbank, die amerikanischen Entwicklungsbehörde USAID, die Inter American Developement Bank, das Entwicklungsprogramm der Vereinten Nationen UNDP und die Citibank an, einen Mikrokreditfonds aufzulegen. EU und USA sind zentrale Förderer der Mikrofinanz geworden. Die deutsche Bundesregierung fördert Mikrokreditprogramme bereits seit den achtziger Jahren: mit 37 Millionen Euro unterstützte sie bis 1998 die Grameen Bank. Bis heute hat die Bundesregierung ein Drittel der Entwicklungshilfe, 2,7 Milliarden Euro, in Mikrofinanzsysteme in 63 Ländern gesteckt. Die deutsche Kreditanstalt für Wiederaufbau gilt als weltweit größter öffentlicher Investor in Mikrofinanzen.[472] Ingesamt sind weltweit rund 60 Milliarden Dollar als Mikrokredite in Umlauf, die von geschätzten 70 000 Mikrokreditorganisationen verteilt werden.[473]

Seinen ersten öffentlichen Auftritt als deutscher Entwicklungshilfeminister absolvierte Dirk Niebel passenderweise gemeinsam mit Bangladeschs Ein-Mann-FDP Muhammad Yunus. In seiner Rede kündigte Niebel an, stark auf Mikrofinanzierung zu setzen. Er halte diese für eine der kostengünstigsten und zugleich effizientesten Möglichkeiten der Entwicklungszusammenarbeit und der Armutsbekämpfung. Dass auch arme Menschen Zugang zu Krediten erhalten, sei eine wichtige Voraussetzung für diese Bevölkerungsschichten, um sich aus eigener Kraft Wohlstand zu erarbeiten und frei leben zu können.[474] Zusammen mit Sozialmaskottchen Yunus lächelte Niebel ins Blitzlichtgewitter und sagte: »Mikrokredite sind also ein urliberales Instrument der Hilfe zur Selbsthilfe.«

Wie immer, wenn Politiker Eigenverantwortung anmahnen, geht es in Wirklichkeit darum, alle Risiken auf den Einzelnen abzuwälzen. Mikrokredite sind kein Akt der Menschlichkeit und Fürsorge. Sie sind auch kein Alternativprogramm zur klassischen Entwicklungshilfe: Stattdessen wurde die hohe Staatsverschuldung der armen Länder auch noch auf das Individuum ausgeweitet. Denn während die Geber kein Risiko eingehen, weil die Rückzahlungsquote und die Zinsen – im weltweiten Durchschnitt 38 Prozent! – so hoch sind, haften die bitterarmen Männer und Frauen dafür mit ihren Existenzgrundlagen. Diejenigen, die unter der Staatsverschuldung der Entwicklungsländer also am meisten leiden, haben nunmehr durch Privatschulden eine noch größere Bürde zu tragen. In Heinemanns Film stellt der US-amerikanische Entwicklungsexperte und Mikrokreditkritiker Thomas Dichter eine ganz einfache Frage: »Niemand von uns möchte Schulden haben. Warum also denken wir, ausgerechnet Arme hätten lieber Schulden als wir?«

Die Entwicklungsorganisation Kindernothilfe vergibt selbst an Kinder Mikrokredite, damit die sich ein Geschäft aufbauen können.[475] Nun ist es gewiss so, dass der westliche Blick auf Kinderarbeit sentimental ist. Aber indem man Kinder einfach von den Feldern und aus den Fabriken holt –, das belegen viele Studien –, bereitet man der Kinderarbeit noch lange kein Ende, sondern verschlimmert oft sogar die Situation der Familien. Kinder müssen deshalb arbeiten, weil die Eltern arm sind. Es ist ein strukturelles Problem. Kindern Kredite zu geben, um sie zu kleinen Unternehmern zu machen: Dieser Pragmatismus blendet die Strukturen nicht nur aus, er ist eine Bankrotterklärung. Sie bedeutet, dass sich die westliche Welt mit Armut längst abgefunden hat.

Hunger und Kinderarbeit durch Mikrokredite

Es ist später Nachmittag, als wir in Ghogadaho ankommen. Die tief stehende Sonne spinnt das Stroh der Hütten zu Gold, ein Vogel zwitschert ungehalten in der Krone einer Palme. Auch hier haben sich die Frauen auf dem Dorfplatz versammelt. Sie sind abgemagert, ihre Saris schmutzig und zerschlissen. Auch Ghogadaho gehört zu den Regionen, die von Monga betroffen sind. Schlimmer noch: Das Dorf liegt unweit des Flusses Teesta, der durchs indische Westbengalen fließt und in Bangladesch in den Brahmaputra mündet. Der Fluss führt nur wenig Wasser. 1995 wurde deshalb mit Unterstützung der Weltbank in Indien, 18 Kilometer von der Grenze zu Bangladesch entfernt, der gigantische Farakka-Staudamm errichtet. Zur Trockenzeit, wenn das Wasser niedrig steht, wird der Fluss gestaut und das Wasser Richtung Kalkutta geleitet. Dann aber fehlt dieses Wasser den Armen in Bangladesch, die damit ihre Reisfelder bewässern. Es folgen Dürren, die Böden versalzen, die Fischbestände schwinden, der Fluss ist nicht mehr mit Booten befahrbar. Wenn der Monsunregen den Fluss aber anschwellen lässt, öffnet Indien den Staudamm. Dieses künstliche Hochwasser trifft die Menschen in Bangladesch meist zur Erntezeit. Dann werden Häuser und Ernten zerstört, die Menschen fliehen in höher gelegene Regionen und leben dort unter freiem Himmel. Die Flut sorgt außerdem für Erosionen: eine solche machte im Juli 2011 300 Menschen der Gegend obdachlos.[476]

Für die Frauen von Ghogadaho ist Muhammad Yunus, der Friedensnobelpreisträger, alles andere als ein Heilsbringer. »Er hat den Frieden hier für immer zerstört«, sagt Shahida Begum. Wenn man einmal in die Runde fragt, wie die Frauen das finden, dass Yunus von seinem Posten als Bankdirektor entfernt wurde, jubeln und klatschen sie.

Shahida Begum sagt, sie habe vor 15 Jahren einen Kredit bei der Grameen Bank aufgenommen. Als sie alles bis auf 500 Taka – fünf Euro – zurückbezahlt habe, habe der Grameen-Mitarbeiter gesagt: »Lass nur, das verrechnen wir mit dem Gesparten.« Mit einem Kredit nämlich verpflichten sich die Frauen nicht nur, jede Woche eine Rate plus Zinsen zu zahlen, sondern auch einen kleinen Betrag zu sparen. Offiziell heißt es, die Frauen hätten zu dieser Spareinlage jederzeit Zugang. Doch meist gelten diese den Mikrofinanzinstituten als Sicherheit. Ab einem Betrag von 8000 Taka müssen die Frauen außerdem in den Grameen-Pensionsfonds zahlen. Der wird über zehn Jahr angelegt und verzinst. Rechnet man also alle Kosten zusammen, müssen die Schuldner viel mehr für den Kredit bezahlen als nur die Zinsen. Anu Muhammad schätzt die effektiven Kosten auf 30,5 Prozent bei der Grameen Bank und knapp 45 Prozent bei ASA und BRAC.

Nach 15 Jahren sei aber ein anderer Mitarbeiter der Grameen Bank gekommen, er habe 6000 Taka von Shahida verlangt. Sie konnte nicht beweisen, dass sie schuldenfrei war, hatte keine Belege. Der Mann habe sie beschimpft und als Lügnerin bezeichnet. »Fast jeden Tag kamen die Männer in mein Haus, sie blieben bis in die Nacht. Sie drohten, mein Haus abzureißen.«

»Die Kunden müssen nicht zur Bank kommen, die Bank kommt zum Kunden.« Ein klassischer Yunus-Satz, der nur den begeistern kann, der keine Ahnung hat, welch brutale Wahrheit sich hinter diesen Worten verbergen kann. Shahida sagt, sie hätte schließlich eingewilligt, die 6000 Taka als neuen

Kredit zu nehmen; drei Jahre habe sie jetzt Zeit, ihn zurückzuzahlen. »Ich fühle mich betrogen«, sagt Shahida.

»Wir sind noch ärmer als zuvor«, klagt eine andere Frau, Roshida. Sie hat bei der MFI-NGO TMSS einen Kredit über 8 000 Taka aufgenommen, wollte auf dem Markt Reis verkaufen. Doch weil dort dutzende Bauern und Händler mit ihren Reissäcken sitzen und sich gegenseitig unterbieten, konnte Roshida den Reis nur unter Preis verkaufen. Es ist einer der grundsätzlichen Denkfehler des Modells, Arme zu Unternehmern zu machen: Die Möglichkeiten unternehmerischer Aktivitäten, zumal auf dem Land, sind mehr als begrenzt. Hier kann man keinen »Senfsalon« eröffnen. Allenfalls einen Kiosk, eine Teestube, einen kleinen Handwerksbetrieb oder einen winzigen Marktstand. Doch der Bedarf ist nicht sehr groß: Wie viele Teestuben braucht wohl ein Dorf? Und woher sollen all die Kunden kommen, wenn die Menschen arm sind?

Unternehmertum heißt auch, sämtliche Risiken allein tragen zu müssen. Selbst in reichen Ländern scheitern daran viele. In Tom Heinemanns Film sagt der Entwicklungsexperte Thomas Dichter: »Die wenigsten von uns können und wollen Unternehmer sein. Warum glauben wir, dass das ausgerechnet die Ärmsten können sollen?«

Weil sie nicht jede Woche Arbeit finde, sagt Roshida, hungere sie, um die Raten zahlen zu können. »Aber auch das reicht nicht aus, alles ist schlimmer als vorher«, Roshida schreit, dass sich ihre Stimme überschlägt. »Wir haben keine Zeit mehr für unsere Kinder, wir schlagen sie sogar, das haben wir früher nie getan.« Zur Schule gingen die Kinder längst nicht mehr, sie müssten jetzt auf den Feldern arbeiten, »erst muss der Magen gefüllt werden, dann der Kopf.«

Anu Muhammad hat in seinen Studien bestätigt: »Die Kinderarbeit nimmt zu. Mikrokredite erhöhen den Druck, in einer begrenzten Zeit eine bestimmte Summe Geld zu verdienen. Dieses Zeitlimit wird zum bestimmenden Faktor, um überhaupt am Markt teilnehmen zu können. (...) Dann müssen auch die Kinder ran.«[477] Die Kinder, sagt Roshida, bekommen aber nur die Hälfte des Lohns. Manche Familien steckten wegen der Kredite so aussichtslos tief im Elend, dass sie ihre Kinder in die Restaurants der nächstgelegenen Stadt schickten. Dort arbeiten sie in der Küche; dafür bekommen sie kein Geld, aber Essen, und können auf den harten Tischen schlafen. Es sind wohl solche Kinder, die uns noch am gleichen Abend in unserem schäbigen Hotel in Kurigram, der gleichnamigen Hauptstadt des Distrikts, begegnen werden. Sie tragen Wasserkrüge und Bettwäsche durch die Flure und schleppen Gepäck, das fast größer ist als sie selbst. Sie sind klein, vielleicht sechs, höchstens acht Jahre alt, ihr Blick ist ernst. Sie lachen nicht. Und wirken völlig verloren.

In ihrem Furor schiebt Roshida eine weitere Frau nach vorne. Sie wirkt blutjung; 20 Jahre sei sie alt, sagen die Frauen, sie selbst kennt ihr Alter nicht, sie könnte auch jünger sein. Shomusta hat zwei Töchter, sie ist verheiratet, doch ihr Mann hat sich aus dem Staub gemacht. Für ihn hatte sie bei der NGO TMSS einen Kredit über 10 000 Taka aufgenommen. Er kaufte sich dafür einen Rikscha-Van und wollte damit Transporte anbieten. Doch kaum einer hier konnte diese Dienstleistung bezahlen, also verkaufte er das Gefährt wieder – weit unter Preis. So geht das nicht selten, denn offiziell bekommen zwar nur Frauen die Kredite. Doch ausgegeben wird das Geld meist von Männern. Dass die Männer den Kredit verbrauchen, belegen zahlreiche Studien, unter anderem die bereits zitieren Feldforschungen von Aminur Rahman und Lamia Karim. Karim hat dies in 95 Prozent der von ihr untersuchten Fälle festgestellt. Auch Anu Muhammad sagt: Nur zehn Prozent der Frauen haben Kontrolle über ihren Kredit.[478] Das weiß die Grameen Bank ganz genau: Sie erlaubt Darlehen für die Ehemänner – und zwar ausschließlich über die Ehefrauen. So kann die Bank den Mythos der »Frauenermächtigung« aufrechterhalten.

Eines Morgens, erzählt uns aber jetzt Shomusta, war ihr Mann weg, abgehauen nach Dhaka. Später kam ihr zu Ohren, er habe dort wieder geheiratet. Die junge Frau zeigt auf eine baufällige Hütte; sie wohnt jetzt bei ihrem Bruder, der genauso arm ist wie sie selbst. Jetzt bedrängen auch ihn die Geldeintreiber. So viel Shomusta auch auf dem Feld arbeitet, sie wird die Schulden nicht los. Die Wut der Frauen ist spürbar, und als wir gehen, schreit Shahida selbst Badrul an: »Was kommt ihr hierher, was wollt ihr hier? Ihr gebt uns auch kein Geld!« Badrul ist ehrlich erschrocken. Er sagt: »Ich bin dein Bruder! Ich kann dir kein Geld geben, ich kann nur für dich kämpfen!«

Wie dominant die Männer im System der Mikrokredite sind, erleben wir tags darauf in dem Dorf Rajbari. Dort haben sich nur Männer versammelt, die Frauen stehen schüchtern in einiger Entfernung oder arbeiten auf dem Feld. Selbst Badrul gelingt es erst nach einer Weile, die Männer zu überreden, auch die Frauen zu Wort kommen zu lassen. »Da kannst du mal sehen«, raunt Badrul, »Frauenpower, dass ich nicht lache!« Dabei sind auch die Geschichten, die die Männer erzählen, nicht ohne. Shabeb Ali kommt abgehetzt auf den Dorfplatz, er hält uns einen abgegriffenen rosa Zettel unter die Nase. Er redet schnell und aufgebracht, seine Verzweiflung ist nicht zu übersehen. BRAC hat ihn vor Gericht bestellt, so viel weiß er, doch er kann den Zettel nicht lesen, er ist Analphabet. Die Bank wolle 5 500 Taka von ihm haben, dabei hätten er und seine Frau doch alles längst zurückbezahlt. Aber er hat keine Belege darüber, und prompt seien die Geldeintreiber ein Jahr später wieder vor der Tür gestanden. Sie hätten ihm sein Landbesitzzertifikat weggenommen. Manche Männer und Frauen, sagt er, würden hier für eine Nacht ins Gefängnis gesteckt, wenn sie nicht zahlten. Die Banken und NGOs arbeiteten mit der Polizei zusammen. Die Geldeintreiber würden, sagt Shabeb Ali, bei den Polizisten Erkundigungen über die Leute einziehen, um sie unter Druck setzen zu können.

Schließlich traut sich Rekha, eine junge Frau vor, sie ist vielleicht Mitte zwanzig. Sie hat zwei Kredite, 12 000 Taka bei der Grameen Bank, 7 000 bei ASA. Als ihr Vater in Rangpur im Sterben lag, bat sie die Bankmitarbeiter, den Termin für die wöchentliche Rückzahlung zu verschieben, sie hätte das Geld zahlen können. Doch die weigerten sich. Als sie in Rangpur eintraf, war ihr Vater schon begraben. Sie hatte weder von ihm Abschied nehmen noch den Leichnam sehen können, ja nicht einmal an der Beerdigung konnte sie teilnehmen. Auch das habe ich in fast jedem Dorf gehört: »Selbst wenn du einen Toten im Haus hast, lassen sie dich trotzdem nicht in Ruhe.« Manchmal, erzählt Badrul, wittern die Geldeintreiber gerade dann ihre Chance: Sie verbieten den Familien, den Leichnam zu begraben, bevor sie die Raten bezahlt haben. Weil sie dann das Geld, das für das Begräbnis vorgesehen ist, den Banken und NGOs geben, bleibe ihnen oft nichts anderes übrig, als die Toten in den Fluss zu werfen.

Mit leerem Magen in die Schuldenfalle

Mehr als die Hälfte der Kreditnehmer kann nicht pünktlich zahlen, das hat Qazi Kholiquzzman Ahmed, der Leiter der staatlich finanzierten Kreditanstalt PKFS, in einer Untersuchung 2007 beschrieben. Er gehört zu den Kritikern der Mikrofinanz, obwohl die PKFS selbst Geld für Mikrokredite an kleine MFI-NGOs vergibt. Die 2 500 Befragten hatten 3 500 Kredite laufen. Ein Viertel davon aus zwei unterschiedlichen Quellen, sechs Prozent sogar aus drei Quellen. Fast drei Viertel würden sich zusätzliches Geld bei Verwandten oder gar lokalen Geldverleihern zu exorbitant hohen Zinsen von bis zu 100 Prozent borgen.[479] Die Mikrokredite haben die Menschen also nicht aus den Fängen der privaten Kredithaie befreit, im Gegenteil: In ihren Untersuchungen fanden die beiden britischen Wissenschaftler David Hulme und Paul Mosley heraus, dass die Zahl der privaten Geldverleiher in Orten mit hoher Mikrokredit-Dichte sogar gestiegen sei.[480] Lila Rashid hat die 2006 gegründete staatliche Aufsichtsbehörde für Mikrokredite in Dhaka mit aufgebaut. Sie sagt: »Während vor ein paar Jahren 40 Prozent bei mehreren Kreditorganisationen verschuldet waren, sind es heute 70 Prozent.« Die Aufsichtsbehörde vergibt Lizenzen an NGOs. 521 Anträgen sei stattgegeben worden, 2 910 wurden abgelehnt.[481]

M. M. Akash, Wirtschaftswissenschaftler an der Universität Dhaka, sagt, dass die Menschen 20 Prozent mehr verdienen müssten, um die Kredite bedienen zu können. Dabei muss die arme Bevölkerung zwischen 40 und 60 Prozent ihres Einkommens für Lebensmittel ausgeben, sofern sie sich nicht selbst versorgen kann. Doch in vielen Fällen scheitern die Menschen nicht nur mit ihrem Business; sie nehmen Kredite auf, um sich

Essen oder medizinische Versorgung zu kaufen. Aminur Rahman wiederum hat festgestellt, dass 29 Prozent der Kredite für solche Zwecke aufgewendet werden. Als Rahman 2001 in das Dorf Pas Elashin zurückkehrte, wo er bereits in den neunziger Jahren geforscht hatte, sah er, dass nur sechs von 120 Frauen Einkommen aus Unternehmen bezogen, die sie selbst gegründet hatten.[482] So rigide die Geldgeber die geliehenen Beträge wieder eintreiben, so wenig überprüfen sie offenbar, wofür die Kredite tatsächlich verwendet werden. Ein weiteres Indiz dafür, dass es womöglich gar nicht um Hilfestellung für die Armen geht.

Im kleinen Dorf Boldia im Kurigram District treffen wir eine Frau der sogenannten Vulnerable Group. Diese Menschen sind nicht nur land-, sondern auch obdachlos. Für diese Ultra-Armen gibt es Programme der Regierung, sie haben außerdem eine Lebensmittelkarte. Marjina, eine junge Frau, die zu diesen gehört, trägt ein Mädchen mit verkrüppelten Füßen im Arm. Sie sagt, sie habe bei der Organisation TMSS einen Kredit zur Behandlung ihres Kindes aufgenommen. Laut Badrul dürften diese Menschen gar keine Kredite bekommen. Doch die Mitarbeiter der Mikrofinanzorganisationen sind dazu angehalten, möglichst viel zu verkaufen. Ihr Erfolg wird daran gemessen, wie viele Kredite sie verteilen und wie viele Raten sie eintreiben.

Die hohe Rückzahlungsquote kommt auch deshalb zustande, weil die Kredite umgeschuldet werden: Wer nicht zurückzahlen kann, bekommt einfach einen weiteren Kredit – wie etwa Roshida Begum. Anu Muhammad geht davon aus, dass allenfalls 65 Prozent der Kredite tatsächlich komplett zurückgezahlt werden.[483]

Blinde Wirtschaftswissenschaft

Das Scheitern der Mikrokredite als Armutsbekämpfung ist evident. Warum also hält sich die Legende, dass Mikrokredite Millionen von Menschen aus der Armut befreit haben? Warum befürworten Ökonomen, Kirchen, NGOs, Globalisierungsgegner und die Deutsche Bank gleichermaßen Mikrokredite? Warum reichen ein paar Fotos von lächelnden Frauen in aufwändig produzierten Bildbänden und eine Handvoll herzerfrischender Anekdoten, diese Legende aufrechtzuerhalten, obwohl es mittlerweile zahlreiche Untersuchungen über die Realität der Mikrokredite gibt? Warum treibt das sentimentale Geschwätz von Muhammad Yunus weltweit den Menschen Tränen der Rührung in die Augen, während sie blind bleiben für das Leid von Millionen Menschen? Weshalb wiederholt fast jeder Artikel die Behauptung, es sei »unbestritten«, dass Mikrokredite Millionen von Menschen aus der Armut befreit hätten, obwohl es keinerlei handfeste Belege dafür gibt?[483]

Der Journalist Gerhard Klas, der in seinem kritischen Buch *Die Mikrofinanzindustrie. Die Große Illusion oder Das Geschäft mit der Armut* das Thema ausführlich in Bangladesch und Indien recherchiert hat, analysiert diese Blindheit folgendermaßen: »Wirtschaftswissenschaftler selbst greifen – um die Effektivität der Mikrokredite in der Armutsbekämpfung zu belegen – auf eine sehr eng gefasste Definition von Armut zurück, die in der Fachwelt bestimmend ist. Sie orientiert sich ausschließlich daran, ob Geld vorhanden ist oder nicht. Aber Armut ist ein komplexer Zusammenhang, der sich nicht allein am Geldeinkommen messen lässt. Subsistenzwirtschaft – beispielsweise der Anbau von Feldfrüchten zum Eigenverbrauch – spielt in den Kalkulationen der Mikrofinanz-Ökonomie keine

Rolle, sondern nur solche Produkte, die auf dem Markt in bare Münze verwandelt werden.«[485] Die zu diesem Thema publizierten Arbeiten fußten fast immer auf ausschließlich finanztheoretischen Konzepten, bei denen der Tauschwert alles sei, der Gebrauchswert hingegen ignoriert werde. Darunter etwa das Standarwerk der Mikrokredit-Apologeten *Portfolios of the Poor – How the World's Poor Live on $ 2 a Day*. Darin heißt es: »Wir betrachteten die Haushalte wie Kleinunternehmen, erstellten Bilanzen und Finanzberichte und achteten mit größter Aufmerksamkeit auf das finanzielle Gebaren: auf das Geld, das geliehen und zurückgezahlt, ausgeliehen und einkassiert, gespart und abgehoben wird.« Feldstudien, die sich mit den sozialen Effekten der Mikrokredite beschäftigten, etwa von Anthropologen und Ethnologen, würden von solchen Wirtschaftswissenschaftlern ignoriert oder gar belächelt. Klas nennt einen weiteren Ökonomen, Shahidur Khandker, der im Auftrag der Weltbank Studien durchgeführt habe. Khandker behaupte, dass Mikrokreditnehmerinnen ihre Töchter häufiger in die Schule schickten, dass sich der Gesundheitszustand der Kinder verbessert habe und dass sich die relative Armut in Bangladesch seit Einführung der Mikrokredite um 40 Prozent verringert habe. Die Studie gelte als Grundlage der Mikrokredit-Apologeten. Zwar stellten andere Ökonomen, Jonathan Murdoch und David Roodman, die empirische Beweiskraft dieser Studie in Frage und kritisierten, dass die Untersuchung keiner wissenschaftlichen Überprüfung standhalten könnte. Doch ihre Argumente seien von der Fachwelt ignoriert worden.[486]

Im August 2011 erschien ein Report der britischen Wissenschaftler um Maren Duvendack und Richard Palmer Jones, u. a. Ihre Untersuchung mit dem Titel »What is the evidence of the impact of microfinance on the well being of poor people?[487] wurde unter anderem von der britischen Regierung finanziert. Die Wissenschaftler haben Daten aus Indien und Bangladesch analysiert und fast sämtliche Studien zum Erfolg der Mikrokredite untersucht. Ihr Ergebnis ist eindeutig: Es gibt keinerlei Beleg dafür, dass Mikrokredite den Armen in irgendeiner Weise nützen. Die positiven Studien seien unzuverlässig, weil sie auf zu weichen Untersuchungsmethoden und unzureichendem Datenmaterial gründeten. Der Mythos vom Erfolg der Mikrokredite werde allenfalls durch Anekdoten und begeisterte Geschichten aufrechterhalten, die die Mikrokredit-Industrie in Umlauf brächten.[488] Auf große Resonanz stieß auch diese fast 200 Seiten starke Untersuchung leider nicht.

Nicht nur, dass solche Berichte fast schon ignoriert werden: Die Grameen Bank behindert Kritiker ganz offensiv. Als Aminur Rahman einen Verlag suchte, um seine Studien zu veröffentlichen, und beim englischsprachigen Verlag University Press Limited anfragte, lehnte dieser die Publikation mit der Begründung ab, ein »prominenter Wirtschaftswissenschaftler« habe sein Veto eingelegt.[489] Gerhard Klas hat in Dhaka die Wirtschaftswissenschaftlerin Maha Mirza getroffen. Sie absolvierte 2004 ein Praxissemester in der Zentrale der Grameen Bank. Damals sei sie noch eine glühende Anhängerin von Muhammad Yunus gewesen. Ihre Feldarbeit habe sie im Tangail-Distrikt machen wollen. Dort gibt es die meisten Mikrokreditorganisationen auf einem Fleck. Doch das wurde ihr verwehrt. Im Interview mit Klas sagt sie: »Sie bringen dich nur dorthin, wo sie viele Erfolgsgeschichten vorzuweisen haben und die Gesprächspartner sehr loyal zur Grameen Bank eingestellt sind. Du besuchst ein Haus nach dem anderen, arme Leute, denen es jetzt gut geht. Diese Leute können einen wirklich glauben machen, dass tatsächlich alles funktioniert. Aber wehe, man sucht sich selbst eine Region aus, die man besuchen will, zum Beispiel Tangail. Dort gibt es viele Leute, die alles verloren haben und total verschuldet sind. Das lehnt die Grameen Bank ab, dort bringen sie einen nicht hin.« Ausländische Besucher würden von Grameen-Mitarbeitern begleitet, die dann auch übersetzten. Wenn nur der kleinste negative Eindruck entstehen könnte, übersetzten die Mitarbeiter so, dass alles in einem guten Licht erscheine.[490]

Der Fall des Superstars

Wie besorgt die Grameen-Bank um ihr Image ist, musste auch Tom Heinemann erfahren. Für seinen Film »The Micro-Debt« hatte er all die Propaganda-Dörfer besucht und eine traurige Realität vorgefunden. Alex Counts, der Leiter der Grameen Foundation in Washington, versuchte daraufhin, die Ausstrahlung von Heinemanns Films im norwegische Fernsehen zu verhindern. Er forderte den Dokumentarfilmer dazu auf, »sämtliche Aspekte des Films zu überprüfen, bevor Sie ihre journalistische Reputation dafür aufs Spiel setzen«.[491] Grameen hatte außerdem eine angeblich unabhängige Filmemacherin, Gayle Ferraro, mit einer Art Gegendarstellung beauftragt. Heinemann hatte in seinem Film belegt, dass die erste Kreditnehmerin von Yunus, Sufiya Begum, in bitterer Armut starb und dass das Haus, das sie angeblich von den Krediten gebaut hatte, nicht ihres, sondern das eines Nachbarn war. In ihrem Film wiederum behauptete Ferraro schließlich, dass nicht Suiya Begum diese erste Kreditnehmerin gewesen sei – sondern eine Frau namens Chaba Katun, die noch am Leben sei. Man fragt sich dann aber, weshalb Yunus immer wieder die Geschichte der Sufiya Begum erzählt – wo doch selbst bangladeschische Zeitungen von ihrem Tod in Armut berichtet hatten. Ferraro hatte schon mehrere Jubel-Filme über Mikrokredite gedreht. Als Heinemann den Film sah, erkannte er in der Übersetzerin ausgerechnet Nurjahan Begum – die Hauptgeschäftsführerin der Grameen Bank.[492] Und um seine Reputation als Journalist muss sich Heinemann nun wirklich keine Sorgen machen: Für seinen Mikrokredit-Film erhielt er im Dezember 2011 den renommierten Lorenzo Natali-Preis.[493]

Auch Gerhard Klas sah sich Vorwürfen »einseitiger Berichterstattung« ausgesetzt, als sein kritisches Radio-Feature »Ein Märchen aus Bangladesch. Mikrokredite gegen Armut« im Deutschlandfunk gesendet wurde. Oikokredit, eine kirchliche Genossenschaft, die Mikrokredite vergibt und diese als »ethische Geldanlage« verkauft, Motto: »In Menschen investieren«, stellte eine »Gegendarstellung« auf ihre Homepage.[494] Der Bericht sei »einseitig negativ«. Es sei »unangemessen«, dass keine positiven Aspekte erwähnt worden seien. Das mag wohl daran liegen, dass Klas während seiner langen und intensiven Recherche keine gefunden hatte. Das Feature wurde von BR, WDR und NDR wiederholt. Schließlich schaltete sich auch Hans Reitz ein, der deutsche Vertreter von Muhammad Yunus. Er schrieb dem WDR, er wolle »einige Punkte des Beitrags in die richtige Perspektive rücken«, und warf Klas vor, er habe unter anderem die Kredite für Bettler nicht erwähnt, auf die gar keine Zinsen erhoben würden. Die allerdings machen nur einen winzigen Bruchteil des Grameen-Bank-Geschäfts aus. Es ist gewissermaßen ein CSR-Projekt, das die soziale Ausrichtung der Bank belegen soll. Doch 95 Prozent ihrer Geschäfte macht sie mit gewerblichen Mikrokrediten. Reitz habe den WDR sogar dazu aufgefordert, den Beitrag nicht zu wiederholen. Klas' Fragen, die er im Vorfeld an die Grameen Bank und das Grameen Creative Lab schickte, wurden von ihm hingegen nicht beantwortet.[495]

Dementi und Schweigen – das sind die Reaktionen auf kritische Nachfrage. Auch Heinemanns Fragen wurden nicht beantwortet. Schließlich versuchte er, dabei kann man ihm im Film zuschauen, Yunus bei einem Kongress in Spanien zu einer Antwort zu bewegen. Doch der ließ ihn von Hans Reitz einfach abweisen.

Trotzdem sorgte Heinemanns Film für Wirbel, legte er doch nahe, dass die Grameen Bank Ende der neunziger Jahre Entwicklungshilfe der norwegischen Regierung veruntreut hatte. 100 Millionen US-Dollar seien in andere Grameen-Unternehmen umgeleitet worden; über Umwege sei das Geld auch an den kommerziellen Telefonanbieter Grameen Phone geflossen. Die Grameen-Bank bezeichnet den Bericht als »frei erfunden«, obwohl Heinemann entsprechende Beweispapiere gezeigt hatte.[496]

Die Vorwürfe gegen das System der Mikrokredite waren Wasser auf die Mühlen der Premierministerin Sheik Hasina, die die Mikrokredite als »Blutsauger der Armen« bezeichnete. Die regierende liberale Partei Awami League, der auch Hasina angehört, zählt zu den Kritikern von Yunus. Unter anderem, weil er einmal sämtliche Politiker als »korrupt« bezeichnet hatte. Dafür musste er sich wegen Verleumdung vor Gericht verantworten. Durch die Zentralbank Bangladeschs wurde

Yunus als Direktor der Grameen Bank abgesetzt. Angeblich aus gesetzlichen Gründen: Demzufolge müssen Bankdirektoren mit 60 in den Ruhestand gehen; Yunus war damals 70 Jahre alt. Er focht die Entscheidung juristisch an, unterlag aber in zwei Instanzen. Die Entscheidung war tatsächlich wohl eher das Ergebnis eines Machtkampfes zwischen Yunus und Hasina. 2007 gründete Yunus eine eigene Partei, die Nagorik Shakti (»Macht der Bürger«), und kandidierte für das Amt des Premierministers, zog seine Kandidatur aber wieder zurück. Unter anderem, weil die Unterstützung der Landbevölkerung längst nicht so groß war, wie er angenommen hatte.[497]

Im Frühjahr 2011 erhielt Muhammad Yunus internationale Unterstützung: 26 Mitglieder des US-Kongresses, angeführt von dem Demokraten Joseph Crowley, forderten Sheikh Hasina auf, einen Kompromiss zu finden. Die französische Tageszeitung *Le Monde* veröffentlichte einen Aufruf für Yunus – unterzeichnet von Ex-Premier Michel Rocard und Ex-IWF-Direktor Michael Camdessus. UN-Menschenrechtskommissarin Mary Robinson und Ex-Weltbank-Präsident James Wolfensohn führten die Initiative Friends of Grameen an, die von 50 NGOs unterstützt wurde.[498] Als Kontaktadresse für diese Unterstützungsbewegung findet man ausgerechnet die PR-Agentur Burson-Marsteller.[499] Sie wurde von der Grameen-Bank und ihren Anhängern damit beauftragt, den Ruf von Yunus zu retten. Burson-Marsteller ist spezialisiert auf Krisenkommunikation: sie unterstützte die Öffentlichkeitsarbeit von Union Carbide, der Tochtergesellschaft von Dow Chemical, die das Giftgasunglück im indischen Bhopal verursachten, bei dem 16 000 Menschen starben und 500 000 verletzt wurde. Burson-Marsteller beriet auch die amerikanische Söldnerfirma Blackwater nach dem Mord an irakischen Zivilisten und Regimes wie die argentinische Militärjunta, die saudische Königsfamilie und den rumänischen Diktator Nicolae Ceauçescu.[500] Feine Gesellschaft also für Yunus und seine Anhänger.

Das System der »Bank für die Armen«

Doch in den westlichen Medien erschienen Muhammad Yunus und seine »große Idee« fast durchgängig als Opfer einer politischen Verschwörung. »In der Stimme von Muhammad Yunus, 70, liegen Traurigkeit und Anspannung. Er sitzt in seiner Bank in Dhaka, der Hauptstadt Bangladeschs. Lange ist Yunus nicht gereist, der Nobelpreisträger von 2006, der die Wirtschaftswelt und Entwicklungshilfe mit seiner Idee der Mikrokredite revolutionierte. Gerichtsprozesse hielten ihn in seinem Heimatland. Yunus streitet sich mit der Regierung um seine Grameen Bank – der Wirtschaftsprofessor fürchtet, alles zu verlieren, was er aufgebaut hat. Er wurde wegen Verleumdung angeklagt und aus seinen Ämtern gejagt.« Mit diesen sentimentalen Worten beginnt in der *Süddeutschen Zeitung* ein Interview der Autorin Alina Fichter mit Yunus, etwas weinerlich überschrieben mit »Ich habe Angst«.[501] In einem anderen Artikel über die Absetzung Yunus greift Fichter zu ähnlich pathetischen Worten, wie sie der Friedensnobelpreisträger gern benutzt. Nachgerade eine »Feuersbrunst« habe Yunus' Lebenswerk erfasst: »Es scheint, als sei ein Feuerfunke auf sein Erbe gefallen, dann noch einer; jetzt droht es, in den Flammen unterzugehen. Die Zentralbank ist die vorerst letzte Stimme in einem schrillen, immer lauter werdenden Chor, der ein ehrverletzendes Lied auf Yunus angestimmt hat.«[502] In dem Interview verleiht Yunus unter anderem seiner Sorge Ausdruck, die Politiker könnten die Gunst der Kreditnehmer gewinnen, indem sie Zinsen senkten oder Schulden erließen. Das sei zwar mehr als dringend nötig. Doch die Folge davon wäre, so Yunus: »Meine Idee ginge verloren, alles fiele auseinander. Heute gehören 97 Prozent der Anteile den armen Kreditnehmern, für die ich die Bank gründete. Wenn Politiker die Macht an sich reißen, würde die Bank zu einer Regierungsinstitution verkommen, in die Misswirtschaft und Ineffizienz Einzug hielten. Es wäre nicht mehr die Bank, die den Friedensnobelpreis bekam.«

Dass die Bank den Frauen gehört, das stehe nur auf dem Papier. Faktisch habe keine der Mikrokreditnehmerinnen auch nur den geringsten Einfluss. Das meint zumindest Sardar Amin, ehemaliger Topmanager bei Grameen, der in Bangladesch ein Buch über seine Erfahrungen mit der Vorzeigebank veröffentlicht hat. Ihm zufolge haben die Mikrokreditnehmerinnen keine Ahnung, wie undemokratisch die Grameen Bank funktioniere.

»Wenn die Bank den Frauen gehört, wieso arbeiten dann so wenig Frauen in der Bank?«, fragt Muzzamel Huq.[503] Huq war einst enger Mitarbeiter von Muhammad Yunus, er hat die Grameen Bank mitbegründet. Im Mai 2011 ist er von der Regierung vorübergehend als Direktor eingesetzt worden. In Dhaka treffe ich ihn in seinem Büro. Er lacht und sagt: »Ich wollte eigentlich nie wieder etwas mit der Grameen Bank zu tun haben.« Er und Muhammad Yunus trennten sich Ende der neunziger Jahre im Streit. Muzzamel Huq legt den Untersuchungsbericht der Regierung zur Grameen Bank auf den Tisch. »Paragraph eins der Registrierung ist die Grundlage für alle Diskussion«, sagt er und schlägt die entsprechende Seite des

Berichts auf. »Hier steht es: die Grameen Bank gehört mehrheitlich dem Staat.« Darauf berief sich die Regierung im Rechtsstreit.[504]

Als 1983 die Grameen Bank gegründet wurde, herrschte in Bangladesch das Militärregime unter General Ershad, das auch das Grameen-Sondergesetz verabschiedete, welches der Bank zahlreiche Privilegien bescherte. Die Grameen Bank firmiert dort nicht als Bank, sondern als eine Art NGO, NGOs aber genießen das Privileg der Steuerbefreiung. Bei der Gründung der Bank hielt der bangladeschische Staat 60 Prozent der Anteile, 40 Prozent die Kreditnehmerinnen. Bis heute wird über die Besitzverhältnisse gestritten: Hasina warf Yunus vor, er benehme sich, als sei die Bank sein Privatbesitz. Yunus und seine Anhänger hingegen sagen, der Staat halte nur noch sechs Prozent Anteile. Die Zahl kommt nicht etwa zustande, weil staatliche Anteile verkauft worden wären, sondern weil sich der Anteil der Kreditnehmerinnen so vermehrt hat. Der Staat habe seine Anteile nicht erhöht, heißt es. Hasina entgegnete, die Regierung habe die Bank immer wieder mit Geld unterstützt.

Huq hatte Yunus bereits vor 15 Jahren darauf aufmerksam gemacht, dass einiges in der Bank schieflaufe. Monatelang habe er um ein Gespräch gebeten, das ihm aber stets verweigert wurde. 1997 schrieb Huq Yunus in einem Brief, dass 40 Prozent der Schuldnerinnen in Verzug mit der Rückzahlung und die Beamten in den Dörfern frustriert und verzweifelt seien. Darüber hinaus warf er Yunus mangelnde Transparenz vor, was die Schwesterkonzerne der Grameen Bank angeht. Laut Huq sitzt Yunus in 20 dieser Unternehmen im Vorstand, 30 davon werden von Managern der Grameen Bank geleitet.[505]

Offiziell sind die Bank und die Unternehmen strikt voneinander getrennt. Kritiker vermuten aber, dass Gelder der Grameen Bank auch in andere Unternehmen fließen. Wenn das stimmt, würde das bedeuten, dass die Kreditnehmerinnen auch für den Aufbau des Konzernimperiums von Muhammad Yunus schuften.[506]

Huq beschreibt Yunus als machtbesessenen Einzelgänger, als Sonnenkönig, der alle Entscheidungen allein trifft. »Das merkt man schon daran, dass er mit 71 Jahren immer noch keinen Nachfolger aufgebaut hat.« In Dhaka sagte Huq öffentlich: »Ich denke, er ist ein guter Mann mit einem kleinen Herzen. Er kann niemand anderem Anerkennung zollen als sich selbst.«[507]

Mikrokredite und Klimawandel

Meine zweite Reise mit der Krishok Federation führt in den Südwesten Bangladeschs. Dort leiden die Menschen ebenfalls bereits jetzt unter dem Klimawandel: Das Wetter ist nicht mehr vorhersehbar, der Sommer kommt früher, die Regenzeit später, Dürren, Überschwemmungen und Flusserosionen sind die Folgen. 2007 erlebte das Land eine der schlimmsten Naturkatastrophen in seiner an Desastern weiß Gott nicht armen Geschichte: wie aus dem Nichts fegte der Zyklon Sidr mit bis zu 250 Stundenkilometern über das Land, schob eine fünf Meter hohe Flutwelle vor sich her, die die Küstengebiete verwüstete. Fast 800 000 Häuser wurden zerstört, dreieinhalbtausend Menschen fanden ebenso den Tod wie eine Viertelmillion Tiere. Noch heute leiden die Menschen unter den Folgen dieser Zerstörungen.

»Jetzt wirst du etwas Neues kennenlernen, wir fahren nämlich mit dem Schiff!«, sagt Badrul. In einem älteren *Lonely Planet* hatte ich zwar gelesen, dass eine Flussreise zum Schönsten gehört, was man in Bangladesch unternehmen kann, allerdings auch zum Gefährlichsten: Die Schiffe sind oft in einem maroden Zustand, Sicherheitsvorkehrungen: Fehlanzeige. Regelmäßig gehen Schiffe unter, die meist völlig überladen sind. Es ist die kürzeste und günstigste Verbindung zwischen Norden und Süden und die Hauptroute der Landflüchtlinge in die Stadt. Noch dazu treiben auf dem Fluss, der stellenweise so breit ist, dass man kein Ufer sieht, Piraten ihr Unwesen.

Im stinkenden Wasser des Hafen Saddarghat in Dhaka liegt unser Schiff, die beiden Decks sind zum Bersten voll. Wir haben zum Glück noch zwei der wenigen Kabinen reservieren können: das Schiff fährt die ganze Nacht. Bei Sonnenaufgang empfängt uns die schwüle Hitze von Barisal, der Hafenstadt unweit der Küste des Golfs von Bengalen. Der Bauernführer von Barisal, Harun Bhandari, holt uns ab und führt uns stolz in sein Haus. Während wir auf unseren Fahrer warten, der uns in die Dörfer bringt, zeigt der Harun Bhandari Badrul ein dickes, gebundenes Buch voller Artikel über die Krishok Federation, die er sammelt, aber selbst nicht lesen kann. Knapp die Hälfte der Bangladeschi sind Analphabeten, bei den Frauen sind es sogar drei Viertel. Trotzdem sind viele von ihnen politisch aktiv. Im Haus hat der Aktivist eine Ecke mit Bildern von Demonstrationen der Krishok Federation tapeziert, an der blaugrünlichen Wand daneben hängen Fotos von Marx und Che Guevara. Sie verraten, dass die Menschen hier sich etwas ganz anderes wünschen als Schulden und Unternehmertum. Nämlich Solidarität, Sicherheit und Gerechtigkeit für alle Menschen.

Am Nachmittag schließlich sitzen wir im Dorf Betmore-Satkar mit Sobita und anderen Frauen auf der Veranda eines hellblau getünchten Holzhauses. Als sie von einem riesigen Krach aus dem Schlaf gerissen wurden, erzählt Sobita, blickten sie erschrocken in den nachtschwarzen Himmel. Der Zyklon Sidr hatte das Dach der Hütte weggerissen; sie gingen nach draußen, da stand ihnen das Wasser bereits bis zur Hüfte. Panisch schwammen sie durch die Stockfinsternis zu den Hügeln. Am Tag darauf ging das Wasser so schnell zurück, wie es gekommen war, und die Menschen kehrten in ihr Dorf zurück. Aber da war nichts mehr. Ihre Häuser waren komplett zerstört, ihr Besitz weggeschwemmt, die Felder verwüstet; sechs Tote hatte es in ihrem Dorf gegeben, manche fand man erst nach Tagen. »Wir haben drei Tage geweint und acht Tage gehungert, bis endlich Hilfe eintraf«, erinnert sich Sobita, und ihre Nachbarn schauen still zu Boden. Der Albtraum hat ihr Leben von Grund auf verändert, und er ist längst noch nicht zu Ende. Denn nach Reis und Nothilfe von der Regierung kamen abermals die Banken zu den Menschen, sprich: die Geldeintreiber der NGOs und der Grameen Bank zu den Armen in den Trümmern. Als wäre nichts gewesen, forderten sie fällige Raten plus Zinsen. So sei die Nothilfe der Regierung schon verbraucht gewesen, bevor die Menschen ihre Häuser wieder aufbauen konnten. Vor dem Sturm, der hier im Süden die Zeit in ein davor und danach teilte, hatten die meisten hier einen Kleinkredit aufgenommen. Sobita etwa hatte sich 10 000 Taka bei der Grameen Bank geliehen. Sie bat um Stundung, doch die wurde ihr nicht gewährt. Auch die Dorfoberen versuchten, auf NGOs und Banken einzuwirken, damit sie ihnen die Schulden erließen. Sie hofften, dass die

Regierung dem Geldeintreiben wenigstens jetzt ein Ende setze. Statt dessen stellte sich Muhammad Yunus vor die Welt und warb für Verständnis dafür, dass man auf keinen Fall auf die Rückzahlung der Kredite verzichten könne: »Die Grameen Bank hat in den 31 Jahren ihre Existenz schon mehrere Naturkatastrophen miterlebt. Aber wenn wir jetzt die Schulden streichen, dann wollen die Leute jedes Mal die Schulden erlassen bekommen, wenn ein Haus gebrannt hat oder sonst etwas passiert ist.«[508] Und es passiert eine Menge in Bangladesh. Stattdessen versprach Yunus großzügig, die Kredite drei Monate zu stunden und neue Kredite zu günstigen Konditionen zu vergeben.

Sobita hat dann auch weitere Kredite bei Asa und der Grameen Bank aufgenommen. Sie sagt, sie hätte keine andere Wahl gehabt. Viele Menschen hier seien landlos geworden, entweder, weil die Welle Müll und giftigen Schlamm auf die Felder trug, oder weil sie, um die Schulden bezahlen zu können, ihr Land verkaufen mussten. Manche Familien hätten sich tagelang vor den Geldeintreibern im Wald versteckt, bis sie schließlich nicht mehr konnten. Balu, der Hausherr, sagt: »Es dreht sich hier alles nur noch darum, genug zu essen und Geld für die Kredite zu haben.« Seinen beiden Kindern könne er keine Schule und kein Schulmaterial mehr bezahlen.

Zwischen den Bäumen leuchtet ein grün angemaltes Schild, darauf ist das Zeichen von BRAC und der Europäischen Union zu sehen. Als »Aufbauhilfe« verbrämt habe man den Bauern, die mit ihren Häusern auch das Saatgut verloren hatten, Samen geschenkt, erzählt Balu – aber nicht irgend welche, sondern gentechnisch veränderte, die nur eine Saison lang tragen. Denn im Namen der Armutsbekämpfung drängen auch Saatgutkonzerne wie Syngenta und Cargill in das Land: Mikrokredite werden auch vergeben, um sich Saatgut zu kaufen. »Aber die Ernte war nicht zu gebrauchen, ein totaler Ausfall«, schimpft Balu. Als er sich bei BRAC beschwerte, erntete er nur Ausreden: Der Lieferant sei schuld gewesen. Jetzt aber müsse er das Saatgut jedes Jahr wieder kaufen, dazu Dünger und Herbizide; BRAC, sagt Balu, mache das zur Bedingung für weitere Kredite. Hier zeigt die ökonomische Weltrettung ihre wahres Gesicht: die ganze Brutalität der Globalisierung auf nicht einmal einem Hektar Welt. Man möchte schreien.

Über eine endlose, schlaglochübersäte Lehmpiste fahren wir nach Kalipur, in das Dorf, in dem Shipra geboren ist. Ihr Mutter und ihr Bruder leben noch immer hier. Als sie in Dhaka von den Verwüstungen durch den Zyklon erfahren habe, sei Shipra sofort aufgebrochen. Drei Tage reiste sie mit dem Schiff und dem Bus und legte die letzten Kilometer zu Fuß zurück, ohne zu wissen, ob ihre Familie noch am Leben ist. Als sie endlich das Dorf erreichte, war ihre Mutter Shoibalini Devi derart traumatisiert, dass sie ihre eigene Tochter nicht wiedererkannte. Sie hatte den Sturm und die Überschwemmung nur überlebt, indem sie sich stundenlang an einen Baum geklammert hatte. Shipras Mutter verlor in diesem Sturm alles, jetzt wohnt sie in einer provisorischen Bambushütte. An der Stelle, wo einst das Haus stand, ist jetzt nur noch ein Lehmhügel. Bis heute hätten sie es sich nicht leisten können, ein neues Haus zu bauen.

Unter einem Segel aus Palmblättern gibt es Mittagessen, Enteneier in scharfer Soße. Währenddessen sammeln sich unter dem schattigen Dach die Nachbarn. Auch sie haben damals alles durch Sturm und Schulden verloren. Eine Frau, sie heißt

Rubala, erzählt, sie habe einen Kredit bei der Grameen Bank; sie könne nachts nicht mehr schlafen, denn fast jeden Tag stünden Geldeintreiber vor ihrer Tür. Sie hatte gehofft, ihr Sohn fände Arbeit, doch er sei herzkrank geworden, so dass er nicht mehr arbeiten könne. Nun muss sie auf dem Feld schuften, und das Geld, das sie erwirtschaftet, reicht nur für das Allernötigste.

Viele Familien seien nach Dhaka oder nach Chittagong geflohen, letztere ist die zweitgrößte Stadt des Landes, um Arbeit zu finden; manche, vermutet Rubala, hätten dort allenfalls als Bettler eine Chance.

Eine andere Frau, Kolpona Rani, berichtet, sie hätten es vorher ja recht gut gehabt. Auf ihrem Stück Land hätten sie Betelnussbäume angebaut. Doch dann seien erst BRAC, dann ASA und die Grameen Bank gekommen und hätten ihnen Kredite angeboten. Kolpona Rani sagt, sie bereue es bitter, sich darauf eingelassen zu haben. Heute belaufen sich ihre Schulden auf 200 000 Taka, das sind umgerechnet 2 000 Euro, eine astronomische Summe in Bangladesch. Über Nacht ist ihr Mann abgehauen, vier Monate blieb er verschwunden und versteckte sich vor den Geldeintreibern. Nach seiner Rückkehr verkaufte er das letzte Stückchen Grundbesitz, jetzt müssen sie sich als Tagelöhner bei den neuen Besitzern verdingen. Kolpana Rani sagt, sie wollten nach Indien fliehen. Als Hindus hätten sie dort vielleicht eine Chance. Ein gefährlicher, ja todesmutiger Plan: Die Grenze zwischen Indien und Bangladesch ist streng bewacht, ein zwei Meter hoher Zaun, teils unter Strom und mit Stacheldraht bewehrt, trennt die beiden Staatsgebiete voneinander. 50 000 indische Soldaten bewachen den Todesstreifen. Laut der bangladeschischen Menschenrechtsorganisation Odhikar sind von Januar 2000 bis Juni 2011 allein 976 Bangladescher an der Grenze getötet worden. 990 weitere Menschen wurden verletzt, 226 Flüchtlinge wurden festgenommen, 14 Frauen vergewaltigt. 184 Menschen werden bis heute vermisst.[509]

Abdul Karim Muhamad Siliu erzählt, auch er sei mit seiner Frau nach Chittagong geflohen. Sie stünden bei sechs Kreditorganisationen in der Kreide, darunter Grameen Bank, ASA und BRAC. In der Stadt habe er auf dem Bau geschuftet, bis die Geldeintreiber ihn schließlich aufgespürt hätten. Die Beamten hätten seine Brüder so lange terrorisiert, bis diese sein Versteck preisgaben. Jetzt sei die Familie zerstritten. »Es gibt überall in den Familien Krach«, sagt Abdul und fügt wütend an: »Wir haben denen doch schon so viel Geld gegeben, es ist genug jetzt!« Ein wütendes Murmeln pflichtet ihm bei.

Kurz darauf taucht ein jüngerer Mann auf, der in dieser Gegend befremdlich westlich wirkt, und setzt sich zu uns. Augenblicklich verstummen die Dorfbewohner und schauen zu Boden. Der Mann stellt sich als John vor und möchte gern wissen, was hier vor sich geht. Badrul und Shipra sehen sich fragend an, sie geben dem Fremden nur knapp Antwort. Schließlich verzieht sich John wieder, hasserfüllte Blicke folgen ihm. Wer war das? frage ich. John, so erklärt Shipra, habe einmal anders geheißen. Doch es gebe eine katholische Mission unweit von hier, sagen sie. Die würde die Menschen mit dem Versprechen locken, dass sie ihnen aus der Armut helfen, wenn sie sich taufen ließen. Das habe der Mann, der jetzt John heißt, gemacht. Seither, sagen sie, würde er mit Geld unterstützt. Mit diesem Geld kauft John vielen Bauern, die durch

Kredite in Not geraten waren, ihr Land ab. Es ist schwer, diese Geschichte zu überprüfen. Selbst wenn die Dorfbewohner in ihrem unübersehbaren Unmut vielleicht übertrieben haben – schließlich arbeiten sie jetzt für ihn auf den Feldern, die einmal ihnen gehörten – so zeugt sie dennoch davon, wie sehr die Kredite die dörfliche Gemeinschaft zerstören.

Nothilfe als Kreditrate

Zurück in Barisal, begegne ich zum ersten Mal zwei Frauen, die von Mikrokrediten profitiert haben. Wir laufen durch ein Handwerkerviertel der Stadt, Holz liegt in riesigen Haufen hinter den Hütten. Hier werden Möbel von Hand hergestellt. Über eine Brücke kommen wir in ein Hüttenviertel. Kinder springen von der Brücke ins Wasser, sie halten sich an den Schiffen fest und lassen sich lachend mitziehen. In der Hütte, die wir besuchen, stehen ein Fernseher und ein Kühlschrank, die Vitrine ist voll von hübschem Geschirr. Das gehört Niru Begum; sie ist sichtlich stolz. Ihr Mann arbeitet als Konstrukteur auf Baustellen und verdient nicht schlecht. Niru Begum hat Geld von der Grameen Bank geliehen, doch in ihrer Gruppe hätten es bis jetzt nur fünf Frauen geschafft, das Geld zurückzuzahlen. Ich frage sie, woran das liegen könnte. Sie antwortet: »Keine Ahnung, die haben sich eben Zeug davon gekauft und nicht investiert. Die sind selber schuld. Aber solche Leute werden das eben nie schaffen.« Und was würde sie ihnen raten? Niru Begum: »Wenn sie nicht zahlen können, dann müssen sie eben verkaufen.« So hetzt das System der Mikrokredite die Menschen aufeinander. »Selber schuld«, das ist die Rhetorik der Gewinner eines Systems, mit der das

Scheitern anderer erklärt wird, statt Ungerechtigkeit zu hinterfragen. Als wir gehen, sagt Nilu stolz: »Bald bau ich ein neues Haus. Das kann eben nicht jeder.« Tatsächlich habe ich niemanden mehr getroffen, dem das gelang.

Sabojbag, ein Slum am Rande von Patuakhali, einer Stadt an den Ufern des Golf von Bengalen. Die notdürftig zusammengebauten Hütten stehen direkt im Mangrovenwald. Hier gibt es keinen Damm, der die Menschen schützen könnte, obwohl sie seit vielen Jahren einen fordern. So sind sie jeder Überschwemmung ausgeliefert; in der Regenzeit ist das Land immer überflutet. Mehr als 100 Menschen starben hier im Zuge der Verwüstungen durch den Zyklon Sidr. Lali Begum sitzt neben ihrer Hütte. Man kann ihr Alter kaum schätzen, ihr Körper ist ausgemergelt, ihre Zähne, ihr ganzer Mund sah blutig rot aus. Das kommt vom Betelnusskauen; die Nuss färbt Schleimhaut und Zähne. Lali muss sehr hungrig sein. Ihr rechter Arm hängt schlaff an ihr herunter, die Hand ist steif und verkrümmt. Als die Flut sie mitriss, hat sie sich die Hand an einem Blechdach aufgerissen, das Metall hat Nerven und Sehnen durchtrennt. Jetzt kann Lali ihre Rechte nicht mehr bewegen, an Arbeit ist kaum zu denken. Bei vier Kreditinstituten hat Lali Schulden, bei der Grameen Bank, bei BRAC, bei den NGOs Shanapur und Udipon. Dabei fing es gut an; vor der Sidr-Katastrophe nahm sie die Kredite auf, baute damit einen Kiosk, der gut lief. Dann kam der Zyklon, und nun ist der Kiosk weg, ebenso die Fischerei ihres Mannes Abdul Malik. Sidr hat die Boote zerstört und die Fische vertrieben, Lali und ihr Mann stehen, wie ihre Nachbarn, seither vor dem Nichts. Und doch kommen die Geldeintreiber Tag für Tag.

»Sollen sie uns doch endlich ins Gefängnis stecken!« sagt Abdul Malik voller Verzweiflung. »Dort ginge es uns sicher besser als hier.«

Ein alter Mann, Habibur Rahman, der wie viele Muslime hier sein graues Haar und den Bart mit Henna rot gefärbt hat, sagt aufgebracht: »Als nach Sidr die NGOs zu uns kamen, waren wir erleichtert. Wir dachten, endlich kommt Hilfe! Aber anstatt uns zu helfen, wollten sie nur unser Geld!« Habibur Rahman zeigt auf seine Hütte, einen Holzverschlag, verhängt mit leeren Reissäcken, die kaum vor Wind und Wetter schützen. Auf dem Hügel, auf dem einst die Hütten standen, befinden sich auch vier Jahren nach Sidr solche Notunterkünfte aus Planen, Blechresten und Pappe. Die meisten Leute hier, erklärt er, haben ihre Häuser nicht mehr aufgebaut, weil sie das Geld, das sie dafür von der Regierung erhalten hatten, zum Abbau von Schulden verwendet hätten.

Action Aid bestätigt das. Sie ist eine der wenigen internationalen NGOs in Bangladesch, die konsequent keine Mikrokredite vergeben und sich dagegen aussprechen. Ein Jahr nach der Katastrophe hat Action Aid zwölf Regionen im Süden und Südwesten untersucht, die von Sidr besonders betroffen waren. Dort lebten damals 1,5 Millionen Kreditnehmerinnen mit einem Schuldenberg von umgerechnet insgesamt 116, 8 Millionen Euro bei 42 Mikrokreditorgansiationen. »Sidr-Opfer, die fast alles verloren hatten, wurden von NGOs schikaniert, damit sie ihre Mikrokreditraten zurückzahlen. Der immense Druck brachte manche der Schuldner dazu, das Hilfsmaterial zu verkaufen, das aus unterschiedlichen Quellen stammte. Der Rückzahlungsdruck kam von großen Organisationen wie BRAC, ASA und sogar vom Friedensnobelpreisträger, der Grameen Bank. Selbst von den am schlimmsten Betroffenen wurde erwartet, dass sie wöchentlich zurückzahlen – mit den vereinbarten Zinsen«, heißt es in dem Bericht.[510] Darüber hinaus fand Action Aid heraus, dass viele dazu gezwungen waren, die Entschädigungssumme von 5 000 Taka, die die Regierung zum Aufbau der Häuser gewährte, dazu zu verwenden, die Kredite zurückzuzahlen. Viele hätten dafür abermals neue Kredite von den NGOs bekommen, um andere Kredite zu bezahlen. Die Frauen seien systematisch von den Geldeintreibern drangsaliert worden, so dass sie alles, was ihnen noch geblieben war, verkauften, um den Kredit zurückzuzahlen.

Von der Wall Street zur Blechhütte

Vor meiner Reise in den Süden hatte ich Anu Muhammad besucht. Er lehrt Wirtschaftswissenschaften an der Jahangirnagar Universtät in Savar, eine Stunde nordwestlich von Dhaka, wo auch die Textilfabrik von Muhammad Yunus steht. Der Campus ist traumschön, zwischen Palmen und exotischen Bäumen leuchten pinkfarbene Seerosen auf den vielen kleinen und großen Seen. An manchen Stellen befinden sich Revolutionsdenkmäler. Die Universität wurde 1971 aus roten Backsteinen erbaut, kurz nach dem Befreiungskrieg. Grün und Rot sind die Farben der bangladeschischen Flagge, sie stehen für fruchtbares Land und die aufgehende Sonne, den Neubeginn. Anu Muhammad ist ein freundlicher Mann mit Brille und ein großer Kritiker der neoliberalen Globalisierung, dementsprechend auch von Muhammad Yunus und Mikrokrediten. Dieser Säulenheilige der Wirtschaftswelt sei ein ganz normaler Geschäftsmann. »Was er kann, ist, schön über Armut zu reden. Er hat die Gabe, mit oft unhaltbaren Behauptungen Vertrauen zu gewinnen.«

Anu setzt sich außerdem gegen den offenen Kohleabbau in Phulbari in der »Bewegung gegen den Ausverkauf der Bodenschätze« ein. Durch den Abbau der Kohle, die nicht im Land bleibt, sondern exportiert wird, würden 100 000 Menschen ihre Bleibe verlieren. Bei einer großen Demonstration in Dhaka wurde Anu von Polizisten krankenhausreif geprügelt.[511] Einen Monat lang saß er im Rollstuhl, 2008 wurde er sogar mit dem Tod bedroht, sollte er weiter öffentlich auftreten und unterrichten.

Auch Anu hat Erfahrungen mit Zensurversuchen durch die Grameen Bank gemacht. Als er in der bangladeschischen Tageszeitung *Meghbarta* einen kritischen Artikel über Mikrokredite schrieb, schaltete sich die Grameen Bank ein und forderte eine Diskussion: sie würden eine Gegendarstellung schreiben, darauf dürfe Anu antworten. Doch nach deren Abdruck nötigte die Grameen Bank den Chefredakteur, sich zu entschuldigen, andernfalls verlöre er seinen Job.[512] Anu selbst durfte auf den Text der Grameen Bank nicht reagieren. »Das Grameen-Imperium hat großen Einfluss auf die Medien des Landes«, sagt Anu. Wenn man ihn fragt, wieso die Menschen trotz aller Fakten, die gegen Mikrokredite sprechen, von der Idee begeistert seien, dann lacht er und sagt: »Die Menschen leiden an Wunschvorstellungen. Sie wollen es unbedingt glauben. Sie ärgern sich über Kritik, das macht sie unsicher.«

Am meisten, sagt Anu, profitiere das globale Finanzkapital: »Mikrokredite erschienen in der Finanzkrise als Gottesgeschenk, als ein Ausweg für das Kapital.« Seit langer Zeit fällt die Profitrate, das Kapital sucht neue, lukrativere Märkte. Mikrokredite sind ein vielversprechender Markt: Mit geringer Beteiligung, aber sicheren Gewinnen. Denn während in der westlichen Welt Kreditnehmer durch Gesetze geschützt sind, sind die Armen völlig ungeschützt und rechtlos den Geldeintreibern ausgesetzt. Sie haben keine andere Wahl, als zu zahlen. Mikrokredite sind keineswegs nur ein kleiner Nebenschauplatz, »sie sind Teil des Weltkapitals«. Anu nennt drei Hauptziele der Mikrofinanz: »Sie haben dem Finanzmärkten gezeigt, dass die riesige Menge von Armen für das Kapital interessant ist. Regierungen und Instituten wie der Weltbank dienen sie als Beleg einer für sie funktionierenden Alternative zur Entwicklungshilfe. Und drittens haben Mikrokredite die Marktwirtschaft in die entlegensten Orte der Welt gebracht: Die Armen können konsumieren. Kurz: Mikrokredite belegen, dass Kapitalismus auch für die Armen funktioniert.« Obendrauf verleihe es den reichen Armutsbekämpfern einen gewissen Glamour: »Die Mittel- und Oberklassen sind stolz darauf – aber die haben keine Ahnung von der Realität in Entwicklungsländern, sie leben zufrieden in ihrer abgeschlossenen Welt.«

Von der Wall Street führt ein direkter Weg in die Blechhütten der Armen: sie sind es jetzt, die quasi den Finanzmarkt retten sollen. Auch die Deutsche Bank, ABN Amro, Morgan Stanley, Citibank und Credit Suisse sind in das große Geschäft eingestiegen.

Dass der Mikrokredit ein bedeutender Teil des kommerziellen Finanzmarktes ist, wird auch durch die Tatsache belegt, dass es für Mikrofinanzorganisationen Ratingagenturen gibt: die wichtigste ist Microfinance Information Exchange (MIX) in Washington, wo auch die Grameen Foundation sitzt, die viele große MFI unterstützt und damit beauftragt ist, die Idee der Mikrokredite in alle Winkel der Welt zu tragen. MIX wird unter anderem finanziert von der Deutschen Bank und ist vor allem an hohen Gewinnmargen interessiert. Sie bewertet die MFI am Volumen der Kredite und an den Rückzahlungsquoten. In den Rankings schafft es die Grameen Bank regelmäßig unter die ersten zehn. Das ist wichtig, um Investoren zu finden, die Geld für Kredite bereitstellt, deren Zinsgewinne sie selbst und auch die Grameen Bank abschöpfen. Die Frage nach der »sozialen Leistung« wird von den MFI im Fragebogen selbst beantwortet, Folgen wie Mehrfachverschuldung und Verarmung tauchen dort natürlich nicht auf. Für die Ratingagentur MIX gehören MFI, die mehr als 30 Prozent Zinsen erheben und hohe Eigenkapitalrenditen erzielen, zu den profitabelsten Kreditinstituten. [513]

In Deutschland können Privatanleger seit 2007 in kommerzielle Mikrokreditfonds investieren. Die Deutsche Bank hat gleich mehrere Fonds auf dem Markt: Zwischen sechs und 9,5 Prozent Rendite verspricht sie Anlegern des »DB Microfinance-Invest Nr.1«. Verkauft wird das als »soziale Geldanlage« – dabei geraten die Ärmsten in die größte Not, damit westliche Anleger Gewinne mit gutem Gewissen einfahren können. Die Deutsche Bank kooperiert auch mit der bangladeschischen Mikrokreditorganisation ASA, die mehr als sieben Millionen Kreditnehmerinnen und jährliche Gewinne zwischen zehn und zwölf Millionen US-Dollar verzeichnet.[514] Auch Börsengänge von Mikrokreditorganisationen sind keine Seltenheit mehr. Mit katastrophalen Auswirkungen.

Selbstmorde in Indien und Bangladesch

Die Deutsche Bank, KfW und die Weltbank sind auch in Indien, dem zweitgrößten Mikrokreditland nach Bangladesch, eingestiegen. Der öffentlich bekannte Anteil kommerzieller Investoren im indischen Geschäft mit der Mikrofinanz ist von 6,3 Millionen US-Dollar im Jahr 2006 auf 391 Millionen Dollar 2010 gewachsen, innerhalb weniger Jahre also um mehr als das Fünfzigfache. Im Juli 2010 schließlich ging die Mikrofinanzorganisation SKS unter der Leitung des ehemaligen McKinsey-Beraters Vikram Akula an die Börse. Sie warb mit einer Eigenkapitalrendite von 24 Prozent. So hohe Renditen versprechen sonst nur Investmentbanken. Der Verkauf der SKS-Aktie brachte auf einen Schlag 350 Millionen Dollar, Investoren in aller Welt wie Sequoia Capital und der Milliardär George Soros griffen zu.[515] Mit anderen Worten: Milliardäre bedienten sich am Geld der Armen. Unterstützt wurde der Börsengang auch von der Grameen Foundation in Washington: »Wir sind davon überzeugt, dass Börsengänge (…) den Kapitalbedarf von MFIs befriedigen können«, sagte Camilla Nestor, Sprecherin der Stiftung.[516]

Nur drei Monate nach dem Börsengang geriet der Mikrofinanzmarkt in eine schwere Krise, in deren Folge sich 54 hoch und mehrfach verschuldete Kreditnehmerinnen das Leben nahmen: sie tranken Pestizide, hängten sich auf, verbrannten sich oder ertränkten sich in Brunnen. 17 davon hatten einen Kredit bei SKS. Gerhard Klas, der für sein Buch *Die Mikrofinanz-Industrie* auch in Indien recherchiert hat, beschreibt, wie Mitarbeiter der MFI das Geld auf fast noch abscheulichere Weise als in Bangladesch von den Frauen eingetrieben haben: sie zwangen sie nicht nur, ihr gesamtes Hab und Gut zu verkaufen, sie »rieten« ihnen auch zu Prostitution und Diebstahl.

Den Verzweifelten legten sie sogar den Selbstmord nahe – denn mit dem Tod erlischt auch der Kredit.[517]

Die *ZEIT* interviewte im November 2010 Muhammad Yunus zu den Selbstmorden in Indien.[518] Er sagte: »Viele missbrauchen die Idee. Sie nehmen sie, um damit möglichst viel Geld zu verdienen. Sie ziehen Investoren an und wollen an die Börse. Das ist verkehrt! Verurteilt das! In Indien geschieht so etwas gerade mit SKS Microfinance. Die sind an die Börse gegangen und wollen Millionen machen. Das hat rein gar nichts mit meiner Idee zu tun.« Tatsächlich hat die Grameen Foundation in Washington auch die SKS unterstützt. Yunus zog gar in Zweifel, dass sich die Frauen wegen der Schulden das Leben genommen hatten: »Können Sie wirklich nachweisen, dass sich die Menschen aus Verzweiflung über Kreditschulden umbringen? Frauen verbrennen sich in Indien seit Langem aus vielerlei Gründen, tragischerweise«, sagte er. Und: »Wenn ein Mikrokredit Menschen in den Tod treibt, dann ist er falsch konzipiert. Dann hat er nichts mit meiner Ursprungsidee zu tun. Die bringt keine Menschen um.«

Da täuscht sich der Herr Professor. Denn auch in Bangladesch nehmen sich manche Menschen deswegen das Leben. Buchautor Gerhard Klas hat in Bangladesch eine Familie besucht, deren Vater sich wegen der hohen Schulden bei der Grameen Bank erhängt hatte.[519] Auch ich habe in Bogra eine Familie getroffen, deren Mutter sich mit Gift das Leben genommen hatte. Menuda Begum war 56, als sie starb. Sie hatte einen Kredit bei der MFI-NGO TMSS aufgenommen. Diese Bank ist in Bogra ansässig: deren Geschäftsführerin Hosne-Ara Begum hat es, so heißt es, auf ein beträchtliches Vermögen und eine Menge Landbesitz gebracht. Kritiker wie Kushi Kabir bezeichnen sie als korrupt und geldgierig. Menuda Begum hatte den Kredit unter anderem deshalb aufgenommen, weil ihre beiden Söhne arbeitslos waren. Als sie den Druck nicht mehr aushielt und ihre Söhne entlasten wollte, trank sie das Gift. TMSS hat versucht, den Journalisten daran zu hindern, einen Bericht darüber zu veröffentlichen. Als der Artikel erschien, habe TMSS eine Pressekonferenz einberufen und stellte die Vorwürfe als erfunden dar.

Sklaven für den Arbeitsmarkt

An der Universität Dhaka treffe ich den Wirtschaftswissenschaftler M.M. Akash. »Die Armen brauchen Hilfe, keine Kredite«, meint er und bezeichnet Mikrokredite als neoliberale Strategie, »die das Niedriglohnlevel aufrecht hält und eine riesige Reservearmee von billigen Arbeitern hervorbringt.« Wenn man sich anschaue, wie die Menschen die Rückzahlung leisteten, dann merke man, sie könnten die Kredite nur bedienen, indem sie noch weniger konsumierten und noch mehr arbeiteten. Bangladesch habe, unter anderem durch die schnell wachsende Textilindustrie, eine enorme Wachstumsrate von 40 Prozent. »Dafür braucht man viele Arbeiter. Das ist die ganz alte Geschichte der kapitalistischen Transformation: Alle Industrierevolutionen haben diese Strategie benutzt.« Die Industrie habe es auf die Landbevölkerung abgesehen, vor allem auf Frauen, die seien billiger.

Tatsächlich ist, eine Folge der Mikrokredite, dass die verschuldeten Menschen auf der Suche nach Arbeit in die Städte ziehen, statt durch Subsistenzwirtschaft ihre Ernährungsunabhängigkeit auf dem Land zu sichern. Das können sie schon deshalb nicht mehr, weil viele dazu gezwungen wurden, ihr Land zu verkaufen. Jetzt müssen sie für alles bezahlen. Menschen, die keine Gelegenheit haben, zu ihrem Eigenbedarf Gemüse und Reis anzupflanzen und Tiere zu halten, sind zwingend, mindestens die Hälfte ihres spärlichen Einkommens für Essen ausgeben. Und das in einem Land, in dem sich die Preise für Lebensmittel über Nacht verdoppeln können. Muhammad Yunus hat wohl nichts dagegen, dass das Wirtschaftswachstum in Bangladesch zu einem »schrittweisen Rückgang der Subsistenzwirtschaft« geführt hat. »Im Jahr 2005 löste die Beschäftigung außerhalb der Landwirtschaft die landwirtschaftliche Beschäftigung als wichtigste Einkommensquelle in den ländlichen Gebieten ab, und fünfzig Prozent des Bruttoinlandsprodukts werden mittlerweile im Dienstleistungssektor erwirtschaftet, schreibt er anerkennend.«[520]

Badrul, Mannan, Shipra und ich haben uns in eine Mofa-Rikscha gequetscht, wir fahren in eines der ungezählten Shanti in Dhaka. Das ist so etwas wie die Reihenhaussiedlung der Slums, eine gemauerte Vorstufe zum absoluten Elend. Die verkommene Siedlung liegt direkt an einem Arm des Buringanga-Flusses. Das schwarze Wasser verbreitet einen unerträglichen Gestank, der einem die Tränen in die Augen treibt: eine Mischung aus Gift, Fäulnis, Verwesung und Scheiße. Tausende Tonnen Müll produziert die Stadt jeden Tag, das meiste davon landet im Fluss. Dazu Tierleichen, Öl vom Hafen, Gift aus Gerbereien, chemische Abfälle aus der Industrie, Abwasser und Krankenhausmüll. An den Ufern spielen Kinder in einem Müllberg, der nach und nach ins Wasser rutscht. Ein paar Kühe sind an Pflöcke gebunden. Sie wühlen dort, wo kein Halm Gras wächst, im Abfall nach Futter, ein paar Meter weiter liegt ein aufgeblähter toter Straßenhund zwischen Plastikplanen. Auf dem Wasser warten Dutzende Fährmänner mit ihren Holzgondeln auf Kundschaft. Es gibt hier keine Brücke zum anderen Ufer, zur Innenstadt, zur Arbeit.

Durch einen düsteren, schmutzigen Betongang kommen wir zu den Wohneinheiten. Das heißt: zu 16 winzigen Zimmern, die von mehr als 120 Menschen bewohnt werden. Sie müssen sich zwei Toiletten und sechs Küchen teilen. Hier und in den Slums landen die Menschen, die vom Land in die Stadt fliehen: die Landlosen, die Schuldner, die immer mehr werdenden Klima-Flüchtlinge, die Verlierer des Existenzkampfs. Nach offiziellen Angaben strömen jeden Tag mindestens 2 000 neue Menschen in die Mega-City mit ihren 17 Millionen Einwohnern. Die Armen leben hier unter noch verheerendere Bedingung als auf dem Land: oftmals auf der Straße, in Verschlägen oder unter Plastikfolien. Sie können auf kein soziales Netz zurückgreifen, wehrlos sind sie der Gewalt und den Diebstählen von kriminellen Banden ausgeliefert, auch Vergewaltigungen sind nicht selten.

In einem vielleicht zehn Quadratmeter großen Raum, den sich acht Leute teilen, sitzen wir auf dem Bett. Gerade ist der Strom ausgefallen, das passiert hier mehrmals am Tag. Der Ventilator hört auf, sich zu drehen, und der Raum füllt sich mit Hitze und dem unerträglichen Gestank vom Fluss.

»Das Leben hier ist nicht gut. Das Essen und das Wasser sind schlecht«, sagt Sherina. Vor 15 Jahren ist sie aus dem Süden hier her gekommen. Damals besaßen sie Haus und Land in Madaripur am Fluss Padma zwischen Dhaka und Barisal. Doch der Fluss, der durch die Landerosion immer größer, stärker und unberechenbarer geworden ist, hat ihnen ihren Besitz geraubt. In Dhaka hat Sherina einen Kredit bei BRAC aufgenommen, damit ihr Mann ein Boot bauen und als Fährmann arbeiten konnte. Doch ihr Mann wurde schwer krank, für die Behandlung musste sie einen weiteren Kredit aufnehmen. Jetzt stehen sie haarwurzeltief in der Kreide, und wissen nicht, wie sie jemals das Geld zurückzahlen sollen. Die Konkurrenz unter den Fährmännern ist groß, die Verdienstmöglichkeiten gering, schließlich sind nur die Armen auf die Boote angewiesen. Von frühmorgens bis spät in die Nacht bringt ihr Mann die Menschen über das giftige Wasser und verdient trotzdem nur 2 000 Taka am Tag. »Erst muss der Kredit bezahlt werden, dann können wir an Essen denken«, sagt Sherina; der Hunger ist ihr steter Begleiter. Die Bewohner nennen die Siedlung Piloterbari, angeblich gehört sie einem reichen Piloten. Und der lange kräftig zu bei den Armen: 2 000 Taka sei die monatliche Miete für eine Baracke, sie steige ständig. Sherina sagt leise: »Wir wohnen schon so lange hier. Aber unser Leben auf dem Land können wir nicht vergessen.«

Nicht nur für sie ist hier Endstation. Auch Roshima ist vor zehn Jahren mit ihrer Familie aus der Gegend von Barisal nach Dhaka gekommen. Sie ist vor den Geldeintreibern geflohen. 10 000 Taka habe sie damals von einer NGO dort geliehen, an den Namen kann sie sich nicht mehr erinnern, sie kann weder lesen noch schreiben. Sie und ihr Mann legten von dem Geld eine kleine Fischzucht an. Doch eines Tages sei der Teich leer gewesen, alle Fische gestohlen worden, sie standen vor dem Nichts. Als sie den Kredit nicht mehr zurückzahlen konnten, kamen die Mitarbeiter der NGO in die Hütte, bedrohten sie und nahmen ihr den Nasenring weg. Schließlich ließ die Familie das Wenige, was blieb, zurück und floh nach Dhaka.

Roshima ist ausgemergelt, ihr Gesicht hohlwangig. Jetzt arbeitet sie im Haushalt von vier Familien, damit verdient sie

1 600 Taka – das sind etwa 16 Euro – im Monat, das reicht nicht zum Leben, auch ihr Mann ist hier krank geworden, er kann nicht mehr arbeiten. Die meisten Menschen, die hierherkommen, arbeiten zu miserablen Bedingungen in Fabriken, sammeln und sortieren Müll, versuchen sich als fliegende Händler, als Rikschafahrer oder als Tagelöhner auf den Baustellen. Die Konkurrenz ist groß, die Löhne sind niedrig. Roshimas Tochter arbeitet in der Textilfabrik. Fatimah, das bildhübsche Mädchen, sei 18, sagt die Mutter. Ab dann ist es offiziell erlaubt, in Fabriken zu arbeiten. Aber so zart und zerbrechlich, wie sie aussieht, könnte sie auch 15 sein. Sie ist nur bis zur 5. Klasse in die Schule gegangen, ab dann kostet es Geld. Jetzt arbeitet sie für 3 500 Taka im Monat Akkord in einem Sweatshop. Sie gehe morgens um sieben aus dem Haus und komme mitten in der Nacht zurück, die Überstunden würden nicht entgolten. Wer sich gewerkschaftlich organisiere, fliege raus, wer die Ziele nicht erreicht, beschimpft. »Manchmal«, sagt Fatimah mit dünner Stimme, »schlagen uns die Bosse sogar auf den Rücken.« Der Unterschied zu ihrer früheren Existenz? »Das Leben auf dem Land war auch hart und arm. Aber dort hatten wir wenigstens frische Luft zum Atmen. Hier ist alles laut, schmutzig und teuer, aber es gibt keinen Weg mehr zurück.« Als sie das sagt, steigen ihr die Tränen in die Augen.

Am Mittag bin ich mit einer Frau aus Deutschland zum Essen verabredet, die in Dhaka arbeitet. Wir treffen uns im Germans Club, einem Privatclub im Luxus-Stadtteil Gulshan. Dort leben die wohlhabenden Ausländer und die reichen Bangladeschi. Hier reihen sich die Fünf-Sterne-Hotels, die die Investoren und Händler beherbergen, hier sitzen die internationalen NGOs. Hier lebt auch Moosa Bin Shamsher, mit einem

Vermögen von geschätzten 25 Milliarden US-Dollar ist er Bangladeschs einziger Milliardär. Er hat sich selbst zum Prinz ernannt, sein Vermögen hat er mit Bauunternehmen, Waffenhandel und einer Agentur gemacht, die billige bangladeschische Arbeiter in den Mittleren Osten verschachert.

Der Germans Club ist ein bewachtes kleines Gebäude in einer ruhigen Seitenstraße. Man kommt hier nur auf Einladung herein. Eben saß ich noch mit acht Leuten auf einem großen schmuddeligen Bett im stinkenden Slum, jetzt rieche ich das Chlor des Swimminpools, höre das Plopp-Plopp vom Tennisplatzen und lese in der Speisekarte, dass es nicht nur italienischen Rotwein gibt, sondern sogar Kässpätzle. An einem Tisch fläzen drei feiste weiße Männer in Rattansesseln, über ihren Wohlstandsbäuchen spannt das Karohemd, an ihren Handgelenken glänzen dicke Uhren. Sie plärren laut genug, dass man ihren rheinischen Dialekt erkennen kann. Sie lachen ein Alphamännchen-Lachen, während sie Bier bestellen und ihre dicken blutigen Steaks nicht aufessen. »Was sind denn das für Leute?«, frage ich. »Einkäufer in der Textilindustrie«, sagt meine Gastgeberin. Womöglich, zu diesem Gedanken lasse ich mich nach den erschütternden Bildern dieser Reise verleiten, feiern sie gerade einen lukrativen Deal, der den Fatmahs dieser Welt das Leben in den Fabriken noch mehr zur Hölle machen wird.

Die Motor-Riksha zurück zu meinem Hotel in Dhanmondi schiebt sich durch den Feierabendverkehr, in Gulshan fahren mehr Autos als Rikschas auf der Straße. Zwischen den Autos laufen Kinder umher, sie betteln oder verkaufen Bücher. In dem Stapel, den sie an die Autofenster halten, liegt ganz oben: *Banker of the Poor: The Autobiography of Muhammad Yunus, Founder of the Grameen Bank.*

>> *Bildet euch, denn wir brauchen all eure Klugheit. Bewegt euch, denn wir brauchen eure ganze Begeisterung. Organisiert euch, denn wir brauchen eure ganze Kraft.*«

Antonio Gramsci[521]

9. HER MIT DEM SCHÖNEN LEBEN!

Warum nur wir als Gesellschaft für gerechten Wohlstand kämpfen können

Wenn sich der Novembernebel in den Kessel von Frankfurt senkt, dann sind sie von unten nicht mehr zu sehen, die glitzernden Bankentürme von »Mainhattan«. Wer hingegen in den Chefsesseln der Wolkenkratzer sitzt und aus den Fenstern der oberen Stockwerke blickt, der sieht blauen Himmel, die Sonne, den Taunus, und unter sich nur dichten Dunst.

Unten, auf der Wiese vor der Europäischen Zentralbank, stehen trotz ungemütlicher Temperaturen die Zelte derer, die nach dem Vorbild von Occupy Wall Street auch in Deutschlands Bankenmetropole den öffentlichen Raum besetzen. Im November sind dort noch immer 100 Zelte, winterfest gemacht mit Paletten, Isomatten und Schlafsäcken. Und es sind längst nicht die üblichen Verdächtigen, die hier unter sich bleiben. Viele Menschen, ganz normale Bürger, sind zu ihnen gekommen, haben diskutiert oder die Demonstranten mit Essen

373

versorgt. Manchmal, so erzählen die Campbewohner, hätten sich nachts auch Banker dort eingefunden, die nicht gänzlich verlassen waren von Unrechtsempfinden. Auch sie wollten reden, auch sie empfanden Unbehagen.

Die allermeisten Medien berichteten mit Respekt und leiser Bewunderung von der Bewegung, auch wenn einige die Bemühungen um Basisdemokratie im Lager ein wenig belächelten und, wieder einmal, feststellten, dass die Protestierer gar keine Alternative anzubieten hätten und ihre Forderungen unklar blieben. Aber kann es eine klarere Forderung geben als die nach einer gerechten Wirtschaftsordnung?

Nur wenigen diente Occupy Frankfurt als Anlass für Häme und die Bestätigung ihrer eigenen Überlegenheit. Zu diesen Wenigen gehörte Constantin (mit distinktivem C) Magnis, Autor des neo-christlichen Buchs *Generation Credo. Warum wir glauben – Junge Menschen erzählen*. Er hat vier Tage auf dem Zeltplatz zugebracht, hat dort den Geruch von »nasser Wolle, fettigem Haar und Rauch, manchmal auch Marihuana« wahrgenommen und eine Reportage über zwischen den Zelten stolpernde Betrunkene und sentimentale Revolutionssprüche für das wirtschaftsliberale, rechtskonservative Magazin *Cicero* geschrieben. Seine kleine Erkenntnis nimmt der 32-Jährige gleich in der Überschrift vorweg: *Wie die Weltrevolution im Zeltlager scheiterte*.[522] Ach Gottchen. In Frankfurt und Berlin demonstrierten derweil Tausende gegen die Macht von Banken und Konzernen. In Frankfurt gelang es den Protestierern gar, das Bankenviertel mit einer Menschenkette komplett zu umzingeln. In den USA schwappte die Bewegung durchs ganze Land; die Besetzer kehrten selbst nach der brutalen Räumung durch die Polizei ins Camp zurück.

Und lag zu diesem Zeitpunkt nicht schon etwas in der Luft? Im Dezember 2010, mitten im Winter, hatte in Tunesien eine jugendlich geprägte Protestbewegung das blaue Band des Arabischen Frühlings flattern lassen, und in der Folge kitzelte eine schnell stärker werdende Freiheitssonne auch in anderen Staaten des Nahen Ostens und in Nordafrika den autoritär herrschenden Regimes heftig in der Nase. Sie war es auch, die revolutionäre Knospen in anderen Ländern zum Erblühen brachte: In Spanien demonstrierten die Indignados, die Empörten, in 58 Städten gegen die unsozialen Folgen der Finanzkrise, gegen die hohe Jugendarbeitslosigkeit und für echte Demokratie. In Madrid machten Besetzer die Puerta de la Sol, in Barcelona die Plaça de Catalunya zum symbolischen Tahir-Platz. In Griechenland und Russland schossen ebenfalls Massenproteste ins Kraut. Zarte Pflänzchen, nicht gefeit gegen schwere Wetter, die noch über sie hereinbrechen könnten, aber unübersehbar: Da bricht etwas auf.

Es geht nicht um die eine Lösung

In Deutschland gingen Tausende gegen Atomkraft auf die Straße und entdeckten wieder die Macht des Protests gegen die Macht der Konzerne. Und zwei aufrührerische Bücher haben es, nicht nur in Deutschland, sogar in die Bestsellerlisten geschafft: Die Schrift *Empört euch!* des Résistance-Kämpfers Stéphane Hessel, der darin zum Widerstand ruft (»Neues schaffen heißt, Widerstand leisten. Widerstand leisten heißt, Neues schaffen.«[523]) und der analytische Essay *Der kommende Aufstand*, Verfasser: das »unsichtbare Komitee«.[524] Der Erfolg beider Bücher rührt von einem großen Unbehagen in der Bevölkerung her, von einer Sehnsucht, die in beiden Büchern auf literarischem Niveau, ja: poetisch artikuliert wird.

Der kommende Aufstand sorgte jedoch gleichzeitig für viel Argwohn: »Das Buch ist der aktuellste Versuch, ultralinker Politik ein glamouröses Antlitz zu verpassen. Situationismus, Autonomen-Anarchismus und Punkpoesie werden darin zu einem knackig formulierten Pamphlet gemixt«, schrieb abfällig die *taz* in ihrer Rezension mit dem Titel »Revolution mit Melancholie«. These: »Nichteinverstanden sein einfach gemacht«.

Man kann den Aufruf zur Anarchie, die Idee, dass sich alles schon fügen wird, wenn erst einmal die Autoritäten entmachtet sind, man kann also den letzten Teil des *Kommenden Aufstands* durchaus kritisieren. Doch was ist einzuwenden gegen Poesie und Melancholie? Brauchen wir nicht genau diese Romantik, wenn es darum geht, Ideen dafür zu finden, wie wir alle auf dieser Welt friedlich zusammen leben wollen? Müssen wir nicht eher zu naiven Träumern werden, statt uns im lauen Pragmatismus einzurichten, der nur Stillstand bedeutet?

Die kalte Logik der Marktwirtschaft ist es doch, die alles abtötet, was den Mensch zum Menschen macht: Geist, Phantasie, Sehnsucht. Träume, Muße, Traurigkeit. Gerechtigkeitsempfinden. Mitgefühl. Das Primat der freien Marktwirtschaft, das den Wettbewerb in jedweden Bereich des Lebens trug, hat unser Miteinander vergiftet. Es hat uns zu ängstlichen Konkurrenten werden lassen und uns in einen Kampf gegeneinander geschickt. Angst und Verzweiflung sind kein Fundament für eine Gesellschaft, sie hemmen die Entfaltung des Einzelnen, sie zerstören Solidarität, Empathie und Sicherheit. Kein Wunder, dass die Marktapologeten jeden Funken solidarischen Denkens arrogant als »notorisches Gutmenschentum«

wegbrüllen und als »politische Korrektheit« verhöhnen. Und dass sie jedem Gedanken an gesellschaftliche Gleichheit sofort kommunistische »Gleichmacherei« unterstellen. Als wäre der Kapitalismus gleichbedeutend mit Demokratie. Dabei zeigt gerade das viel beschworene Wirtschaftswachstum in China, dass Kapitalismus sehr gut ohne Demokratie auskommt. Die beiden britischen Wissenschaftler Kate Picket und Richard Wilson haben in ihrem Buch *Gleichheit ist Glück. Warum gerechte Gesellschaften für alle besser sind* sämtliche Studien zum Thema zusammengetragen. Das unleugbare Ergebnis: Ungleichheit macht unglücklich, krank und aggressiv. Ein Beleg dafür, dass die Gesellschaft vom freien Wettbewerb irgend wo in der Welt auf irgend eine Weise profitiert, bleiben dessen Apologeten hingegen schuldig.

Man hat uns erzählt, Banken seien »systemrelevant«. Doch was ist das für ein System, da selbst Wetten auf Nahrungsmittel erlaubt, die Hunger und Tod bedeuten? In dem man den Ärmsten nicht hilft, sondern sie zu »Unternehmern« ihres Schicksal macht? In dem private Schulden die Armut abschaffen sollen? In dem die Reichen zu Opfern und die Armen zu Tätern stilisiert werden? In dem man Menschen auf der ganzen Welt zu Sklaven des Konzernprofits? Ist das ein System, das für *uns* relevant ist?

Man legt uns nahe, dass die Wirtschaft zu kompliziert für uns ist – und das jeden Abend in den Hauptnachrichten, wenn wir minutenlang von Börsenberichten belästigt werden, in denen der Casinokapitalismus immer wieder aufs Neue seine Weihen erhält.[525] Ist die Wirtschaft wirklich so kompliziert? Ist der Umstand, dass das Weltwirtschaftssystem die Armen ärmer und die Reichen reicher macht, tatsächlich so schwer zu durchdringen?

Man sagt uns: »There is no alternative.« Doch ist die gegenwärtige Struktur zum Profit der Wenigsten, aber mit verheerenden Auswirkungen für den Großteil der Menschen, wirklich alternativlos? Ist sie wirklich die einzige Möglichkeit, wie wir auf dieser Welt zusammenleben können?

Eine »Lösung«, wie sie die Systemprofiteure von ihren Kritikern verlässlich immer wieder fordern, kann ich hier freilich ebenfalls nicht präsentieren. Es gibt ja nicht eine, es gibt viele Ideen, die zu vielen Lösungen führen könnten. Manches Verbrechen, etwa Spekulationen auf Lebensmittel, könnte von heute auf morgen abgeschafft werden. Auch die Entschuldung der Dritten Welt, eine Verteilung des Reichtums von oben nach unten: All das könnte schnell entschieden werden und wird es womöglich auch, die Geschichte kennt Beispiele dafür. Landreformen in armen Ländern, die es den Menschen ermöglichen, sich selbst zu versorgen, ein bedingungsloses Grundeinkommen, Regionalwährungen, die Bereitstellung von Boden, Wasser, Energie, Nahrung und Ressourcen als Gemeingüter, Genossenschaften statt Privatkonzerne – es gibt eine Menge von Alternativen. Sie haben alle nichts zu tun mit der gängigen Idee des Wirtschaftswachstums, das auf Ausbeutung von Menschen und Ressourcen gründet. Sondern mit Ideen von Gemeinschaft und Souveränität. Damit sie überhaupt in die Nähe einer Lösung kommen, müssen sie diskutiert werden. Wir dürfen es uns nicht nur wünschen, wir müssen fest daran glauben, dass, getreu dem Attac-Motto, eine andere Welt möglich ist. Die Wirtschaftseliten haben nur ein einziges Glaubensbekenntnis: Privatisierung, Deregulierung und Einschnitte bei den Sozialausgaben – »die Dreifaltigkeit des freien Marktes« (Naomi Klein).[526]

Angst macht stumm, Demütigung aggressiv. Im Sommer 2011 entlud sich in Großbritannien der zu lange angestaute Hass der ausgegrenzten Jugendlichen in blinder Zerstörung. Die »London Riots« haben für Empörung gesorgt, schließlich war in ihnen unmöglich ein ehrenwerter Aufstand der Unterdrückten gegen das Establishment zu erkennen. Die Randalierer zerstörten ihre eigenen Viertel, sie fügten anderen Armen Gewalt und Leid zu, steckten Wohnhäuser in Brand, ruinierten die Existenzen kleiner Leute. Sie reagierten mit Gewalttätigkeit auf die strukturelle Gewalt, die ihnen und ihren Familien seit Jahrzehnten angetan worden ist. Mit der gleichen Härte schlug, von einer breiten Mehrheit etragen, das System abermals zurück: in Form von drakonischen Strafen – ein halbes Jahr Knast für drei geklaute Flaschen Mineralwasser – weil die Richter ein Exempel an der verkommenen Jugend statuieren wollten.[527] Und auch mit der Drohung des konservativen Premiers David Cameron, die letzten Reste des lästigen Wohlfahrtsstaats abzubauen, der ja nur das Nichtstun belohne. Cameron, Nachfahre von König Wilhelm IV, Sohn eines Börsenmaklers, verheiratet mit einer Frau mit ebenfalls aristokratischen Wurzeln, ist nicht nur denkbar weit entfernt vom Lebensalltag dieser Jugendlichen. Seine Verachtung für sie ist sprichwörtlich – und wie alle, die sich weigern, Strukturen infrage zu stellen, welche zu Armut, Ausschluss und schließlich seelischer Zerstörung führen, sieht er die Schuld allein in der schlechten Moral am Rande der Gesellschaft.[528]

Von den 18- bis 24-jährigen Briten ist gut jeder Fünfte arbeitslos. Eine Studie des Prince's Trust von 2009 ergab, dass Arbeitslosigkeit in so jungen Jahren erhebliche emotionale

Auswirkungen hat – Depression, Minderwertigkeitsgefühle, Verunsicherung bis hin zu Selbstmordgedanken.[529]

Es muss viel zusammenkommen, bevor derartige Ausschreitungen passieren. In Großbritannien bestand der Auslöser darin, dass die Polizei den 29-jährigen schwarzen Familienvater Mark Duggan erschoss. Schwarze werden in Großbritannien diskriminiert, besonders Jugendliche werden von der Polizei besonders gegängelt. In Deutschland ist Ähnliches nicht zu erwarten. Doch Demütigung und Ausgrenzung sind Formen von Gewalt und haben auf die Entstehung von Gewalttätigkeiten immensen Einfluss. Die Unterscheidung zwischen höher- und minderwertigen Menschen, führt zu nichts anderem als Frustration und schließlich Aggression. Sie berührt, wie der Neurobiologe Joachim Bauer in seinem gleichnamigen Buch darlegt, die *Schmerzgrenze*.[530] Jenseits dieser Grenze gibt es keine Empathie. Ausgrenzung zerstört nicht nur das Individuum, sondern die ganze Gesellschaft.

»Wer sich aus der Zwangsjacke befreien will, in die uns Angst und Gier nach Teilhabe an den verrückten Ansprüchen der Konsumgesellschaft fesseln, muss nichts aufregend Neues erwerben. (…) Es geht eher darum, sich unerschrocken der Banalität zu stellen, dass wir alle Menschenkinder sind, angewiesen auf einen einzigen geschundenen Planeten. Und herauszufinden, welchen Reichtum an Mitgefühl, Phantasie, Intuition und Sinnlichkeit jeder von uns in sich trägt, sofern er lernt, jene leise innere Stimme wieder zu hören, die Angst und Gier widersteht«, schreibt der Psychologe Wolfgang Schmidbauer.[531] Wir sind viele. Wir haben nur uns. Es ist genug für alle da. Lassen wir uns also nicht zu Söldnern im Krieg der Reichen gegen die Armen machen – sondern leisten wir gemeinsam Widerstand.

Danksagung

Meinem Mann Oliver und meinen Eltern – für alle Unterstützung, die Liebe und das Glück. Meiner ganzen Familie für Geborgenheit und Solidarität.

Meiner Tante Johanna für ihre tatkräftige Hilfe.

Dem großartigen Lektor Edgar Bracht für die Freiheit und Inspiration, dem Blessing Verlag für sein Vertrauen und meinem Agenten Michael Gaeb für sein fantastisches Engagement.

Badrul Alam, Abdul Mannan Azad, Shipra Rani und Pathak Lal Golder von der Krishok Federation sowie Farooque Chowdhury und seiner Familie, Anu Muhammad, Shahidur bin Sadar*, Kushi Kabir, Rubina Ahmed, Meghna Guhathakurta und Korshed Alam für ihre überwältigende Unterstützung, die tollen Gespräche, ihre wunderbare Arbeit und ihre Freundschaft. Allen Frauen und Männern in Bangladesch, die mir ihre Häuser und Herzen geöffnet haben und ihren Kindern für die Fröhlichkeit.

Netz Bangladesch für die wertvollen Kontakte und die Beratung.

Meinem Bengalisch-Lehrer Budhadeb Chakrabarti für die fundierte sprachliche Vorbereitung auf meine Bangladesch-Reise.

Contact in Augsburg und der Tafel München für den Zugang und Einblick, insbesondere Hannelore Kiethe, Roswitha Kugelmann, Birgit Kramer*, Salvatore Tozzi*, Carola

---

*   Namen geändert

Wagner*, Saskia Fischer*, Elisabeth Müller* und Christian Liebich für ihre Zeit und Offenheit.

Stefan Selke, Wilhelm Heitmeyer, Michael Hartmann, Hartmut Häußermann (†), Andrej Holm, Thilo Bode, Ernst Ulrich von Weizsäcker, Stephan Lorenz, Sabine Werth, Stefanie von Berg, Constanze Petersen, Michael Dürrwächter und Christian Lührs für die klugen Antworten auf all meine Fragen.

Meinen Freunden für offene Ohren und hilfreiche Diskussionen.

Meinen Kollegen von »Freischreiber« für die Geduld.

---

* Namen geändert

Anmerkungen

[1] Zitiert nach Joachim Bauer, *Schmerzgrenze. Vom Ursprung alltäglicher und globaler Gewalt*, München 2011, S. 59

[2] Die NGG kritisierte im April 2011 die Behauptung von Bundesbildungsministerin Annette Schavan, es gebe einen Aufschwung auf dem Ausbildungsmarkt. Rund 85 000 als »ausbildungsreif« eingestufte Jugendliche bekamen keine Stelle, während aber nur knapp 20 000 Lehrstellen unbesetzt blieben. 320 000 Schulabgänger wurden in Warteschleifen ohne Zukunftsperspektive geparkt, etwa in Bewerbungstrainings und in Praktika. Mit 580 000 Plätzen sei das Ausbildungsangebot auf dem drittniedrigsten Stand seit zehn Jahren. Die stellvertretende Vorsitzende der Gewerkschaft Nahrung-Genuss-Gaststätten (NGG) Michaela Rosenberger, nennt dies ein »leider von wenig Realität getrübtes Wunschdenken«.

[3] http://www.spiegel.de/wirtschaft/soziales/0,1518,758944,00.html

[4] Zu diesem Ergebnis kommt eine Studie der Oldenburger Erziehungswissenschaftlerin Astrid Kaiser und ihrer Kollegin Julia Kube von der Arbeitsstelle für Kinderforschung. Sie hatten 2009 per Onlinefragebogen knapp 2000 Grundschullehrer befragt. Der überwiegende Anteil der Lehrer nimmt bestimmte Namen eher positiv wahr. Als eher freundlich, verhaltensunauffällig und leistungsstark stellen sie sich Kinder vor, die Charlotte, Sophie, Marie, Hannah, Alexander, Maximilian, Simon, Lukas oder Jakob heißen. Mit Namen wie Chantal, Mandy, Angelina, Kevin, Justin oder Maurice assoziieren sie Leistungsschwäche und Verhaltensauffälligkeit. Besonders der Name »Kevin« kristallisierte sich als stereotyper Name für einen verhaltensauffälligen Schüler heraus. http://www.kinderforschung.uni-oldenburg.de/36968.html

[5] »Hartz-IV-Empfänger haben es gerne warm«, *Süddeutsche Zeitung* online, 13.5.2009 http://www.sueddeutsche.de/politik/thilo-sarrazin-hartz-iv-empfaenger-haben-es-gerne-warm-1.442966

[6] http://www.sueddeutsche.de/wirtschaft/explodierende-energiepreise-frieren-ist-so-schlimm-wie-hungern-1.576593

[7] http://www.sozialleistungen.info/news/12.09.2011-studie-hartz-iv-bezug-fuhrt-zu-stromschulden/bzw. http://www.caritas-nrw.de/wai1/showcontent.asp?ThemaID=1092

[8] Wie hoch eine angemessene Miete sein darf, ist nicht bundeseinheitlich geregelt und richtet sich nach den unteren ortsüblichen Mieten so wie nach den Mietobergrenzen des Wohngeldgesetzes. Was die angemessene Größe der Wohnung betrifft, so gelten in der Regel 45 Quadratmeter für eine, 60 Quadratmeter für zwei Personen, sowie weitere 15 Quadratmeter für jede weitere Person, als angemessene Wohnungsgröße. Hartz-IV-Empfänger unter 25 Jahren haben keinen Anspruch auf die Kostenübernahme für eine eigene Wohnung.

[9] Laut einer Studie des IT Branchenverbands Bitkom nutzen 87 Prozent der Deutschen ein Handy: http://www.connect.de/news/ueber-80-prozent-der-deutschen-mobil-erreichbar-1179488.html

[10] *Stern*-Umfrage vom 3.2.2010 http://www.stern.de/wirtschaft/news/maerkte/stern-umfrage-zu-hartz-iv-was-der-staat-zahlen-soll-und-was-nicht-1540480.html

[11] Zitiert in Zygmunt Bauman, *Leben als Konsum*, Hamburg 2009, S. 22

[12] Onlineumfrage der Stiftung Warentest, http://www.tariftip.de/News/25946/Umfrage-Alle-zwei-Jahre-ein-neues-Handy.html

[13] Der Soziologe Paul Ray und die Psychologin Ruth Anderson veröffentlichten 2001 ihre Untersuchungen zum Wertewandel in den USA. In ihrem Buch *Cultural Creatives. How 50 Million People are changing the world* beschreiben sie die kulturell Kreativen: höher gebildete, verantwortungsbewusste, gesundheitsorientierte, Genuss suchende, nach Autentizität strebende und besser verdienende Menschen. Man findet diese aber weniger in Künstlerateliers denn in Werbeagenturen, Magazinen und PR-Abteilungen. Bekannt wurden sie unter dem Begriff LOHAS (Lifestyle of Health and Sustainability). Vergleiche Kathrin Hartmann, *Ende der Märchenstunde. Wie die Industrie die Lohas und Lifestyle-Ökos vereinnahmt*, Blessing 2009

[14] Johannes Kuhn, »Blackberry und Twitter bei den England-Krawallen: Wie gefährlich Camerons Kontrollsehnsucht ist«, *Süddeutsche Zeitung* vom 12.8.2010 http://www.sueddeutsche.de/digital/blackberry-und-twitter-bei-den-england-krawallen-wie-gefaehrlich-camerons-kontrollsehnsucht-ist-1.1130817

[15] Zitiert in Bauman, *Leben als Konsum*, S. 75

[16] Christoph Butterwegge, *Armut in einem reichen Land. Wie das Problem verharmlost und verdrängt wird*, Frankfurt 2009, S. 14

[17] Ebd.

[18] Ebd., S. 12 f.

[19] Der ehemalige Präsident der Weltbank und US-Verteidigungsminister Robert S. McNamara definierte erstmals den Begriff der absoluten Armut mit diesen Worten: »Armut auf absolutem Niveau ist Leben am äußersten Rand der Existenz. Die absolut Armen sind Menschen, die unter schlimmen Entbehrungen und in einem Zustand von Verwahrlosung und Entwürdigung ums Überleben kämpfen, der unsere durch intellektuelle Phantasie und privilegierte Verhältnisse geprägte Vorstellungskraft übersteigt.«

[20] Das Äquivalenzeinkommen ist das Einkommen, das jedem Mitglied eines Haushalts, wenn es erwachsen wäre und alleine leben würde, den gleichen (äquivalenten) Lebensstandard ermöglichen würde, wie es ihn innerhalb der Haushaltsgemeinschaft hat. Dazu wird das Einkommen des gesamten Haushalts addiert und anschließend aufgrund einer Äquivalenzskala gewichtet. Die Gewichtung richtet sich nach Anzahl und Alter der Personen der Haushaltsgemeinschaft. Siehe Berechnung des Bundesamts für Statistik: http://www.destatis.de/jetspeed/portal/cms/Sites/destatis/Internet/DE/Content/Statistiken/WirtschaftsrechnungenZeitbudgets/LebenInEuropa/Tabellen/Content75/Einkommensverteilung,templateId=renderPrint.psml

[21] Werner Schöning, »Gibt es absolute Armut in Deutschland?«, in: Lothar F. Neumann und Hajo Rohman (Hrsg.), *Wirtschaftspolitik in offenen Demokratien*, Marburg 2005, S. 215 ff, zitiert in Butterwegge, *Armut in einem reichen Land*, S. 20

[22] Markus Grabka in einer Studie des Deutschen Instituts für Wirtschaftsforschung von 2010 http://www.diw.de/documents/publikationen/73/diw_01.c.347307.de/10-7-1.pdf

[23] Meinhard Miegel, »In Deutschland muss keiner verhungern«, *Die Welt* vom 24.7.2010 http://www.welt.de/kultur/article8611965/In-Deutschland-muss-keiner-verhungern.html

[24] Ebd.

[25] Olaf Groh-Samberg, Soziologieprofessor an der Universität Bremen, der sich mit Arbeitsmarkt und sozialer Ungleichheit beschäftigt, definiert Armut folgendermaßen: »Eine Person gilt in dem Maße von Armut betroffen, wie sie sich im Hinblick auf ihre ökonomischen Ressourcen und die mit ihnen in unmittelbarer Wechselwirkung stehenden Lebenslagen dauerhaft unterhalb des gesellschaftlichen Wohlstandsniveaus bewegt«. Zitiert in Butterwegge, *Armut in einem reichen Land*, S. 16

[26] *Der Tagesspiegel*, 5. März 2008, S. vgl. auch http://de.wikipedia.org/wiki/Relative_Armut#cite_note-32

[27] http://www.nachdenkseiten.de/wp-print.php?p=3290

[28] Zum Hartz-IV-Fasten laden unter anderem die Evangelische Landeskirche Hannover und die Hamburger Diakonie ein.

[29] Zur Pressemitteilung der Sendung: http://www.will-media.de/11.0.html?&tx_ttnews%5Btt_news%5D=151&tx_ttnews%5BbackPid%5D=9&cHash=fcb1923b6c

[30] http://www.abendblatt.de/politik/deutschland/article1391568/Westerwelle-Schneeschippen-fuer-Sozialleistungen.html und http://www.spiegel.de/politik/deutschland/0,1518,682163,00.html und http://www.taz.de/!50688/

[31] http://www.manager-magazin.de/unternehmen/artikel/0,2828,126811,00.html

[32] Zitiert nach Ulrike Herrmann, *Hurra, wir dürfen zahlen! Der Selbstbetrug der Mittelschicht*, Frankfurt, 2010, S. 133

[33] http://www.zeit.de/online/2006/20/Schreiner

[34] http://www.3sat.de/page/?source=/scobel/147524/index.html

[35] http://www.derwesten.de/nachrichten/wirtschaft-und-finanzen/Viele-Hartz-IV-Empfaenger-gehen-Taetigkeit-nach-id3608849.html

[36] http://www.sueddeutsche.de/wirtschaft/sozialleistungen-hartz-iv-missbrauch-ja-aber-begrenzt-1.55376

[37] Die Deutsche Steuergewerkschaft schätzt, dass bis zu 250 Milliarden Euro auf Bankkonten in Liechtenstein, Luxemburg und der Schweiz liegen, die am deutschen Fiskus vorbeigeschleust wurden. http://www.tagesspiegel.de/wirtschaft/250-milliarden-euro-entgehen-dem-fiskus/5225320.html

[38] Christian Marzahn, »Das Zucht- und Arbeitshaus. Die Kerninstitution frühbürgerlicher Sozialpolitik«, in: ders./Hans-Günther Ritz (Hrsg.),

Zähmen und Bewahren. Die Anfänge bürgerlicher Sozialpolitik,
Bielefeld 1984, S. 7, zitiert in Butterwegge, S. 30

[39] Publikationen des Instituts: http://www.uni-bielefeld.de/ikg/
publikationen/alle.html

[40] Vgl. Wilhelm Heitmeyer (Hrsg.), *Deutsche Zustände. Folge 9*, Berlin
2010

[41] Ebd.

[42] Studie der Friedrich-Ebert-Stiftung von 2006: »Gesellschaft im
Reformprozess«, http://lithium-forum.de/images/MD/FES%20-%20
Unterschicht%20161006.pdf

[43] http://www.uni-bielefeld.de/ikg/Pressehandout_GMF_2010.pdf, S. 4 f.

[44] Zitiert nach Herrmann, *Hurra, wir dürfen zahlen*, S. 33

[45] Butterwegge, *Armut in einem reichen Land*, S. 31

[46] Zygmunt Bauman, *Verworfenes Leben. Die Ausgegrenzten der
Moderne*. Hamburg 2005

[47] http://www.muenchner-tafel.de/

[48] http://www.tafel.de/die-tafeln/zahlen-fakten.html

[49] http://www.tafel.de/die-tafeln.html

[50] http://www.tafel.de/fileadmin/pdf/Tafel-Umfrage/Tafel-Umfrage_2007_
Auswertung.pdf

[51] Stephan Lorenz (Hrsg.), *Tafelgesellschaft. Zum neuen Umgang mit
Ausgrenzung und Überfluss*, Bielefeld 2010, S. 42

[52] http://www.welt.de/wirtschaft/article8687262/41-Prozent-der-Allein-
erziehenden-beziehen-Hartz-IV.html

[53] vgl. etwa http://www.focus.de/schule/familie/erziehung/familie-jedes-
fuenfte-kind-lebt-in-armut_aid_616459.html

[54] http://www.tafel.de/die-tafeln/zahlen-fakten.html

[55] Leistungstabellen Hartz IV: http://www.sozialleistungen.info/hartz-iv-4-
alg-ii-2/alg-ii-leistungen.html

[56] Pressemitteilung FKE: http://www.fke-do.de/content.php?seite=seiten/
inhalt.php&details=854

[57] http://www.zeit.de/2003/52/Essay_Nolte

[58] Vgl. etwa http://www.zeit.de/online/seehofer-regierungserklaerung

[59] Vgl. http://www.3sat.de/page/?source=/scobel/155453/index.html

[60] Zygmunt Bauman, *Leben als Konsum*, Hamburg 2009, S. 52

[61] Ebd., S. 65

[62] *Süddeutsche Zeitung* vom 28.5.210, »Reden wir über Geld: Paul Nolte« http://www.sueddeutsche.de/geld/reden-wir-ueber-geld-paul-nolte-lieber-karotten-essen-als-gummibaerchen-1.950891-2 .

[63] http://www.spiegel.de/wirtschaft/soziales/0,1518,654532,00.html

[64] SZ vom 28.5.210, »Reden wir über Geld: Paul Nolte« http://www.sueddeutsche.de/geld/reden-wir-ueber-geld-paul-nolte-lieber-karotten-essen-als-gummibaerchen-1.950891-2

[65] http://www.muenchner-tafel.de/about/zahlen-und-fakten/

[66] Cornelia von Schelling, Ann-Christine Woehrl, ... *außer man tut es. 15 Jahre Erlebnis Münchner Tafel*, München 2009, S. 10

[67] Guido Kleinhubbert, Alexander Neubacher, »Die Hartz-Fabrik«, Der *Spiegel* 1/2011, http://www.spiegel.de/spiegel/print/d-76121041.html

[68] http://www.spiegel.de/wirtschaft/soziales/0,1518,723155,00.html

[69] »Die Armut wächst rasant«, *Süddeutsche Zeitung*, 17.2.2010, http://www.sueddeutsche.de/wirtschaft/deutschland-die-armut-waechst-rasant-1.66494

[70] Stephan Lorenz, Sind Tafelnutzende Kunden – und sollten sie deshalb dafür zahlen? in: Stephan Lorenz (Hrsg.): TafelGesellschaft. *Zum neuen Umgang mit Überfluss und Ausgrenzung*, Bielefeld 2010, S. 103 ff,

[71] http://www.hna.de/nachrichten/schwalm-eder-kreis/fritzlar/ehec-mehr-salat-tafeln-1266815.html Verteilt wurde das als bedenklich geltende Gemüse aber nicht: http://www.hinzundkunzt.de/aktuelles/ehec-tafeln/

[72] Sophie Haarhaus, »Abendbrot aus der Biotonne«, *taz*, 10.10.2006, http://www.taz.de/1/archiv/archiv/?dig=2006/10/10/a0225

[73] Christian Gottschalk, Gnadenbrot für die Diebin, *taz*, 21.12.2004 http://www.taz.de/1/archiv/archiv/?dig=2004/12/21/a0047

[74] http://www.rewe.de/index.php?id=rewe-deutsche-tafeln

[75] http://www.rewe.de/index.php?id=preis-fuer-nachhaltigkeit

[76] http://www.tagesspiegel.de/politik/fischer-hartz-iv-fuehrt-nicht-zu-armut-aussenminister-attackiert-lafontaine-und-gysi-gerhard-schroeder-wird-2006-wieder-kanzler/542112.html

[77] http://www.rewe.de/index.php?id=rewe-deutsche-tafeln

[78] Stefan, Selke, »Die neue Armenspeisung«, *Frankfurter Rundschau*, 10.1.2009 http://www.fr-online.de/doku---debatte/-tafelbewegung--die-neue-armenspeisung,1472608,2709592.html

79 *Feedback-Magazin* 1/2011 http://www.tafel.de/der-bundesverband/publikationeninfomaterial/feedback-magazin.html

80 Gabriele Goettle, »Eintopf für die ganze Woche«, taz, 31,8,2009, http://www.taz.de/!39830/

81 http://www.heise.de/tp/artikel/33/33516/1.html

82 Stefan Kreutzberger, Valentin Thurn, *Die Essensvernichter. Warum die Hälfte aller Lebensmittel im Müll landet und wer dafür verantwortlich ist*, Köln 2011, S. 10

83 Kreutzberger/Thurn, *Die Essensvernichter*, S. 45 f

84 vgl. Kathrin Hartmann, »Weniger ist oft mehr« – Interview mit Daniela Büchel und Andreas Krämer von Rewe. *Enorm* 3/2011, S. 69 f

85 Tanja Busse, *Die Ernährungsdiktatur*. München 2010, S. 35–40

86 Kreutzberger/Thurn, *Die Essensvernichter*, S. 64 ff.

87 http://web.ard.de/themenwoche_2010/?p=1486

88 Erstausstrahlung: ARD, 20. Oktober 2010, 23.30 Uhr http://www.daserste.de/doku/beitrag_dyn~uid,39a1vydk898puol6~cm.asp

89 http://www.sueddeutsche.de/wirtschaft/lebensmittelverschwendung-unser-taeglich-brot-1.576800-3

90 Kreutzberger/Thurn, *Die Essensvernichter*, S. 13

91 http://www.spiegel.de/wirtschaft/0,1518,547050,00.html

92 Valentin Thurn im Interview mit Jens Berger, http://www.heise.de/tp/artikel/33/33516/1.html

93 http://www.supermarktmacht.de/marktmacht/; Tanja Busse, *Die Ernährungsdiktatur*, S. 35 f.

94 http://www.supermarktmacht.de/preiskampf/

95 http://www.oxfamfueralle.de/supermarktmacht.de/wp-content/uploads/20080923-endstation-ladentheke.pdf

96 Ders., S. 36

97 Vgl. Kathrin Hartmann, *Ende der Märchenstunde*, S. 269

98 vgl. Hartmann »Weniger ist oft mehr« – Interview mit Daniela Büchel und Andreas Krämer von Rewe. *Enorm* 3/2011, S. 69 und 70 und http://www.rewe-group.com/nachhaltigkeit/gruene-produkte/produktkennzeichnung/pro-planet/

99 http://www.nachhaltigkeitstag.de/439-0-Institutionelle-Partner.html und http://www.markenverband.de/verband/mitglieder

100 http://www.proplanet-label.com/de/produkte/obst-a-gemuese/best-alliance-tomaten

101 Tobias Zick, »Der Ernte Dank«, *Neon* 6/2009, http://www.neon.de/artikel/sehen/wirtschaft/der-ernte-dank/685251

102 Ebd.

103 Vgl. Interview mit Thilo Bode im Deutschlandradio vom 23.4.2008 http://www.dradio.de/dlf/sendungen/interview_dlf/774476/

104 http://www.proplanet-label.com/de/produkte/obst-a-gemuese/best-alliance-tomaten

105 Kreutzberger/Thun, *Die Essensvernichter*, S. 55

106 http://www.foodbanking.org/site/PageServer?pagename=foodbanking_find

107 http://diepresse.com/home/techscience/mobil/692858/Kritik-an-Nokia_Arbeiter-in-Indien-kriegen-Hungerloehne

108 http://www.foodbanking.org/site/PageServer?pagename=support_supporters

109 http://www.berliner-zeitung.de/archiv/vom-globalen-agrarpreisanstieg-profitiert-eine-handvoll-konzerne--sie-beherrschen-den-markt-der-abcd-komplex,10810590,10569396.html

110 http://www.foodbanking.org/site/DocServer/October_food_2010rev.pdf?docID=142

111 Sabine Pfeiffer, »Hunger in der Überflussgesellschaft«, in: Stefan Selke (Hrsg.), *Kritik der Tafeln in Deutschland. Standortbestimmungen zu einem ambivalenten sozialen Phänomen*, Wiesbaden 2010, S. 91 ff

112 Ebd.

113 Kommentar Rudolf Stumberger, »Der Tod heißt Hartz-IV«, 19.4.2007 *Stern* online, http://www.stern.de/panorama/kommentar-der-hungertod-heisst-hartz-iv-587395.html

114 http://www.stefan-selke.de/

115 Stephan Selke, *Fast ganz unten. Wie man in Deutschland mit Hilfe von Lebensmitteltafeln satt wird*, Münster 2009

116 http://www.tafel.de/presse/pressemitteilungen/detailansicht/artikel/wowereit-wettet-50-tonnen-lebensmittel-fuer-die-berliner-tafel.html

117 http://www.tafel.de/aktuell//artikel/stadtwette-11-tonnen-lebensmittel-fuer-die-kasseler-tafel.html

118 Vgl. Heitmeyer (Hrsg.), *Deutsche Zustände*

119 Landeshauptstadt München, Sozialreferat, »Zusammen helfen. Fakten und Zahlen über Armut in München«, Februar 2010, S. 6

120 http://nachrichten.lvz-online.de/leipzig/citynews/leipzig-zahlt-zu-wenig-hartz-iv-miete--klagen-am-sozialgericht-aussichtsreich/r-city-news-a-85153.html

121 Häusler im Interview mit de Antonin am 22.2.2010

122 Fabian Kessel/Holger Schoneville, »Soziale Arbeit und die Tafeln – von der Transformation der wohlfahrtsstaatlichen Armutsbekämpfung«, in: Lorenz, *TafelGesellschaft*, S. 38

123 Katrin Göring-Eckardt, »Warum sollen die Tafeln politisch unterstützt werden?«, in: Lorenz, *TafelGesellschaft*, S. 137 ff.

124 Jutta Ditfurth, *Krieg, Atom, Armut, Was sie reden,was sie tun: die Grünen*, Berlin 2010, S. 210

125 http://www.stroebele-online.de/themen/debatte/20115.html

126 http://www.tafel.de/fileadmin/pdf/Feedback/Feedback_01_2008_web.pdf S. 2

127 http://www.fluechtlingsinfo-berlin.de/fr/pdf/SG-Mannheim_AsylbLG_verfassungswidrig_130911.pdf

128 Klaus Heck, »Die im Dunkeln sieht man nicht«, Heise online, 27.6.2010 http://www.heise.de/tp/artikel/20/20576/1.html

129 Luise Molling, »Befördert die neue Arbeitsmarktpolitik den Erfolg der Tafeln?«, in: Lorenz, S. 60

130 http://www.tafelforum.de/

131 http://www.evangelisch.de/themen/gesellschaft/tafeln-gut-dass-es-solches-engagement-gibt3598

132 Peter Sloterdijk, »Die Revolution der gebenden Hand«, *FAZ* vom 13.6.2009 http://www.faz.net/aktuell/feuilleton/debatten/kapitalismus/die-zukunft-des-kapitalismus-8-die-revolution-der-gebenden-hand-1812362.html

133 Ulrich Greiner, »Die Würde der Armut. Warum wir nicht mehr von Gleichheit reden sollten«, *Die ZEIT* vom 13.11.2009 http://www.zeit.de/2009/47/Klassenkampf

134 Siehe Kapitel 1, »Kultivierter Hass«

135 Nürnberger Institut für Arbeitsmarkt- und Berufsforschung (IAB), IAB-Kurzbericht 2/2009 »Warum Aufstocker trotz Arbeit bedürftig bleiben« http://doku.iab.de/kurzber/2009/kb0209.pdf

[136] http://www.stern.de/wirtschaft/news/mueller-milch-die-weckt-was-in-dir-steckt-543566.html

[137] http://www.sahra-wagenknecht.de/de/article/207.steuerdumping_in_der_eu.html

[138] Stefanie Hiß, »Übernehmen Unternehmen mit ihrer Unterstützung der Tafeln gesellschaftliche Verantwortung?« in Stephan Lorenz, T*afelGesellschaft*,S. 76

[139] Klaus Heck in http://www.heise.de/tp/artikel/20/20576/1.html und Gabriele Goettle, »Teltower Tisch – Kurzer Blick ins Abseits der Armut«, in Lorenz,T*afelgesellschaft*, S. 24

[140] Stefanie Hiß in Lorenz, *TafelGesellschaft*, S. 69

[141] http://www.rewe-group.com/presse/pressemeldungen/pressemeldung-detail/article/spendenaktion-kauf-eins-mehr-fuer-die-tafeln-bringt-1100-tonnen-lebensmittel/

[142] Ebd

[143] http://www.tafel.de/aktuell//artikel/lidl-startet-spendenwoche.html

[144] zitiert nach Hartmann, *Ende der Märchenstunde*, S. 189

[145] http://www.pflasterstrand.net/blog/aufgeschnappt/tafelwasser-fur-flaschensammler/

[146] http://www.stroeer.de/markt_news.1049.0.html?newsid=5296

[147] http://www.sueddeutsche.de/geld/reden-wir-ueber-geld-paul-nolte-lieber-karotten-essen-als-gummibaerchen-1.950891

[148] http://www.fr-online.de/darmstadt/darmstaedter-tafel-kein-essen-fuer-prostituierte,1472858,3174250.html

[149] Tomke Böhnisch, *Gattinnen. Die Frauen der Elite*, Münster 1999, S. 76

[150] Hans Christian Andersen, »Die wilden Schwäne« (1838), *Andersens Märchen, Erster Band*, Frankfurt/Leipzig 1975, S. 184

[151] Henning Sußebach, »Bionade-Biedermeier«, *ZEIT-Magazin Leben* Nr. 46/2007, http://www.zeit.de/2007/46/D18-PrenzlauerBerg-46

[152] Sußebach, *Zeit-Magazin* Nr. 46/2007

[153] Ebd.

[154] Andrej Holm, *Wir bleiben alle! Gentrifizierung – städtische Konflikte um Aufwertung und Verdrängung*, Münster 2010

[155] Zitat von F.W. Bernstein, das fälschlicherweise oft Robert Gernhardt zugeschrieben wird.

156 http://www.morgenpost.de/berlin/article1696500/Hartz-IV-Empfaenger-verlassen-Berlins-City.html

157 http://de.wikipedia.org/wiki/Sozialer_Wohnungsbau_in_Berlin

158 http://www.stern.de/politik/deutschland/schnauze-wessi-ueber-die-ego-terroristen-vom-prenzlberg-1528658.html

159 http://www.spiegel.de/spiegel/print/d-73479952.html

160 http://www.bz-berlin.de/bezirk/prenzlauerberg/die-hass-plakate-vom-prenzlauer-berg-article647143.html

161 Andrej Holm, *Wir bleiben alle*, S. 69

162 http://www.zeit.de/2007/35/Militante-Berlin/komplettansicht

163 http://de.wikipedia.org/wiki/Wisteria

164 Interview mit den Betreibern Andrea Damen und Christoph Munier in der taz vom 26.6.2011 http://www.taz.de/!73245/

165 Kathrin Hartmann, *Märchenstunde*, S. 38 f.

166 Hartmut Häußermann ist ein Jahr nach unserem Gespräch am 31. Oktober 2011 gestorben.

167 Hartmut Häußermann, Andreas Kapphan, »Berlin: Ausgrenzungsprozesse in einer europäischen Stadt«, in Hartmut Häußermann, Martin Kronauer und Walter Siebel, (Hrsg.), *An den Rändern der Städte*, Frankfurt 2004, S. 207

168 http://www.prenzlauer-gaerten.de/

169 Thorsten Schmitz, »Geschlossene Gesellschaft«, *Süddeutsche Zeitung*, 18.11.2010, S. 3; vgl. Spiegel.de panorama. 22.10.2009

170 Julian Heisler, »Todsicher in der Isolation«, Spiegel Online 22.10.2009 http://www.spiegel.de/panorama/0,1518,656192,00.html

171 http://www.cpr-le.de/start/information/

172 Jana Hensel, »Reich an Armut«, *Die ZEIT*, 19.8.2010, http://www.zeit.de/2010/34/S-Leipzig

173 Kerstin Kohlenberg, »Die Krieger von Kreuzberg«, Die ZEIT, 25.2.2010, http://www.zeit.de/2010/09/DOS-Carloft

174 http://www.spiegel.de/flash/flash-23199.html

175 http://www.bild.de/regional/berlin/liebe/ivnestiert-drei-millionen-euro-in-berlin-4628206.bild.html

176 http://www.epochtimes.de/649569_wenn-sich-yin-und-yang-perfekt-ergaenzen.html

177 Anselm Weidner, *Brunnenviertel/Marthashof. Der »soziale Äquator«
als neue Grenze*, Deutschlandradio, 3.3.2009

178 http://www.marthashof.de/preview/downloads/090923_PM_Richtfest_
FIN_ML.pdf

179 Christoph Twickel, *Gentrifidingsbums oder Eine Stadt für alle*,
Hamburg, S. 5

180 Ders., S. 27 f.

181 http://www.spiegel.de/spiegel/print/d-45424922.html

182 Twickel, *Gentrifidingsbums*, S. 49

183 http://de.wikipedia.org/wiki/Elbphilharmonie

184 Twickel, *Gentrifidingsbums*, S. 49

185 http://www.fr-online.de/rhein-main/fonds-kaeufer-veraergert-neue-
boerse-sucht-mieter,1472796,3387368.html

186 Zitiert aus Susann Witt-Stahl, *Hoffnung führt in die Hölle*, in *Hintergrund* 1/2011, S. 59

187 http://www.youtube.com/watch?v=KOi9LSgvbkg&feature=related

188 http://www.zeit.de/2009/18/Lsp-Schulreform

189 Der Panorama-Beitrag auf http://www.youtube.com/
watch?v=IUiAu8Dozgc

190 http://www.zeit.de/2009/18/Lsp-Schulreform

191 http://www.youtube.com/watch?v=IUiAu8Dozgc

192 http://www.taz.de/!50280/

193 Walter Scheuerl im Interview mit der Autorin am 28. November 2010

194 http://daserste.ndr.de/panorama/aktuell/panoramakik104.html

195 http://daserste.ndr.de/panorama/archiv/panoramadiereporter
134.html

196 Eine Zusammenfassung unter www.walter-scheuerl.net

197 http://www.sueddeutsche.de/wirtschaft/eu-streit-ums-ei-im-stall-der-
freien-huehner-1.361441

198 www.walter-scheuerl.net

199 zu sehen bei http://www.youtube.com/watch?v=DMk7GHTSS9s&feature
=related

200 http://www.zeit.de/2009/18/Lsp-Schulreform

201 Für diese Äußerung entschuldigte sich Scheuerl kurz darauf. http://
www.abendblatt.de/hamburg/article1275315/Offensiv-und-
kompromisslos-Der-Siegeszug-des-Walter-Scheuerl.html

202 Der Panorama-Beitrag auf http://www.youtube.com/ watch?v=IUiAu8Dozgc

203 http://www.fr-online.de/wissenschaft/schulpolitik-blankenese-beinhart,1472788,3077750.html

204 Scheuerl im Interview mit der Autorin

205 Eine Kopie der Mail diesen Inhalts liegt der Autorin vor. Zitiert wird daraus auch in einem NDR-Bericht in der Sendung *Menschen und Schlagzeilen* vom 12.02.2010, http://www.proschulreform.de/historie/ wwl-maerchen-check/wir-wollen-lernen-medienberichte/

206 Ebd.

207 http://www.elbe-einkaufszentrum.de/de/seite/das_center/das_Center. php

208 http://www.abendblatt.de/hamburg/article1452712/Scheuerl-fordert-Stopp-der-Kampagne.html

209 http://www.taz.de/!55694/

210 http://www.taz.de/!55694/und http://www.wir-wollen-lernen.de/ foerderverein_gegen_primarschule_satzung.html

211 http://www.taz.de/!55694/

212 Scheuerl im Interview mit der Autorin

213 http://www.sueddeutsche.de/karriere/volksentscheid-zur-grundschulzeit-hamburg-hat-gesprochen-primarschule-abgelehnt-1.976627

214 Zu Scheuerls Positionen: http://www.walterscheuerl.de/walter_scheuerl_ positionen.html

215 http://hamburglinks.wordpress.com/2009/03/14/einkommen-grose-unterschiede-zwischen-den-hamburger-stadtteilen/

216 Anguet Gurría, Generalsekretär des OECD, Vorstellung »Bildung auf einen Blick«, 18.9.2007 http://www.oecd.org/document/10/0,3746/en_ 2649_33717_39319882_1_1_1_1_1,00.html

217 http://www.welt.de/die-welt/vermischtes/hamburg/article7283671/ Bildungsforscher-sprechen-sich-fuer-die-Primarschule-aus.html

218 http://www.zeit.de/online/2008/17/element-studie

219 http://www.archiv-der-zukunft.de/downloads/materialien/th/schleicher_ dvd.pdf

220 http://www.tagesspiegel.de/wissen/stipendien-fallen-nicht-vom-himmel/3697056.html

221 http://www.spiegel.de/spiegel/print/d-80362876.html

222 In 2010: http://www.rp-online.de/politik/deutschland/bundestag-bestaetigt-bildungsetat-1.2294935

223 http://www.stern.de/wirtschaft/arbeit-karriere/karriere/eliteforscher-hartmann-zum-manager-wird-man-geboren-600040.html

224 http://www.google.de/search?q=%22J%C3%BCrgen+Grossmann+warnt%22&ie=utf-8&oe=utf-8&aq=t&rls=org.mozilla:de:official&client=firefox-a#sclient=psy-ab&hl=de&client=firefox-a&hs=td&rls=org.mozilla:de%3Aofficial&source=hp&q=%22J%C3%BCrgen+Grossmann%22+warnt&pbx=1&oq=%22J%C3%BCrgen+Grossmann%22+warnt&aq=f&aqi=&aql=&gs_sm=e&gs_upl=4340l7088l0l7432l4l4l0l0l0l1l184 2l4305l7-2.1l3l0&bav=on.2,or.r_gc.r_pw.,cf.osb&fp=3865180040d67f3c&biw=1280&bih=658

225 http://www.bmbf.de/de/6549.php

226 http://www.welt.de/politik/deutschland/article13226288/Bildungsgutscheine-lassen-sich-nicht-versaufen.html

227 Borchert im Interview mit Frontal 21 vom 28. 6. 2011 http://www.zdf.de/ZDFmediathek/beitrag/video/1372268/Bildungsgutscheine-ein-Flop%253F#/beitrag/video/1372268/Bildungsgutscheine-ein-Flop%3F

228 Michael Hartmann im Gespräch mit Arno Luik im *Stern* vom 21.10.2007 http://www.stern.de/wirtschaft/arbeit-karriere/karriere/eliteforscher-hartmann-zum-manager-wird-man-geboren-600040.html

229 Bundesministerium für Arbeit und Soziales, Einstellungen zum Reichtum, S. 75, zitiert nach Ulrike Herrmann, *Hurra, wir dürfen zahlen*, S. 48

230 Ebd S. 49

231 http://taz.de/!60522/

232 http://taz.de/!60522/

233 http://www.andrea-fischer.de/de/publikation/varia/index.shtml

234 http://www.spiegel.de/wirtschaft/unternehmen/0,1518,758021,00.html

235 Ditfurth, *Krieg, Atom, Armut, Was sie reden, was sie tun: Die Grünen* S. 240 ff.

236 http://www.freitag.de/2006/43/06430503.php

237 Ditfurth, S. 224

238 http://www.atlantik-bruecke.org/ueber-uns/gremien/ und http://www.bildblog.de/20116/kleine-bruecken-unter-freunden/

239 Ditfurth, S. 217

[240] Ders., S. 212

[241] Die rot-grüne Regierung hatte mit den Betreibern der Atomkraftwerke am 14. Juni 2000 schriftlich den Atomausstieg vereinbart und 2002 ins Atomgesetz aufgenommen. Das Abschalten der Anlagen berechnet sich nicht nach Alter, sondern nach produzierter Strommenge: Ausgehend von einer Regellaufzeit von 32 Jahren wurde bestimmt, wie viele Terawattstunden AKW noch produzieren dürfen. Damit gelang es den Kraftwerksbetreibern, ihre Laufzeiten bis zur nächsten Bundestagswahl hinauszuzögern.

[242] vgl. Wilhelm Heitmeyer (Hrsg.), *Deutsche Zustände. Folge 9*, Berlin 2010

[243] http://www.sueddeutsche.de/politik/die-finanzkrise-und-ihre-folgen-steinbrueck-fordert-ein-ende-der-gier-1.698074

[244] http://www.sueddeutsche.de/geld/macht-der-finanzmaerkte-steinbrueck-legt-sich-mit-spekulanten-an-1.1174232

[245] http://www.neon.de/artikel/sehen/politik/meine-meinung-der-konjunktiv-kanzler/685040

[246] http://www.spiegel.de/politik/deutschland/0,1518,793387,00.html

[247] Die ZEIT, 15. Juli 2011, S. 1

[248] Michael Hartmann im Gespräch mit Andrea Dernbach http://www.tagesspiegel.de/politik/deutschlands-eliten-haben-sich-radikalisiert/1783446.html

[249] Personen mit einem Finanzvermögen von mehr als einer Million US-$, ohne Berücksichtigung von selbst genutztem Immobilienbesitz.

[250] Adamek/Otto in http://www.hintergrund.de/20100105641/wirtschaft/wirtschaft-inland/politik-finanzbehoerden-und-vermoegende.htm. Eine offizielle Zahl der Reichen in Deutschland gibt es nicht, sie ist letztlich nicht zu hundert Prozent überprüfbar, es gibt nur unterschiedliche Schätzungen.

[251] Sascha Adamek, Kim Otto, *Schön reich. Steuern zahlen die anderen – Wie eine ungerechte Politik den Vermögenden das Leben versüßt*, München 2009, S. 33 ff.

[252] http://www.handelsblatt.com/politik/deutschland/schaeuble-hofft-auf-zehn-milliarden-euro-aus-der-schweiz/4402234.html

[253] http://www.attac.de/aktuell/neuigkeiten/detailansicht/datum/2011/08/29/schaeuble-begeht-beihilfe-zu-steuerflucht-und-geld-waesche-1/?no_cache=1

254 *Los Angeles Times,* 7. Januar 2007; Dark clouds over good works of Gates Foundation.

255 http://www.zeit.de/2010/33/Superreiche/seite-2

256 http://www.spiegel.de/wirtschaft/soziales/0,1518,801730,00.html

257 Zitiert nach Ditfurth, S. 216

258 http://www.faz.net/aktuell/feuilleton/debatten/kapitalismus/die-zukunft-des-kapitalismus-8-die-revolution-der-gebenden-hand-1812362.html

259 http://www.zeit.de/2010/08/01-Hartz-IV

260 http://www.zeit.de/2010/49/Ueberfall-Gewalt-Jugendkriminalitaet/seite-4

261 http://www.zeit.de/2009/41/Zeitgeist-41

262 http://www.faz.net/aktuell/wirtschaft/wirtschaftspolitik/arbeitsmarkt-und-hartz-iv/alleinerziehende-die-haetschelkinder-der-nation-1909446.html

263 http://www.faz.net/aktuell/wirtschaft/wirtschaftspolitik/arbeitsmarkt-und-hartz-iv/gastbeitrag-zu-hartz-iv-sozialhilfe-auf-fuenf-jahre-begrenzen-1950620.html

264 http://www.welt.de/debatte/kommentare/article10635485/Ein-seltsames-Recht-auf-Kosten-anderer-zu-leben.html?wtmc=RSS.Debatte.Kommentare

265 http://www.bild.de/politik/2010/aller/warum-kriegen-sie-haeufiger-hartz-iv-als-deutsche-11525578.bild.html

266 http://www.freitag.de/politik/1007-giovanni-di-lorenzo-auslaender-hartz-zeit

267 http://www.zeit.de/2009/40/Sloterdijk-Blasen

268 http://www.zeit.de/2010/49/Sloterdijk-Reichensteuer

269 Pro Familia Köln Jahresbericht, *Verhütung – Grundbedürfnis oder Luxus?* – Zur Verhütungssituation von ALGII-Empfängerinnen, S.

270 http://www.taz.de/1/archiv/archiv/?dig=2002/11/13/a0161

271 http://www.spiegel.de/politik/deutschland/0,1518,800756,00.html

272 Klarissa Lueg, *Habitus, Herkunft und Positionierung: Die Logik des journalistischen Feldes*, Darmstadt 2011, zu diesem Zeitpunkt noch unveröffentlichtes Manuskript

273 http://www.dominik-brunner-stiftung.de/userfiles/Programm_Dominik_Brunner_Konzert.pdf

274 http://www.dominik-brunner-stiftung.de/Stimmen-der-Oeffentlichkeit

275 http://www.spiegel.de/spiegel/print/d-69065798.html

276 http://www.spiegel.de/panorama/gesellschaft/0,1518,656858,00.html

277 http://www.spiegel.de/panorama/gesellschaft/0,1518,655255,00.html

278 http://www.fr-online.de/meinung/leitartikel-auf-den-zweiten-blick,1472602,4510754.html

279 http://www.spiegel.de/panorama/justiz/0,1518,716008,00.html

280 http://www.fr-online.de/frankfurt/fall-okoronkwo-gericht-entscheidet-auf-totschlag,1472798,8529124.html

281 http://www.dominik-brunner-stiftung.de/node/245

282 http://www.zeit.de/gesellschaft/zeitgeschehen/2011-09/berlin-ubahn-urteil

283 »Ich will die Wahrheit nicht wissen«, Ferdinand von Schirach im *Neon*-Interview, November 2011, S. 46

284 http://www.zeit.de/2010/49/Ueberfall-Gewalt-Jugendkriminalitaet

285 http://www.faz.net/aktuell/politik/ausland/krawalle-in-grossbritannien-warum-wolltest-du-stehlen-james-lee-11112970.html

286 Bundesministerium für Wirtschaft und Arbeit, *Vorrang für die Anständigen. Gegen Missbrauch, »Abzocke« und Selbstbedienung im Sozialstaat«*, August 2005, S. 2-3

287 Ders., S. 4

288 Ders., S. 12

289 Ders., S. 10

290 http://www.3sat.de/page/?source=/scobel/147524/index.html

291 http://www.derwesten.de/nachrichten/wirtschaft-und-finanzen/Viele-Hartz-IV-Empfaenger-gehen-Tactigkeit-nach-id3608849.html

292 http://www.elo-forum.net/topstory/2011112039717.html

293 http://www.hintergrund.de/201007131001/soziales/sozialabbau/studie-leiharbeit-nutzt-den-unternehmen-nicht-den-beschaeftigten.html

294 http://www.spiegel.de/print/d-49214583.html

295 http://www.handelsblatt.com/unternehmen/mittelstand/die-groessten-deutschen-stiftungen/3508326.html

296 http://www.bertelsmann-stiftung.de/cps/rde/xchg/SID-0A000F0A-18F544C3/bst/hs.xsl/269.htm

297 Ditfurth, Krieg, Atom, Armut, S. 214

298 http://www.tagesspiegel.de/zeitung/macht-ohne-mandat/755580.html

299 http://www.tagesspiegel.de/zeitung/macht-ohne-mandat/755580.html

[300] Thomas Schuler, *Bertelsmann Republik Deutschland. Eine Stiftung macht Politik*, Frankfurt 2010, S. 121

[301] Ders., S. 123

[302] Ders., S. 126

[303] Jutta Ditfurth, *Krieg. Atom. Armut – was sie reden, was sie tun: Die Grünen*, 2011, S. 222

[304] http://www.zeitarbeiten.net/haufige-fragen-zur-zeitarbeit/

[305] http://www.spiegel.de/wirtschaft/soziales/0,1518,743871,00.html

[306] Interview mit Sandra Siebenhüter in http://www.zeit.de/2011/46/C-Interview-Leiharbeit

[307] http://www.sueddeutsche.de/karriere/leiharbeiter-schuften-bis-zum-umfallen-1.1155087

[308] http://www.hintergrund.de/201007131001/soziales/sozialabbau/studie-leiharbeit-nutzt-den-unternehmen-nicht-den-beschaeftigten.html

[309] http://www.fr-online.de/wirtschaft/metallbranche-will-2011-beschaeftigung-ausbauen,1472780,4399662.html

[310] http://www.focus.de/finanzen/karriere/perspektiven/zeitarbeit/tid-6555/arbeitsrecht_aid_63098.html

[311] http://www.spiegel.de/karriere/berufsleben/0,1518,774082,00.html

[312] *Süddeutsche Zeitung*, 13.12.2011

[313] *Süddeutsche Zeitung*, 16.12.2011

[314] http://www.bmas.de/DE/Service/Presse/Reden/leyen-bt-ren-te67_2011_12_15.html

[315] http://www.faz.net/aktuell/wirtschaft/lebenserwartung-sieben-gruende-warum-arme-frueher-sterben-11567429.html

[316] http://www.sueddeutsche.de/leben/lebenserwartung-von-geringverdienern-nordic-walking-ersetzt-sozialpolitik-1.1236074-3

[317] Kate Picket, Richard Wilkinson, *Gleichheit ist Glück. Warum gerechte Gesellschaften für alle besser sind*, Berlin 2009, S. 93 ff

[318] Film anschauen: http://www.ardmediathek.de/ard/servlet/content/3517136?documentId=7836004

[319] Die Otto-Familie ist auf Platz 21 des Forbes-Rankings der reichsten Menschen der Welt:http://www.forbes.com/lists/2010/10/billionaires-2010_The-Worlds-Billionaires_Rank.html

[320] Meike Herrschemeier/Thomas Weidenbach: *Mit langem Atem*, Dokumentation des WDR, 23.09.2008

321 www.ottogroup.com/de/die-otto-group/management/aufsichtsrat/
    dr-michael-otto.php

322 »Are [neoliberals] ›true believers‹, driven by ideology and faith,
    that free markets will cure underdevelopement, as is most often
    asserted, or do the ideas and theories frequently serve as an elaborate
    rationale to allwo people to act on unfettered greed while still invoking
    an altruistic motive?‹ Naomi Klein, *The Shock Doctrin. The Rise of
    Desaster Capitalism*, London 2007, S. 235

323 http://www.db.com/csr/de/docs/de_bulletin_2006_11.pdf, S. 2

324 Peter Spiegel im Interview mit DBmobil 1/2011, S. 76

325 Vgl. Kathrin Hartmann, *Ende der Märchenstunde. Wie die
    Industrie die Lohas und Lifestyle-Ökos vereinnahmt*, München 2009,
    S. 133 ff.

326 http://www.prowissen-potsdam.de/cms/dokumente/11311401_874341
    4/6dd8153c/ProWissen_Kongress-Preis_2011-10-25.pdf

327 http://www.visionsummit.org/award11.html

328 http://www.sueddeutsche.de/geld/interview-mit-muhammad-yunus-
    ich-habe-angst-1.1111819-3

329 http://www.tagesspiegel.de/meinung/armut-gehoert-ins-museum/
    3912252.html

330 http://www.sueddeutsche.de/kultur/g-konzert-u-saenger-bono-sauer-
    auf-merkel-1.249101

331 Muhammad Yunus, *Für eine Welt ohne Armut – die Autobiographie
    des Nobelpreisträgers*, Bergisch-Gladbach 2006, S. 112

332 http://www.united-simpsons.de/episodenguide.php?show=MABF17

333 Yunus, *Die Armut besiegen*, München 2008, S. 20

334 http://www.karriere.de/media/Service/Wirtschaftsethik.pdf

335 http://www.tagesspiegel.de/meinung/armut-gehoert-ins-museum/
    3912252.html

336 http://www.tagesspiegel.de/wirtschaft/vorwurf-mikrobanken-treiben-
    schuldner-zum-selbstmord/3411092.html

337 Pressekonferenz des Vision Summit am 8.4.2011

338 Muhammad Yunus über die Joghurtfabrik: »Seit Danone eingestiegen
    ist, weiß jeder, was Social Business ist, wer dieser Dr. Yunus ist und
    warum er sich für Social Business engagiert. Danone hat mir eine
    Plattform geschaffen. Ich kann jetzt auf all diese Fragen antworten,

die niemand stellen würde, wenn es die Kooperation mit diesem Großunternehmen nicht geben würde.«

339 Im November 2011 kündigte Knaut an, Danone zu verlassen – bei Fertigstellung des Buches noch mit unbekanntem Ziel.

340 http://www.lebensmittelzeitung.net/news/karriere/Danone-Stiftet-Lehrstuhl-an-der-EBS_83240.html

341 http://www.peterspiegel.de/fileadmin/user_upload/Dokumente/Interview_PeterSpiegel_working_office.pdf

342 http://www.sueddeutsche.de/geld/ergo-sex-orgie-in-budapest-das-uebertrifft-meine-phantasie-1.1100792

343 Weltbank und OECD haben die Regierungen dazu aufgerufen, sogenannten »Bio-Sprit« nicht mehr zu subventionieren, weil er aus Nahrungsmitteln besteht und der Anbau riesiger Flächen mit Lebensmitteln oder anderen Pflanzen, die verbrannt werden, den Hunger in der Welt befördert.

344 2009 verlieh die Verbraucherinitiative Foodwatch dem Danone Joghurt Actimel den Goldenen Windbeutel für die dreisteste Werbelüge. Foodwatch widerlegte die vom Konzern angeführten Studien über die Wirksamkeit des Joghurts. Ein normaler Naturjoghurt oder Kefir, der einen Bruchteil des überzuckerten Produkts koste, habe dieselbe Wirkung. Aus den gleichen Gründen nominierte Foodwatch den Joghurt Activia, der mit denselben Gesundheitsversprechen beworben wird, für den Goldenen Windbeutel 2010. http://www.abgespeist.de/actimel/index_ger.html und http://www.abgespeist.de/activia/index_ger.html

345 http://invest.stocks.ch/print_ausgaben/Lecker_aber_leider_sehr_teuer_11865

346 http://www.sueddeutsche.de/wissen/vereinte-nationen-wasser-ist-jetzt-menschenrecht-1.981206

347 Kathrin Hartmann, »Wir Flaschen«, GQ August 2011, S. 64. Siehe auch: Hintergrundmaterial »Flaschenwasser – der Markt boomt« vom Brot für die Welt, www.wasser-und-mehr.de/pdf/8_Hintergrundpapier_Flaschen-wasser_Oktober_2004.pdf Insbes. S. 6, Danone

348 Vollständiger Kodex: http://www.babynahrung.org/pdf/kodex.pdf

349 http://www.babynahrung.org/nachrichten.html

350 Tobias Zick, »Die Milch-Macht«, Nido, September 2010, http://plan17.de/autoren/zick/leseproben/die-milch-macht/

351 Ebd.

352 http://www.handelsblatt.com/unternehmen/industrie/babys-sorgen-bei-danone-fuer-umsatzplus/5203822.html und IBFAN-Bericht 2011 über Danone:
»(...) practices have worsened, not improved and it now rivals Nestle in Teams of numbers of vidations.« www.ibfan.org/news_2011_0512.html

353 Kathrin Hartmann, »Joghurt für die Welt«, Interview mit Ramin Khabirpour in *Enorm* 2/2010, S. 56 f.

354 Kerstin Humberg, Interview mit Muhammad Yunus, http://socialbusinessnet.files.wordpress.com/2010/03/htwn-2009-yunus-interview-extract-german-version1.pdf S. 55

355 http://www.nijerakori.org/

356 http://word.world-citizenship.org/wp-archive/928

357 http://www.krishok.org/

358 Kerstin Humberg, *Poverty Reduction through Social Business? Lessons learnt from Grameen Joint Ventures in Bangladesch*, München 2011, S. 130

359 http://www.aerzte-ohne-grenzen.de/informieren/einsatzlaender/asien/bangladesch/index.html

360 http://www.wfp.org/countries/Bangladesh/Overview

361 *Enorm* 2/2010, S. 56

362 http://www.danone.de/danone/engagement-und-nachhaltigkeit/verantwortungsvolles-miteinander/social-business/grameendanone-foods.php

363 Eine Fahrradrikscha mit Ladefläche

364 800 Taka sind zwar nur knapp 8 Euro, doch das ist viel Geld in Bangladesch: Bis 2009 betrug etwa der staatliche Mindestlohn in den Textilfabriken gerade mal das Doppelte. 800 Taka sind auf dem Land etwa ein guter Wochenlohn.

365 http://www.unmultimedia.org/radio/english/detail/35486.html

366 http://www.zeit.de/2008/08/M-Afrika-Diabetes

367 http://www.bmz.de/de/was_wir_machen/themen/ernaehrung/hunger/zahlen_und_fakten/double_burden/index.html

368 Thilo Bode, *Die Essensfälscher. Was uns die Lebensmittelkonzerne auf den Teller lügen*, Frankfurt 2010, S. 31 ff.

369 Danone etwa unterhält weltweit 17 eigene Forschungseinrichtungen mit mehreren hundert Mitarbeitern. Unter dem Namen »Institut Danone Ernährung für Gesundheit« sind sie als gemeinnützige Vereine eingetragen. Zwar arbeiten dort tatsächlich Ernährungswissenschaftler und Ärzte, »doch höchst problematisch ist schon die Tatsache, wie stark diese ›unabhängigen Danone-Institute‹ die Probiotik-Forschung pushen und damit Joghurt-Bakterien zu einem breiten Forschungszweig gemacht haben. Das Thema hat in den einschlägigen Expertenkreisen inzwischen einen Stellenwert erreicht, dass man glauben könnte, Joghurt-Bakterien wären eines der drängendsten Ernährungsthemen auf dem Planeten.« So Thilo Bode in *Die Essensfälscher*, S. 47

370 http://www.focus.de/gesundheit/ernaehrung/news/ernaehrung-zucker-macht-suechtig_aid_354793.html

371 Muhammad Yunus, *Die Armut besiegen*, München 2008, S. 174

372 http://www.danone.de/danone/engagement-und-nachhaltigkeit/ verantwortungsvolles-miteinander/social-business/ grameendanone-foods.php

373 http://de.grameencreativelab.com/praxisbeispiele/grameen-danone.html

374 http://de.wikipedia.org/wiki/Bill_%26_Melinda_Gates_Foundation

375 Anfrage der Linken im Bundestag: http://dipbt.bundestag.de/dip21/ btd/17/070/1707045.pdf und http://www.welt.de/dieweltbewegen/ article13474244/Milliardaer-Bill-Gates-will-die-Toilette-neu-erfinden. html

376 http://www.gainhealth.org/partnerships/business-alliance

377 http://de.wikipedia.org/wiki/Bottom_of_the_Pyramid

378 C. K. Prahalad, *Ideen gegen Armut. Der Reichtum der Dritten Welt*, München 2010, S. 33

379 Ders., S. 34

380 Ders., S. 13

381 Yunus, *Die Armut besiegen. Das Programm des Friedensnobelpreisträgers*, München 2008, S. 22 f.

382 Yunus, *Für eine Welt ohne Armut*, 2006, S. 261 f.

383 Yunus, *Die Armut besiegen*, 2008, S. 171

384 Humberg, S. 134

385 Interview mit Jochen Ebert in Gorgi Krlev, *Strategies in ›Social Entrepreneurship‹: How Social Entrepreneurial Organizations react*

to challenges in existing political frameworks – A comparative study between Germany and Bangladesh, S. XLVII

[386] *Enorm* 2/2010, S. 56

[387] Humberg, *Poverty Reduction through Social Business? Lessons learnt from Grameen Joint Ventures in Bangladesch*, München 2011, S. 154 und 134

[388] siehe http://www.youtube.com/watch?v=5mYntlhmrHo

[389] Kerstin Humberg, *Poverty Reduction through Social Business? Lessons learnt from Grameen Joint Ventures in Bangladesch*, München 2011 S. 142 ff.

[390] Ders., 171

[391] Ders., S. 155

[392] Ders., S. 163, Stand Frühjahr 2010

[393] Gerhard Klas, *Die Mikrofinanzindustrie. Die große Illusion oder das Geschäft mit der Armut*, Berlin 2011, S 248

[394] http://de.grameencreativelab.com/praxisbeispiele/grameen-danone.html

[395] Kerstin Humberg, *Poverty Reduction*, S. 137 und 147

[396] http://www.care.org/partnerships/partnerexperience.asp

[397] Kerstin Humberg, *Poverty Reduction*, S. 151
Auf meine Nachfragen bei Danone Deutschland, Grameen-Danone und das Yunus Center in Bangladesch habe ich keine Antwort erhalten.

[398] Kerstin Humberg, *Poverty Reduction*, S. 151 ff.

[399] Ders., S. 158

[400] Krlev, S. XLVII

[401] Ders., S. XL

[402] Karl Weber, Muhammad Yunus, *Social Business. Von der Vision zur Tat*, München 2010, S. 81

[403] http://www.tagesspiegel.de/wirtschaft/der-soziale-blick-auf-die-welt/1209368.html

[404] Weber/Yunus, *Social Busineess. Von der Vision* zur Tat, S. 80

[405] *Enorm* 2/2010, S. 56

[406] Victor Parma, Werner Vontobel *Schurkenstaat Schweiz? Steuerflucht: Wie sich der größte Bankenstaat der Welt korrumpiert und andere Länder destabilisiert*, München 2009

[407] Klas, *Die Mikrofinanzindustrie. Die große Illusion oder das Geschäft mit der Armut*, Berlin 2011 S. 68

[408] Milford Bateman, *Why doesn't microfinance work? The destructive rise of local neoliberalism*, London/New York, 2010, S. 70

[409] http://www.faz.net/aktuell/wirtschaft/schuhwerk-fuer-die-armen-adidas-bastelt-den-ein-euro-turnschuh-1885665.html

[410] http://www.ottogroup.com/de/medien/meldungen/otto-group-und-grameen.php

[411] http://www.handelsblatt.com/unternehmen/management/strategie/basf-kooperiert-mit-mikrokredit-gruender-yunus/3128580.html?p3128580=all

[412] Ansgar Wille im Interview mit Krlev, in: Gorgi Krlev, *Strategies in ›Social Entrepreneurship‹: How Social Entrepreneurial Organizations react to challenges in existing political frameworks –* A comparative study between Germany and Bangladesh S.LII

[413] Klas, *Die Mikrofinanzindustrie*, S. 251

[414] http://www.handelsblatt.com/unternehmen/management/strategie/basf-kooperiert-mit-mikrokredit-gruender-yunus/3128580.html?p3128580=all

[415] Kurzfilm von Brot für die Welt: http://www.youtube.com/watch?v=ieWIj-DZ6KA

[416] http://www.handelsblatt.com/unternehmen/industrie/adidas-testet-den-ein-euro-schuh/3632580.html?p3632580=all

[417] http://www.stern.de/news2/aktuell/projekt-von-otto-und-muhammad-yunus-in-bangladesch-kommt-nicht-voran-1708456.html

[418] http://derstandard.at/1291454926001/Bangladesch-Mehrere-Tote-bei-Textilarbeiter-Protesten

[419] http://www.zdf.de/ZDFmediathek/beitrag/video/1514538/Naehen-bis-zum-Umfallen%253F?bc=svp;sv0#/beitrag/video/1514538/Naehen-bis-zum-Umfallen%3F

[420] Die Otto-Familie ist auf Platz 21 des Forbes-Rankings der reichsten Menschen der Welt:http://www.forbes.com/lists/2010/10/billionaires-2010_The-Worlds-Billionaires_Rank.html Die Otto-Familie ist auf Platz 21 des Rankings der reichsten Menschen der Welt

[421] Studie des Instituts Südwind: http://www.suedwind-institut.de/fileadmin/fuerSuedwind/Publikationen/2009/2009-2_Sozial-Oekologische_Mode_Kurzfassung.pdf

[422] Als Lidl im Prospekt seine Textilien mit dem Zusatz »sozialverträglich hergestellt« versah, recherchierte Khorshed Alam in vier Fabriken, die für Lidl produzieren und stellte schwere Arbeits- und Menschenrechtsverletzungen fest. Nach einer Klage des Bundesverbands der Verbraucherzentralen musste die Lidl die irreführende Werbung zurückziehen. Siehe auch: http://www.ende-der-maerchenstunde.de/index.php?/archives/74-Lidl-muss-Werbung-zurueckziehen.html

[423] NGO wie die Kampagne Saubere Kleidung (CCC) kritisieren, dass die Kontrollmechanismen der westlichen Konzerne in den Textilfabriken völlig unzureichend und intransparent seien. Unter anderem deshalb, weil die Kontrollen angemeldet sind und die Kontrolleure meist nur in Gegenwart des Fabrikchefs mit den Arbeiterinnen sprechen. Als besonders »zahnlos« kritisiert die CCC die Business Social Compliance Initiative (BSCI), die Otto mitbegründet hat. Etwa in der Untersuchung *Looking for a quick fix. How weak social auditing is keeping workers in sweatshops* http://www.cleanclothes.org/component/content/article/1166

[424] http://www.spiegel.de/wirtschaft/unternehmen/0,1518,775519,00.html

[425] Interview im »Labor für Entrepreneurship« http://video.google.com/videoplay?docid=-5341469123917632202

[426] http://www.spiegel.de/wirtschaft/unternehmen/0,1518,717272,00.html

[427] Ebd.

[428] http://www.youtube.com/watch?v=Ex5yszme9vw

[429] http://www.circ-r.com/

[430] http://www.wiwo.de/unternehmen/tausendsassa-hans-reitz-vom-indien-abenteurer-zum-multi-unternehmer/5238334.html

[431] http://www.spiegel.de/wirtschaft/0,1518,588326,00.html

[432] http://www.changex.de/Article/report_social_business_2

[433] http://www.grameencreativelab.com/our-company/careers.html

[434] Kerstin Humberg, *Poverty Reduction* S. 139, 248 f.

[435] http://www.handelsblatt.com/unternehmen/banken/ein-boersengang-sendet-die-falsche-botschaft/3639408.html

[436] Klas, *Die Mikrofinanzindustrie*, S. 255

[437] http://www.zeit.de/wirtschaft/2011-03/ich-ag-tod

[438] http://www.zeit.de/wirtschaft/2010-12/einzelkaempfer/seite-2

[439] http://www.spiegel.de/karriere/berufsleben/0,1518,755210,00.html

440 *Enorm* 4/2011, S. 38

441 *Enorm* 3/2011, S. 9

442 http://www.rockitbiz.org/Willkommen.html

443 http://www.fr-online.de/wiesbaden/mikrokredite-in-wiesbaden-nur-fuer-frauen-,1472860,4773726.html

444 Ebd. »Marmelade kochen« und »Hunde betreuen« gehören zu den verzweifelten Gründungsunternehmen der Frauen.

445 Klas, *Die Mikrofinanzindustrie*, S. 172 f.

446 http://www.mikrokreditfonds.de/de/kreditgeschichten/foretitude.html

447 Julia Friedrichs, *Gestatten: Elite. Auf den Spuren der Mächtigen von morgen*, München 2009, S. 17

448 Ebd. S. 25 f

449 http://www.handelsblatt.com/unternehmen/management/koepfe/der-tiefe-fall-des-moralapostels/4027344.html

450 http://www.sueddeutsche.de/karriere/steuermittel-fuer-die-european-business-school-professoren-unter-palmen-1.1158365

451 Ebd.

452 Yunus, *Die Armut besiegen*, 2008, S. 56 ff.

453 http://www.epochtimes.de/58809_der-heureka-moment-des-friedensnobelpreistraegers-yunus.html

454 http://www.welt.de/print/wams/wirtschaft/article12710291/Demontage-eines-Denkmals.html

455 Yunus, (2008), S. 64

456 Ders., *(*2008), S. 70

457 Ebd.

458 Anu Muhammad, »Grameen and Microcredit: A Tale of Corporate Succes«. In: *Economic and Political Weekly*, 29.8.2009, S. 40 http://www.microfinancegateway.org/gm/document-1.1.4707/04.pdf

459 Klas, *Die Mikrofinanzindustrie*, S. 137

460 Kartik ist das bengalische Wort für September

461 Anu Muhammad, »Monga, Micro Credit and the Nobel Prize«, in Farooque Chowdhury (Hrsg.), *Micro Credit. Myth manufactured. Unveiling appropriation of surplus value and an Icon*, Dhaka, 2007, S. 166

462 Anu Muhammad, »Grameen and Microcredit: A Tale of Corporate Succes«. In: *Economic and Political Weekly*, 29.8.2009 S. 39

463 Ders. S. 40

464 http://tomheinemann.dk/the-micro-debt/

465 Die »16 Decisions« sind eine Art Selbsverpflichtung, die Kreditnehmerinnen eingehen: http://www.grameen.com/index.php? option=com_content&task=view&id=22&Itemid=109&limit= 1&limitstart=2

466 Kurz nach der Verleihung des Friedensnobelpreises hatte ein Reportage der bangladeschischen Tageszeitung *Samakal* das Dorf besucht und festgestellt, dass die meisten Familien hoch verschuldet waren, meist bei mehreren Organisationen. Auch mussten sie ihr Land verpfänden und ihr Hab und Gut verkaufen, um die Kredite bedienen zu können. Fast alle Erwachsenen und auch die Kinder, die 1996 geboren wurden, waren Analphabeten. Klas, S. 126

467 Anu Muhammad im Interview mit der Autorin

468 Anu Muhammad, Grameen and Microcredit: A Tale of Corporate Succes. In: *Economic and Political Weekly*, 29.8.2009, S. 35

469 http://www.bpb.de/die_bpb/036913841487707814772799 56787089, 0,0,Strukturanpassung_und_Verschuldung.html

470 http://www.spiegel.de/politik/ausland/0,1518,708967,00.html

471 Anu Muhammad, Grameen and Microcredit: A Tale of Corporate Succes. In: *Economic and Political Weekly*, 29.8.2009 S. 38

472 Klas, *Die Mikrofinanzindustrie*, S. 40

473 http://www.sueddeutsche.de/geld/mikrokredite-arm-und-abgezockt-1.20635

474 http://www.faz.net/aktuell/wirtschaft/wirtschaftspolitik/ entwicklungshilfe-niebel-setzt-auf-kleinstkredite-1880208.html

475 http://www.kindernothilfe.de/peru_kleinkredite.html; dort wird als Aufmacher das Beispiel des elfjährigen Straßenverkäufers David aus Peru angeführt, der ein Darlehen von umgerechnet 40 Euro bezieht. Damit soll er »sein Glück versuchen«, indem er selbst gemachtes Eis verkauft.

476 http://www.thedailystar.net/newDesign/news-details.php?nid= 195544

477 Klas, *Die Mikrofinanzindustrie*, S. 239

478 Anu Muhammad. In: *Economic and Political Weekly*, 29.8.2009, S. 39

479 Ebd.

[480] Klas, *Die Mikrofinanzindustrie*, S. 35

[481] Ders., S. 87, Stand Juni 2010

[482] Anu Muhammad, Grameen and Microcredit: In: *Economic and Political Weekly*, 29.8.2009, S. 40

[483] Muhammad im Interview mit der Autorin

[484] Googeln Sie doch einfach mal die beiden Worte »unbestritten« und »Mikrokredite«.

[485] Klas, *Die Mikrofinanzindustrie*, S. 226

[486] Ebd.

[487] Komplette Studie: http://www.dfid.gov.uk/R4D/PDF/Outputs/SystematicReviews/Microfinance2011Duvendackreport.pdf

[488] http://www.bdnews24.com/details.php?cid=2&id=203518&hb=top

[489] Klas, *Die Mikrofinanzindustrie*, S. 231

[490] Ders., 149 f.

[491] http://www.friendsofgrameen.com/dl/2011/02/Grameen-Foundation-Letter-to-Tom-Heinemann.pdf

[492] Klas, *Die Mikrofinanzindustrie*, S. 147

[493] http://lorenzonataliprize.eu/

[494] http://www.oikocredit.org/de/news/1076/stellungnahme-zum-feature-ein-marchen-aus-bangladesch

[495] Klas, *Die Mikrofinanzindustrie*, S. 148

[496] Ende 2010 richtete die Regierung von Bangladesch eine Untersuchungskommission ein, die schließlich zwar feststellte, dass es zu keinen Unregelmäßigkeiten gekommen sei. Diese Feststellung allerdings wurde nicht unbedingt zur Rehabilitation von Muhammad Yunus getroffen, sondern vielmehr im Interesse der Regierung, die auf ein gutes Verhältnis zu Geberländern angewiesen ist.

[497] Damals war wegen heftiger Straßenschlachten der damaligen Regierungspartei BNP und der Awami League der Notstand ausgerufen und eine Interimsregierung unter der Leitung des ehemaligen Weltbankmitarbeiters Fakhruddin Ahmed installiert worden. Yunus war mit dieser Regierung auf Linie: Er freue sich auf »dringend nötige Reformen«, ließ er damals ausrichten. Diese waren de facto aber vielmehr eine Säuberungswelle zur »Wiederherstellung der öffentlichen Ordnung«: 50 000 Menschen verloren ihr Dach über dem Kopf, weil die Interimsregierung nicht genehmigte Slums abreißen ließ. Zur »Wiederherstellung der

öffentlichen Ordnung« wurden auch die Anführer der etablierten Parteien, darunter Sheik Hasina, ins Gefängnis gesteckt. Nur auf Druck aus dem Ausland fanden die Wahlen 2008 schließlich doch statt, seit 2009 ist Hasina Premierministerin. Klas, *Die Mikrofinanzindustrie*, S. 114, ff

[498] http://www.friendsofgrameen.com/the-friends-of-grameen/

[499] http://www.friendsofgrameen.com/about/

[500] http://www.guardian.co.uk/media/2011/may/12

[501] http://www.sueddeutsche.de/geld/interview-mit-muhammad-yunus-ich-habe-angst-1.1111819

[502] http://www.sueddeutsche.de/geld/friedensnobelpreistraeger-muhammad-yunus-der-gefeuerte-heilige-1.1066551

[503] Muzammel Huq im Interview mit der Autorin

[504] Grameen-Bank-Report der Regierung, S. 74

[505] Grameen-Bank-Report, Brief von Huq vom 6. Juli 1997 an Yunus, S. 79 ff.

[506] Dem Bericht der Regierung zumindest ist zu entnehmen, dass die Bank in den achtziger und neunziger Jahren Geld in die Tochterunternehmen Grameen Kalayan und den Grameen Fund auslagerte, die viele Unternehmen, unter anderem Grameen Telecom, finanzieren.

[507] http://www.nytimes.com/2011/01/30/world/asia/30bangladesh.html?pagewanted=2&_r=1

[508] http://www.thedailystar.net/pf_story.php?nid=12923

[509] http://www.spiegel.de/politik/ausland/0,1518,781819,00.html

[510] Action Aid, Pasha, Kazi, Zaved Khalid et al, *Post Disaster Aid Effectiveness and Bangladesh's Ground Reality* 4, Dhaka 2008

[511] http://phulbariresistance.blogspot.com/2009/09/protest-against-offshore-block-deal-50.html

[512] Der Artikel ist abgedruckt in Chowdhury, S. 165 ff.

[513] Klas, S. 31 und http://www.mixmarket.org/

[514] http://www.deutsche-bank.de/medien/en/content/press_releases_2008_4174.htm

[515] http://www.spiegel.de/wirtschaft/unternehmen/0,1518,730952,00.html

[516] Klas, S. 188

[517] Ders., S. 197

[518] http://www.zeit.de/2010/47/Indien-Nobelpreistraeger-Yunus

519 Klas, *Die Mikrofinanzindustrie*, S. 154

520 Yunus, *Die Armut besiegen*, 2008, S. 129

521 Antonio Gramsci und Pamilo Togliatti, *Arbeiterdemokratie*, erschien am 21. Juni 1919 im *L'Ordine nuovo*.

522 http://www.cicero.de/kapital/occupy-frankfurt-demo-camp-kleingeister/46616

523 Stéphane Hessel, *Empört Euch!*, Berlin 2010, S. 21.

524 Das unsichtbare Komitee, *Der kommende Aufstand*, Hamburg 2010

525 Ein schöner Kommentar dazu von Fred Grimm in *Enorm* 3/2011

526 http://www.nachdenkseiten.de/wp-print.php?p=2853

527 Owen Jones in http://www.faz.net/aktuell/feuilleton/krawalle-in-england-woher-kommt-diese-wut-11107451.html

528 Vgl. Owen Jones, *Chavs. The demonazition of the working class*, London/New York, insbesondere S. 73 ff.

529 Jones, *FAZ*

530 Joachim Bauer, *Schmerzgrenze. Vom Ursprung alltäglicher und globaler Gewalt*, München 2011

531 Wolfgang Schmidbauer, *Das kalte Herz. Von der Macht des Geldes und dem Verlust der Gefühle*, Hamburg 2011, S. 13

Personenregister